U0934558

珍藏本
纪念版

汉译世界学术名著丛书

逻辑与知识

（1901–1950年论文集）

〔英〕伯特兰·罗素 著

苑莉均 译

张家龙 校

商務印書館
SINCE 1897 The Commercial Press

2017年·北京

Bertrand Russell

LOGIC AND KNOWLEDGE

First published in Great Britain in 1956

First published in paperback 1988 by Unwin Hyman Ltd

Reprinted 1989

Reprinted 1992, 1994 by

Routledge

本书中文版由英国卢德里奇出版社授权出版

汉译世界学术名著丛书
（120年纪念版·珍藏本）
出版说明

2017年2月11日，商务印书馆迎来120岁的生日。120年前，商务印书馆前贤怀揣文化救国的理想，抱持“昌明教育，开启民智”的使命，立足本土，放眼寰宇，以出版为津梁，沟通中西，为中国、为世界提供最富智慧的思想文化成果。无论世事白云苍狗，潮流左右激荡，甚至战火硝烟弥漫，始终践行学术报国之志，无改初心。

迻译世界各国学术名著，即其一端。早在20世纪初年便出版《原富》《天演论》等影响至今的代表性著作，1950年代后更致力于外国哲学和社会科学经典的译介，及至1980年代，辑为“汉译世界学术名著丛书”，汇涓为流，蔚为大观。丛书自1981年开始出版，历时三十余年，迄今已推出七百种，是我国现代出版史上规模最大、最为重要的学术翻译工程。

丛书所选之书，立场观点不囿于一派，学科领域不限于一门，皆为文明开启以来，各时代、各国家、各民族的思想与文化精粹，代表着人类已经到达过的精神境界。丛书系统译介世界学术经典，引领时代思想,为本土原创学术的发展提供丰富的文化滋养,为推动中国现代学术和现代化进程做出了突出的贡献。

为纪念商务印书馆成立120周年,我们整体推出"汉译世界学术名著丛书"120年纪念版的珍藏本,寄望既利于文化积累,又便于研读查考,同时向长期支持丛书出版的译者、编者和读者致以敬意。

两甲子后的今天,商务印书馆又站在了一个新的历史时间节点上。我们不仅要铭记先辈的身影和足迹,更须让我们的步伐充满新的时代精神。这是商务人代代相传的事业,更是与国家和民族的命运始终紧密相连的事业。我们责无旁贷,必须做好我们这代人的传承与创造,让我们的努力和成果不仅凝聚成民族文化的记忆,还能成为后来人可以接续的事业。唯此,才能不负前贤,无愧来者。

商务印书馆编辑部

2017年10月

目　　录

序言…………………………………………………………………… 1
关系逻辑(1901)………………………………………………………… 1
论指称(1905) ………………………………………………………… 47
以类型论为基础的数理逻辑(1908) ………………………………… 69
论共相与殊相的关系(1911)………………………………………… 125
论亲知的性质(1914)……………………………………………… 151
逻辑原子主义哲学(1918)…………………………………………… 211
论命题:命题是什么和命题怎样具有意义(1919) …………… 343
逻辑原子主义(1924)……………………………………………… 391
论时序(1936)……………………………………………………… 419
逻辑实证主义(1950)……………………………………………… 445

译后记………………………………………………………………… 466

序　　言

本书的十篇论文体现了我们时代的一位伟大哲学家一生中连续五十年的成就。所有这些文章都具有代表性，我们可以将其中几篇视作他的一些最重要的著述。尽管如此，这里只有一篇是先前经罗素勋爵的允许出过精装本，并且是通过图书行业的正常渠道发行的。而实际上，其中大部分文章先前仅仅在那些藏有不常见的全套期刊的图书馆才见得到。这种情况本身就表明，理所当然应以书的形式重印这些文章。

迄今为止，我们只有两本内容上有部分重复的论文集：《哲学论文集》(1910)和《神秘主义与逻辑》(1918)，它们保留了罗素在逻辑、数学和知识论方面最多产的几十年研究成果中的短篇著述。本书并不包括以上两本书的选文。而倘若要全面理解罗素在二十世纪初撰写的那些论文，则有必要对上述全部三本书进行考查。标志着罗素向《心的分析》(1921)一书的中立一元论过渡的这个时期——或者说，罗素在1914—1918年战争期间和战争刚一结束这段时间的哲学活动(不包括他的社会哲学)——先前一直是很难进行研究的。本书发表的这一时期的三篇论文(没有一篇以前在正式的版本中出现过)可以填补罗素著述年表中这一令人困惑的空白。

本编者相信:人们最终需要的是罗素的这些论文按照其题目的年代排列的一个完整版本,只要删去期刊编者的那些无甚意义的附注。这样一项事业很可能不会吸引一位以营利为目的的出版商,但却应当受到那些有志于以合适的形式保留这些著述的人们的重视,而这些著述——其中的绝大部分——已把我们的这位最杰出的当代人与他的读者们联结在一起。

编选文章一向是很难做的事,我并不期望每个人都会赞同我的挑选。我在本书中重印了罗素的三篇论文(1901—1908),它们在丘奇(Church)的《符号逻辑文献》中也被列为该书的重点。这三篇文章虽然是技术性的,但是它们十分重要。为了将它们编入本书,我不得不删去最初以法文发表在《道德形而上学评论》杂志上的一组论文。它们目前仍然是对它们所提问题所作的最好的一般性讨论。很遗憾,我不得不作这样的选择,但是,我并不为这个选择感到后悔。不管怎样,那些不愿钻研数理逻辑的读者也会在本书里看到其他的清晰易读的文章,就像罗素所有的更通俗的著述一样。

1944 年在西北大学,阿瑟 · H. 内瑟科特教授(Arthur H. Nethercot)向我推荐了罗素哲学。1951 年我以评论罗素哲学的论文获得了哈佛大学博士学位。从那时起,我有幸时常与罗素勋爵本人讨论哲学问题。在本书的编辑中,关于全书的内容和每篇文章开头的导论中所表述的观点由我本人独自负责,而与文章正文有关的所有问题上我都向罗素勋爵作了请教和协商。我竭尽全力以他所希望的最终确定的形式来发表这些论文。承蒙他的协助,以及其他种种的好意,我谨致以极大的感谢。

第一篇论文没有全部重排，大部分符号是从原版照相制版的。由于这个理由，在英文正文和符号原形的印刷上可以看见一些小的变动，因为不可能完全严格地复制皮亚诺(Peano)的意大利印刷机的铅字版面。然而，也不存在这样一来可能引入一种模糊因素的情况。关于第二篇论文的重新排印，我们遵循了《数学原理》的风格，而不是罗素在这篇文章最初发表时使用的早期印刷约定。我们利用这篇文章的重新排印介绍这些微小的变动，这也正是罗素勋爵的愿望。本书论文所注的日期是最初发表的日期。绝大多数情况下，论文是在发表的同年或仅先于发表前一年撰写的。

现在使人们能普遍地在本书中看到的这些论文，其中有一些在当时是很罕见的。这种现象见于下列事实：据说，当时在整个剑桥，罗素论逻辑原子主义的讲演稿复本仅有唯一的一册。而在本书的准备过程中，这一复本从剑桥大学图书馆遗失了。我不得不从布里斯托尔大学图书馆借用失踪件的原本。承蒙布里斯托尔对我表示的关怀，使我能自由地使用这些讲演稿的原本，对此我深表谢意。由于他们的这番好意，今后研究哲学的学生将会避免图书馆之间借书的不方便，也避免了使用盗窃手段的必要性。

1953 年我第一次来剑桥后不久就计划出版这本文集。1954—1956 年我第二次在剑桥期间，终于看到这本书的出版全过程。我会永远铭记剑桥所体现的一种超脱于本位主义的令人感佩的见识，使得我可以不作为一名哲学家、音乐家或教育家，而作为一名有权做他感到重要的一切事情的思想家来发挥作用。

乔治·艾伦和昂温公司的比尔德先生(Walter Beard)承担了印制这本书的监督工作。他不得不处理某些棘手的问题，我们绝不可低估他对于本书的贡献。我感谢他给予我的帮助,感谢他处理疑难问题时的那种讲究实效而又不贸然从事的作风。

罗伯特·查里斯·马什

于剑桥三一学院

由于罗伯特·马什先生在以下我的一些不大出名的著述再版中所表现的勤奋、坚忍和力求精确，我谨向他表示衷心的感谢。对于这本书中相当大的一部分内容，他从事了费力的核对各种版本的工作，这些版本由于战争时期的审查制度带来的各种困难而有所不同。许多文章的复本已不易见到，他历尽烦冗寻找原件。照我看来，马什先生在挑选重印的内容以及每篇文章的说明引荐方面显示出很好的评判力。判断永久保存我在不同时期的思想记录是否有价值，这本来不应当由我来做，但是，倘若任何一位研究以往刻苦钻研之作的历史学家要想研究我本人的思想发展，他会发现这本书对他既可靠又有帮助。

伯特兰·罗素

关系逻辑

在其自传《我的精神发展》一文里，罗素说："我的理智生活中最重要的一年是1900年，而那一年最重要的事件是我参加了在巴黎召开的国际哲学会议。"[①]他与他从前的老师、当时的同事怀特海（Whitehead）一同旅行去巴黎。在皮亚诺和他的学生们提出的数学和逻辑问题的讨论中所显示的那种技巧深深地打动了他俩。罗素带着很深刻的印象回国后钻研了皮亚诺的著作，尤其研究了他的记法。人们可以相当容易地看到这种记法对后来罗素、怀特海在《数学原理》中所使用的记法的影响。

《关系逻辑》一文写于1900年，并在下一年发表。这篇文章是用皮亚诺的记法排印的，虽然它代表与《数学的原则》的大部分著述同时代的成果：在《数学的原则》中罗素使用了后来在《数学原理》里得到充分发展的那种记法的早期形式。那些不熟悉皮亚诺记法的人将在约根森（*Jørgen Jørgensen*）的标准著作（《形式逻辑通论》，哥本哈根和伦敦，1931年，第一卷，第176页后）中看到对皮亚诺系统的简明而令人钦佩的讨论。倘若你了解《数学原理》的记法，实际上皮亚诺的记法并不难看懂，所以这篇文章是以其原初

① 《伯特兰·罗素的哲学》，伊文斯顿和剑桥，1944年，参见第12页。

形式复制的。

罗素的第一篇论文发表于1895年，随后是他在剑桥居住的第一时期。随后四年的数学研究使他发表了一些为通过考试而写的论文，但这些论文并不具有特殊的重要性。然而正是本篇论文使我们清楚地看到哲学上出现了具有第一流水准的创造性思想，而且，由于本文的发表（当时他年仅29岁），罗素作为"享有盛名的思想家"的最终地位似乎就已经确立。有人问他现在觉得这篇论文最重要的观点是什么，罗素答复的是"我的关于基数的定义"——这一定义第一次发表在本文中。

主要根据本篇论文和本书的第二篇论文，使罗素在1908年当选为皇家学会会员。

关系逻辑

——以及对序列理论的一些应用

1901年

这篇论文最初以法文形式发表在皮亚诺的《数学评论》〔Revue de Mathématiques〕第7卷，第115—148页（图林，1900—1901年）。这里是R.C.马什的译文。罗素勋爵对此译文作了修改和更正。

目　　录

1. 关系的一般理论 …… 5
2. 基数 …… 12
3. 序级 …… 17
4. 有穷与无穷 …… 27
5. 紧致序列 …… 30
6. 一个紧致序列中的基本序列 …… 35

我们在皮尔士（Peirce）和施罗德（Schröder）的著作中看到的关系逻辑，其困难和复杂的程度如此之大，以致人们很有可能怀疑其实用性。既然他们忽略了在∈和⊃之间的差别，这两位作者就把一个类看成个体的简单相加之和。鉴于这一理由，在他们看来，关系就像是一对对个体的总和。从这一点可以得出:关系的基本特性通过相当长的求和公式来表述,而公式的意义从记法来看并不十分明显。但是,正是这种关系逻辑必须作为数学的基础,因为在符号推理的过程中所考虑的总是关系的类型;这就是说,我们不需要考察某种特殊关系〔除了那些对于逻辑是基本的关系(像∈和⊃)〕,而要考察某一类型的关系——例如,传递的和不对称的关系,或者一一关系。在目前这篇论文里,我指出:通过使用皮亚诺的记法(在下文中这种记法知识得到采用)很有可能大幅度地简化关系逻辑。但是,看起来似乎是这样:倘若没有明确引入关系,皮亚诺的逻辑几乎不能是完全的。我们可以举基本概念中的函项定义(1)为例子。在这个定义的右边出现的符号 xu 和 ux 并不由于前文而成为自明的。两个字母的并列迄今除表示逻辑乘法外不具有任何意义,而这里不涉及这种乘法。事实在于:只有通过知道一个新的初始观念即关系的观念,关于函项的定义才是可能的。例如,我们可以观察下列的结果。从所引用的定义和第 20 节命题 9•4、第 22 节命题 2•4、第 23 节命题 1•02,2•0,我们推出

$$a,b\varepsilon N_0 .\supset. a+b=ab=a\times b$$

这个结果表明:所采用的记法需要修改。我将给出一种更复杂的记法,由此我们不能推出一个等价的结论。此外,我认为,关系的引入可以为许多数学理论的简化和概括提供机会;这种引入也使得我们在可能定义之时给出唯名定义。

在下文中,我采用了施罗德的一些符号,例如 $\breve{R}$,o',I'。我没有成功地使自己遵守公式表示的规则,让所有符号都排成一行;就关系而言,我必须区分 RP 和 R ∩ P。在其他方面我已经采用了

皮亚诺的逻辑中给出的全部符号，同时也采用了由帕都亚(Padoa)提出的 Elm(单元)的记法〔《数学评论》，第 6 卷，第 117 页〕；但是，我已经区分了ϱu(这里 u 是包含在一个关系 R 的域之内的一个类)和$\varrho \cap u$。鉴于以上理由，一个类 u 和由一个希腊字母代表的一个类的逻辑积总是由$\varrho \cap u$ 或者 $\pi \cap u$ 等等来表示，而不是由ϱu 或者 $u\varrho$来表示。〔参见第 1 节，命题 I·33·34·35·36。〕

1. 关系的一般理论

* 1·0初始观念：Rel＝关系

·1 $R \epsilon \text{Rel} .\supset: xRy .=.$ x 与 y 具有关系R

·21 $R \varepsilon \text{Rel} .\supset. \varrho = x \ni \{\exists y \ni (xRy)\}$ 定义

·22 $R \varepsilon \text{Rel} .\supset. \breve{\varrho} = x \ni \{\exists y \ni (yRx)$ 定义

如果 R 是一种关系，ϱ 可以称作关系 R 的前域，就是说，与单个项或者几个项具有那种关系的一些项的类。我总是使用大写字母代表关系(除了在公式汇编里所碰到的那些关系)，而用相对应的小写希腊字母代表这些关系的前域。在定义·21·22 中，R 这个字母被假定为变项。就是说，α 将是一个关系 A 的前域，β 将是一个关系 B 的前域，以此类推。我将$\exists$看作这样一个初始观念，它允许我将这个符号放在一些命题的前面，倘若没有这个符号的帮助，这些命题就不可归约为 $x \in \alpha$ 这个形式。

·31 $R\varepsilon\ \mathrm{rel}\ .\ x\varepsilon\rho\ .\supset.\ \breve{\rho}x = y\ni(xRy)$ 定义

·32 $x\varepsilon\rho\ .\supset.\ \rho x = y\ni(yRx)$ 定义

·33 $R\varepsilon\ \mathrm{rel}.\ u\varepsilon\ \mathrm{Cls}\ .\ u\supset\rho\ .\supset.\ \breve{\rho}u = y\ni\{\exists u \cap x\ni(xRy)\}$ 定义

·34 $u\breve{\rho} = y\ni\{x\varepsilon u\ .\supset_x .\ xRy\}$ 定义

·35 $u\supset\breve{\rho}\ .\supset.\ \rho u = y\ni\{\exists u\cap x\ni(yRx)\}$ 定义

·36 $u\rho = y\ni\{x\varepsilon u\ .\supset_x .\ yRx\}$ 定义

·4 $R\varepsilon\ \mathrm{rel}\ .\supset.\ \exists\rho\ .=.\ \exists\breve{\rho}$

·5 $\exists R\ .=.\ \exists\rho$ 定义

·6 $R,R'\varepsilon\ \mathrm{rel}\ .\supset\therefore R\supset R'\ .=:\ xRy\ .\supset_{x,y}.\ xR'y$ 定义

·61 $R=R'\ .=:\ R\supset R'\ .\ R'\supset R$ 定义

·7 $R\varepsilon\ \mathrm{rel}\ .\supset.\ \exists\ \mathrm{rel} \cap R'\ni(xR'y\ .=.\ yRx)$ 初始命题

·71 $R\varepsilon\ \mathrm{rel}\ .\supset.\ \mathrm{rel}\cap R'\ni(xR'y\ .=.\ yRx)\ \varepsilon\ \mathrm{Elm}$

$[\ R_1,R_2\ \varepsilon\ \mathrm{rel}\cap R'\ni(xR'y\ .=.\ yRx)\ .\supset\therefore\ xR_1y\ .=.\ yRx : xR_2y\ .=.\ yRx\ .$
$\supset: xR_1y\ .=.\ xR_2y : \supset.\ R_1 = R_2\ ]$

·72 $R\varepsilon\ \mathrm{rel}\ .\supset.\ \breve{R} = \iota\ \mathrm{rel}\cap R'\ni(xR'y\ .=.\ yRx)$ 定义

·8 $\exists\ \mathrm{rel}\cap R\ni(\rho = \iota x\ .\ \breve{\rho} = \iota y)$ 初始命题

以上这个初始命题尤其在算术中很重要[①]。它肯定在两个个体之间存在一种对任意其他一对个体并不成立的关系。既然 x 和 y 不受任何限制,这个关系也就不需要一种假设。但是人们可以将这一关系限制在 x 和 y 是不同的情形,因为,x 和 y 是相同的情形可以通过关系的乘法从这一点推论出来。

① 本文逻辑公式中出现的"Cls"意为"类","Elm"意为"单元","Prop"意为"命题","Induct"意为"归纳","sim"意为"相似","fin"意为"有穷","infin"意为"无穷","transp"意为"移项","seq"意为"后续","Dem"意为"证明","Cls'rel"意为"类的关系","Cls'Cls"意为"类的类","Hp"意为"假设"。——译者

·9 $R\varepsilon$ rel .ɔ. $\breve{\breve{R}} = R$

[$x\breve{\breve{R}}y$.=. $y\breve{R}x$.=. xRy]

·91 $R,S\varepsilon$ rel . $R=\breve{S}$.ɔ. $\breve{\varrho}=\sigma$. $\varrho=\breve{\sigma}$

$R=\breve{S}$.=. $\breve{R}=S$

·93 $R_1, R_2\varepsilon$ rel .ɔ∴ $x(R_1 \cup R_2)y$.=: xR_1y .∪. xR_2y 定义

·94 $K\varepsilon$ Cls'rel .ɔ. $\cup$'K = $R\ni\{xRy$.=. $\exists K \cap R'\ni(xR'y)\}$ 定义

·95 $\cup$'K ε rel 初始命题

·96 $R_1,R_2\varepsilon$ rel .ɔ∴ $x(R_1 \cap R_2)y$.=: xR_1y . xR_2y 定义

·97 $K\varepsilon$ Cls'Rel .ɔ. $\cap$'K = $R\ni\{xRy$.=: $R'\varepsilon K$.ɔ$_{R'}$. $xR'y\}$ 定义

·98 $\cap$'K ε rel 初始命题

* 2·4 $R_1, R_2\varepsilon$ rel .ɔ: $x R_1R_2 z$.=. $\exists y\ni(xR_1y . yR_2z)$ 定义

·11 $R_1R_2 \varepsilon$ rel 初始命题

我们有必要对 $R_1 \cap R_2$（表示逻辑积）和 R_1R_2（表示关系积）作出区别。我们有 $R_1 \cap R_1 = R_1$，但一般没有 $R_1R_1 = R_1$；我们有 $R_1 \cap R_2 = R_2 \cap R_1$，但一般没有 $R_1R_2 = R_2R_1$。例如，祖父（或外祖父）是父亲和父亲的，或者母亲和父亲的关系积，但不是父亲和母亲的关系积。

·12 $R\varepsilon$ rel .ɔ. $R^2 = RR$ 定义

·13 $R,S\varepsilon$ rel .ɔ. $(\breve{RS}) = \breve{S}\breve{R}$

[$x(\breve{RS})y$.=. $yRSx$.= $\exists z\ni(yRz . zSx)$.=. $\exists z\ni(x\breve{S}z$ $z\breve{R}y)$.=. $x\breve{S}\breve{R}y$]

·2 传递的＝tr＝rel $\cap R\ni(R^2 \supset R)$ 定义

只要你有 $R^2 \supset R$，你就有 $xRy \cdot yRz \cdot \supset \cdot xRz$。

·3 $R\varepsilon$ rel .ɔ∴ $R^2 = R$.=: xRz .=. $\exists y\ni(xRy . yRz)$

如果R是产生一个序列的一种关系(这个序列要求R是传递的并包含在相异(不等同)关系之中),$R^2=R$ 给出该序列为紧致序列的条件,就是说,这个序列在它的任何两个项之间含有一个项。(参见下面第5节)

·4 Rε rel .ɔ: x-Ry .=. -(xRy) **定义**

·5 -R ε.rel **初始命题**

·6 (-R̆) = -(R̆)

我看不出皮尔士和施罗德的关系加法是必不可少的。这里是关系加法的定义:

令R和S是关系:它们的关系之和是像下述这样的一种关系P

xPy .=∴ x-Rz .ɔx . zSy : z-Sy .ɔx xRz **定义**

xPy .=. -ꟻ(-ρ̆x ∩ -σy) .=. -{x(-R-S)y}

由此产生

* 3·1 ∈ ∈ rel 初始命题

这个初始命题说明∈是一种关系。这样一来我已经被迫放弃使用大写字母表示关系的规定。

·2 e = xɜ{ꟻyɜ(xεy)} **定义 [e —个体]**

·3 ĕ = xɜ{ꟻyɜ(yεx)} **定义 [e —Cls-ι Λ]**

·4 ĕ ɔ e { yεĕ .ɔ. yεCls .ɔ. yεe }

·5 $x\varepsilon\breve{\varepsilon}y .=. \exists z\ni(x\varepsilon z . y\varepsilon z)$

·51 $x\breve{\varepsilon}\varepsilon y .=. \exists z\ni(z\varepsilon x . z\varepsilon y) .=. x,y\varepsilon \mathrm{Cls} . \exists xy$

·6 $y\varepsilon \mathrm{Cls}'\mathrm{Cls} .\supset. \smile' y = x\ni(x\varepsilon^2 y)$

·7 $\mathrm{R}\varepsilon\, \mathrm{rel} : x\varepsilon\varrho .\supset_x. y\ni(x\mathrm{R}y) = x :\supset. \mathrm{R} = \breve{\varepsilon}$

[$x\varepsilon\varrho .\supset_x : x\mathrm{R}y .=. y\varepsilon x .\supset.\because. \mathrm{R} = \breve{\varepsilon}$]

·8 $u,v\varepsilon\, \mathrm{Cls}{-}\iota\Lambda .\supset. \exists\, \mathrm{rel} \frown \mathrm{R}\ni(x\mathrm{R}y .=. x\varepsilon u . y\varepsilon v)$

[Prop 1·8 $.\supset. \exists\,\mathrm{rel} \frown \mathrm{P}\ni(\iota u = \pi . \iota v = \breve{\pi})$

$\mathrm{P}\varepsilon\, \mathrm{rel} . \iota u = \pi . \iota v = \breve{\pi} .\supset::$

$x\varepsilon u . y\varepsilon v .=_{x,y}. x(\varepsilon\mathrm{P}\breve{\varepsilon})y .\because. x{-}\varepsilon u .\smile. y{-}\varepsilon v .=_{x,y}. -\{x(\varepsilon\mathrm{P}\breve{\varepsilon})y\} ::\supset.$ Prop]

上述这个命题证明:如果 u,v 是两个非空的类,在所有的 u 的项和所有的 v 的项之间就有一种能够成立的关系,但是这种关系在任何其他一对项之间不成立。

·81 $u\varepsilon\, \mathrm{Cls}{-}\iota\Lambda .\supset. \exists\, \mathrm{rel} \frown \mathrm{R}\ni(\varrho = u : x\varepsilon u .=_x. x\mathrm{R}u)$

[Prop 1·8 $.\supset. \exists\, \mathrm{rel}\frown\mathrm{P}\ni(\pi = \iota u . \breve{\pi} = \iota u) :\supset.\because.$
$x\varepsilon u .\supset_x. x(\varepsilon\mathrm{P})u : x{-}\varepsilon u .\supset_x . -x(\varepsilon\mathrm{P})u .\supset.\because.$ Prop]

·82 $u\varepsilon\, \mathrm{Cls}{-}\iota\Lambda .\supset. \varepsilon u = \imath\, \mathrm{rel} \frown \mathrm{R}\ni(\varrho = u : x\varepsilon u .=_x. x\mathrm{R}u)$ 定义

这个关系 $\in u$ 是只对于类 u 的关系 $\in$。它是通过 $\in$ 与只在 u 和 u 之间成立的那种关系的关系积而形成的。

∗4·1 初始观念:I’=等同关系

这个符号是在施罗德的符号记法里给出的。我不用=这个符号代表个体之间的等同关系,因为它另外用来表达类之间、命题之间和关系之间的等价性。

·2 $1' \varepsilon\, \mathrm{Rel}$ **初始命题**

$\cdot 3 \quad 0' = -1'$ 定义

0'是相异(不等同)关系。它是作为命题 2·5的后承的一种关系。

$\cdot 31 \quad x\,1'\,x$ 初始命题

$\cdot 32 \quad 1' \supset \breve{1}'$ 初始命题

$\cdot 33 \quad R\,\varepsilon\,\mathrm{rel}\,.\,xRy\,.\,y\,1'\,z\,.\supset.\,xRz$ 初始命题

$\cdot 34 \quad 1'^2 \supset 1' \qquad [\ \mathrm{Prop}\ 4\cdot 33\ .\supset.\ \mathrm{Prop}\ ]$

$\cdot 4 \quad 1' = \breve{1}'$

$[\ x\breve{1}'y\ .=.\ y1'x \quad |1| \qquad |1|\ .\ \mathrm{Prop}\cdot 32\ .\supset.\ x1'y \quad |2|$

$|2|\ .\supset.\ \breve{1}' \supset 1' \quad |3| \qquad |3|\ .\ \mathrm{Prop}\cdot 32\ .\supset.\ \mathrm{Prop}\ ]$

$\cdot 41 \quad 1'^2 = 1'$

$[\ x1'y\ .\ y1'y\ .\supset.\ x1'^2y\ :\supset.\ 1' \supset 1'^2 \quad |1|$

$|1|\ .\ \mathrm{Prop}\cdot 34\ .\supset.\ \mathrm{Prop}\ ]$

$\cdot 42 \quad 0' = \breve{0}'$

$[\ \mathrm{Prop}\cdot 3\cdot 4\ .\supset.\ \mathrm{Prop}\ ]$

$\cdot 5 \quad R,P\,\varepsilon\,\mathrm{rel}\ .\supset:\ R\breve{P} \supset 0'\ .=.\ \breve{R}P \supset 0'$

$[\ R\breve{P} \supset 0'\ .=:\ xRy\ .\ y\breve{P}z\ .\supset_{z,y,x}.\ x0'z\ :$

$=.\ -\exists\ (x,y)\ni(xRy\ .\ y\breve{P}x)$

$=.\ -\exists\ (x,y)\ni(y\breve{R}x\ .\ xPy)$

$=:\ y\breve{R}x\ .\ xPz\ .\supset_{z,y,x}.\ y0'z\ :=.\ \breve{R}P \supset 0'\ ]$

$*\ 5\cdot 1 \quad \mathrm{Nc}\to 1 = \mathrm{Rel} \cap R\ni\{xRy\ .\ xRz\ .\supset_x.\ y1'z\}$ 定义

$\cdot 11 \quad 1\to\mathrm{Nc} = \mathrm{Rel} \cap R\ni\{yRx\ .\ zRx\ .\supset_x.\ y1'z\}$ 定义

$\cdot 2 \quad R\,\varepsilon\,\mathrm{Nc}\to 1\ .=.\ \breve{R}\,\varepsilon\,1\to\mathrm{Nc}$

$\cdot 3 \quad 1\to 1 = (\mathrm{Nc}\to 1) \cap (1\to\mathrm{Nc})$ 定义

Nc → 1 是多对一关系的类。符号 Nc → 1 表示：如果我们有 xRy，当给出 x 时，只有一个可能的 y。但是，当给出 y 时，就有 x 的某个基数，它满足 xRy 这个条件。同理，1 → Nc 是多对一关系的逆的类，而 1 → 1 是一一关系的类。

·31 $\mathrm{Nc} \dot{+} 1 = \mathrm{Rel} \cap \mathrm{R}\ni(x\varepsilon\rho\ .\supset_x.\ \breve{\rho}x\ \varepsilon\ \mathrm{Elm})$

·32 $1 \dot{+} \mathrm{Nc} = \mathrm{Rel} \cap \mathrm{R}\ni(x\varepsilon\breve{\rho}\ .\supset_x.\ \rho x\ \varepsilon\ \mathrm{Elm})$

·4 $1'\varepsilon\ 1 \dot{+} 1$

[Prop 4·34·4 .ɔ. Prop]

·5 $\mathrm{R}\varepsilon\ 1 \dot{+} 1\ .\supset.\ \breve{\mathrm{R}}\ \varepsilon\ 1 \dot{+} 1$

·6 $\mathrm{R}\varepsilon\ 1 \dot{+} \mathrm{Nc}\ .\supset.\ \mathrm{R}\breve{\mathrm{R}} \supset 1'$

你不会有 $\mathrm{R}\breve{\mathrm{R}}=1'$，因为 $\mathrm{R}\breve{\mathrm{R}}$ 的前域和 R 的前域相同，它一般只是 1'的前域的一部分。

[$x\mathrm{R}\breve{\mathrm{R}}y\ .\supset.\ \exists z\ni(x,y\varepsilon\ \rho\ z) : \mathrm{R}\varepsilon\ 1 \dot{+} \mathrm{Nc}\ .\supset.\ \rho z\ \varepsilon\ \mathrm{Elm}\ .\cdot.\supset.$ Prop]

·7 $\mathrm{R,S}\varepsilon 1 \dot{+} 1\ .\supset.\ \mathrm{RS}\ \varepsilon\ 1 \dot{+} 1$

·8 $\mathrm{R,S}\varepsilon\ \mathrm{Nc} \dot{+} 1\ .\ u\varepsilon\ \mathrm{Cls}\ .\ u\supset\rho\ .\ \breve{\rho}u \supset\sigma\ .\ \mathrm{RS} = \mathrm{P}\ .\supset.\ \breve{\sigma}(\breve{\rho}u) = \breve{\pi}u$

[$x\varepsilon u\ .\ y\ 1'\ \ni x\breve{\rho}\ .\supset.\ y\varepsilon\sigma\ .\supset:\ z\ 1'\ \ni y\breve{\sigma}\ .\supset.\ x\mathrm{RS}z\ .\cdot.\supset.\ \breve{\sigma}(\breve{\rho}u) \supset \breve{\pi}u$ |1|

$x\varepsilon u\ .\ x\mathrm{RS}z\ .\supset.\ \exists\ \sigma\cap y\ni(x\mathrm{R}y\ .\ y\mathrm{S}z)\ .\supset.\ y\varepsilon\breve{\rho}u\ .\ z\varepsilon\ \breve{\sigma}(\breve{\rho}u) :$

$\supset.\ \breve{\pi}u \supset \breve{\sigma}(\breve{\rho}u)$ |2|

|1| . |2| .ɔ. Prop]

✱ 6·1 $\mathrm{S}\varepsilon\ \mathrm{Nc} \dot{+} 1\ .\ \mathrm{R} = \mathrm{S}\breve{\mathrm{S}}\ .\supset.\ \mathrm{R}^2\supset\mathrm{R}\ .\ \mathrm{R} = \breve{\mathrm{R}}$

[$x\mathrm{R}z\ .=.\ \exists\ y\ni(x\mathrm{S}y\ .\ z\mathrm{S}y)$ |1|

$z\mathrm{R}w\ .=.\ \exists\ v\ni(z\mathrm{S}v\ .\ w\mathrm{S}v)$ |2|

$\mathrm{S}\varepsilon\ \mathrm{Nc} \dot{+} 1\ .\ z\mathrm{S}y\ .\ z\mathrm{S}v\ .\supset.\ y1'v$ |3|

|1|.|2|.|3| $.\supset:\ x\mathrm{R}z\ .\ z\mathrm{R}w\ .\supset.\ \exists\ y\ni(x\mathrm{S}y\ .\ w\mathrm{S}y)\ .\supset.\ x\mathrm{R}w :\supset.\ \mathrm{R}^2 \supset \mathrm{R}$ |4|

$x\mathrm{R}z\ .=.\ \exists\ y\ni(x\mathrm{S}y\ .\ z\mathrm{S}y)\ .=.\ \exists y\ni(z\mathrm{S}y\ .\ x\mathrm{S}y)\ .=.\ z\mathrm{R}x :\supset.\ \breve{\mathrm{R}} = \mathrm{R}$ |5|

|4|.|5| .ɔ. Prop]

·2 $\mathrm{R}\varepsilon\ \mathrm{rel}\ .\ \mathrm{R}^2\supset\mathrm{R}\ .\ \mathrm{R} = \breve{\mathrm{R}}\ .\ \exists\mathrm{R}\ .\supset.\ \exists\ \mathrm{Nc} \dot{+} 1 \cap \mathrm{S}\ni(\mathrm{R} = \mathrm{S}\breve{\mathrm{S}})$

[$x\mathrm{S}u\ .=.\ x\varepsilon\rho\ .\ u = \breve{\rho}x :\supset:$

$x\mathrm{S}u\ .\ y\mathrm{S}u\ .=.\ x,y\varepsilon\rho\ .\ u = \breve{\rho}x = \breve{\rho}y\ .\supset.\ x\mathrm{R}y :\supset.\ \mathrm{S}\breve{\mathrm{S}} \supset \mathrm{R}$ |1|

$\mathrm{R}^2\supset\mathrm{R}\ .\ \mathrm{R} = \breve{\mathrm{R}}\ .\ \exists\mathrm{R}\ .\supset:\ x\varepsilon\rho\ .\supset_x.\ x\varepsilon\ \breve{\rho}\ x$ |2|

|2| . Hp|1| $.\supset:\ x\mathrm{R}y\ .\supset.\ x,y\varepsilon\ \breve{\rho}x\ .\supset.\ x\mathrm{S}\breve{\rho}x\ .\ y\mathrm{S}\breve{\rho}x\ .\supset.\ x\mathrm{S}\breve{\mathrm{S}}y :\supset\ \mathrm{R}\supset\mathrm{S}\breve{\mathrm{S}}$ |3|

|1| . |3| .ɔ. Prop]

命题6·2是6·1的逆。它断定：所有的传递的、对称的和非空的关系都可以分析成为一种多对一关系和其逆的积，并且这个论证给出我们有能力做到这一点的一种方式，并没有证明不存在其他的做到这一点的方式。命题6·2为使用抽象方式的定义所预设，而它说明：这些定义一般不给出单一的个体，只给出一个类，因为关系S的类一般不是一个元素。对于这个类的每个关系S和对于R的所有的项 x 来说，存在一个为抽象方式的定义所指明的个体；但这个类的其他关系S一般不给出同样的个体。在具体的应用中这一点将得到更好的解释，例如下一节里的例子。同时，我们总可以把 $\breve{\varrho} x$ 这个类（它在命题6.2的论证中出现）作为通过抽象方式的定义所指明的个体；举例来说，一个类 u 的基数一定是相似于 u 的许多类的那个类。

2. 基数

✱ 1·1 $u, v \varepsilon \mathrm{Cls} .\supset: u \operatorname{sim} v .=. \exists\, 1+1 \cap R \ni (u \supset \varrho . \breve{\varrho} u = r)$ 定义

关于 $\breve{\varrho} u$ 的定义参见I命题I·33。

·11 sim ε rel 初始命题

为了肯定具有常值的一个项（诸如“sim”）属于这个或那个类，我们总是需要某个初始命题。

·2 $u \varepsilon \mathrm{Cls} . \supset . u \operatorname{sim} u$

[$1' \varepsilon 1+1 : R = 1' . \supset . u \supset \varrho . \breve{\varrho} u = u :\supset.$ Prop]

·21 $u, v \varepsilon \mathrm{Cls} . \supset : u \operatorname{sim} v .=. v \operatorname{sim} u$

[§1 Prop 5·5 $.\supset.$ Prop]

·22 $u, v, w \varepsilon$ Cls .Ↄ: u sim v . v sim w .Ↄ. u sim w
[§ 1 Prop 5·7 .Ↄ. Prop.]

·3 ∃ Nc ⟶ 1 ∩ SƐ(sim = S$\breve{S}$)
[1.11·2·21·22. § 1 Prop 6·2 .Ↄ. Prop]

·4 ϱ = Nc ⟶ 1 ∩ SƐ (sim = S$\breve{S}$) 定义

参见第 1 节结束时的注释。如果我们想要用抽象方式定义基数,我们只能将它定义为许多类的一个类,而许多类中每一类都与“基数”这个类有一一对应关系,而具有这样一种对应关系的每一个类都属于这个基数类。这一点来自下面的命题·52 和·54。

·5 Sεϱ .Ↄ. σ = Cls [sim = S$\breve{S}$: $u\varepsilon$ Cls .Ↄ$_u$. u sim u :Ↄ.
$u\varepsilon$ Cls .Ↄ$_u$. ∃ xƐ(uSx)]

·51 S,S′εϱ .Ↄ. S$\breve{S}$′ ε 1⟶1

[$x\breve{S}$S′y . $x\breve{S}$S′y′ .=. ∃ Cls ∩ uƐ(uSx . uS y) . ∃ Cls ∩ u′Ɛ(u′Sx . u′S′y′) |1|

uSx . u′Sx .Ↄ. u sim u′ .Ↄ. u S′$\breve{S}$′u′ .Ↄ. ∃ y″Ɛ(uS′y″ . u′S′y″) |2|

|1| . |2| . S,S′ ε Nc⟶1 .Ↄ. y1′y″ . y′1′y″ .Ↄ. y1′y′ .Ↄ. $\breve{S}$S′ ε Nc⟶1 |3|

|3| .Ↄ. $\breve{S}$′S ε Nc⟶1 .Ↄ. $\breve{S}$ S′ ε 1⟶Nc |4| |3|.|4| .Ↄ. Prop]

·52 S,S′εϱ .Ↄ. $\breve{\sigma}$ sim $\breve{\sigma}$′
[$x\varepsilon\sigma$.Ↄ. ∃ Cls ∩ uƐ (uSx) |1|
Prop 1·5 . $u\varepsilon$Cls .Ↄ. ∃ σ′ ∩ yƐ(uS′y) |2|
|1| . |2| .Ↄ: $x\varepsilon\breve{\sigma}$.Ↄ$_x$. ∃$\breve{\sigma}$′ ∩ yƐ($x\breve{S}$S′y) |3|
|3| .Ↄ: $y\varepsilon\breve{\sigma}$′ .Ↄ$_y$. ∃$\breve{\sigma}$ ∩ xƐ($x\breve{S}$S′y) |4|
|3| . |4| . Prop 5·1 .Ↄ. Prop]

·53 Sε rel . Rε 1⟶Nc . $\breve{\sigma}$ Ↄ ϱ .Ↄ. SR$\breve{R}\breve{S}$ = S$\breve{S}$

[$\breve{\sigma}$ Ↄ ϱ .Ↄ: xSy .Ↄ$_{x,y}$. ∃zƐ(yRz) |1|

Rε 1⟶Nc .Ↄ: yRz . $z\breve{R}y$′ .Ↄ. y1′y′ |2|

|1| . |2| .Ↄ. SR$\breve{R}$ = S1′ |3|

|3| § 1 Prop 4·83 .Ↄ. SR$\breve{R}$ = S .Ↄ. Prop]

·54 Sεϱ . k sim $\breve{\sigma}$.Ↄ. ∃ ϱ ∩ S′Ɛ(k= $\breve{\sigma}$′)

[k sim $\breve{\sigma}$.=. ∃ 1⟶1 ∩ RƐ(kↃϱ . ϱk =σ) |1|

|1| . Prop 1·5 .Ↄ:$u\varepsilon$ Cls .Ↄ$_u$. ∃ k∩xƐ(uSRx) |2|

S ε Nc→1 . R ε →1 .ɔ: SR ε Nc→1 |8|

Prop ·53 .ɔ. SR $\breve{R}\breve{S}$ = $S\breve{S}$ = sim |4|

|2| . |3| . |4| . ɔ . Prop]

命题·52 和·54 证明：所有那些构成类 S 的不同关系的前域的类都是相似的(sim)，而所有的相似于这些类之一的类都属于这个类的类。基数算术全部适用于这些类的每一类；但是为了全面发展有穷数论的理论，还需要数学归纳法。(参见第 4 节)

✽ 2. Seg .ɔ::

·1 u,v ε Cls .ɔ: ι$\breve{\sigma}$u > ι$\breve{\sigma}$v .=. -(u sim v) . ∃Cls ι w ∋ ∩ (w sim v . w ɔ u) 定义

·2 ι$\breve{\sigma}$u < ι$\breve{\sigma}$v .=. ι$\breve{\sigma}$v > ι$\breve{\sigma}$u 定义

·3 u = ∧ . v = ∧ .ɔ. u sim v

[R ε 1→1 . u = ∧ .ɔ. u ɔ ϱ . uϱ = ∧ |1|

|1| . v = ∧ . Prop 1·1 .ɔ. Prop]

·4 0σ = ι$\breve{\sigma}$∧ 定义

·5 ιx sim ιy

[§1 Prop 1·8 .ɔ. Prop]

·6 u sim ιx .ɔ: u ε Elm

[u sim ιx .=. ∃ 1→1 ∩ R ∋ (u ɔ ϱ . $\breve{\varrho}$u = ιx)

R ε 1→1 . u ɔ ϱ . $\breve{\varrho}$u = ιx .ɔ: y,z ε u .ɔ. yRx . zRx .ɔ. y1'z .ɔ. u ε Elm]

·61 u,v ε Elm .ɔ. u sim v

[u ε Elm . x ε u .ɔ. u sim ιx |1|

v ε Elm . y ε v .ɔ. v sim ιy |2|

|1| . |2| . Prop 2·5 .ɔ. Prop]

·7 1σ = ι$\breve{\sigma}$ ∩ x ∋ (u ε Elm .ɔu . uSx) 定义

✽ 3·1 R ε rel . u ɔ ϱ . ∃u .ɔ

∃ rel ∩ R' ∋ {ϱ' = u : xR'y .=x,y. x ε u . xRy}

Hp . §1 Prop 3·8 .ɔ. ∃ rel ∩ R'' ∋ {ϱ'' = u . $\breve{\varrho}''$ = $\breve{\varrho}$u : x ε u . y ε $\breve{\varrho}$u .=x,y . xR''y}

R'' ε rel : xR''y .=y,x. x ε u . y ε $\breve{\varrho}$u : R ∩ R'' = R' :ɔ:

xR'y .=. x ε u . y ε $\breve{\varrho}$u . xRy .=. x ε u . xRy :ɔ. Prop]

·11 R ε rel . u ɔ ϱ .ɔ. rel ∩ R' ∋ {xR'y .=. x ε u . xRy} ∃ Elm

[R₁,R₂ ε rel ∩ R' ∋ {xR'y .=. x ε u . xRy} .ɔ: xR₁y .=. x ε u . xRy .=. xR₂y :ɔ. Prop]

命题·1·11 指出：总可能找到一种关系，其关系前域是一个给定的关系的前域之有限部分，而等值于那个部分中所给定的关系。

$\cdot 12 \quad \mathrm{R}\varepsilon\, \mathrm{rel} \,.\, u\supset\varrho \,.\supset.\, \mathrm{R}_u = \cdot\, \mathrm{Rel} \frown \mathrm{R}'\ni\{x\mathrm{R}'y \,.=.\, x\varepsilon u \,.\, x\mathrm{R}y\}$

定义

$\cdot 2 \quad u,u'\varepsilon\, \mathrm{Cls} \,.\, u \,\mathrm{sim}\, u' \,.\supset.\, \exists\, 1{+}1 \frown \mathrm{R}\ni(u{=}\varrho \,.\, u'{=}\breve{\varrho})$

$[\, u \,\mathrm{sim}\, u' \,.\supset.\, \exists\, 1{+}1 \frown \mathrm{R}\ni(u\supset\varrho \,.\, \breve{\varrho}u = u\,)$ $\quad !1!$

$!1! \,.\, \mathrm{Prop}\,3\cdot1 \,.\supset.\, \mathrm{Prop}\,]$

$\cdot 3 \quad u,v,u',v'\varepsilon\, \mathrm{Cls} \,.\, uv = \Lambda \,.\, u'v' = \Lambda \,.\, u \,\mathrm{sim}\, u' \,.\, v \,\mathrm{sim}\, v' \,.\supset.$
$u\cup v \,\mathrm{sim}\, u'\cup v'$

$[\, u \,\mathrm{sim}\, u' \,.\, \mathrm{Prop}\cdot2 \,.\supset.\, \exists\, 1{+}1 \frown \mathrm{R}\ni(u{=}\varrho \,.\, u'{=}\breve{\varrho})$

$v \,\mathrm{sim}\, v' \,.\, \mathrm{Prop}\cdot2 \,.\supset.\, \exists\, 1{+}1 \frown \mathrm{R}\ni(v{=}\varrho' \,.\, v'{=}\breve{\varrho}')$

$uv{=}\Lambda \,.\, u'v'{=}\Lambda \,.\, \mathrm{P}{=}\, \mathrm{R}\cup\mathrm{R}' \,.\supset.\, \pi{=}\, u\cup v \,.\, \breve{\pi}{=}\, u'\cup v' \,.\, \mathrm{P}\varepsilon\, 1{+}1 \,.\supset.\, \mathrm{Prop}\,]$

$\cdot 4 \quad k\varepsilon\, \mathrm{Cls}'\, 1{+}1 :\, \mathrm{R}_1,\mathrm{R}_2\varepsilon k \,.\, \mathrm{R}_1\, 0'\, \mathrm{R}_2 \,.\supset_{\mathrm{R}_1,\mathrm{R}_2} .\, \varrho_1\frown\varrho_2 = \Lambda \,.$

$\breve{\varrho}_1\frown\breve{\varrho}_2 = \Lambda \,:\supset.\, \cup'k \,\varepsilon\, 1{+}1$

$[\, x(\cup'k)y \,.=.\, \exists\, k\frown\mathrm{R}\ni(x\mathrm{R}y) \,.\supset.\, \exists\, k\frown \mathrm{R}\ni(x\varepsilon\varrho)$

$\mathrm{R}_1,\mathrm{R}_2\varepsilon k \,.\, \mathrm{R}_1\, 0'\, \mathrm{R}_2 \,.\supset_{\mathrm{R}_1,\mathrm{R}_2} .\, \varrho_1\frown\varrho_2 = \Lambda \,:\supset:\, \exists\, k\frown \mathrm{R}\ni(x\varepsilon\varrho) \,.\supset_x .\, k\frown \mathrm{R}\ni(x\varepsilon\varrho)\,\varepsilon\, \mathrm{Elm}:$

$\supset.\because \mathrm{R}\varepsilon k \,.\, x\varepsilon\varrho \,.\supset:\, x(\cup'k)y \,.=.\, x\mathrm{R}y \,.\because\supset.\, \mathrm{Prop}\,]$

$3\cdot41 \quad \mathrm{R}\varepsilon\, 1{+}1 \,.\, \varrho,\breve{\varrho}\,\varepsilon\, \mathrm{Cls}'\mathrm{Cls} :\, x\mathrm{R}y \,.\supset_{x,y}.\, x \,\mathrm{sim}\, y :$

$x,x'\varepsilon\varrho .\, x0'x' .\supset_{x,x'} .\, xx' = \Lambda :\, y,y'\varepsilon\breve{\varrho} .\, y0'y' .\supset_{y,y'} .\, \varrho\varrho' = \Lambda \,:\supset.\, \cup'\varrho \,\mathrm{sim}\, \cup'\breve{\varrho}$

$[\, x\mathrm{R}y \,.\supset_{x,y}.\, x \mathrm{sim} y \,:\supset:\, x\mathrm{R}y \,.\supset.\, \exists\, 1{+}1 \frown \mathrm{R}'\ni(x{=}\varrho' \,.\, y{=}\breve{\varrho}')$

$x\varepsilon\varrho \,.\supset_x.\, \mathrm{R}_x \,\varepsilon\, 1{+}1 \frown \mathrm{R}'\ni(x{=}\varrho' \,.\, \breve{\iota}\varrho x = \breve{\varrho}') :\, k{=}\, 1{+}1 \frown \mathrm{R}''\ni'\exists\varrho \frown x\ni(\mathrm{R}''1'\mathrm{R}_x\,)!:$

$\mathrm{P}{=}\, \cup'k \,.\, \mathrm{Prop}\; 3\cdot4 \,:\supset.\, \mathrm{P}\varepsilon\, 1{+}1 \,.\, \pi{=}\cup'\varrho \,.\, \breve{\pi}{=}\, \cup'\breve{\varrho} \,.\supset.\, \mathrm{Prop}\,]$

这个命题以一种形式说明了算术加法的基础，这个形式允许无穷数和一些有穷或无穷数的相加。

$3\cdot3 \quad u\varepsilon\, \mathrm{Cls} \,.\, x,y\varepsilon u \,.\supset.\, u{-}\iota x \,\mathrm{sim}\, u{-}\iota y$

$[\, u{-}\iota x{-}\iota y \,\mathrm{sim}\, u{-}\iota x{-}\iota y \,.\, \iota x \,\mathrm{sim}\, \iota y \,.\, \mathrm{Prop}\; 3\cdot3 \,.\supset.\, \mathrm{Prop}\,]$

·31　$u, v \varepsilon \mathrm{Cls} \,.\, u \,\mathrm{sim}\, v \,.\, x \varepsilon u \,.\, y \varepsilon v \,.\supset.\, u - \iota x \,\mathrm{sim}\, v - \iota y$

{ $R \varepsilon\, 1 \to 1 \,.\, u = \rho \,.\, v = \breve{\rho} \,.\, x R y \,.\supset.$ Prop　|1|

$R \varepsilon\, 1 \to 1 \,.\, u = \rho \,.\, v = \breve{\rho} \,.\, -(xRy) \,.\supset.\!\cdot.\, \exists\, v \frown z \varepsilon (xRz) : xRz \,.\supset_z .\, y 0' z \,.\!\cdot$
$\supset.\, u - \iota x \,\mathrm{sim}\, v - \iota z$　|2|

Prop3·5 $.\supset.\, v - \iota z \,\mathrm{sim}\, v - \iota y$　|3|

|1|.|2|.|3| $.\supset.$ Prop }

·32　$u, v \varepsilon \mathrm{Cls} \,.\, x \varepsilon u \,.\, y \varepsilon v \,.\supset:\, u \,\mathrm{sim}\, v \,.=.\, u - \iota x \,\mathrm{sim}\, v - \iota y$

＊ 4.　$S \varepsilon \mathrm{g} \,.\supset::$

·1　$m, n \varepsilon \breve{\sigma} \,.\supset.\, m + n = \iota \breve{\sigma} \frown x \ni \{ u S m \,.\, v S n \,.\, u v = \Lambda \,.\supset_{u,v}.\, u \cup v \,S x \}$
定义

这个定义根据命题3·3

·2　$k \supset \breve{\sigma} \,.\supset.\, \Sigma k = \iota \breve{\sigma} \frown p \ni \{ u \varepsilon \mathrm{Cls}'\mathrm{Cls} \,.\, u \,\mathrm{sim}\, k : x, y \varepsilon u \,.\supset_{x,y}.\, xy = \Lambda$
$: \exists\, 1 \to 1 \frown R \ni (u = \rho \,.\, k = \breve{\rho} : x \varepsilon u \,.\, x R y \,.\supset_x.\, x S y) :\supset_u.\, \cup' u \,S p \}$
定义

16

这个定义根据命题3·41。注意到下面这一点很重要：这个定义规定了具有有穷或无穷数的一个有穷或无穷的类的总和；但是，对于所有这些数来说，它们的差异是必要的，否则便不可能将它们定义为数的一个类，而只能定义为类的数。鉴于求和中有一些等数的情形，就需要不同的思考，乘法运算中尤其如此。为了避免篇幅过长，我就不在这里展开这个运算。

·3　$1_\sigma 0' 0_\sigma$

$\{ u S 1_\sigma \,.\supset.\, u \varepsilon \mathrm{Elm} : v S 0_\sigma \,.\supset.\, v = \Lambda : \Lambda - \varepsilon \mathrm{Elm} :\supset.$ Prop$\}$

这个命题证明：对于类S的任何关系来说，1σ 与 0σ 不同。

·4　$x \varepsilon \breve{\sigma} \,.\supset.\, x + 1_\sigma = \iota \breve{\sigma} \frown y \ni \{ u S x \,.\, z - \varepsilon u \,.\supset_{u,z}.\, u \cup \iota z \,S y \}$　定义

·41　$x \varepsilon \breve{\sigma} - \iota 0_\sigma \,.\supset.\, x - 1_\sigma = \iota \breve{\sigma} \frown y \ni \{ u S x \,.\, z \varepsilon u \,.\supset_{u,z}.\, u - \iota z \,S y \}$　定义

这个定义根据命题 3•51。

$$4\cdot5 \quad x \varepsilon \breve{\sigma}\text{-}\iota 0_\sigma \,.\, \supset : x - 1_\sigma 1' x \,.=.\, x 1' x + 1_\sigma$$

$$[\, x - 1_\sigma 1' x \,.\, u S x - 1_\sigma \,.\, v S x \,.\supset.\, u \text{ sim } v \qquad |1|$$

$$|1| \,.\, \text{Prop } 3\cdot52 \,.\supset.\therefore z\text{-}\varepsilon u \,.\, w\text{-}\varepsilon v \,.\supset: u \text{ sim } v \,.=.\, u \cup \iota z \text{ sim } v \cup \iota w \,.\therefore$$

$$\supset: x - 1_\sigma 1' x \,.=.\, x 1' x + 1_\sigma \,]$$

$$\cdot6 \quad x \varepsilon \breve{\sigma}\text{-}\iota 0_\sigma \,.\supset: x - 1_\sigma 0' x \,.=.\, x 0' x + 1_\sigma$$

$$[\, \cdot5 \,.\, \text{Transp} \,.\supset.\, \text{Prop} \,]$$

命题•5和•6证明：如果一个类的数和另一类的数相等，另一类是通过从一给定的类减去一项而得，那么这个数也和通过对所给的类加上一项而得的类的数相等，反之亦然。既然我们已经证明(4•3)1_σ 与 0_σ 是不同的，我们借此也可以证明：在服从数学归纳法的数的类中，从 0_σ 开始，两个连续的数绝不相等。为了展开这个主题，有必要考查序级(progressions)的理论，即关于其序数是 ω 的序列(series)的理论。

3. 序级

$$* \quad 1.1 \quad \omega = \text{Cls} \frown u \ni \{ \exists 1 \to 1 \frown \text{R} \ni (u \supset \varrho \,.\, \breve{\varrho} u \supset u \,.\, \exists\, u \text{-} \breve{\varrho} u :$$

$$s \varepsilon \text{ Cls} \,.\, \exists\, s u \text{-} \breve{\varrho} u \,.\, \varrho(s u) \supset s \,.\supset_s .\, u \supset s \} \qquad \text{定义}$$

这是关于序数 ω 的定义，或者毋宁说(如果你愿意)是关于可数的类的类之定义。序数实际上是序列的类。ω 这个类是无穷序列的类中最简单的。既然此定义不预设数，那么最好是对这一序列的类型(序型)给出一个不含数的名称。因此，我称这个序型为序级的类。下面是其书面定义：ω 是 u 类的类，这些类具有一一对应关系 R，使得 u 被包含在 R 的前域之中，不同的 u 对其有关系 R 的那些项的类被包含在 u 之中，而不必与 u 相同一，而且，如果 s 是任何一个至少 u 的一个项所属于的类（任何 u 对这个类都不具有关系 R），所有的 u 的项都属于这个类，而 u 和 s 的共同部分的一个项对这个类具有关系 R，那么，这个类 u 被包含在类 s 之中。

$\cdot 11 \quad R\varepsilon 1\to 1 . \breve{\varrho} \supset \varrho . \exists \varrho - \breve{\varrho} . \supset .$

$\omega_\varrho = u \ni \{ u \supset \varrho . \breve{\varrho}\, u \supset u . \exists\, u - \breve{\varrho} u : s \varepsilon \mathrm{Cls} . \exists\, su - \breve{\varrho} u . \breve{\varrho}(su) \supset s . \supset_s . u \supset s \}$ 定义

ω_ϱ 是序级的类，其中的 R 是生成关系。

$\cdot 12 \quad u\varepsilon\omega . \supset . \mathrm{Rel}_u = 1\to 1 \frown R \ni (u \varepsilon \omega_\varrho)$ 定义

$\cdot 13 \quad \mathrm{Induct} .=\therefore u\varepsilon\omega . R\varepsilon \mathrm{Rel}_u . \supset : s\varepsilon \mathrm{Cls} . \exists\, su - \breve{\varrho} u . \breve{\varrho}(su) \supset s . \supset_s . u \supset s$ 定义

$\cdot 2 \quad u\varepsilon\omega . R\varepsilon \mathrm{Rel}_u . \supset . u - \breve{\varrho} u \,\varepsilon\, \mathrm{Elm}$

$[\, x\varepsilon\, u - \breve{\varrho} u . s = \iota x \cup \breve{\varrho} u . \supset . \breve{\varrho}(su) \supset s . \exists\, su - \breve{\varrho} u \quad (1)$

$(1) . \mathrm{Induct} . \supset . u \supset s . \supset . u \supset \iota x \cup \breve{\varrho} u . \supset . u - \breve{\varrho} u \supset \iota x \quad \supset . \mathrm{Prop}\,]$

$R\varepsilon 1\to 1 . \breve{\varrho} \supset \varrho . \exists \varrho - \breve{\varrho} . u\varepsilon\omega_\varrho . \supset ::$

$\cdot 3 \quad 0_u = \imath(u - \breve{\varrho} u)$ 定义

$\cdot 31 \quad x\varepsilon u . \supset . \mathrm{seq}x = \iota \breve{\varrho} x$

$\cdot 4 \quad P\varepsilon \mathrm{Rel} . \supset . P0_u = 1'_\pi$ 定义

$\cdot 5 \quad P\varepsilon \mathrm{Rel} . v\varepsilon u . \supset . P\mathrm{seq}\,v = P v P$ 定义

命题 1•4•5通过归纳定义了关系的有穷势。这个定义是借助于 u 的那些项完成的。根据序级的理论，倘若没有关系的势，你就会寸步难行；因此，如果希望使这一理论脱离数，就十分有必要以不引入数的方式定义这些势。符号 $1'\pi$ 意谓在类 π 中的等同，和在其他地方的空关系。参见第 2 节命题 3•12。

$\cdot 6 \quad 1_u = \imath \breve{\varrho}(0_u)$ 定义

$\cdot 7 \quad P \varepsilon 1\to 1 . \supset . P^{1_u} = P$

$[P^{1_u} = 1' \pi P = P]$

$1{\cdot}8 \quad P \varepsilon 1\to 1 . a \varepsilon u . \supset . P^a \varepsilon 1\to 1$

$[P^{0_u} \varepsilon 1\to 1$ |1|

$P \varepsilon 1\to 1 . \S 1 \text{Prop } 5{\cdot}7 . \supset : a \varepsilon u . P^a \varepsilon 1\to 1 . \supset . P^{\text{seq}\, a} \varepsilon 1\to 1$ |2|

|1|.|2| . Induct $. \supset .$ Prop]

$\cdot 81 \quad x \varepsilon u . 0_u R^x z . \supset . x 1' z$

$[x 1' 0_u . 0_u R^z z . \supset . z 1' 0_u$ |1|

$0_u R^x x . \supset . 0_u R^{\text{seq}x} \text{seq} x$ |2| |1| . |2| . Induct $. \supset .$ Prop]

$\cdot 82 \quad v \varepsilon \omega . R' \varepsilon \text{Rel} v . x \varepsilon u . 0_v R'^x z . \supset . z \varepsilon v$

$[x 1' 0_u . 0_v R'^z z . \supset . z 1' 0_v . \supset . z \varepsilon v$ |1|

$0_v R'^z z . z \varepsilon v . \supset . 0_v R'^{\text{seq}x} \text{seq} z . \text{seq}\, z \varepsilon v$ |2|

|1| . |2| . Induct $. \supset .$ Prop]

$1{\cdot}9 \quad v \varepsilon \omega . R' \varepsilon \text{Rel} v . \supset . \exists\, 1\to 1 \cap P \ni \{ u = \pi . v = \breve{\pi} : x, y \varepsilon u .$

$x R y . \supset_{x,y} . \imath \breve{\pi} x\, R'\, \imath \breve{\pi} y \}$

这个命题断定：两个序级永远是两个相似的序列。这就是说，你可以找到一种一一对应关系，这一关系的前域是两个序级之一，这一关系的逆关系具有关于它的前域的另一个序级，而这一关系是这样：在一个序列中领先的那些项相当于在另一个序列中领先的那些项，反之亦然。

$[\ \S 1 \text{ Prop } 1{\cdot}8 . \supset . \exists\, \text{rel} \cap P_0 \ni (\pi_0 = \imath 0_u . \breve{\pi}_0 = \imath 0 v)$ |1|

$\text{Prop } 81 . \supset : x \varepsilon u . 0_u R^x z . \supset . z \varepsilon u$ |2|

$\text{Prop } 82 . \supset : x \varepsilon u . 0_v R'^x z' . \supset . z' \varepsilon v$ |3|

$|1| . |2| . |3| . \supset : x \varepsilon u . z \breve{R}^x P_0 R'^x z' . \supset . z \varepsilon u . z' \varepsilon v . z 1' x$ |4|

$\S 1 \text{ Prop } 5{\cdot}7 . \S 3 \text{ Prop } 1{\cdot}8 . \supset . \breve{R}^x P_0 R'^x \varepsilon 1\to 1$ |5|

$|4| . |5| . \quad Q = \text{rel} \cap F \ni \{ \exists u \cap x \ni (F = \breve{R}^x P_0 R'^x) \} . P = \cup ' Q . \supset . \cdot .$

$P \varepsilon 1\to 1 . u = \pi . v = \breve{\pi} : x, y \varepsilon u . x R y . \supset_{x,y} . \imath \pi x R' \imath \breve{\pi} y . \cdot . \supset . \text{Prop}]$

$1{\cdot}91 \quad u' \text{ sim } u . \supset . u' \varepsilon \omega$

在这个命题中我们证明：任何与一个序级相似的类其自身也是一个序级。如果 P 是在 u 和 u' 之间的一一关系，而 R 是 u 的生成关系，那么$\breve{P}$ RP 是 u'的生成关系。

[u'simu .ɔ. ∃ 1→1 ∩ P'ɜ(uɔπ' . π'u = u') |1|

Pε 1→1 . uɔπ . πu = u' : xεu .ɔ$_x$. x' = ιπx . seqx' = ιπ(seqx) :ɔ.

x'$\breve{P}$x . xR seqx . seqx P seq x' .ɔ. x' $\breve{P}$RP seq x' |2|

Hp |2| . $\breve{P}$RP = R' .ɔ. R'ε 1→1 . $\breve{\varrho}$'u ɔu' |3|

Hp |3| . x_0' = ιπ0_u .ɔ. x_0' = ιu'−ϱ'u' |4|

Hp |3| . sε Cls . ιu'−$\breve{\varrho}$'u' εs . $\breve{\varrho}$'(u's) ɔs .ɔ.·.

0_u (Pε)s : x(Pε)u's .ɔ$_x$. seqx (Pε) u's |5|

|5| . Induct .ɔ: xεu .ɔ$_x$. x(Pε)u's |6|

Hp |5| . |6| . Pε 1→1 .ɔ: x'εu' .ɔ x'. x'εs |7|

|3| . |4| . |7| .ɔ. Prop]

✱ 2. R∃1→1 . $\breve{\varrho}$ ɔ ϱ . ∃ ϱ−$\breve{\varrho}$. uε ω$_\varrho$. ɔ::

·1 $\breve{\varrho}$u ε ω$_\varrho$

[Prop1·91 . R' = $\breve{R}$RR .ɔ. $\breve{\varrho}$u ε ω$_{\varrho'}$ |1|

|1| . R'ɔR .ɔ. Prop]

·11 xεu .ɔ. $\breve{\varrho}^x$u ε ω$_\varrho$

[u = $\varrho^0{}_u$ u Prop 2·1 . Induct .ɔ. Prop]

Note. $\breve{\varrho}^x{}_u$ = y∋| ∃u ∩ z∋ (zR^x y)|.

·12 xεu . ɔ . x0' seq x

[∃u−$\breve{\varrho}$u . u −$\breve{\varrho}$u ε Elm .ɔ. 0_u 0'1_u |1|

Prop 11 . xεu .ɔ. $\breve{\varrho}^x$uεω$_\varrho$. x1'0$\breve{\varrho}^x$ u |2|

|1| . |2| .ɔ: xεu .ɔ$_x$. x0' seqx]

命题 2·11 证明：在序级的开端我们可以任意地去掉许多项，而不会使其不再是一个序级。命题 2·12 证明：一个序级的任何项都与它的后继完全不同。

·13 v ɔ u . ∃v . ɔ . ∃v−$\breve{\varrho}$v

[vɔ $\breve{\varrho}$v .ɔ.·. 0_u −εv : xε u−v .ɔ$_x$. seqx −εv |1|

|1| . Induct .ɔ. −∃u∩v .ɔ. v = Λ |2|

|2| .ɔ: vɔu . ∃v .ɔ. ∃v−$\breve{\varrho}$v :ɔ. Prop]

2·14 v ɔ u . ∃v. $\breve{\varrho}$vɔv .ɔ. vε ω$_\varrho$.

[Prop 2·13 .ɔ. ∃v−$\breve{\varrho}$v |1|

Hp .ɔ. $\breve{\varrho}v\,\mathfrak{ɔ}\,v$ |2|

$v\mathfrak{ɔ}u$. $u\mathfrak{ɔ}\varrho$.ɔ. $v\mathfrak{ɔ}\varrho$ |3|

$x\varepsilon v$. $\breve{\varrho}v\,\mathfrak{ɔ}\,v$.ɔ. seq $x\,\varepsilon v$:ɔ: $x\varepsilon v$.ɔ$_x$. $\breve{\varrho}^x u\ \mathfrak{ɔ} v$:ɔ: $x\varepsilon\ v\text{-}\breve{\varrho}v$.ɔ. $v = \breve{\varrho}^x\ u$ |4|

|4| . Prop 2·11 .ɔ. Prop]

·15 $x\varepsilon\breve{\varrho}u$. ɔ . $x0'0_u$

[$x\varepsilon\breve{\varrho}u$ .0_u -ε $\breve{\varrho}u$.ɔ. Prop]

·16 $x,z\varepsilon u$. $y\varepsilon\breve{\varrho}u$. $x\mathrm{R}^y z$. ɔ . $x0'z$

[$u' = \breve{\varrho}^x u$.ɔ. $u,\varepsilon\varrho\omega$. $x = 0_u$. $z\varepsilon u'$ |1| |1| . Prop 2·15 .ɔ. Prop]

这个命题证明：相同的项绝不可能在一个序级中再次出现；每一项都和所有在先的项完全不同。

·2 $a,b\varepsilon u$. ɔ . ∃$u \frown c\ni(a\mathrm{R}^b c)$

[$b1'0_u$.ɔ. $a\mathrm{R}^b\ a$ |1|

$a\mathrm{R}^b c$. $c\varepsilon u$.ɔ. $a\mathrm{R}^{\mathrm{seq}b}\mathrm{seq}c$. $\mathrm{seq}c.\varepsilon u$ |2|

|1| . |2| . Induct .ɔ. Prop]

·21 $a,b\varepsilon u$. ɔ . $u \frown c\ni(a\mathrm{R}^b c)$ ε Elm

[Prop 1·8 .ɔ. Prop]

·3 $a,b\varepsilon u$. ɔ . $a+b = \iota u \frown c\ni(a\mathrm{R}^b c)$ 定义

·4 $a,b,x\varepsilon u$. ɔ . ∃$u \frown y\ni\{x(\mathrm{R}^a)^b y\}$

[$b1'0_u$.ɔ. $x(\mathrm{R}^a)^b x$ |1|

$x(\mathrm{R}^a)^b y$. ∃$u \frown z\ni(y\mathrm{R}^a z)$.ɔ. ∃$u \frown z\ni|x(\mathrm{R}^a)^b \mathrm{R}^a z|$

ɔ. ∃$u \frown z\ni|x(\mathrm{R}^a)^{\mathrm{seq}b} z|$ |2|

|1| . |2| . Induct .ɔ. Prop]

·41 $a,b\varepsilon u$. ɔ . $(\mathrm{R}^a)^b\ \varepsilon 1\to 1$

[$(\mathrm{R}^a)^{0_x}\ \varepsilon\ 1\to 1$ |1|

$(\mathrm{R}^a)^b\ \varepsilon\ 1\to 1$. §1Prop 5·7 .ɔ. $(\mathrm{R}^a)^{\mathrm{seq}b}\ \varepsilon\ 1\to 1$ |2|

|1| . |2| . Induct .ɔ. Prop]

·42 $a,b,x\varepsilon u$. ɔ . $u \frown y\ni\{x(\mathrm{R}^a)^b y\}$ ε Elm

[Prop 2·41 .ɔ. Prop]

·43 $a,b,x\varepsilon u$. ɔ . $x+ab = \iota u \frown y\ni\{x(\mathrm{R}^a)^b y\}$ 定义

·44 $ab = 0_u + ab$ 定义

·45 $ab\,1'c\ .\supset.\ x+ab\,1'\,x+c$ [Induct]

·46 $ab\,0'c\ .\supset\ .\ x+ab\,0'\,x+c$ [Induct]

·47 $ab\,1'c\ .=.\ x+ab\,1'\,x+c$

[Prop 2·45·46 .Ɔ. Prop]

·48 $a\varepsilon u\ .\supset.\ a+0_u=a$

$[\ a+0_u=\iota u\cap x\ni(aR^{0_u}x)=a\ ]$

·49 $a\varepsilon u\ .\supset.\ 0_u+a=a$

[Prop 1·81 .Ɔ. Prop]

2·5 $a,b\varepsilon u\ .\supset.\ R^aR^b=R^{a+b}$

$[\ R^aR^{0_u}=R^a=R^{a+0_u}$ |1|

$R^aR^b=R^{a+b}\ .\supset.\ R^aR^{seqb}=R^aR^bR=R^{a+b}R=R^{seq(a+b)}$ |2|

$a+seqb=\iota u\cap x\ni(aR^{seqb}x)=\iota u\cap x\ni|\exists\,y\ni(aR^by\ .\ yRx)|$

$=\iota u\cap x\ni|\exists u\cap(a,y)\ni(0_uR^aa\ .\ aR^by\ .\ yRx)|$ |3|

|3| . Hp|2| .Ɔ. $a+seqb=\iota u\cap x\ni|\exists\,u\cap y\ni(0_uR^{a+b}y\ .\ yRx)$

$=seq(a+b)$ |4|

|2| . |4| .Ɔ. $R^aR^b=R^{a+b}\ .\supset.\ R^aR^{seqb}=R^{a+seqb}$ |5|

|1| . |5| . Induct .Ɔ. Prop]

·51 $a,b,x\varepsilon u\ .\supset.\ (x+a)+b=x+(a+b)$

$[\ (x+a)+b=\iota u\cap z\ni|\exists u\cap y\ni(xR^ay\ .\ yR^bz)|$

$=\iota u\cap z\ni(xR^aR^bz)$ |1|

|1| . Prop 2·5 .Ɔ. $(x+a)+b=\iota u\cap z\ni(xR^{a+b}z)=x+(a+b)\ ]$

·52 $a,b,x\varepsilon u\ .\supset.\ x+a+b=(x+a)+b$ 定义

·53 $a,b\varepsilon u\ .\supset.\ a+b=b+a$

$[\ 0_u+0_u=0_u+0_u$ |1| $0_u+1_u=1_u=1_u+0_u$ |2|

$a+1_u=1_u+a\ .\supset:\ seqa+1_u=(a+1_u)+1_u=(1_u+a)+1_u$ |3|

Hp |3| . |3| . Prop 2·52 .Ɔ. $seqa+1_u=1_u+(a+1_u)+1_u=1_u+seqa$ |4|

|2| . |4| . Induct .Ɔ. $a+1_u=1_u+a$ |5|

|3| . $a+b=b+a\ .\supset.\ a+seqb=a+b+1_u=a+1_u+b=1_u+a+b=1_u+b+a$

$=b+1_u+a=seqb+a$ |6|

|1| . |6| . Induct .Ɔ. Prop]

·6 $a\varepsilon u\ .\supset.\ a1_u=a$

$[\ \ a1_u=\iota u\cap x\ni|0_u{}'R^a)^{1_u}x|=\iota u\cap x\ni|0_uR^ax|=0_u+a=a\ ]$

·60 $a\,0_u=0_ua=a$

·61 $a,b\varepsilon u\ .\supset.\ a(b+1_u)=ab+a$

$[\ a(0_u+1_u)=a1_u=a=a0_u+a$ |1|

$a(b+1_u)=ab+a\ .\supset.$

$a(seqb+1_u)=\iota u\cap x\ni|0_u(R^a)^{seqb+1_u}x$

$=\iota u\cap x\ni|\exists u\cap y\ni(0_uR^{ab+a}y\ .\ yR^ax)|$

$=\iota u\cap x\ni|0_uR^{ab+a+a}x|$

$=\iota u\cap x\ni|0_uR^{aseqb+a}x|=aseqb+a$ |2|

|1| . |2| . Induct .Ɔ. Prop]

·611 $a,b\varepsilon u\ .\supset.\ (b+1_u)a=ba+a$

$[\ (b+1_u)0_u = 0_u = b0_u + 0_u$ |1|

$(b+1_u)a = ba+a$.ɔ.

$(b+1_u)(a+1_u) = \imath u \frown x \ni \{0_u\ R^{(b+1_u)(a+1_u)} x\}$

$= \imath u \frown x \ni \{\exists y \ni (0_u\ R^{(b+1_u)a} y \,.\, y R^{b+1_u} x)\}$

$= \imath u \frown x \ni \{\exists y \ni (0_u\ R^{ba+a} y \,.\, y R^{b+1_u} x)\}$

$= ba+a+b+1_u = ba+b+a+1_u$ |2|

Prop 2·61 . ɔ . $ba+b+a+1_u = b(a+1_u)+a+1_u$ |3|

|2| . |3| .ɔ: $(b+1_u)a = ba+a$.ɔ. $(b+1_u)(a+1_u) = b(a+1_u)+a+1_u$ |4|

|1| . |4|. Induct .ɔ. Prop]

2·62 $a,b,c\varepsilon u$.ɔ. $a(b+c) = ab+ac$

$a(b+0_u) = ab = ab+a0_u$ |1|

$a(b+c) = ab+ac$.ɔ. $a(b+c+1_u) = a(b+c)+a = ab+ac+a$ |2|

Prop 2·61 .ɔ. $ab+ac+a = ab+a(c+1_u)$ |3|

Prop 2·53 .ɔ. $ab+ac+a = ac+ab+a = ac+a(b+1_u) = a(b+1_u)+ac$ |4|

|2| . |3| . |4| .ɔ: $a(b+c) = ab+ac$.ɔ. $a(b+c+1_u) = ab+a(c+1_u) = a(b+1_u)$ $+ac$ |5|

|1| . |5|. Induct . ɔ . Prop]

·63 $a,b,c\varepsilon u$.ɔ. $(b+c)a = ba+ac$

$[\ (b+c)0_u = 0_u = b0_u + c0_u$ |1|

$(b+c)a = ba+ca$.ɔ. $(b+c)(a+1_u) = (b+c)a+b+c = ba+ca+b+c$ $= ba+b+ca+c$ |2|

Prop 2·61 . ɔ: $ba+b = b(a+1_u)$. $ca+c = c(a+1_u)$ |3|

|2| . |3| .ɔ: $(b+c)a = ba+ca$.ɔ $(b+c)(a+1_u) = b(a+1_u)+c(a+1_u)$ |4|

|1| . |4|. Induct .ɔ. Prop]

·64 $a,b\varepsilon u$.ɔ. $ab = ba$

$[\ a0_u = 0_u = 0_u a$ |1|

$ab = ba$.ɔ. $a(b+1_u) = ab+a = ba+a = (b+1_u)a$ |2|

|1| . |2|. Induct .ɔ. Prop]

现在我们已经证明了加法和乘法的形式规则：在命题 2·51 中加法的结合律，在命题 2·53 中加法的交换律，在·62 和·63 中加法的分配律，和在·64 中乘法的交换律。乘法的结合律立即从（正像对于所有的关系积一样）关于逻辑积的相同规则中得出。在前面的所有证明中我们从未假定数：这全部理论适用于每一个序级。因而，在一般形式中可以得出所有的有穷数的算术系统。

✱ 3. Rε 1+1 . $\breve{\varrho}\supset\varrho$. $\exists\breve{\varrho}-\varrho$. $u\varepsilon\omega_\varrho$. $a,b,c\varepsilon u$.⊃::

·1 Pε 1+1 . yPz . xP^{seqa}z .⊃. xP$^a y$

[xP^{seqa}z .⊃. $\exists$ $u\frown w\ni(x\mathrm{P}^a w \,.\, w\mathrm{P}z)$ |1|

Pε1+1 .⊃. $w\ni(w\mathrm{P}z)\,\varepsilon$Elm |2|

|2| . yPz .⊃. $y\varepsilon w\ni(w\mathrm{P}z)$.⊃. Prop]

·11 Pε 1+1 . xPy . xP^{seqa}z .⊃. y P$^a z$

P^{seqa} = P^{a+1u} = P^{1u+a} = PP^a |1|

|1| .⊃:xP^{seqa}z .=. $\exists w\ni(x\mathrm{P}w \,.\, w\mathrm{P}^a z)$ |2|

|2| . $\breve{\pi}x$ ε Elm . xPy .⊃. $y\varepsilon w\ni(x\mathrm{P}w \,.\, w\mathrm{P}^a z$.⊃. Prop]

·12 $x\varepsilon\breve{\varrho}u$.⊃. $x-1_u = \iota\, u\frown y\ni$ (seq$y$=x) 定义

3·2 $\exists$ $u\frown x\ni(a\mathrm{R}^x b$.∪. $b\mathrm{R}^x a)$

[0_u R^b b |1|

$\exists$ $\breve{\varrho}u\frown x\ni(a\mathrm{R}^x b)$. Prop 3·11 .⊃. $x-1_u$ ε $u\frown y\ni$(seq$a$ R^y b) |2|

aR^{0u}b .⊃. bR^{1u}seq$a$.⊃. $\exists$ $u\frown y\ni$(bR^y seq$a$) |3|

$\exists$ $u\frown x\ni(b\mathrm{R}^x a)$. $z\varepsilon u\frown x\ni(b\mathrm{R}^x a)$.⊃. bR^{seqz}seq$a$

⊃. $\exists$ $u\frown y\ni$(bR^y seq$a$) |4|

|2|.|3|.|4| .⊃. $\exists$ $u\frown x\ni(a\mathrm{R}^x b$.∪. $b\mathrm{R}^x a)$.⊃. $\exists$ $u\frown y\ni$(seq$a$ R^y b .∪. b R^y seq$a$ |5|

|1|.|5| Induct .⊃. Prop]

·21 0_u ε $u\frown x\ni(a\mathrm{R}^x b$.∪. $b\mathrm{R}^x a)$.⊃. a1'b

·22 0_u-ε $u\frown x\ni(a\mathrm{R}^x b$.∪. $b\mathrm{R}^x a)$.⊃. $\exists$ $\breve{\varrho}u\frown x\ni(a\mathrm{R}^x b$.∪. $b\mathrm{R}^x a)$

·3 $a>b$.=. $\exists$ $\breve{\varrho}u\frown x\ni(b\mathrm{R}^x a)$ 定义

·31 $a<b$.=. $\exists$ $\breve{\varrho}u\frown x\ni(a\mathrm{R}^x b)$ 定义

·32 a1'b .∪. $a>b$.∪. $a<b$ [Prop 3·2 .⊃. Prop]

·33 $a>b$.⊃. -($a<b$)

[$a>b$. $a<b$.=. $\exists\breve{\varrho}u\frown(x,y)\ni(a\mathrm{R}^x b \,.\, b\mathrm{R}^y a$.⊃. $\exists\breve{\varrho}u\frown x+y\ni(a\mathrm{R}^{x+y}a)$

⊃. -(Prop 2·16) |1|

|1| .⊃.·. Prop 2·16 .⊃. $a>b$.⊃. -($a<b$) ·.⊃. Prop]

·34 $a<b$.⊃. -($a>b$)

·35 $a<b$ = $b>a$ [Prop 3·3·31 .⊃. Prop]

·36 $a<b$.⊃. $ac<bc$

·37 $a>b$.⊃. $ac>bc$

✱ 4. Rε 1+1 . $\breve{\varrho}\supset\varrho$. $\exists\breve{\varrho}-\varrho$. $u\varepsilon\omega_\varrho$. $a,b,c\varepsilon\breve{\varrho}u$.⊃:.

·1 aBc .=. ab=c 定义

·11 Bε Rel

[$x\varepsilon u$.ɔ. $c\ni(xb=c)\varepsilon$ Elm |1|

|1| . 1 Prop 1·8 .ɔ: $xb=c$.ɔ$_a$. ∃Rel⌒R$_{xb}\ni(\varrho_{xb}=\iota x$. $\breve{\varrho}_{xb}=\iota c)$ |2|

K_b =Rel⌒R∋{∃u⌒$x\ni(xb=c$. $\varrho=\iota x$. $\breve{\varrho}=\iota c)$} . R_b =∪' K_b .ɔ.
$aR_b c$.=.$ab=c$.ɔ. R_b 1'B |3|

|3| . § 1 Prop 1·95 .ɔ. Prop]

·2 Bε 1+1

[b1'1$_u$.ɔ. Bε1+1 |1|

Bε1+1 . d1'seq$b$.ɔ. Dε1+1 |2|

|1| . |2| . Induct .ɔ. Prop]

·3 $d\varepsilon\breve{\varrho}\, u$.ɔ: aB$\breve{\text{C}}d$.=. ∃ u⌒$n\ni${$ab=n$. $dc=n$} .=. bA$\bar{\text{D}}c$

·4 B$\breve{\text{C}}\varepsilon$ 1+1

[B,Cε1+1 .ɔ. Prop]

4·5 Hε Nc+1 .ɔ: xOp$_\text{H}$ $=y$.=. xHy 定义

·51 Op $= p\ni$|$(p=)$ ε Nc+1| 定义

在数学中我们习惯于谈论运算而不谈多对一关系。定义4·5·51就是为了允许使用我们习惯了的语言。在这些定义中一个多对一关系和一个运算之间的关系被解释为:一个相等符号之后出现的运算意谓那种相对应的关系。

·6 r$_u$ $= q\ni$|∃ $\breve{\varrho}u$ ⌒ $(x,y)\ni(q=$ Op$_\text{X}$ $\breve{\text{Y}})$| 定义

·61 $b/c =$ Op$_\text{B}$ $\breve{\text{C}}$ 定义

命题4·6·61给出对应于有理数的运算的一般定义。注意到这一点很重要:根据这一定义,任何有理数都不能等同于一个整数,因为有理数是关于整数的运算,反之,整数不是关于有理数的运算。

·7 $ab/(ac) = a/c$ [Prop 4·3 .ɔ. Prop]

·71 aB$\breve{\text{A}}b$ [aBab . bAab .ɔ. Prop]

·72 $q,q'\varepsilon$r .ɔ. ∃ u⌒ $(x,y,z)\ni(q=x/z$. $q'=y/z)$

[$q=m/n$. $q'=m'/n'$. Prop 4·7 .ɔ. $q=mn'/(nn')$. $q'=m'n/(nn')$.ɔ. Prop]

·73 $q=x/z=x'/z'$. $q'=y/z=y'/z'$. $x<y$.ɔ. $x'<y'$

[Prop 3·36 .ɔ. Prop]

$\cdot 74 \qquad x > y . \supset . x' > y'$ [Prop 3·37 .ɔ. Prop]

$\cdot 8 \quad q, q' \varepsilon \mathrm{r}u . \supset :. q\mathrm{M}q' . =: q = x/z . q' = y/z . \supset_{x,y,z} . x < y$ 定义

$\cdot 81 \quad \mathrm{M}\ \varepsilon\ \mathrm{Rel}$

〔这个命题利用命题 4·11 的方法得到证明，但这个证明太长。〕

$\cdot 9 \quad q, q' \varepsilon \mathrm{r}u . q\mathrm{M}q' . \supset . \exists\ \mathrm{r}u \frown q'' \ni (q\mathrm{M}q'' . q''\mathrm{M}q')$

[$q = a/c . q' = b/c . -(a\mathrm{R}b) . \supset . q\ \mathrm{M}\ \mathrm{seq}a/c . \mathrm{seq}a/c\ \mathrm{M}\ b/c$ |1|

$q = a/c . q' = b/c . a\mathrm{R}b . d\varepsilon \breve{\varrho}^2 x . \supset . q = ad/(cd) . q' = bd/(cd) . -(ad\mathrm{R}bd)$ |2|

|1|.|2| .ɔ. Prop]

$\cdot 91 \quad \mathrm{M}^2 = \mathrm{M}$ [Prop 4·9 . § 1 Prop 2·3 .ɔ. Prop]

为了避免混淆，我利用 M 指谓有理数中较小的那种关系。我们希望说明这种关系与它的平方相等同。这证明它产生一个紧致序列。在第 5 节中我们将展开有关这些序列的一般理论。

$* 5. \quad \mathrm{R}\varepsilon 1\to 1 . \breve{\varrho}\supset\varrho . \exists\ \varrho\breve{-}\varrho . u\varepsilon\omega_{\varrho} . a,b,c,d\varepsilon u . \supset ::$ 定义

$\cdot 1 \quad +a = \mathrm{Op}_{\mathrm{R}^a}$ 定义 $\qquad \cdot 11 \quad -a = \mathrm{Op}_{\breve{\mathrm{R}}^a}$

$\cdot 2 \quad \breve{\mathrm{R}}^a = (\breve{\mathrm{R}}^a)$ [Induct]

$\cdot 3 \quad +u = x\ni\{\exists\ u \frown y\ni(x\ 1'\ +y)\}$ 定义

$\cdot 31 \quad -u = x\ni\{\exists\ u \frown y\ni(x\ 1'\ -y)\}$ 定义

$\cdot 32 \quad \pm u = +u \smile -u$ 定义

$\cdot 4 \quad q, q' \varepsilon \mathrm{r}u . \supset :. q(\mathrm{D/C})q' . =: q = a/c . q' = b/c$

$. \exists\ \breve{\varrho}^2 u \frown (x,y,z)\ni(a = xz . c = yz :\smile: b = xz . c = yz) . \supset . a + d = b$ 定义

$\cdot 41 \quad +d/c = \mathrm{Op}_{\mathrm{D/C}}$ 定义 $\qquad \cdot 42 \quad -d/c = \mathrm{Op}_{(\breve{\mathrm{D/C}})}$ 定义

$\cdot 5 \quad +\mathrm{r}u = x\ni\{\exists\ u \frown (y,z)\ni(x = +y/z)\}$ 定义

$\cdot 51 \quad -\mathrm{r}u = x\ni\{\exists\ u \frown (y,z)\ni(x = -y/z)\}$ 定义

$+\mathrm{r}_u$ 是正有理数的类，而正有理数是对没有符号的有理数的运算。u、r_u、$+u$、$+\mathrm{r}_u$ 这些类互相排斥：这四类中没有一类的项属于另外三类中的任何一类。

4. 有穷与无穷

✱ 1·1 Cls infin = Cls ∩ uɜ{ꟻ u∩xɜ(u−ιx sim u)} 定义

·11 Cls fin = Cls − Cls infin 定义

·2 Cls infin = Cls ∩ uɜ{xεu .$\supset_x$. u−ιx sim u}

[§2 Prop 3·5 .ɔ: x,yεu .ɔ. u−ιx sim u−ιy :ɔ. Prop]

·21 Cls infin = Cls ∩ uɜ {u−ιx sim u}

[Prop 1·2 . xεu .ɔ. u−ιx sim u 1

x−εu .ɔ. u−ιx = u .ɔ. u−ιx sim u 2

{1} . {2} .ɔ. Prop]

·22 Cls fin = Cls ∩ uɜ {xεu .$\supset_x$. −(u−ιx sim u)}

[Prop 1·1·11 .ɔ. Prop]

·3 uε Cls infin . x−εu .ɔ. u ∪ ιx ε Cls infin

[Hp . yεu .ɔ. u−ιy sim u 1

{1} . §2 Prop 3·3 .ɔ. u sim u∪ιx .ɔ. Prop]

·31 u ∪ ιx ε Cls fin . x−εu .ɔ. uε Cls fin

[Prop 1·3 . Transp .ɔ. Prop]

·4 uε Cls . u∪ιx ε Cls infin . x−εu .ɔ. uε Cls infin

[u∪ιx ε Cls infin . x−εu .ɔ. u∪ιx sim u 1

{1} . yεu . §1 Prop 3·51 .ɔ. u sim u−ιy .ɔ. Prop]

·41 uε Cls fin . x−εu .ɔ: u∪ιx ε Cls fin

[Prop 1·4 . Transp .ɔ. Prop]

·5 uε Cls . x−εu .ɔ: uε Cls fin .=. u∪ιx ε Cls fin

[Prop 1·31·41 .ɔ. Prop]

·6 ⋀ε Cls fin

[uε Cls infin .ɔ. ꟻu :ɔ. Prop]

1·61 Elm ɔ Cls fin

[uε Elm .$\supset_u$. ꟻxɜ(u = ιx) : Prop 1·41 . ⋀ε Cls fin :ɔ. Prop] 初始命题

·7 uε Cls fin .ɔ. ꟻ−u

✱ 2. Sεg .ɔ::

·1 $\breve{\sigma}$ infin = $\breve{\sigma}$(Cls infin) 定义

·11 $\breve{\sigma}$ fin $= \breve{\sigma}$(Cls fin) 定义

·12 $\breve{\sigma}$ fin $= \breve{\sigma} - \breve{\sigma}$ infin [Sε Nc+1 .Ɔ. Prop]

·2 $x\varepsilon\,\breve{\sigma}$fin .=. $x+1_\sigma\,\varepsilon\,\breve{\sigma}$ fin [Prop 1·5 .Ɔ. Prop]

·21 $x\varepsilon\,\breve{\sigma}$fin .=. $x0'x+1_\sigma$
[Prop 1·22 . §2 Prop 4·6 .Ɔ. Prop]

·3 $R_\sigma = \imath$Rel ⌒ Rз{xRy .=. $x\varepsilon\,\breve{\sigma}$ fin . $y=x+1_\sigma$} 定义

·31 $R_\sigma\,\varepsilon$ 1→1 [§2 Prop 3·52 . Sε Nc→1 .Ɔ. Prop]

·32 R_σ Ɔ 0' [Prop 2·21 .Ɔ. Prop]

·33 $\rho_\sigma = \breve{\sigma}$ fin
[$x\varepsilon\,\rho_\sigma$. uSx .Ɔ. $u\varepsilon$ Cls fin (1)
(1) . Prop 1·7 .Ɔ. ꓱ-u .Ɔ. ꓱ$\breve{\rho}_\sigma x$.Ɔ. Prop]

·34 $\breve{\rho}_\sigma = \breve{\sigma}$ fin − $\iota 0_\sigma$

[$x\varepsilon\,\breve{\sigma}$ fin . uSx . $x0'0_\sigma$.Ɔ. ꓱu .Ɔ: $v\varepsilon u$.Ɔ. u−ιy S$\imath\rho_\sigma x$:Ɔ. Prop]

·35 $\breve{\sigma}$ fin ε Cls infin

[$\breve{\sigma}$ fin $= \rho_\sigma$. $\breve{\sigma}$fin − $\iota 0_\sigma = \breve{\rho}_\sigma$. ρ_σ sim $\breve{\rho}_\sigma$.Ɔ. Prop]

✱ 3. Sεg .Ɔ::

·1 $s\varepsilon$ Cls . $0_\sigma\,\varepsilon s$. $\rho_\sigma(s$ ⌒ $\breve{\sigma}$ fin) Ɔs .Ɔ. $\breve{\sigma}$ fin Ɔ s 初始命题

·11 Induct = Prop 3·1 定义

可以任意通过数学归纳法定义有穷数，并且将定义 1·1视作初始命题。但是，我还不能成功地从其他方法推演出这类命题之一。如果你通过包含与自身相似的一部分这个性质而定义了一个无穷的类，就不能证实：去掉一个单一的个体而得到的部分与整个类相似，而这一点对于有穷数论具有至关重要的结果。一旦通过保持对自身相似的这种性质（当你对这个无穷类添加一个不属于它的项时）而定义一个无穷的类，你就排除了所有的个体的那个类（全类），因为你不能够对那个类添加任何东西。鉴于这些理由，与两个初始命题 1·7和 3·1一起，我采用了定义 1·1。

3·2 $\breve{\sigma}$ fin ε ω

[Prop 2·3·31·33·34·3·1 . §3 Prop 1·1 .ɔ. Prop]

·3 $\breve{o}$ fin = Cls ∩ uɜ{ƎS ∩ Sɜ(u = $\breve{\sigma}$fin)} 定义

·31 $\breve{o}$ fin = ω

[Prop 3·2 .ɔ. $\breve{o}$ fin ɔ ω |1|

Rε 1+1 . u= ϱ . $\breve{\sigma}$ fin = $\breve{\varrho}$. P= RRσ$\breve{R}$.ɔ. uε ω_x |2|

§2 Prop 1·54 .ɔ. uε $\breve{o}$ fin |3| |1| . |2| . |3| .ɔ. Prop]

现在我们已经证明：与有穷的基数相似的任何一个类都是一个序级，反之亦然。从这一点我们推演出：第3节的所有的结果都适用于有穷数。

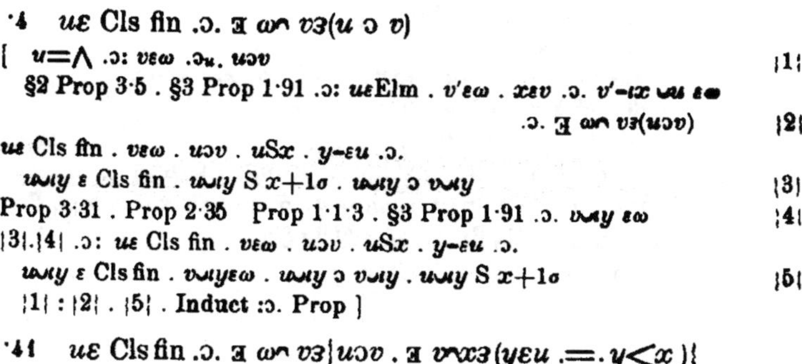

·4 uε Cls fin .ɔ. Ǝ ω∩ vɜ(u ɔ v)

[u=Λ .ɔ: vεω .ɔ$_u$. uɔv |1|

§2 Prop 3·5 . §3 Prop 1·91 .ɔ: uεElm . v′εω . xεv .ɔ. v′−ιx ∪ u εω

.ɔ. Ǝ ω∩ vɜ(uɔv) |2|

uε Cls fin . vεω . uɔv . uSx . y−εu .ɔ.

u∪ιy ε Cls fin . u∪ιy S x+1σ . u∪ιy ɔ v∪ιy |3|

Prop 3·31 . Prop 2·35 Prop 1·1·3 . §3 Prop 1·91 .ɔ. v∪ιy εω |4|

|3|.|4| .ɔ: uε Cls fin . vεω . uɔv . uSx . y−εu .ɔ.

u∪ιy ε Cls fin . v∪ιyεω . u∪ιy ɔ v∪ιy . u∪ιy S x+1σ |5|

|1| : |2| . |5| . Induct :ɔ. Prop]

·41 uε Cls fin .ɔ. Ǝ ω∩ vɜ{uɔv . Ǝ v∩xɜ(yεu .=. y<x)}

关于 $y<x$ 的定义，参见第3节命题3·31。

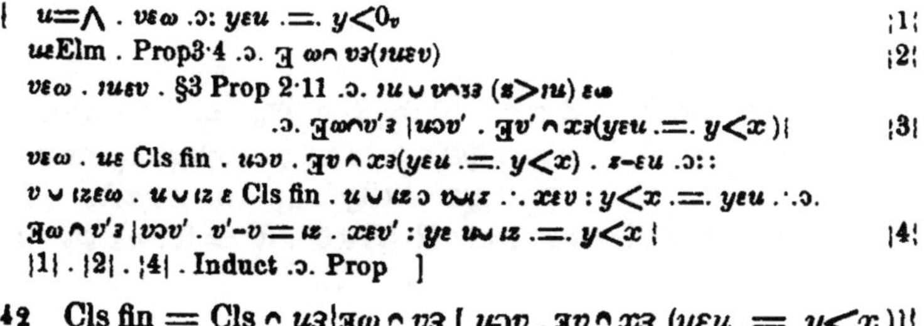

[u=Λ . vεω .ɔ: yεu .=. y<0_v |1|

uεElm . Prop3·4 .ɔ. Ǝ ω∩ vɜ(ιuεv) |2|

vεω . ιuεv . §3 Prop 2·11 .ɔ. ιu ∪ v∩zɜ (z>ιu) εω

.ɔ. Ǝω∩v′ɜ {uɔv′ . Ǝv′ ∩ xɜ(yεu .=. y<x)} |3|

vεω . uε Cls fin . uɔv . Ǝv ∩ xɜ(yεu .=. y<x) . z−εu .ɔ::

v ∪ ιzεω . u ∪ ιz ε Cls fin . u ∪ ιz ɔ v∪ιz .·. xεv : y<x .=. yεu .·.ɔ.

Ǝω ∩ v′ɜ {vɔv′ . v′−v = ιz . xεv′ : yε u∪ιz .=. y<x } |4|

|1| . |2| . |4| . Induct .ɔ. Prop]

·42 Cls fin = Cls ∩ uɜ{Ǝω ∩ vɜ [uɔv . Ǝv∩xɜ (yεu .=. y<x)]}

我们推演出：任意一个有穷类都可良序。

·5　$u\varepsilon$ Cls fin .ↄ. ~ƎCls ∩ v ∍ (v ↄ u . Ǝu−v . $u$sim$v$)
[Sες . vSx . u−vSy .ↄ. uS x+y ⦂1⦂
§3 Prop 2·16 .ↄ. x+y 0' x .ↄ. Prop]
·51　Cls infin = Cls ∩ u∍ {ƎCls ∩ v∍ (vↄu . Ǝu−v . $u$sim$v$)}
[Prop 1·1: 3·51 . Transp :ↄ. Prop]

命题 3·51 给出关于无穷的通常定义，但是从这一点看起来不能推演出命题 1·1。

3·6　$u,v\varepsilon$ Cls fin .ↄ. u∪v ε Cls fin
[vↄu .ↄ. u∪v = u .ↄ. Prop ⦂1⦂
uↄv .ↄ. u∩v = v .ↄ. Prop ⦂2⦂
Ǝu−v . Ǝv−u . S∍ς . uSx . v−uSy .ↄ. u∪v Sx+y ⦂3⦂
⦂3⦂ . §3 Prop 2.2 .ↄ. Prop ⦂4⦂
⦂1⦂ . ⦂2⦂ . ⦂4⦂ .ↄ. Prop]
·61　$u\varepsilon$ Cls infin . $v\varepsilon$Cls .ↄ. u∪$v\varepsilon$ Cls infin
[x∍u . $u\varepsilon$ Cls infin .ↄ. $u$sim u−ιx .ↄ. u ∪ $v$sim$u$ ∪ v−ιx .ↄ. Prop]
·62　u ∪ $v\varepsilon$Cls fin .ↄ. u, $v\varepsilon$Cls fin
[Prop 3.61 . transp .ↄ. Prop]

5. 紧致序列

1·1　Rε Rel . R ↄ 0' . R² = R .ↄ. Φ_R = Cls ∩ u∍{u ↄ ρ∪ρ̆ ∴
$x,y\varepsilon u$.ↄ$_{x,y}$: x1'y .∪. xRy .∪. yRx ∴
$x,y\varepsilon u$. xRy .ↄ$_{x,y}$. Ǝu ∩ z∍(xRz . zRy)}　定义
·11　Φ = Cls ∩ u∍{ Ǝrel ∩ R∍(R ↄ 0' . R² = R . $u\varepsilon$ Φ_R)}　定义

这些命题给出关于一个紧致序列的定义。如果 R 是一个包含在相异关系中的并且等同于自身平方的连续关系，且如果 u 是

关于 R 的前域与 $\breve{R}$ 的前域的逻辑和之中所包含的一个类，两个不同的 u 总有 R 和 $\breve{R}$ 这两种关系之一，在两个 u 之间总存在第三个 u，那么 u 是一个 Φ_R，对于产生这样的序列的所有关系而言，类 Φ 是所有紧致序列的类。

$$\cdot 2\quad R\varepsilon \mathrm{Rel} \,.\, R\supset 0' \,.\, R^2 = R : x\varepsilon \rho\cup\breve{\rho} \,.\, \supset_x .\, \rho x \cup \iota x \cup \breve{\rho}x = \rho\cup\breve{\rho} : . \supset . \quad \rho, \breve{\rho}, \rho\cup\breve{\rho}\,\varepsilon\, \Phi_R$$

$$\cdot 3\quad R\varepsilon \mathrm{Rel} \,.\, R\supset 0' \,.\, R^2 = R \,.\, u\varepsilon\Phi_R \,.\, \exists\, u - \breve{\rho}u \,.\supset.\, u - \breve{\rho}u\,\varepsilon\, \mathrm{Elm}$$

$$[\quad x\varepsilon u - \rho u \,.\, y\varepsilon u - \iota x : xRy \,.\cup.\, yRx :\supset.\, xRy \,.\supset.\, y\varepsilon\breve{\rho}u\,]$$

$$\cdot 4\quad R\varepsilon \mathrm{Rel} \,.\, R\supset 0' \,.\, R^2 = R \,.\supset.\, \Phi_R = \Phi_{\breve{R}}$$

$$\cdot 3\quad R\varepsilon \mathrm{Rel} \,.\, R\supset 0' \,.\, R^2 = R \,.\, S\varepsilon 1\to 1 \,.\, \sigma\varepsilon\, \Phi_R \,.\supset.\, \breve{\sigma}\varepsilon\, \Phi_{\breve{S}RS}$$

$$[\quad x\varepsilon\sigma \,.\, y1'\iota\breve{\sigma}x \,.\supset.\, y\breve{S}x \qquad (1)$$

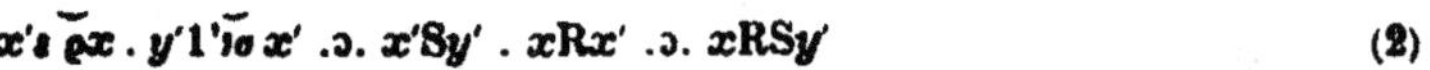

$$x'\varepsilon\,\breve{\rho}x \,.\, y'1'\iota\breve{\sigma}x' \,.\supset.\, x'Sy' \,.\, xRx' \,.\supset.\, xRSy' \qquad (2)$$

$$(1)\,.\,(2) \,.\supset.\, y\breve{S}RSy' \,.\, y'\varepsilon\,\breve{\sigma} \qquad (3)$$

$$y\,\breve{S}RS\,y' \,.\, y'\,\breve{S}RS\,y'' \,.\supset.\, y\,\breve{S}RS\breve{S}RS\,y'' \qquad (4)$$

$$S\varepsilon\, 1\to 1 \,.\, R^2 = R \,.\supset.\, \breve{S}RS\breve{S}RS \supset \breve{S}RS \qquad (5)$$

$$(4)\,.\,(5) \,.\supset.\, (\breve{S}RS)^2 \supset \breve{S}RS \qquad (6)$$

$$y\,\breve{S}RS\,y'' \,.\supset.\, \exists\,\sigma\cap(x', x'')\ni(y\breve{S}x \,.\, xRx'' \,.\, x''Sy'') \qquad (7)$$

$$(7) \vdash .\, R^2 = R \,.\, S\varepsilon\, 1\to 1 \,.\supset.\, \exists\,\sigma\cap(x, x', x'')\ni(y\breve{S}x \,.\, xRx' \,.\, x'S\breve{S}x \,.\, x'Rx'' \,.\, x''Sy'') \qquad (8)$$

$$(8) \,.\supset.\, \breve{S}RS \supset (\breve{S}RS)^2 \qquad (9)$$

$$(6)\,.\,(9) \,.\supset.\, (\breve{S}RS)^2 = \breve{S}RS \qquad (10)$$

$$R\supset 0' \,.\, S\varepsilon 1\to 1 \,.\supset.\, \breve{S}RS \supset 0' \qquad (11)$$

$$(3)\,.\,(10)\,.\,(11) \,.\supset.\, \mathrm{Prop}\,]$$

这个命题给出一种方法，借助这个方法，通过与一个给定紧致序列的对应，我们得到一个新的紧致序列。这证明：与一个紧致序列相似的每一类在关于一种关系上自身也是一个紧致序列。我们有更一般性的定理：给定 P，以及使 $P \supset 0'$. $P^2 \supset P$ 成立的一种关系，像 π 一样的序型的序列的类就是 P'这些关系的前域的类，使得存在 $P' = \breve{S} PS\pi = \sigma$ 这样的一一对应关系 S。这个定理毫无例外地适用于所有类型的序列。为避免篇幅过长我省去了证明。

$$\cdot 6 \quad R \varepsilon Rel . R \supset 0' . R^2 = R . u \varepsilon \Phi_R . P = R_{u \frown \rho u} . \supset . u \varepsilon \Phi_P . u = \pi \cup \breve{\pi}$$

关于 $Ru \frown \rho u$ 的定义，参见第 2 节命题 3·12。

$$* \ 2. \quad P \varepsilon Rel . P \supset 0' . P^2 = P . u = \pi \cup \breve{\pi} . u \varepsilon \Phi_P . \supset ::$$

$\cdot 1 \quad v \varepsilon Cls . v \supset u . \supset . \pi(\pi v) = \pi v$

[$\pi v = \Lambda . \supset . \pi(\pi v) = \Lambda . \supset . \pi(\pi v) = \pi v$ (1)

$\exists \pi v . \supset .\cdot. x \varepsilon \pi v . \supset . \exists v \frown y \ni (xPy) :$ (2)

(2) . $P^2 = P . \supset . \exists u \frown z \ni (xPz . zPy) . \supset . x \varepsilon \pi(\pi v) :$ (3)

$x \varepsilon \pi(\pi v) . \supset . \exists u \frown z \ni \{ \exists v \frown y \ni (xPz . zPy) \}$

$\supset . \exists v \frown y \ni (xPy) . \supset . x \ni \pi v$ (4)

(1) . (3) . (4) . ⊃ . Prop]

$\cdot 2 \quad v \varepsilon Cls . v \supset u . \supset . \breve{\pi}(\breve{\pi} v) = \breve{\pi} v$

$\cdot 3 \quad pu = Cls \frown v \ni \{ v \supset u . \pi v = v . \exists v . \exists u - v \}$ 定义

$\cdot 4 \quad \breve{p}u = Cls \frown v \ni \{ v \supset u . \breve{\pi} v = v . \exists v . \exists u - v \}$ 定义

pu 相当于皮亚诺称作节的类〔《数学评论》第 6 卷，第 133 页，第 8 节命题·0〕。我把 pu 称为下节的类，$\breve{p}u$ 称为上节的类。

$\cdot 5 \quad v \varepsilon Cls . v \supset u . \exists v \frown \breve{\pi} . \exists u - \pi v . \supset . \pi v \varepsilon pu$

[$\exists v \frown \breve{\pi} . \supset . \exists \pi v$ (1) Prop 2·1 $. \supset . \pi(\pi v) = \pi v$ (2)

(1) . (2) . $\exists u - \pi v . \supset$. Prop]

$2 \cdot 51 \quad v \varepsilon Cls . v \supset u . \exists v \frown \pi . \exists u - \breve{\pi} v . \supset . \breve{\pi} v \varepsilon \breve{p}u$

$\cdot 6 \quad v, v' \varepsilon pu . \supset : v \supset v' . \cup . v' \supset v$

[$v, v' \varepsilon pu . \exists v' - v . \supset . \exists v' \frown v \breve{\pi} . \supset : x \varepsilon v . \supset_x . \exists v' \frown y \ni (xPy) :$ (1)

$(1) . v' \varepsilon pu . \supset : x \varepsilon v . \supset_x . x \varepsilon v' : \supset . v \supset v'$ (2)
$\exists v - v' . \supset . v' \supset v$ (3) $(2) . (3) . \supset .$ Prop]

关于 $\breve{\pi}$的定义,参见第 1 节命题 1·34。

·61 $v, v' \varepsilon \breve{pu} . \supset : v \supset v' . \cup . v' \supset v$
·7 $u T v' . = . v, v' \varepsilon pu . v \supset v' . v - = v'$ 定义
·71 $T \varepsilon$ Rel

[§1 Prop 8·82 $. \supset : v, v' \varepsilon pu . = . v \varepsilon_{pu} \breve{\varepsilon}_{pu} v'$ (1) $(\supset) \varepsilon$Rel (2)
$(=) \varepsilon$Rel (3)
(1) . (2) . (3) . §1 Prop 1·98 . Prop 2·5 $. \supset . (\varepsilon_{pu} \breve{\varepsilon}_{pu}) \frown (\supset) \frown (-=) \varepsilon$Rel (4)
$(4) . T = (\varepsilon_{pu} \breve{\varepsilon}_{pu}) \frown (\supset) \frown (-=) . \supset .$ Prop]

这一证明中的命题(2)和(3)是初始命题,要是我们想制定一种完全的逻辑,我们本应当在第 1 节中引入这两个命题;命题(2)肯定类之间的包含是一个关系,而命题(3)肯定了类的相等是一个关系。

·72 $T \supset 0' . T^2 \supset T$
·73 $T^2 = T$

[$v T v' . \supset . \exists v' - v . \supset . \exists x \varepsilon v' - v . \supset . \exists v' \frown (x, y) \ni (x, y - \varepsilon v . x 0' y)$ (1)
$(1) . x P y . \supset . v T \pi x . \pi x T v'$ (2) $(1) . y P x . \supset . v T \pi y . \pi y T v'$ (3)
(1) . (2) . (3) . ⊃ . Prop]
·8 $pu \ \varepsilon \ \Phi_T$ [Prop 1·1.2·71·72·73 . ⊃ . Prop]

现在我们已证明:下节的那个类对于 T 是一个紧致序列。同样也可以证明上节的那个类是一个紧致序列。

✱ 3. $P \varepsilon \text{Rel} . P \supset 0' . P^2 = P . u = \pi \breve{\iota} \pi : x \varepsilon u . \supset . \pi x \cup \iota x \cup \breve{\pi} x = u : \supset ::$
·1 $v \varepsilon pu . \supset . \tau v = pu \frown x \ni (x T v)$ [$\tau v \supset \tau . \tau \supset pu . \supset .$ Prop]
·2 $w \varepsilon$ Cls $. w \supset pu . \supset . \tau w = pu \frown x \ni \{ \exists w \frown y \ni (x T y) \}$
·21 $\kappa \tau = pu \frown x \ni \{ y \varepsilon w . \supset_x . x T y \}$

关于 $\omega\tau$ 的定义，参见第 1 节命题 1•36。

·3 $w \varepsilon \mathrm{Cls} . w \supset pu . \supset . \cup`w \supset u$

$w \varepsilon \mathrm{Cls} . w \supset pu . \exists w . \exists pu - w . \exists u - \cup`w . \supset .\because$

·4 $\cup`w \varepsilon pu$

[$x \varepsilon \cup`w . = . \exists w \cap v \ni (x \varepsilon v . v \varepsilon pu) . = . \exists w \cap v \ni : \exists v \cap y \ni (xPy) :$

$. = . \exists \cup`w \cap y \ni (xPy) . = . x \varepsilon \pi(\cup`w) : = . \cup`w = \pi(\cup`w)$]

3·5 $\tau w = \tau(\cup`w)$

[$v \varepsilon \tau w . = . v \varepsilon pu . \exists w \cap z \ni (v \varepsilon \tau z)$ (1) $z \varepsilon w . \supset . \tau z \supset \tau(\cup`w)$ (2)

(1) . (2) $. \supset . v \varepsilon \tau w . \supset . v \varepsilon pu . v \varepsilon \tau(\cup`w) : \supset . \tau w \supset \tau(\cup`w)$ (3)

$v \varepsilon \tau(\cup`w) . \supset . v \supset \cup`w . v -= \cup`w . \supset . \exists \cup`w - v$

$. \supset . \exists w \cap z \ni (vTz) . \supset . v \varepsilon \tau w : \supset . \tau(\cup`w) \supset \tau w$ (4)

(3) . (4) $. \supset .$ Prop]

这个命题证明：如果 ω 是一个紧致序列的节的类，在 ω 的一个变项中包含的节的这个类就和在许多类 ω 的类的逻辑和中包含的节的那个类相同。当类 ω 没有极大值时，我们可以推演出 ω 的逻辑和是 ω 的上界：因此，这个类 ω 总有极大值或上界。（参见下面的命题 3•6•7•8。）同类定理的一半的证明是关于下界和命题 3•51 中的逻辑积的。

·51 $\tau(\cap`w) \supset w\tau$

[$x \varepsilon w . \supset : \cap`w \supset x$ (1)

(1) $. zT \cap`w . \supset : x \varepsilon w . \supset_x . zTx : \supset . z \varepsilon w\tau . \supset .$ Prop]

你不能证明 $\tau(\cap`\omega) = \omega\tau$。当 $\omega$ 具有极小值时，这个定理才能是真的；在相反的情形里，$\omega$ 的下界是 $\cap`\omega$，并且在某一些情形里将属于类，但不属于类 $\tau(\cap`\omega)$。

·6 $\exists pu \cap x \ni (\tau w = \tau x)$ [Prop 3·5 $. \supset .$ Prop]

·7 $\lambda' w = \iota pu \frown x \ni (\tau w = \tau x)$ 定义

·8 $v \varepsilon pu . \supset . \exists \text{Cls} \frown w \ni (w \supset pu . v = \lambda' w)$ [$w = \iota v$]

命题 3·6·8证明：pu 对于上界是完备的，而对下界并非必要。正像刚才定义一样，$\lambda' \omega$ 不总是一个界限，因为如果有一个极大值，那么这个界就是极大值。构成类 pu 的节是由 u 中所包含的任何类的定义。在下一节我们将考查节和界，它们是通过唯一地使用康托尔(Cantor)叫做基本序列的东西而得到的。〔《数学评论》，第 5 卷，第 157 页。〕

6. 一个紧致序列中的基本序列

基本序列是类型 ω 的序列，这些序列中每一个都在含有它们的紧致序列之内连续地上升或下降。在第一种情形下(1·1)，我称基本序列为序级；在第二种情形下(1·2)，我称基本序列为归级(regression)。紧致序列不从属于任何条件，除非它是紧致的。例如，我不能确定它是否可数、或者是否连续、或者它既不可数又不连续。

$*$ 1. $P \varepsilon \text{Rel} . P \supset 0' . P^2 = P : x \varepsilon \pi \smile \breve{\pi} . \supset . \pi x \cup \iota x \cup \breve{\pi} x = \pi \smile \breve{\pi} : u = \pi \smile \breve{\pi} : \supset ::$

·1 $\omega_P = \omega \frown v \ni \{ v \supset u : R \varepsilon \text{Rel}_v . x, y \varepsilon v . x R y . \supset_{x,y} . x P y \}$ 定义

·2 $\omega_{\breve{P}} = \omega \frown v \ni \{ v \supset u : R \varepsilon \text{Rel}_u . x, y \varepsilon v . x R y . \supset_{x,y} . y P x \}$ 定义

如果 v 是一个序级，Rel_v 是这个序级(第 3 节命题 1·12)的生成关系的类。在这种情况下，你可以承认，只有满足所给的条件的关系才是生成关系。这样一种关系，如果存在，它就是唯一的。我们一定不要混淆 ω^P 和 ω_π，参见第 3 节命题 1·11。

·3 $\pi\omega = x\ni\{\exists\ \omega_p \frown v\ni(x = \pi v)\}$ 定义

·31 $\omega\breve{\pi} = x\ni\{\exists\ \omega_p \frown v\ni(x = v\breve{\pi})\}$ 定义

·4 $\breve{\pi}\omega = x\ni\{\exists\ \omega_{\breve{p}} \frown v\ni(x = \breve{\pi}v)\}$ 定义

·41 $\omega\pi = x\ni\{\exists\ \omega_{\breve{p}} \frown v\ni(x = v\pi)\}$ 定义

我们一定不要混淆 $\pi\omega$ 和 pu〔第 5 节命题 2·3〕：pu 是 u 的所有下节的类，$\pi\omega$ 是规定序级的那些下节的类。这两个类在大部分情形中是同一的。但是，我不知道关于它们是否永远同一这一点的任何证明。

·5 $v\,\varepsilon\,\omega_p \,.\supset.\, v\supset\pi v$ [$x\varepsilon v \,.\supset.\, x\,P\,\mathrm{seq}x \,.\supset.\, x\varepsilon\,\pi v$]

·51 $v\,\varepsilon\,\omega_{\breve{p}} \,.\supset.\, v\supset\breve{\pi}v$

·6 $v\,\varepsilon\,\omega_p .\supset.\ v\breve{\pi} = u - \pi v$

[$x\varepsilon\, v\breve{\pi} \,.\supset.\, x\varepsilon\, u - \pi v$ (1)

$x\varepsilon\, u - \pi v \,.\supset.\, -\exists v \frown y\ni(xPy) .\supset.\because y\varepsilon v \,.\supset_y : y1'x \,.\cup.\, yPx$ (2)

$y1'x \,.\supset.\, xP\mathrm{seq}y \,.\supset.\, x\varepsilon\pi v$ (3)

(2) . (3) $.\supset.\because x\varepsilon u - \pi v :\supset: y\varepsilon v \,.\supset_y.\, yPx :\supset.\, x\varepsilon v\breve{\pi}$ (4)

(1) . (4) .⊃. Prop]

·61 $v\,\varepsilon\,\omega_{\breve{p}} .\supset.\ \dot{v}\breve{\pi} = u - \breve{\pi}v$

·7 $\pi\omega \supset pu$ ·71 $\breve{\pi}\omega \supset \breve{p}u$

·8 $v.v'\,\varepsilon\,\omega_p .\supset: \pi v \supset \pi v' \,.\cup.\, \pi v' \supset \pi v$ [§5 Prop 2·6 .⊃. Prop]

·81 $v,v'\,\varepsilon\,\omega_{\breve{p}} .\supset: \breve{\pi}v \supset \breve{\pi}v' \,.\cup.\, \breve{\pi}v' \supset \breve{\pi}v$ [§5 Prop 2·61 .⊃. Prop]

❋ 2. $P\varepsilon\,\mathrm{Rel} \,.\, P\supset 0' \,.\, P^2 = P : x\varepsilon\pi\cup\breve{\pi} \,.\supset_x.\, \pi x \cup \iota x \cup \breve{\pi}x = \pi\cup\breve{\pi} : u = \pi\cup\breve{\pi} \,.\, v,v'\varepsilon\omega_p :\supset::$

·1 $x\varepsilon v \,.\supset_x.\, \exists v' \frown y\ni(xPy \,.\, yP\mathrm{seq}x) :\supset.\, -\exists\, v' \frown v\breve{\pi}$

[$\mathrm{Hp} : k\varepsilon\omega \,.\supset_k.\, \exists k :\supset.\, \exists v' \frown y\ni ; \exists v \frown x\ni(xPy \,.\, y\,P\,\mathrm{seq}x)$

$R\varepsilon\,\mathrm{Rel}_v \,.\, R'\varepsilon\mathrm{Rel}_{v'}$; §3 Prop 2·11 , $x\varepsilon v \,.\, y\varepsilon v' \,.\, xPy \,.\, yP\mathrm{seq}x \,.\supset.\, \overset{x}{\breve{\varrho}}\, v,\ \overset{y}{\breve{\varrho}'}\, v'\varepsilon\omega_P$ (1)

$\mathrm{Hp}\,(1) \,.\, y'\varepsilon v' \,.\, x'\varepsilon\overset{x}{\breve{\varrho}}\, v \,.\, x'Py' \,.\, y'\,P\,\mathrm{seq}x' \,.\supset.\, y'\varepsilon\,\overset{y}{\breve{\varrho}'}\, v'$ (2)

$\exists \overrightarrow{\varrho'}^{y} v' \cap y'' \ni (\text{seq}x' \,\text{P}\, y'' \,.\, y'' \,\text{P seq seq}x') \,.\supset:\, \text{seq}y' \,1'\, y'' \,.\cup.\, \text{seq}y' \,\text{P}y'' :$
$\supset.\, \text{seq}y' \,\text{P seq seq}x'$ (3)

(2) . (3) $.\supset.\because\, z\varepsilon v' \,.\supset_z :\, z\varepsilon\, \pi v \,.\supset.\, \text{seq}z\, \varepsilon\, \pi v$ (4) Hp $.\supset.\, 0_{v'}\varepsilon\, \pi v$ (5)

(4) . (5) . Induct $.\supset.\, v' \supset \pi v \,.\supset.$ Prop]

上面这个证明有点复杂，所以我再逐字重复一遍。这个命题断定：如果两个序级 v 和 v' 是这样的，即在 v 的任何两个相邻的项之间，总能找到至少一个 v' 的项，那么就没有 v' 的项在所有的 v 的项之后。令 x 是 v 的一个项，y 是 x 和 x 后继之间的 v' 的一个项。那么，那些并不先于 x 的 v 的项构成一个序级 $\overrightarrow{\varrho}^{x} v$，而那些并不先于 y 的 v' 的项构成一个序级 $\overrightarrow{\varrho}^{y} v'$。那么，$x'$ 只要是 $\overrightarrow{\varrho}^{x} v$ 的任何一个项，y' 是 x' 和 x' 后继之间的 v' 的一个项，就可以推演出：y' 是 $\overrightarrow{\varrho}^{y} v$ 的一个项。现在，有一个 $\overrightarrow{\varrho}^{y} v'$ 的项 y''，它居于 x' 后继和 x' 后继的后继之间，而且这样一个项必定是 y' 后继或者继承 y' 后继；因此 y 后继必定先于 x' 后继的后继。由此可知：如果 z 是一个先于任何 v 的一个 v'，那么 z 后继也是先于任何 v 的一个 v'。但是，由假设，存在某个先于 v 的 v'，因此 v' 的第一个项必定先于 v。我们通过归纳而推演出：所有的 v' 的项都先于 v 的某些项。这就是说，没有 v' 的项在所有的 v 的项之后。

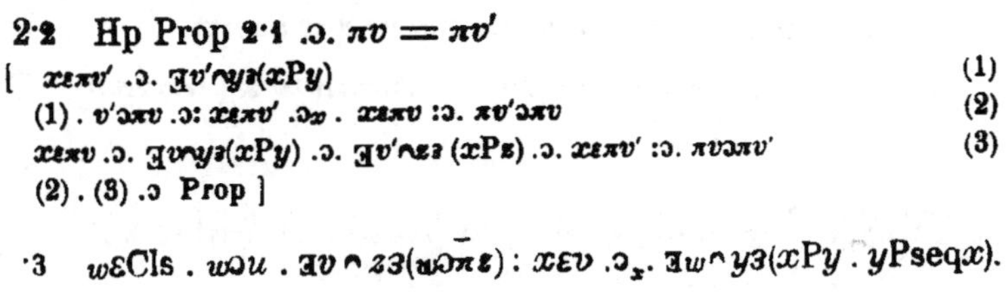

2·2 Hp Prop 2·1 $.\supset.\, \pi v = \pi v'$

[$x\varepsilon\pi v' \,.\supset.\, \exists v' \cap y \ni (x\text{P}y)$ (1)

(1) . $v' \supset \pi v \,.\supset:\, x\varepsilon\pi v' \,.\supset_x .\, x\varepsilon\pi v :\supset.\, \pi v' \supset \pi v$ (2)

$x\varepsilon\pi v \,.\supset.\, \exists v \cap y \ni (x\text{P}y) \,.\supset.\, \exists v' \cap z \ni (x\text{P}z) \,.\supset.\, x\varepsilon\pi v' :\supset.\, \pi v \supset \pi v'$ (3)

(2) . (3) $.\supset$ Prop]

·3 $w\varepsilon\text{Cls} \,.\, w\supset u \,.\, \exists v \cap z \ni (w \supset \overline{\pi} z) : x\varepsilon v \,.\supset_x .\, \exists w \cap y \ni (x\text{P}y \,.\, y\text{P seq}x).$

$w \cap y \ni (x\text{P}y \,.\, y\text{P seq}x)\, \varepsilon\, \text{Elm} : \overline{v\pi} \supset \overline{w\pi} \,.\because\supset.\, w\, \varepsilon\, w\text{P}$

这个命题断定：如果 v 是在一个紧致序列 u 中的一个序级，且如果 w 是包含在 u 之内的一个类并且后继某些 v 的项，且如果有一个(并且只有一个)w 的项在任何两个相邻的 v 的项之间,且如果是所有的 v 的项的后继的项最终也是所有 w 的项的后继,那么 w 是在 u 之中的一个序级。

[Hp . §1Prop1·8 .ɔ: $x\varepsilon v$.ɔ$_x$. ∃1+1 ⌒ R_x ∍{ι$x = \varrho x$. w ⌒ y∍(xPy . yPseq$x$) = $\breve{\varrho}x$ }

$x\varepsilon v$. ɔ$_x$. R_x = ι1+1 ⌒ R_x ∍{ιx = ϱx . w⌒y∍(xPy . yPseq$x$) = $\breve{\varrho}x$ } :

$R_w\varepsilon$Rel ⌒ R'∍{aR'b .=. ∃v ⌒ x∍($aR_x b$)} . §3Prop2·16 :ɔ. $R_w\varepsilon$ 1+1 (1)

RεRel$_v$: $x\varepsilon v$.ɔ$_x$. w_x= ιw⌒y∍(xPy . yPseq$x$) : seqw_x = $w_{\text{seq}x}$:ɔ. xR$_w w_x$.ɔ.

$w_x \breve{R}_w$ Rseq$x$. seq$x$ R$_w$seqw_x :ɔ. $w_x \breve{R}_w$ R R$_w$ seqw_x (2)

w_x Pseq$x$. seq$x$ Pseqw_x .ɔ. w_x Pseqw_x (3)

$x\varepsilon v$−ι0_v .ɔ. w_{0_v} Px .ɔ. −(wɔ$\breve{\pi}x$) (4)

(4) . Hp .ɔ. wɔ$\breve{\pi}0_v$ (5)

$v\breve{\pi}$ɔ$w\breve{\pi}$.ɔ: $y\varepsilon w$.ɔ$_y$. ∃v ⌒ x'∍(yPseqx') (6)

Hp (6) . §3Prop. 2·11 .ɔ. v⌒x'∍(yPseqx') $\varepsilon\omega$P

$y\varepsilon w$. v⌒x'∍(yPseqx') = v' . x = $0_{v'}$.ɔ. y = w_x (7)

§1 Prop5·7 . (1) . R' = $\breve{R}_w$ RR$_w$.ɔ. R'ε1+1 . w_{0_v} = ιw−ϱ'w (8)

$s\varepsilon$Cls . w_{0_v} εs : $x\varepsilon v$. w_x εs .ɔ$_x$. seqw_x εs :ɔ: x(R$_w s$)sw .ɔ$_x$. seq$x$(R$_w s$)sw (9)

(9) . Hp(9) . Induct .ɔ: $x\varepsilon v$.ɔ$_x$, x(R$_w s$) sw (10)

Hp (9) . (10) . R$_w\varepsilon$1+ .ɔ: w_x εw .ɔ$_{w_x}$. w_x εs (11)

(7) . (8) . (11) .ɔ. Prop]

·4 ∃ωP ⌒ w∍(vw = Λ . πv = πw) [Prop2·3 .ɔ. Prop]

·5 ∃$v\breve{\pi}$ ⌒ z∍(πz = πv) .ɔ. $v\breve{\pi}$ ⌒ z∍(πz = πv) εElm

[πz = πv . zPz' .ɔ. $\pi z'$− = πv (1)

πz = πv . z'Pz .ɔ. $\pi z'$− = πv (2) (1) . (2) .ɔ. Prop]

·6 ∃$v\breve{\pi}$⌒z∍(πz = πv) .ɔ. l'v = ι$v\breve{\pi}$ ⌒z∍(πz = πv) 定义

·61 $w\varepsilon\omega\breve{P}$. ∃$w\breve{\pi}$⌒$z$∍($\breve{\pi z}$=$\breve{\pi w}$) .ɔ. l$_\iota w$=ι$w\breve{\pi}$⌒$z$∍($\breve{\pi z}$=$\breve{\pi w}$) 定义

按照刚才的定义,1'v 和 1$_\iota w$ 是真实的界限,而上一节中的 λ'v和 λ$_\iota$ v 或是界限或是极大值或是极小值。既然 1'v 属于类 $v\pi$,1'v 就不能属于类 v,进一步说,根据定义,1'v 没有极大值。同样,1$_\iota$ w 不属于类 w,它没有极小值。如果一个 ωP 或一个 $\omega\breve{P}$

有界，则只能有一个界，但也可能根本没有界。另一方面，在导出类 $\pi\omega, \omega\breve{\pi}, \omega\pi, \breve{\pi}\omega$ 中，正像我们已经看到的一样，你可以论证界的存在。

$$*\ 3\ \mathrm{P}\varepsilon\mathrm{Rel}\,.\,\mathrm{P}\supset 0'\,.\,\mathrm{P}^2=\mathrm{P}\,.\,u=\pi\smile\breve{\pi}:x\varepsilon u\,.\supset_x.\,\pi x\smile\iota x\smile\breve{\pi}x=u:\supset::$$

$$\cdot 1\quad a,b\varepsilon u\,.\,a\mathrm{P}b\,.\supset.\,\exists\,\omega_{\mathrm{P}}\cap v\ni(\pi v\supset\breve{\pi}a\,.\,\pi v\supset\pi b)$$

这个命题断定：你可以找到一个序级，它的所有的项都包含在紧致序列 u 的两个给定的项之间。

$$[\ x\varepsilon u\,.\,x\mathrm{P}b\,.\,\mathrm{P}^2=\mathrm{P}\,.\supset.\,\exists u\cap y\ni(x\mathrm{P}y\,.\,y\mathrm{P}b)\qquad(1)$$

$$\S 1\ \mathrm{Prop}\ 1\cdot 8\ \mathrm{R}\varepsilon 1\to 1\,.\,\breve{\varrho}\supset\varrho\,.\,\exists\breve{\varrho}\text{-}\varrho\,.\,v'\varepsilon\omega_\varrho\,.\supset.\,\exists\,1\to 1\cap\mathrm{R}_{0_{v'}}\ni(\varrho_{0_{v'}}=\iota 0_{v'}\,.$$

$$a\breve{\mathrm{P}}\iota\varrho_{0_{v'}}\,.\,\iota\breve{\varrho}_{0_{v'}}\mathrm{P}b)\qquad(2)$$

$$\S 1\ \mathrm{Prop}1\cdot 8\,.\,(1)\,.\,\mathrm{Hp}(2)\,.\,x\varepsilon v'\,.\supset:\exists 1\to 1\cap\mathrm{R}_x\ni(\varrho_x=\iota x\,.\,a\breve{\mathrm{P}}\iota\varrho_x\,.\,\iota\breve{\varrho}_x\mathrm{P}b)\,.\supset.$$

$$\exists 1\to 1\cap\mathrm{R}_{\mathrm{seq}x}\ni(\varrho_{\mathrm{seq}x}=\iota\mathrm{seq}x\,.\,\iota\breve{\varrho}_x\mathrm{P}\iota\breve{\varrho}_{\mathrm{seq}x}\,.\,\iota\breve{\varrho}_{\mathrm{seq}x}\mathrm{P}b)\qquad(3)$$

$$(2).(3).\ \mathrm{Induct}\,.\supset:\ x\varepsilon v'.\supset_x.\exists 1\to 1\cap\mathrm{R}_x\ni(\varrho_x=\iota x\,.\,a\mathrm{P}\iota\breve{\varrho}_x\,.\,\iota\breve{\varrho}_x\,\mathrm{P}\iota\breve{\varrho}_{\mathrm{seq}x}\,.\,\iota\breve{\varrho}_{\mathrm{seq}x}\mathrm{P}b)\ (4)$$

$$x\varepsilon v'\,.\supset_x.\ \mathrm{S}_x\,\varepsilon 1\to 1\cap\mathrm{R}_x\ni(\varrho_x=\iota x\,.\,a\mathrm{P}\iota\breve{\varrho}_x\,.\,\iota\breve{\varrho}_x\,\mathrm{P}\iota\breve{\varrho}_{\mathrm{seq}x}\,.\,\iota\breve{\varrho}_{\mathrm{seq}x}\mathrm{P}b):$$

$$\mathrm{S}=\mathrm{Rel}\cap\mathrm{R}''\ni\{\exists v'\cap x\ni(\mathrm{R}''=\mathrm{S}_x)\}\,.\,\mathrm{R}'=\smile'\mathrm{S}\,.\therefore\supset.$$

$$\mathrm{R}'\varepsilon 1\to 1\,.\,\varrho'=v'\,.\,\breve{\varrho}'\,\mathrm{sim}\,v'\,.\,\pi\breve{\varrho}'\supset\breve{\pi}a\,.\,\pi\breve{\varrho}'\supset\pi b\qquad(5)$$

$$(5)\,.\,\S 3\ \mathrm{Prop}\ 1\cdot 91\,.\supset.\,\breve{\varrho}'\varepsilon\omega_{\mathrm{P}}\qquad(6)\qquad(5)\,.\,(6)\,.\supset.\ \mathrm{Prop}\,]$$

在上述证明中，先取其生成关系是 R 的任何序级 v'。再取 a 和 b 之间任何一个项并且建立一个关系 $\mathrm{R}0_{v}'$，这种关系在 v' 的第一个项和在 a 和 b 之间取的那个项之间唯一地成立。然后通过归纳证明：对于 v' 的任何项 x' 来说，可以找到一种关系 R_x，这种关系仅仅在 x 和在 a 和 b 之间的单独项之间成立。这个单独项是先于 seq x（x 后继）与其具有关系 R seq x 的那个唯一的项。因此，对 x 的所有的值，可取 R_x 关系的逻辑总和 R'，因为无论哪一个 x 都是一个 v，而且可以证明：$\breve{\mathrm{R}}'$ 的前域是 u 中的一个序级，其中所

有的项可以在 a 和 b 之间得到。你使用的这个程序可以描述为“没有数的计算”。

3·11 $a,b\varepsilon u \,.\, aPb \,.\supset.\, \exists\,\omega\breve{P} \frown v\ni(\breve{\pi}v \supset \breve{\pi}a \,.\, \pi v \supset \pi b)$

[§ 5 Prop 1·4 . § 6 Prop 3·1 .ɔ. Prop]

·2 $\pi\omega\ \varepsilon\ \Phi$

[$v,v'\varepsilon\omega P \,.\, \pi v T \pi v' \,.\, a,b\varepsilon\pi v'\text{-}\pi v \,.\, aPb$. Prop 3·1 .ɔ.

$\exists\,\omega P \frown v''\ni(\breve{\pi}v'' \supset \breve{\pi}a \,.\, \pi v'' \supset \pi b) \,.\supset.\, \exists\,\omega P \frown v''\ni(\pi v T \pi v'' \,.\, \pi v'' T \pi v')$ ɔ. Prop]

关于 T 的定义，参见第 5 节命题 2·7。

·21 $\breve{\pi}\omega\varepsilon\Phi$

·3 $\omega\breve{\pi}\ \varepsilon\ \Phi$

[Prop 1·6 .ɔ: $x,x'\varepsilon\omega\breve{\pi} \,.=.\, u\text{-}x,\ u\text{-}x'\varepsilon\pi\omega$ (1) (1). Prop 3·2 .ɔ. Prop]

·31 $\omega\pi\ \varepsilon\ \Phi$

·4 $\exists\,\pi\text{-}\breve{\pi} \,.\supset.\, \frown'\pi\omega = \pi\text{-}\breve{\pi} \,.\, \frown'\pi\omega\ \varepsilon$ Elm

[$x\varepsilon\,\pi\text{-}\breve{\pi}$.ɔ: $v\varepsilon\,\omega P$.ɔ. $x\varepsilon\,\pi v$:ɔ. $x\varepsilon\frown'\pi\omega$ (1)

Prop 3·1·2 . $x\varepsilon\breve{\pi}$.ɔ. $\exists\,\omega P\frown v\ni(x\varepsilon\,\breve{v\pi})$.ɔ. $x\text{-}\varepsilon\frown'\pi\omega$ (2)

(1) . (2) . § 5 Prop 1·3 .ɔ. Prop]

·41 $\exists\,\breve{\pi}\text{-}\pi \,.\supset.\, \frown'\breve{\pi}\omega = \breve{\pi}\text{-}\pi \,.\, \frown'\breve{\pi}\omega\varepsilon$Elm

·5 $\exists\,\pi\text{-}\breve{\pi} \,.\supset.\, \frown'\omega\pi = \pi\text{-}\breve{\pi} \,.\, \frown'\omega\pi\varepsilon$Elm

[$x\varepsilon\,\pi\text{-}\breve{\pi}$.ɔ: $v\varepsilon\,\omega\breve{P}$.ɔ. $x\varepsilon v\pi$:ɔ. $x\varepsilon\frown'\omega\pi$ (1)

$x\varepsilon\breve{\pi}$. Prop 3·11·31 .ɔ. $\exists\,\omega\breve{P}\frown v\ni(x\varepsilon\breve{\pi}v)$.ɔ. $x\text{-}\varepsilon\frown'\omega\pi$ (2) (1) . (2) .ɔ. Prop]

·51 $\exists\,\breve{\pi}\text{-}\pi \,.\supset.\, \frown'\omega\breve{\pi} = \breve{\pi}\text{-}\pi \,.\, \frown'\omega\breve{\pi}\varepsilon$Elm

·6 $\pi\supset\breve{\pi} \,.\supset.\, \frown'\pi\omega = \Lambda$ Dem 3·4 N° (2) .ɔ. Prop]

·61 $\breve{\pi}\supset\pi \,.\supset.\, \frown'\breve{\pi}\omega = \Lambda$

·7 $\pi\supset\breve{\pi} \,.\supset.\, \frown'\omega\pi = \Lambda$

·71 $\breve{\pi}\supset\pi \,.\supset.\, \frown'\omega\breve{\pi} = \Lambda$

✻ 4 $P\varepsilon$Rel . $P\supset 0'$. $P^2 = P$. $u = \pi\breve{\pi}$: $x\varepsilon u \,.\supset_x.\, \pi x \smile x \smile \breve{\pi}x = u$.ɔ::

·1 $xT_1y \,.=.\, x,y\varepsilon\pi\omega \,.\, x\supset y \,.\, x\text{-}=y$ 定义

·11 $xT_2y \,.=.\, x,y\varepsilon\breve{\pi}\omega \,.\, x\supset y \,.\, x\text{-}=y$ 定义

·12 $xT_3y \,.=.\, x,y\varepsilon\omega\pi \,.\, x\supset y \,.\, x\text{-}=y$ 定义

$\cdot 13\ xT_4y\ .=.\ x,y\varepsilon\breve{\omega\pi}\ .\ x\supset y\ .\ x-=y$ 定义

$\cdot 2\ x\varepsilon\pi\omega\ .\supset.\ \exists\ \omega T_1 \frown z\ni(l'z=x)$

[Prop 3·1 .⊃: $y_1,y_2\varepsilon u\ .\ y_1Py_2\ .\supset_{y_1,y_2}.\ \exists\pi\omega\frown m\ni(xy_1T_1m\ .\ mT_1xy_2)$ (1)

(1) . Prop 2·1·3 . $v\varepsilon\omega P\ .\ x=\pi v: x\varepsilon v\ .\supset x.\ w_x\varepsilon\pi\omega\ .\ \pi xT_1w_x\ .\ w_x\ T_1\pi(\mathrm{seq}x)$:

$w=y\ni\exists v\frown x\ni(yl'w_x)\}\ .\because.\ w\varepsilon\omega T_1\ .l'w=x$]

这个命题证明：$\pi\omega$ 的任何一个项（就是说，u 的所有的下节）是 $\pi\omega$ 的那些项的一个序级的上界。如果 v 是 u 中的一个序级，x 是 v 的一个变项，πv 就是 πx 这些节的界；但是，这个事实对于 4·2 的证明并不充分，因为你没有理由相信 πx 永远属于 $\pi\omega$ 这个类，就是说，如果 x 是一个 u，x 就是在 u 中的一个序级的上界。

$\cdot 21\ x\varepsilon\ \omega\pi\ .\supset.\ \exists\ \omega\breve{T}_1 \frown z\ni(l_{,}z=x)$

正像 4·2来自 3·1一样，这个命题来自 3·11。

$\cdot 22\ x\varepsilon\ \pi\omega\ \ .\supset.\ \ \exists\ \omega T_3 \frown z\ni(l'z=x)$

$\cdot 23\ x\varepsilon\ \omega\pi\ \ .\supset.\ \ \exists\ \omega\breve{T}_3 \frown z\ni(l_{,}z=x)$

$\cdot 24\ x\varepsilon\ \breve{\pi\omega}\ \ .\supset.\ \ \exists\ \omega T_2 \frown z\ni(l'z=x)$

$\cdot 25\ x\varepsilon\ \breve{\omega\pi}\ \ .\supset.\ \ \exists\omega\breve{T}_2 \frown z\ni(l\ z=x)$

$\cdot 26\ x\varepsilon\ \breve{\pi\omega}\ \ .\supset.\ \ \exists\omega T_4 \frown z\ni(l'z=x)$

$\cdot 27\ x\varepsilon\ \breve{\omega\pi}\ \ .\supset.\ \ \exists\omega\breve{T}_4 \frown z\ni(l_{,}z=x)$

命题·22 至·27 的证明类似于命题·2的证明。还有另一些同样形式的命题，我们不知道怎样证明它们，而这些命题看来并不总是真实的。以下就是这样的一个命题：

$$x\varepsilon\ \pi\omega\ ..\supset.\ \exists\omega\breve{T}_1 \frown z\ni(l_{,}z=x)$$

$\cdot 3\ \ z\varepsilon\omega T_1\ .\supset.\ l'z\ \varepsilon\ \pi\omega$

[$x\varepsilon z\ .\supset.\ xT\mathrm{seq}x\ .\supset.\ \exists u\frown y\ni(xT\pi y\ .\ \pi y T\mathrm{seq}x)$ (1)

Prop 2·3 : $x\varepsilon z\ .\supset_x\ t_x\ \varepsilon u\frown y\ni(xT\pi y\ .\ xyT\mathrm{seq}x):t=u\ni:\exists z\frown x\ni(ul'x_x)$; ∴⊃

$v\varepsilon\omega P\ .\ l'z=\pi t\ .\supset.$ Prop]

$.31\ \ z\varepsilon\ \omega\breve{T}_1\ .\supset.\ l_{,}z\varepsilon\ \omega\pi$

$\cdot 32\ \ z\varepsilon\ \omega T_2\ .\supset.\ l\ z\varepsilon\ \pi\omega$

$$\cdot 33\quad z\,\varepsilon\,\omega\breve{T}_3 \,.\supset.\, 1'z\,\varepsilon\,\omega\pi$$

$$\cdot 34\quad z\,\varepsilon\,\omega T_2 \,.\supset.\, 1'z\,\varepsilon\,\breve{\pi}\omega$$

$$\cdot 35\quad z\,\varepsilon\,\omega\breve{T}_2 \,.\supset.\, 1_{,}z\,\varepsilon\,\omega\breve{\pi}$$

$$\cdot 36\quad z\,\varepsilon\,\omega T_4 \,.\supset.\, 1'z\,\varepsilon\,\breve{\pi}\omega$$

$$\cdot 37\quad z\,\varepsilon\,\omega\breve{T}_4 \,.\supset.\, 1_{,}z\,\varepsilon\,\omega\breve{\pi}$$

这里也有其他八个形式相似的命题，这些命题看来并不总是真实的。以下就是这样的一个命题：

$$z\,\varepsilon\,\omega\breve{T}_1 \,.\supset.\, 1'z\,\varepsilon\,\pi\omega$$

对第 6 节的评注。现在我们可以总结第 6 节中的主要结论。一个紧致序列(Φ)是一个在其自身的项中任何二个项之间具有一个项的序列。这样一个序列通过传递关系 P 进行定义，这种关系蕴涵相异（不等同）关系，而且是这样的关系：$P^2=P$。如果 xPy，就可以说 x 先于 y。如果在所讨论的序列之外存在一些项，这些项对其他项具有 P 或$\breve{P}$关系，你就总能找到另一种关系在所讨论的这个序列之内等价于 P，而且使得所有具有那个关系或这关系的逆的项都属于所讨论的这个序列。（第 5 节命题 1·6。）因此，我们可以更简单地但仍不失普遍地将一个适当的关系及其逆的整个的前域看成一个紧致序列的类型。

令 u 是一个这样的序列，P 是它的生成关系。在 u 中一个序级是包含在 u 之中具有类型 ω 的一个序列，使得总有 $xP\ \mathrm{seq}\ x$，如果 x 是这个序级的一个项。我们称 ωP 是在 u 中的序级的类。与此同时，$\omega\breve{P}$是归级的类，就是说，具有类型 ω 的序列的类，对此有 $x\breve{P}\ \mathrm{seq}\ x$。可以构造一个 ωP 和 $\omega\breve{P}$，它们中所有的项都可以在 u 中的任何二个项之间得到。

每个包含在 u 之中的类 v 在 u 中定义四个类：

(1) πv，它包含所有的项，使得有一个 v 是它们的后继；

(2) $\breve{\pi} v$ 它包含所有的项，使得有一个 v 是它们的前驱；

(3) $v\pi$，它包含所有先于 v 的任何一项的项；

(4) $v\breve{\pi}$，它包含所有的后继 v 的任何一项的项。

如果 v 是一个序级，(1)和(4)都独自具有重要性；对一个归级来说，(2)和(3)都独自具有重要性。如果 v 是一个序级，u 的任何一个项属于(1)或(4)，而(1)没有一个最后的项；但是你不可能知道(在一般情形里)：(4)是否有第一个项。如果 v 是一个归级，也可以说类似的话。

现在提出节的理论，它把实数理论普遍化了。有四类节：

(1) 类 $\pi\omega$，它是由所有的类 πv 组成的，在此 v 是任何一个 ωP；

(2) 类$\breve{\pi}\omega$，它是由所有的类$\breve{\pi} v$ 组成的，在此 v 是任何一个 $\pi\breve{P}$；

(3) 类 $\omega\pi$，它是由所有的类 $v\pi$ 组成的，在此 v 是任何一个 $\omega\breve{P}$；

(4) 类 $\omega\breve{\pi}$，它是由所有的类 $v\breve{\pi}$组成的，在此 v 是任何一个 ωP。

以上四类的每一类是 Φ，其生成关系是从逻辑包含关系导出的。$\omega\breve{\pi}$的任何项都是 u 和 $\pi\omega$ 的相应的项的否定的积；对于$\breve{\pi}\omega$ 和 $\omega\pi$ 也是一样。类 $\pi\omega$ 和 $\omega\pi$ 可以有公共项；例如，如果 u 是有理数的类，而 v 是 u 中的一个序级，它没有有理界，那么 v' 是一个确定相同截〔在戴德金(Dedekind)的意义上〕的归级。如果 u 是满足戴德金连续性假设的一个序列,$\pi\omega$ 和 $\omega\pi$ 没有公共项;因为那样会在所有属于类 $\omega\pi$ 的类中而不是在 $\pi\omega$ 的类中产生一个第三项。

这四类($\pi\omega$,$\breve{\pi}\omega$,$\omega\pi$,$\omega\breve{\pi}$)的每一类中你都可以构造一个序级或归级,它总有一个属于这四类之一的一个界,但不是总属于含有同一个序级或归级的那个类。进一步说,这四类中的每一类的任何项是某些序级的界,或者某一归级的界,但不必然都是这两者的界(就外表而言);而那些特定的序级或归级的项不一定属于与那个是它们的界的项一样的类。这些结论总结如下:

$\pi\omega$ 的任何项是 $\pi\omega$ 中的序级的界和 $\omega\pi$ 中的序级

$\breve{\pi}\omega$ 的任何项是 $\breve{\pi}\omega$ 中的序级的界和 $\omega\breve{\pi}$ 中的序级

$\omega\pi$ 的任何项是 $\pi\omega$ 中的归级的界和 $\omega\pi$ 中的序级

$\omega\breve{\pi}$ 的任何项是 $\breve{\pi}\omega$ 中的归级的界和 $\omega\breve{\pi}$ 中的序级

$\pi\omega$ 或 $\omega\pi$ 中的所有的序级在 $\pi\omega$ 中有界

$\breve{\pi}\omega$ 或 $\omega\breve{\pi}$ 中的所有的序级在 $\breve{\pi}\omega$ 中有界

$\pi\omega$ 或 $\omega\pi$ 中的所有的归级在 $\omega\pi$ 中有界

$\breve{\pi}\omega$ 或 $\omega\breve{\pi}$ 中的所有的归级在 $\omega\breve{\pi}$ 中有界

因此:

$\pi\omega$ 与在 $\pi\omega$ 或 $\omega\pi$ 中的序级的界的类相同

$\breve{\pi}\omega$ 与在 $\breve{\pi}\omega$ 或 $\omega\breve{\pi}$ 中的序级的界的类相同

$\omega\pi$ 与在 $\pi\omega$ 或 $\omega\pi$ 中的归级的界的类相同

$\omega\breve{\pi}$ 与在 $\breve{\pi}\omega$ 或 $\omega\breve{\pi}$ 中的归级的界的类相同

我们还未能证明:这四类的每一类都是一个完全完备的序列,

但每一类不是向左完备就是向右完备。就是说，或者是归级完备，或者是序级完备。$\pi\omega$ 和 $\omega\pi$，或者$\overset{\cup}{\pi}\omega$ 和 $\omega\overset{\cup}{\pi}$的逻辑和是一个完备序列。但一般地说，这个序列不会是紧致的，因为，如果在 u 中存在一个序级 v 和一个归级 v'，这二者在 u 中具有相同的界(已知这是可能的)，那么 πv 和 $v'\pi$ 在序列 $\pi\omega \cup \omega\pi$ 中将是相邻的，因为 $v'\pi$只含有一个不属于 πv 的单个的项，即共同的界。因此 $\pi\omega \cup \omega\pi$ 一般不是一个连续的序列。

我们未能证明：在 u 中的任何序级或归级都有界，因为我们不知道这样一个紧致序列的例子，其任何项都是主元素(康托尔的语言)。我们也未能证明：有一些 $\pi\omega$ 的项，这些项是归级的界等等。

由于康托尔的工作，人们知道：如果 u 是一个可数的序列怎样证明所有这些定理(《数学评论》，第 5 卷，第 129—162 页)。我们不再展开这个主题，因为，这个主题早已为康托尔所涉及。在第 6 节，我们只希望在不引入其他条件的情况下，推演出那些对所有的紧致序列都有效的结果。

论　指　称

从表面上看，1905 年的这卷《心灵》杂志似乎是过了期的论文汇集。而这类论文常常载满了由学院人士发行并且面向他们的各种刊物。看过这本杂志，你将会想象到：观念主义者和实用主义者关于真理性质方面的冲突乃是世界上最重要的事情。在这一哲学论战的上下文之间插进了一篇罗素撰著的十四页的论文。它与其前面的叫做《实用主义与绝对论的对立》的七十八页的专论相比，似乎显得有点相形见绌。可是，罗素却把它称之为自己最好的哲学论文。《心灵》的编者 G. F. 斯托特(Stout)教授虽然认为这篇论文既奇异又不合常规，但他终究还是作出了刊登该文的正确决定。究竟会有多少读者能理解这篇文章仍然是不得而知的。

在当代哲学的发展中，《论指称》一文是一个里程碑。它再次揭示了罗素思想上的革新和令人惊奇的独创性。然而，令人感到嘲讽的是，本文包含了一个微小的错误。G. E. 摩尔(G. E. Moore)曾经把它指出来了：因为“写”这个动词的歧义性，罗素在该文结尾部分的“最简短的陈述”是有缺陷的。因为司各脱(像盲人密尔顿一样)可以是《威弗利》这本书的作者而不是文字上第一次写了该书的人，所以，“司各脱是《威弗利》的作者”就不会具有和

“司各脱写了《威弗利》”同样的意义。罗素“平静地”接受了这一纠正。[①] 降格俯就地对待这种失误的权利按理是留给那些像罗素和摩尔那样对哲学作出贡献的人们的。

对这些观点更加全面的发展是著名的摹状词理论，而这一理论的详尽陈述见于罗素五年后发表的《数学原理》第一卷。

① 见《伯特兰·罗素哲学》，伊文斯顿和剑桥，1944 年版，第 690 页。摩尔那篇著名的论文见同书第 177 页后。

论 指 称

1905 年

我用“指称词组”来指下列这类词组中的任意一种：一个人、某人、任何人、每个人、所有人，当今的英国国王、当今的法国国王、在二十世纪第一瞬间太阳系的质量中心、地球围绕太阳的旋转、太阳围绕地球的旋转。因此，一个词组只是由于它的形式而成为指称词组。我们可以对一个词组区分以下三种情况：(1)它可以指称，但又不指任何东西，例如“当今的法国国王”；(2)它可以指一个确定的对象，例如“当今的英国国王”指某一个人；(3)它可以不明确地指称，例如“一个人”不是指许多人，而是指一个不明确的人。对这类词组的解释是相当困难的事；的确，很难提出任何一种不能受到形式反驳的理论。我熟知的所有这些困难——就我能发现的而言——都会被我下面就要阐述的理论所碰到。

指称这一课题不仅在逻辑和数学上，而且在知识论上都非常重要。例如，我们知道太阳系在一个确定瞬间的质量中心是一个确定的点，而且，我们可以确认一些关于这个点的命题；但是，我们并没有直接亲知(acquaintance)这个点，而只是通过摹状词(description)才间接知道它。亲知什么和间接知道什么(knowledge about)之间的区别就是我们直接见到的事物和只能通过指称词组达到的事物之间的区别。时常有这样的情况，虽然我们没有亲知某个词组指称的对象，但我们知道它们在明确地指称。上述太阳系质量中心的例子就是如此。在知觉中，我们亲知知觉的对象；而在思想中，我们亲知具有更抽象的逻辑特征的对象。但是，我们不一定亲知由我们已经亲知其意义的词构成的词组所指称的对象。举一个很重要的例子，鉴于我们不能直接感知其他人的心灵，似乎就无理由相信我们亲知过其他人的心灵，因而我们对他人的心灵的间接知识是通过指称获得的。尽管所有的思维都不得不始于亲知，但思维能够思考关于我们没有亲知的许多事物。

下面是我的论证过程。首先阐述我打算主张的理论[①]；然后讨论弗雷格和迈农(Meinong)的理论，并证明为什么他们两人的理论都不能使我满意；然后提出支持我的理论的依据；最后简要地指出我的理论的哲学结论。

简单说来，我的理论如下：我把变项当作最基本的概念，我用“$C(x)$”来指以 x 作为其中一个成分的命题[②]，在这个命题中，变项 x 在本质上和整体上都是未定的。这样，我们就可以考虑“$C(x)$恒真”和“$C(x)$有时真”[③]这两个概念，这样对于每一东西(everything)、没有东西(nothing)和某个东西(something)(它们都是最初始的指称词组)就可作如下解释：

C(每个东西)意谓“$C(x)$恒真”；

① 我在《数学的原则》第五章和第 476 节讨论了这个问题。那里所主张的论点很接近弗雷格，而与下面所提倡的理论截然不同。

② 更精确地说是命题函项。

③ 如果我们用第二个概念来指“‘$C(x)$假’恒真这一命题并非真的”，那么，后者就可以通过前者来定义。

C(没有东西)意谓"'$C(x)$假'恒真";

C(某个东西)意谓"'$C(x)$假'恒真是假的"①。

这里"$C(x)$恒真"这个概念可视为最终的和不能定义的,而其他概念可通过这个概念来定义。对于每个东西、没有东西和某个东西,均不假定它们具有任何独立的意义,而是把意义指派给它们出现于其中的每一个命题。这就是我想提倡的指称理论的原则:指称词组本身绝不具有任何意义,但在语词表达式中出现指称词组的每个命题都有意义。我认为,有关指称的困难完全是对于其语词表达式包含着指称词组的命题进行错误分析产生的结果。假如我没有搞错的话,那么,就进一步提出以下的正当分析。

假定现在我们想要解释"我遇见一个人"这一命题。如果这命题真,那么,我遇见过某个确定的人;但这并不是我所断定的东西。按照我主张的理论,我所断定的是:

"'我遇见 x,并且 x 是人'并非恒假"。一般说来,在将人的类定义为具有谓词人(human)的对象的类时,我们可以说:

"C(一个人)"意谓"'$C(x)$且 x 是人'并非恒假"。这就使得"一个人"全然没有它独自的意义,而是把意义赋予了在语词表达式中出现"一个人"的每个命题。

我们看下一个命题:"所有的人都有死",这个命题②实际上是

---

① 我有时不用这种复杂的词组,而用假定被规定为与这种复杂词组含义相同的词组"$C(x)$并非恒假"或"$C(x)$有时真"。

② 这个命题在布莱德雷(Bradley)先生的《逻辑》一书第一卷第二章中已有很好的论证。

一个假言命题，它说的是：如果有什么东西是个人，那么，他终有一死。也就是说，它说的是：如果 x 是一个人，则 x 终有一死，不论 x 可能是什么。因而，用“x 是人”(x is human)来代入“x 是一个人”(x is a man)，我们将看到：

“所有的人都有死”意谓“‘如果 x 是人，则 x 终有一死’恒真”。

在符号逻辑中这一点是这样表述的：“所有的人都有死”意谓“对 x 的所有值而言‘x 是人’蕴涵‘x 终有一死’”。更一般地讲，我们说：

“C(所有的人)”意谓“‘如果 x 是人，则 $C(x)$是真的’恒真”。同样地：

“C(没有人)”意谓“‘如果 x 是人，则 $C(x)$是假的’恒真”。

“C(某些人)”和“C(一个人)”含义相同[①]，且“C(一个人)”意谓“‘$C(x)$且 x 是人’恒假是假的”。

“C(每一个人)”和“C(所有的人)”含义相同。

还应当对含有冠词 the 的词组进行解释。这些词组是迄今指称词组中最有趣也是最难处理的。以“查理二世的父亲被处以死刑”(the father of Charles Ⅱ was executed)为例，这个命题断定：有一个 x，他是查理二世的该父亲，且他被处以死刑。如果此命题中的该(the)是严格加以使用的，那么它应含有唯一性(uniqueness)；的确，即使某某人有好几个儿子，我们也这样说：“某某人的

---

① 从心理学上讲，“C(一个人)”暗示着唯一一个人，而“C(某些人)”则暗示着多于一个人；但在初步的概述中我们可以忽视这些暗示。

该儿子”。但在这样的情况下说“某某人的一个儿子”会更正确些。因此，就我们的目的来说，我们将该(the)视为含有唯一性。所以，当我们说“x 是查理二世的该父亲”时，我们不仅断定了 x 对查理二世具有某种关系，而且断定了其他任何东西不具有这种关系。“x 生了查理二世”表述了以上这种关系，但它没有假定唯一性，也不包含指称词组。为了得到“x 是查理二世的该父亲”的等值式，我们就必须添上“如果 y 不是 x，那么，y 就没有生查理二世”，或者添上“如果 y 生了查理二世，那么，y 与 x 相等同”这个等值式。因而，“x 是查理二世的该父亲”就变成为“x 生了查理二世；且‘如果 y 生了查理二世，那么，y 与 x 相等同’，这对于 y 总是成立的”*。

这样，“查理二世的父亲被处以死刑”就变成为：“x 生了查理二世，且 x 被处以死刑，并且‘如果 y 生了查理二世，那么，y 与 x 相等同’对于 y 总是成立的，这对于 x 并非总是不成立的”。

这解释似乎有点难以置信；但我暂时并不提出为什么作这种解释的理由，而仅仅是在陈述这个理论。

为了解释“C(查理二世的父亲)”，其中的 C 代表关于他的任何陈述，我们只用 $C(x)$ 代入上述的“x 被处以死刑”。应注意，根据上述的解释，不管 C 可能是怎样的陈述，“C(查理二世的父亲)”

* 在这段话中，为了说明定冠词“the”的唯一性，我们将它译为“该”，以下一般不再译出。——译者

都蕴涵：

"'如果 y 生了查理二世，那么 y 就与 x 相等同'对于 y 总是成立的，这对于 x 并非总是不成立的"。

这就是日常语言"查理二世有一个且仅有一个父亲"所表述的东西。因此，假如这个条件不成立，那么，每一个具有"C(查理二世的父亲)"形式的命题就是假的。所以，本文开头时所举的每一个具有"C(当今的法国该国王)"形式的命题就是假的。这是目前这个理论所具有的最大优点。我在后面将证明，这一点并不像起初可能会设想的那样与矛盾律相悖。

上述分析说明：所有的有指称词组出现的命题都可以还原为不出现这类指称词组的形式。下面的讨论将致力于说明实行这样的还原为什么是绝对必要的。

如果我们将指称词组当作代表了在命题的语词表达式中出现它们的命题的真正成分，那么，困难的产生似乎是不可避免的，而上述理论之所以成立则在于它克服了这些困难。在承认指称词组是命题的真正成分的各种可能的理论之中，迈农的理论[①]是最简单的。这一理论把任何在语法上正确的指称词组都当作代表了一个对象(object)。因此，"当今的法国国王"、"圆的正方形"等等都被当作真正的对象。这种理论认为：尽管这类对象并不实存(subsist)，然而应当把它们看作对象。这观点本身就难以自圆其说；而

① 见《对象理论和心理学研究》(莱比锡，1904年)中头三篇文章(它们分别由迈农、艾默塞德和马利撰著)。

反对这一观点的主要理由在于:众所周知,这类对象很容易违反矛盾律。例如,这种观点主张:现存的当今法国国王是存在的,又是不存在的;圆的正方形是圆的,又不是圆的;诸如此类。然而,这种看法是无法令人容忍的;如果能发现有什么理论能避免这个结果,那么,这理论肯定是更可取的。

弗雷格(Frege)的理论避免了上述违背矛盾律的情况。他在指称词组中区分了我们可以称之为意义(meaning)和所指(denotation)[①]的两个要素。因此,"在二十世纪开始时太阳系的质量中心"这个词组在意义上是非常复杂的,但其所指却是简单的某一点。太阳系、二十世纪等等是意义的成分;而所指根本没有成分。[②] 作出这种区别的一个好处在于:它说明了断定同一性为什么常常是很有价值的。如果我们说"司各脱是《威弗利》的作者",我们便断定了带有意义上的差异的所指的同一性,可我不想再重复支持这一理论的依据,因为我已经在其他地方(如前引文)强调了它的主张,而现在我关心的是对这些主张提出质疑。

当我们采取指称词组既表达一个意义,又指称一个所指的观点[③]时,我们面对的一个首要困难是关于所指似乎缺乏的情况。假如我们说:"英国国王是秃头",这似乎不是关于"英国国王"这个

① 见弗雷格《论意义和所指》,载于《哲学与哲学评论》期刊,第100卷。

② 弗雷格不仅在指称复合词组中,而且在每个地方都区分意义和所指两种元素。因此,构成其指称复合词组的意义的并不是其构成成分的所指,而是其成分的意义。按照弗雷格的观点,在"勃朗峰高于一千米"这个命题中,构成命题意义的成分并不是实际的山,而是"勃朗峰"的意义。

③ 按照这一理论,我们可以说指称词组表达一个意义,也可以说,词组和意义都指称一个所指。按照我主张的另一理论,不存在意义,有时只存在一个所指。

复合意义的陈述，而是关于由此意义所指称的真实的人的陈述。但是我们再来看“法国国王是秃头”这句话，由于与“英国国王是秃头”这句话在形式上的一致，它也应当是关于“法国国王”这个词组的所指的陈述，只要“英国国王”有意义，这个词组也就有一个意义，但它确实至少在其显而易见的意义上没有所指。因而，人们会提出，“法国国王是秃头”这句话应该是毫无意义的；但因为它明显是假的，所以它并非是一句毫无意义的话。或者我们再看下面这样的命题：“如果 u 是仅具有一个元的类，那么，这一个元是 u 的一个元”，或者可以这样说，“如果 u 是一个单元类，那么，该 u(the u)是一个 u”。因为在这个命题中每当前件真，则后件亦真，所以，此命题应是恒真的。但是，“该 u”是一个指称词组，被说成是一个 u 的东西不是它的意义而是它的所指。假如 u 不是一个单元类，那么，“该 u”看来不指任何东西；因而，一旦 u 不是一个单元类，我们的命题似乎就会变成毫无意义的了。

很显然，这类命题不会仅仅因为它们的前件是假的而变成毫无意义的。《暴风雨》剧中的国王或许会说：“如果弗迪南德没有淹死的话，那么，他就是我唯一的儿子。”这里的“我唯一的儿子”是一个指称词组。从表面判断，当且仅当我恰好有一个儿子时，这个词组才有一个所指。但是，假如弗迪南德事实上已经淹死了，那么上述的陈述仍然是真的。因此，我们必须在初看起来不存在所指的情况下规定一个所指，或者必须抛弃含有指称词组的命题与其所指有关联的观点。后者正是我要提倡的方向。前者可能如迈农采取的方向一样，承认并不存在的对象，又否认这些对象服从矛盾律；然而这种做法应尽量加以避免。弗雷格采取了(就我们目前的几种选择的方式而言）同一方向的另一种方式，他通过定义替一些情况提出某种纯粹约定的所指，否则这些情况就会不存在所指。这样，“法国国王”就应指称空类；“某某先生（他有一个美满的十口人之家）的唯一的儿子”就应指称他的所有的儿子所构成的类，等等。可是，这种处理问题的方式虽然不导致实际的逻辑错误，却显然是人为的，它并没有对问题作出精确的分析。因此，如果我们允许指称词组一般地具有意义和所指这两个方面，那么，在看来不存在所指的情况下，不论是作出确实具有一个所指的假定，还是作出确实没有任何所指的假定，都会引起困难。

一个逻辑理论可以通过其处理疑难的能力而得到检验。在思考逻辑时，头脑中尽量多装难题，这是一种有益的方法，因为解这些难题所要达到的目的与自然科学通过实验达到的目的是一样的。我将在下面阐明有关指称的理论应当有能力解决的三个难题；然后证明我的理论如何解决了这些难题。

（1）如果 a 等于 b，那么，凡对于一个真的，对另一个亦真，且这二者可以在任何命题中互相代入而不改变命题的真假。例如，乔治四世想知道司各脱是否为《威弗利》的作者；而事实上司各脱**是**《威弗利》的作者。因而，我们可以以**司各脱**代入《**威弗利**》的**作者**，从而证明乔治四世想要知道的是，司各脱是否是司各脱。但是，人们并不认为欧洲的这位头等显贵对同一律感兴趣。

（2）根据排中律，“A 是 B”或者“A 不是 B”二者中必有一真。因而，“当今的法国国王是秃头”或者“当今的法国国王不是秃头”这二者中必有一真。但是，如果我们列举出一切是秃头的事物，再列举出一切不是秃头的事物，那么，我们不会在这两个名单中找到当今的法国国王。喜好综合的黑格尔信徒可能会推断说，法国国王戴了假发。

(3)再看命题“A 不同于 B”。如果该命题真，则 A 和 B 之间就有差异。这一事实可以由“A 和 B 之间的差异实存(subsist)”的形式来表述。但是，如果 A 不同于 B 是假的，那么，A 和 B 之间就没有差异。这一事实可以由“A 和 B 之间的差异并不实存”的形式来表述。可是一个非实体怎么能够成为命题的主词呢？只要“我在”(I am)被看成对实存(subsistence)或有(being)[①]的断言，而不是对存在(existence)的断言，那么，“我思故我在”与“我是命题的主词故我在”一样不明显。因而会出现否定任何事物之有(实存)必定要产生自相矛盾的情况；然而在谈及迈农的时候我们已经注意到，肯定事物之有(实存)有时也会导致矛盾。因此，如果 A 与 B 并非相异，那么，不论是设想有“A 与 B 之间的差异”这样的对象，还是设想没有这样的对象，看来同样都是不可能的。

意义对所指的关系涉及某些颇为奇特的困难。看来，这些困难本身就足以说明引起这些困难的理论一定是错误的。

我们要谈论一个相对于其所指的指称词组的意义时，这样做的自然方式是借助引号。所以我们这样说：

太阳系的质量中心是一个点而不是一个指称复合物；

“太阳系的质量中心”是一个指称复合物，而不是一个点。

或者我们这样说：

格雷挽歌的第一行陈述一个命题。

① 我把 subsistence(实存)和 being(有)用作同义语。

“格雷挽歌的第一行”并非陈述一个命题。因此，任取一个指称词组，如 C，我们想要讨论 C 和“C”之间的关系。在这种关系中，二者之间的区别就是上述两例说明的那种区别。

首先，我们要说明，当 C 出现时，它是我们正在谈及的所指；但当“C”出现时，它是指意义，这里意义与所指的关系不仅仅是通过指称词组表现的语言学上的关系，其中必定还包含一种逻辑关系，当我们说意义指称所指时就表达了这种关系。但我们面临的困难是：不能有效地既保持意义和所指之间的关系，又防止它们成为同一个东西。同样，除借助于指称词组外，就不可能获得意义。这种情况如下所述。

单独一个词组 C 可以既有意义又有所指。可是当我们说“C 的意义”时，得到的却是 C 的所指的意义（倘若它有什么意义的话）。“格雷挽歌第一行的意义”相等于“‘晚钟鸣报诀别的凶兆’的意义”，但不等于“‘格雷挽歌第一行’的意义”。因此，为了获得我们想要的意义，我们所讲的就一定不是“C 的意义”，而是“‘C’的意义”，这个意义相等于“C”本身。同样，“C 的所指”并不意谓我们所想要的所指，而意谓这样的东西：假如它指称什么，它就指由我们所想要的所指指称的东西。例如，令“C”是“上述第二个例句中出现的指称复合物”，那么：

C=“格雷挽歌的第一行”，

而 C 的所指=晚钟鸣报诀别的凶兆。但是我们本来想要的所指是“格雷挽歌的第一行”。所以，我们未能得到我们所想要得到的东西。

谈论一个指称复合物的意义时所遇到的困难可以阐述如下：

当我们将这个复合物置于一个命题之中的一瞬间，这个命题即是关于所指的；而假如我们作出一个其主词是“C的意义”的命题，那么，这个主词就是这个所指的意义（倘若它有任何意义的话），但这不是我们本来所想要的东西。这就导致我们说：当我们区别意义和所指时，我们必须处理意义。这个意义具有所指，并且是一个复合物。除了意义之外，就不存在可以被称之为复合物的，又可以说它既**具有**意义又**具有**所指的东西。依照这个观点，正确的说法是：有些意义具有所指。

但是这种说法只能使我们在谈论意义时造成的困难更明显。因为，假定C是复合物，那么，我们将说，C是这个复合物的意义。可是，只要C的出现不带引号，所说的东西就不适用于意义，只适用于所指，当我们说下面这句话时就是这种情况：太阳系的质量中心是一个点。因此，为了谈论C自身，即作出一个关于意义的命题，我们的主词一定不能是C，而是某个指你C的东西。因而“C”这个我们想说及意义时使用的东西一定不是意义，而是某个指称意义的东西。而且C一定不是这个复合物的一个成分（因为它是关于“C的意义”的）；因为假如C出现在复合物中，它将作为其所指而不作为意义出现，并且不存在一条从所指到意义的相反的路，这是因为每个对象都可以由无限多的不同的指称词组来指称。

因此看来是这样：“C”和C是不同的实体，使得“C”指称C；但这不可能是一个解释，因为“C”对于C的关系仍然完全是神秘的；而我们又在哪里找到那个指称C的指称复合物“C”呢？进一步说，当C出现于命题时，这不**仅**出现所指（正像我们将在下一段中看到的一样）；但按照以上观点，C只是所指，而意义则完全归属于

“C”。这是一个无法解决的令人困惑的难题，这似乎证明，关于意义和所指的全部区别都是错误地想象出来的。

命题中出现了指称词组才涉及意义，这在形式上已由关于《威弗利》的作者的难题得到证明。命题“司各脱是《威弗利》的作者”具有一个“司各脱是司各脱”并不具有的特性，就是说，乔治四世希望知道这个命题是否是真实的那种特性。所以，这两者不是相同的命题。因而，如果我们坚持包含这种区分的观点的话，那么，“《威弗利》的作者”必定既与意义相关，又与所指相关。然而，正像我们已经看到的，只要我们坚持那个观点，就只好承认只有所指才是相关的，因此必须否弃那个观点。

下一步应证明，我们一直在讨论的所有这些难题是怎样通过这篇文章一开始解释的那种理论加以解决的。

根据我的观点，指称词组在本质上是句子的成分。它像绝大多数单个的字一样，并不具有凭借它自身的意义。如果我说“司各脱是人”，这句话是“x 是人”的形式的一个陈述，并以“司各脱”作为这句话的主词。但如果我说“《威弗利》的作者是一个人”，它就不是“x 是人”的形式的陈述了，它也不以“《威弗利》的作者”作为该句子的主词了。把本文一开始所作的陈述简述一下，我们可以用下述形式来替换“《威弗利》的作者是一个人”：“一个且仅仅一个实体写了《威弗利》一书，并且这个实体是一个人。”（这不像我们前面所说的那么严格，但它更容易理解。）而且，一般说来，假定我们想说《威弗利》的作者具有性质 ϕ，那么，我们想说的东西就相当于“一个且仅仅一个实体写了《威弗利》，并且这个实体具有性质 ϕ”。

下面是关于所指的解释。如果其中出现“《威弗利》的作者”的每个命题都可以作上述那样的解释，那么，命题"司各脱是《威弗利》的作者"（即司各脱和《威弗利》的作者相等同）就变成为"一个且仅仅一个实体写了《威弗利》，而司各脱与那个实体相等同"；或者回到前面那种完全精确的形式："下述这种情况对于 x 并非总是不成立的：x 写了《威弗利》，假如 y 写了《威弗利》，则 y 与 x 相等，这对于 y 总是成立的；并且司各脱与 x 相等同。"因此，如果"C"是一个指称词组，就可能有一个实体 x（不可能多于一个），对它来说，如上解释的命题"x 与 C 相等同"是真的。那么，我们也可以说：实体 x 是词组"C"的所指。因此，司各脱是"《威弗利》的作者"的所指。这个引号中的"C"仅仅是这个词组，而不是什么可以称作意义的东西。指称词组本身并没有意义可言，因为有它出现在其中的任何一个命题，如果完全加以表达，并不包含这个词组，它已经被分解掉了。

可见，关于乔治四世对《威弗利》作者的好奇心的难题现在有一个很简单的解答。在前面一段里，命题"司各脱是《威弗利》的作者"是以非缩略的形式写出的。它不包含我们能用"司各脱"来代入的任何像"《威弗利》的作者"这样的成分。这不妨碍在语词中用"司各脱"代入"《威弗利》的作者"而产生的推断的真实性，只要"《威弗利》的作者"在相关的命题中具有我所谓的初现（primary occurrence）。指称词组中的初现与再现（secondary occurrence）之间的差别如下：

当我们说"乔治四世想要知道是否如此这般"时，或者说"如此这般是奇异的"，"如此这般是真实的"等等时，这个"如此这般"必定是一个命题。现在假定“如此这般”包含一个指称词组,我们可以从“如此这般”这个从属命题中,或者从“如此这般”仅在其中作为一个成分的整个命题中取消这个指称词组。这就可以产生我们据以行事的不同的命题。我听说过这样一回事:一个客人第一次看见一艘游艇时,对那位过分敏感的船主说:“我本以为,你的游艇比这个游艇要大一些”;而这位船主回答:“不,我的游艇不比这个大。”这位客人指的是:“我想象中的你的游艇的大小要大于你的游艇的实际大小”,但归于他的话的意义则是:“我本以为你的游艇的大小要大于你的游艇的大小。”我们返回来再看乔治四世和《威弗利》的例子,当我们说“乔治四世想知道司各脱是否是《威弗利》的作者”时,一般地我们说的是:“乔治四世想要知道是否有一个且仅有一个人写过《威弗利》,而司各脱就是这个人”;但我们也可以指“有一个且仅有一个人写过《威弗利》,而乔治四世想要知道司各脱是否是这个人”。在后者中,“《威弗利》的作者”是初现;而在前者中是再现。也可以这样表述后者:“关于那个事实上写了《威弗利》的人,乔治四世想要知道,他是否就是司各脱。”这个陈述可能是真的,例如,当乔治四世在远处看见司各脱并问道:“那个人是司各脱吧?”一个指称词组的再现可以定义为这样一种情况;这时,词组在命题 P 中出现,而命题 P 仅仅是我们正在考虑的命题的一个成分,对该指称词组的代入不是在相关的整个命题中,而是在 P 中才生效。初现和再现之间的那种不明确在语言中很难避免;但倘若我们对此有所防备则没什么妨碍。在符号逻辑中这一点当然很容易避免。

初现和再现的区别也使我们有能力处理当今的法国国王是否

是秃头的问题，而且一般也能够处理无所指的指称词组的逻辑地位。如果“C”是一个指称词组，比如说“C”是“具有性质 F 的项”，那么：

> “C 具有性质 Φ”意谓“一个且仅有一个具有性质 F 的项，它具有性质 Φ”[①]。

如果性质 F 不属于任何项，或属于几个项，就会得出“C 具有性质 Φ”对于 Φ 的*所有的*值均为假的情况。因此，“当今的法国国王是秃头”一定是假的；而“当今的法国国王不是秃头”如果指下列情况也是假的：

> “有一个实体，它现在是法国国王，且它不是秃头”，但如果指下列情况则是真的：

> “以下所述是假的：有一个实体，现在它是法国国王，且它是秃头”。

也就是说，如果“法国国王”的出现是*初现*，则“法国国王不是秃头”是假的，如果是*再现*，“法国国王不是秃头”则是真的。因此，“法国国王”在其中具有初现的所有命题均为假的，而这类命题的否定命题则是真的，但在这些命题里“法国国王”具有再现。因此，我们避免了作出法国国王戴假发这样的结论。

我们再看如何能否定在 A 和 B 并不相异的情形中有诸如 A 和 B 之间的差别那样的对象。如果 A 和 B 确实是相异的，那么就有一个且仅有一个实体 x，使得“x 是 A 和 B 之间的差异”是真命题；如果 A 和 B 并非相异，那么就不存在这样的实体 x。所以，根

---

① 这只是简略的说法，并非严格的解释。

据刚才所解释过的所指的意义，当 A 和 B 相异时，且仅仅是在这种情况下，“A 和 B 之间的差异”具有一个所指，反之则不然。一般地说，这种差异适用于真命题和假命题。如果“aRb”代表“a 对 b 具有关系 R”，那么，当 aRb 是真的时，就有这样一个实体作为 a 和 b 之间的关系 R；当 aRb 是假的时，就没有这样的实体。因此，我们可以从任意命题中作出一个指称词组，假如此命题真，这个词组就指称一个实体，假如此命题假，这个词组就不指称实体。例如，地球围绕太阳的旋转是真的（我们至少可假定如此），而太阳围绕地球的旋转则是假的；因而“地球围绕太阳的旋转”指称一个实体，而“太阳围绕地球的旋转”则不指称实体。①

非实体的全部领域，诸如“圆的方形”、“不是 2 的偶素数”、“阿波罗”、“哈姆雷特”等等，现在都可以得到令人满意的处理。所有这些词组都是一些不指称任何事物的指称词组。一个关于阿波罗的命题意谓我们借助于古典文学辞典上对阿波罗这一词条的释义作代入所得到的东西。〔比如说“太阳神”（“the sun-god”）〕阿波罗在其中出现的所有命题都可以用上述的用于指称词组的规则加以解释。如果阿波罗是初现，含有这种初现的命题就是假的；如果是再现，那么，这个命题可能是真的。同样，“圆的方形是圆形的”意谓“有一个且仅有一个实体 x，它既是圆的又是方形的，并且这个实体是圆形的”，这是一个假命题，而不像迈农坚持的那样是真命题。“最完美的上帝具有一切完美性；存在是一个完美性；因此，最

① 产生这类实体的命题既不等同于这些实体，也不等同于断定这些实体具有存在（being）的命题。

完美的上帝存在”就变成为：

“有一个且仅有一个最完美的实体 x；它具有所有的完美性；存在是一个完美性；因而它存在”。

这番话作为关于前提“有一个且仅有一个最完美的实体 x”所需要的证明是不能成立的。[①]

麦科尔(MacColl)先生认为(见《心灵》杂志，N. S.，第 54 期，及第 55 期，第 401 页)有两种个体，一类是真实的个体，另一类是非真实的个体。于是他将空类定义为由所有非真实的个体所组成的类。这就承认了像“当今的法国国王”这样的词组虽不指称真实的个体，但又确实指称着个体，不过是一个非真实的个体。这实质上依然是迈农的理论。我们已看到了否弃这种理论的理由，因为它违背了矛盾律。而按照我们的指称理论，我们完全能够提出不存在任何非真实的个体，因此，空类是不包含任何元素的类，而不是包含以一切非真实的个体为元素的类。

考察我们的理论对通过指称词组作出的各种定义的解释所起的影响，这是很重要的。数学上的大多数定义都是这种定义。例如，“$m-n$ 是指加上 n 后得出 m 的数”。因此，$m-n$ 被定义为具有和某个指称词组相同的意义；然而我们又认为指称词组没有孤立的意义。因此这个定义实际上应当是这样：“任何包含 $m-n$ 的命题都可以意指由于以‘加上 n 后得出 m 的数’代入‘$m-n$’而产

① 能够作出一个论证来有效地证明：最完美的上帝(Beings)的类的所有成员均存在；也可以在形式上证明这个类不能有多于一个的成员；但是若将完美性定义为具有一切实证的谓词，那也几乎同样可以从形式上证明：最完美的上帝这个类甚至没有一个成员。

生的命题”。所得到的命题要根据为了解释那些其语言表达式包含指称词组的命题而已经给出的规则来解释。m 和 n 是这样的数使得有一个且仅有一个数 x，它加上 n 后得出 m；在这种情况下，就存在一个数 x，它可以在任何包含 $m-n$ 的命题中代入 $m-n$ 而不改变命题的真或假。但在其他情况下，“$m-n$”在其中具有初现的所有命题都是假的。

同一性的用处通过上述理论得到了解释。除了逻辑书上讲的，绝不会有人愿意说“x 是 x”，但在“司各脱是《威弗利》的作者”或者“你是人”这样的语言形式中却常常作出对同一性的断言。这类命题的意义若没有同一性的概念是无法说明的，尽管它们并不完全是陈述“司各脱与另一个词项（《威弗利》的作者）相等同”或“你与另一个词（人）相等同”。关于“司各脱是《威弗利》的作者”的最短的陈述似乎是：“司各脱写过《威弗利》；如果 y 写了《威弗利》，y 和司各脱相等同，这对于 y 总是成立的。”这样一来，同一性就进入“司各脱是《威弗利》的作者”；鉴于这类用法，同一性是值得肯定的。

上述指称理论所产生的一个令人感兴趣的结果是：当出现我们没有直接亲知的，然而仅仅由指称词组定义而知的事物时，通过指称词组在其中引入这一事物的命题实际上不包含此事物作为它的一个成分，但包含由这个指称词组的几个词所表达的诸成分。因此，在我们可以理解的每个命题中（即，不仅在那些我们能判断其真假的命题中，而且在我们能思考的所有命题中），所有的成分都确实是我们具有直接亲知的实体。现在，我们要了解像物质（在物理学上出现的物质的含义上）和其他人的心灵这类事物只能通过指称词组，也就是说，我们无法亲知它们，却可以把它们作为具有如此这般特性的东西来了解。因此，虽然我们可以构成命题函项 $C(x)$，它对如此这般的一个物质粒子或对某某人的心灵必定成立，然而我们却没有亲知对这些事物作出肯定的命题（而我们知道这些命题必定是真的），因为我们无法了解有关的真实实体。我们所知的是“某某人有一个具备着如此这般特性的心灵”，但我们所不知的是：只要 A 是所提到的心灵，“A 就具备如此这般的特性”。在这样一种情况下，我们知道一事物的这些特性而没有亲知该事物本身，因而不知道以该事物本身作为其成分的任一命题。

对于我所主张的这一观点的其他许多推论，我就不多讲了。只想请求读者，在他已试图就所指这一论题建构一个自己的理论之前，不要下决心反对这个观点——鉴于这一理论似乎过分的复杂，他也许很想这样去做。我相信，建构这样一个理论的尝试将使他信服：不管真的理论可能是怎样的，它都不可能像人们事先所期望的那么简单。

以类型论为基础的数理逻辑

在这篇最初发表在《美国数学评论》上的文章中，罗素提出了他关于如何解决涉及矛盾现象的一系列经典数学和逻辑问题的著名方法。* 类型学说（他当时这样称谓自己的观点）是他在《数学的原则》第二个附录里“试探性地提出的”。从历史观点看，这是一个很有价值的讨论，因为这个讨论以在二十世纪初罗素最先思考类型学说之后不久所采取的那种形式向我们展示了这些观点，虽然（用他于1937年为《数学的原则》第二版写的导言的话说）它“只不过是大致的勾画”。这里重印的这篇文章给出了实际上是完成了的理论，尽管在《数学原理》(1910)第1卷中，在这些观点重现于其中的更大的范围内，我们看到这些观点有了改进。

类型论在现代哲学中产生了如此重要的作用，以致我们只能说：这篇文章是罗素最精致的文章之一，它被公认为一篇当代哲学思想的杰作。除此之外，对其重要性的其他评论都是多余的。

---

* 这里所谓“矛盾”（“contradiction”）是指“悖论”（“paradox”），罗素把它们用作同义语。——译者

以类型论为基础的数理逻辑

1908 年

下面的符号逻辑理论起初以其解决某些矛盾的能力而引起了我的重视。最为数学家熟知的一个矛盾就是布拉里-弗蒂(Burali-Forti)关于最大序数的矛盾[①]。但是,这个理论似乎不完全依赖这种间接的长处;如果我没有搞错,这个理论也具有某种与常识的一致性,从而使其成为内在可信的理论。然而这不是一个应当十分强调的优点;因为常识较之它愿意相信的要更易犯错误。因此,我开始先说明一些有待解决的矛盾,然后阐明逻辑类型论如何解决这些矛盾。

1. 一些矛盾

(1)这方面的一种最古老的矛盾是爱匹门尼德(Epimenides)矛盾。克里特岛人爱匹门尼德说,所有克里特岛人是说谎者,而所有其他的由克里特岛人所说出的陈述当然都是谎话。这是一句谎话吗?这个矛盾最简单的形式表现为一个人说"我正在说谎";如

---

① 见下文。

果他正说谎，则他说的是真话，反之亦然。

(2)令 w 作为所有不是自身元素的类的类，那么，无论类 x 可能是什么，“x 是 w”和“x 不是 x”是等值的[①]。因此，给出 x 的值 w，则“w 是 w”和“w 不是 w”等值。

(3)如果 R 对 S 不具有 R 关系，令 T 是存在于 R 和 S 两个关系之间的关系。那么，不论关系 R 和 S 是什么，“R 对 S 具有关系 T”和“R 对 S 不具有关系 T”等价。因而，对 R 和 S 都给出值 T，“T 对 T 具有关系 T”和“T 对 T 不具有关系 T”是等值的。

(4)有穷整数的英文名称中音节的数目随着整数的增大而增加，而且必定是不确定地逐步增加，因为只有有限多的名称能够通过一些给定的有限多的音节形成。因而有些整数的名称必定至少由十九个音节构成，而在这些整数中必定有一个最小。因而“不可用少于十九个音节命名的最小整数”(“the least integer not nameable in fewer than nineteen syllables”)必定指示一个确定的整数。事实上，它指示 111,777。但是，“不可用少于十九个音节命名的最小整数”(“the least integer not nameable in fewer than nineteen syllables”)本身是一个由十八个音节组成的名称；因而，不可用少于十九个音节命名的最小整数可以用十八个音节来命名。这是一个矛盾。[②]

(5)超穷序数之中有一些是可以定义的，而另一些不能定义；因为可能定义的总数是 $\aleph_0$，而超穷序数的数目超过 $\aleph_0$。因而必

---

① 如果两个命题同真或者同假，则它们称作是等值的。

② 这个矛盾是由博德莱安(Bodleian)图书馆 G. G. 贝里(Berry)先生向我提供的。

定存在不可定义的序数，而在这些序数之中必定存在最小的一个。但是这一点被定义为“最小的不可定义的序数”。这是一个矛盾。[①]

(6)理查德(Richard)悖论[②]类似最小不可定义序数的悖论。它是这样的：考虑所有的可通过有限多的词定义的十进位小数；令E是这些小数的类。那么E具有$\aleph_0$项；由此其元素可以按照第一项、第二项、第三项……顺序排列。令N是下列定义的数字：如果在第n个小数中的第n个数字是p，令在N中的第n个数字是$p+1$(或者0，如果$p=9$)。那么N与所有的E的元素完全不同，因为，不论有穷值n可能是什么，N中的第n个数字完全不同于构成E的第n个小数中的第n个数字，因此，N与第n个小数完全不同。然而，我们已经用有限的词定义了N，因此，N应当是E的一个元素。那么，N既是又不是E的一个元素。

(7)布拉里-弗蒂(Burali-Forti)矛盾[③]可以陈述如下：可以证明，每个良序的序列都有一个序数，达到并包括任意给定序数的序数序列比给定的序数要多出一个，而且(根据一些很自然的假定)所有序数的序列是(按大小排列)良序的。由此可以得出：所有序

---

① 参见柯尼希(König)：《论量和连续统问题的基础》，《数学年鉴》第LXI卷(1905)；A. C. 狄策尼(Dixon)：《论“良序”集》，《伦敦数学学会学报》第2辑，第IV卷，第I部分(1906)；和E. W. 霍布森(Hobson)：《论算术的连续统》，同上书页。这三篇中的最后一篇文章提出的解答，在我看来是不充分的。

② 彭加勒(Poincaré)：《数学和逻辑》，《形而上学和道德评论》(1906年5月)，尤其是第VII和IX节；也参见皮亚诺(Peano)：《数学评论》，第VIII卷(1906年)第5期，第149页以后。

③ 《超穷数本身的一个问题》，载《巴勒莫数学小组报告集》，第XI卷，1897年。

数的序列有一个序数，比如说是 Ω。但是在这种情形下，所有包括 Ω 的序数的序列有序数 Ω+I，而这必定大于 Ω，因而 Ω 不是所有序数的序数。

在上述所有的矛盾（它们仅仅是从大量的矛盾中选择出来的几例）中有一个共同的特点，我们可以将此特点描述为自我指称或自返性。爱匹门尼德的话在其自身范围之内必定包含自身。如果所有的类——只要它们不是自身的元素——都是 w 的元素，这一点必定也适用于 w；与此类似的关系矛盾也是同样道理。在名称和定义的情形，悖论产生于将不可命名性和不可定义性视作名称和定义中的要素。在布拉里-弗蒂悖论的例子里，其序数导致困难的序列是所有序数的序列。在每个矛盾里，都是对一类情形的所有事例说话，而从所说的话中又产生了新的情况。当所有的事例与所说的话有联系时，这新的情况既属于又不属于这类事例。让我们仔细检查这些矛盾，看一看上述这一点是如何产生的。

(1)当有人说“我正在说谎”时，我们可以这样解释他的陈述：“存在一个我正肯定的命题，而这个命题是假的。”所有“存在”什么什么这样的陈述可以视作对其矛盾的陈述总是真的所作的否定；因此，“我正说谎”就变成：“所有这样的命题都不是真的：或者我不肯定它们，或者它们是真的”；换句话说，“这对所有这样的命题 p 都不是真的：如果我肯定 p，则 p 是真的。”这个悖论源于将这个陈述视作肯定了一个命题。因此这个命题必定进入这个陈述的范围。而从这一点可以明显地看出：“所有的命题”这一概念不合理；因为，否则必定有一些（有如上述的）命题，它们论及所有的命题，但是它们又不能无矛盾地包含在它们论及的那些命题之中。不论我们假定的命题总体是什么，关于这一总体的陈述又产生新的命题，而这些命题为了避免矛盾，必定处在总体之外。要扩大这个总体是没用的，因为论及这个总体的陈述范围同样在扩大。因而必定不存在命题的总体，而“所有的命题”必定是无意义的短语。

(2)在这个例子里，类 w 通过涉及“所有的类”而定义，结果又成了这些类中的一个。如果我们通过确定没有一个类是自身的一个元素这一点来寻求帮助，那么 w 就成为所有的类的类，而我们不得不断定，这个类不是自身的一元素，即不是一个类。如果在悖论所要求的意义上不存在像所有类的类这样的东西，上述这一点只是可能的。不存在这样一个类这一点来自以下事实：如果我们假定存在这样一个类，这个假定立即（正像上述的矛盾那样）导致产生新的类，这些类处在所假定的所有的类的总体之外。

(3)这个事例与(2)完全一样，它说明我们不能合理地谈论“所有的关系”。

(4)“不可用少于十九个音节命名的最小整数”(“The least integer not nameable in fewer than nineteen syllables”)牵涉到名称的总体，因为它是“这样的最小整数：所有的名称或者不适用于它，或者有多于十九个的音节”。这里我们所以有矛盾，在于下面这个假定：一个含有“所有的名称”的短语本身是一个名称，尽管从这个矛盾看它似乎不能是假定存在的所有的名称中的一个。因而“所有的名称”是一个不合理的概念。

(5)这个事例同样说明：“所有的定义”是一个不合理的概念。

(6)这个事例正像(5)一样，要通过指出“所有的定义”是不合理的概念来解决。因此，数 E 并未以有限的词定义；事实上它根本未加定义。[1]

(7)布拉里-弗蒂矛盾说明:“所有的序数”是不合理的概念;因为,否则按大小排列的所有序数就构成一个良序的序列。这个序列必定具有一个大于所有序数的序数。

因此,所有的矛盾都共同有这样一个关于总体的假定:如果它合理,它立即就由它自身所定义的新元素而扩大。

这使我们得出以下规则:“凡涉及一个集合的**全部元素**者,它一定不是这一集合中的一个元素”;或者相反:“如果假定某个集合有一个总体,且这个总体有由这个总体唯一可定义的元素,那么所说的集合就没有总体”。[2]

然而,上述原则在其范围内是纯粹否定的。它足以表明许多理论是错误的,但是它不能说明怎样纠正这些错误。我们不能说:“当我说及**所有**的命题时,我是指除提及‘所有的命题’的命题之外的所有命题”;因为在这个解释里,我们提及了在其中所有的命题都被提及的命题,我们不能有意义地做到这一点。通过提及我们不会提及一件事物而避免提及这件事物是不可能的。与一个有长鼻子的人谈话时,你最好是这样说:“当我谈论鼻子时,我排除那些过分长的鼻子”;而要避免一个令人难堪的话题,这恐怕不是很成

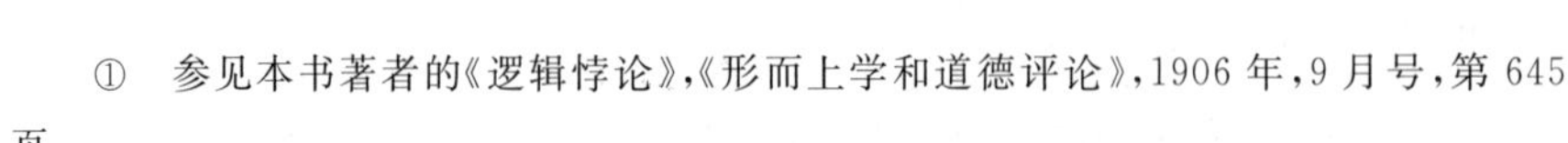

① 参见本书著者的《逻辑悖论》,《形而上学和道德评论》,1906 年,9 月号,第 645 页。

② 当我说一个集合无总体时,我是指关于其**所有**的元素的陈述是无意义的。而且我们将发现:使用这一原则需要在**所有**和**任何**之间作出区别。这一区别将在第 2 节中讨论。

功的尝试。因此，如果我们不打算违反上述否定性的原则，构造我们的逻辑时有必要不提及“所有的命题”或“所有的性质”这类东西，甚至不必说我们在排除这类东西。这种排除必须自然地而又不可避免地来自我们的正面的学说，这些学说必须阐明“所有的命题”和“所有的性质”是一些无意义的短语。

我们遇到的第一个困难涉及在“思维规律”这个奇妙的名称下众所周知的基本逻辑原则。例如，“所有的命题或真或假”已经是无意义的了。这句话如果是有意义的，它就会是一个命题，并受它自己的管辖。然而，必须找出某种代换物，否则，演绎推论的所有的一般性说明就是不可能的。

另一个更特殊的困难是由数学归纳法的具体例子表明的。我们希望能这样说：“如果 n 是有穷整数，n 具有所有这样的性质：它们为 0 所具有并且为所有具有这些性质的数的后继所具有”。但是，这里的“所有的性质”必须由某个其他的不遭到同样异议的短语代替。或许可以认为：即使“所有的性质”不合理，“0 所具有并且所有具有它们的数的后继所具有的所有性质”也许是合理的。但是，事实上不是这样。我们将看到：具有“所有的性质，它们如何如何”形式的短语涉及**所有**性质，对此，“如何如何”可以被有意义地肯定或否定，而且，我们所讨论的不只是那些事实上具有任何特点的性质；因为，在缺乏具有这个特点的性质的一览表时，有关所有那些具有这个特点的性质的陈述必定是假言的，并且有这个形式“如果一性质具有所说的特点，那么如何如何，这一点总是真的”。所以，如果“所有的性质”是无意义的短语，那么数学归纳法乍看起来是不可能有意义地加以阐明的，正像我们后面将看到的，这个困难可以避免；现在，我们必须先讨论逻辑的规律，因为它们是更为根本的。

2. 所有和任何

给定含有变项 x 的陈述，比如说“$x=x$”，可以肯定这在一切实例中成立，或者不用确定所断定的是哪一例，就可以肯定任何一个实例。这个区别大致和欧几里得几何中一般阐明和特殊阐明之间的差别一样。一般的阐明告诉我们关于(比如说)所有的三角形的某些事情，而特殊的阐明只考虑一个三角形，并断定属于这个三角形的相同的事情。但是所思考的这个三角形是任何三角形，不是某个特定的三角形；因此，虽然在整个证明过程中只讨论了一个三角形，但这个证明却保持其一般性。如果说“令 ABC 是一三角形，那么，AB 和 AC 两边之和大于 BC 边”。我们说的是关于一个三角形而不是关于所有的三角形的情形；但是所说的这一个三角形完全是模糊的，因而我们的陈述也完全是模糊的。我们没有肯定任何一个确定的命题，却肯定了从假设 ABC 是某个三角形而得出的所有的命题中的一个非确定的命题。这种模糊肯定的概念非常重要。并且不把一个模糊的肯定与确定的肯定——同样事情在所有的情形中都成立——相混淆也是非常重要的。

在(1)断定一个命题函项的任何值和(2)断定这个函项恒真之间的差别出现在整个数学之中，正像在欧几里得几何中一般阐明和特殊阐明的差别一样。在数学推理的任一环节里，其性质正在被探究的那些对象是对某个命题函项的任何值的变目。下面这个定义可作为一个说明：

> “我们称 $f(x)$ 对于 $x=a$ 是连续的，如果，对于每一不等于 0 的正数 σ，存在一个不等于 0 的正数 ϵ，使得对于所有的数值上小于 ϵ 的 δ 的值，差 $f(a+\delta)-f(\alpha)$ 在数值上小于 σ。”

这里，函项 f 是上述陈述对其有意义的任何一个函项；这个陈述是关于 f 的，并且随 f 不同而不同。但这个陈述不是关于 σ、ϵ 或 δ 的，因为它们的所有的可能的值都涉及了，没有一个未确定的值。（关于 ϵ，“存在一个正数 ϵ，使得如何如何”这个陈述是对于“如何如何”的否定适用于所有的正数所作的否定。）因此，一个命题函项的任何值被断定时，变目（例如上述中的 f）被称作真实变项；而当一个函项称为恒真或不恒真时，变目被称作表面变项。[①] 因此，在上述定义中，f 是真实变项，而 σ、ϵ、δ 是表面变项。

当我们断定一个命题函项的任何值时，我们将只说我们断定这个命题函项。因此，如果我们以“$x=x$”的形式阐明同一律，则我们断定的是“$x=x$”这个函项；就是说，我们断定的是这个函项的任何值。同理，当我们否定一个命题函项的实例时，也可以说我们否定的是命题函项。如果，不论选择什么值，这个值都是真的，那么我们可以唯一真实地肯定一个命题函项；同理，如果，不论选择什么值，这个值都是假的，那么，我们可以唯一真实地否定这个函项。因而，在某些值是真的而某些值是假的一般的情形中，我们

① 这两个词源于皮亚诺，他大致将它们用于上述意义。例如，参见《数学的陈述》（图林 1903 年）第 IV 卷第 5 页。（现在，“真实变项”和“表面变项”在数理逻辑中已分别通称为“自由变项”和“约束变项”。——译者）

既不能肯定又不能否定命题函项。[①]

如果 ϕx 是命题函项,我们以"$(x)\cdot\phi x$"指示命题"ϕx 恒真"。同样地"$(x,y)\cdot\phi(x,y)$"意指"$\phi(x,y)$ 恒真",依此类推。因此,对所有值的断定和对任何值的断定之间的差别就是(1)断定 $(x)\cdot\phi x$ 和(2)断定 ϕx(x 是未确定的)之间的差别。后者与前者的不同在于:后者不能被视为一个确定的命题。

我认为,断定 ϕx 和断定 $(x)\cdot\phi x$ 之间的差别首先是由弗雷格加以强调的[②]。他明确引入这一差别的理由也正是将它引入数学家的实践中的理由,亦即:演绎推论只能对真实变项生效,对表面变项无效。在欧几里得的证明中这一点很明显:(比如说)我们需要某一个三角形 ABC 进行推理,但这与三角形是什么无关。三角形 ABC 是一个真实变项;虽然它是任何的三角形,在整个论证中它一直保持是同一个三角形。但是,在一般的阐明中,三角形是表面变项。如果我们死抱住表面变项,我们便不能进行任何演绎推论,而这就是为什么在所有的证明中总是使用真实变项的原因。举一个最简单的例子,假定我们知道"ϕx 恒真",即"$(x)\cdot\phi x$",而且知道"ϕx 总蕴涵 ψx",即"$(x)\cdot\{\phi x$ 蕴涵 $\psi x\}$"。我们将如何推论出"ψx 恒真"即"$(x)\cdot\psi x$"? 我们知道下面这一点总是真的:如果 ϕx 真并且 ϕx 蕴涵 ψx,那么 ψx 真。但是我们没有前提使得 ϕx 真且 ϕx 蕴涵 ψx;我们知道的是 ϕx 恒真和 ϕx 总蕴涵 ψx。为了作出

① 麦科尔先生谈到"命题"可分为三类:确定的、可变的和不可能的。我们可以接受这一划分并用于命题函项。一个可被断定的函项是确定的,一个可被否定的函项是不可能的,而所有的其他函项(在麦科尔的意义上)是可变的。

② 见弗雷格:《算术的基本规律》(耶拿,1893 年)第 1 卷,第 17 节,第 31 页。

推论，我们必须从"ϕx 恒真"中得到 ϕx，而且从"ϕx 总蕴涵 ψx"中得到"ϕx 蕴涵 ψx"，这里的 x，作为任何可能的变目在这两者中是一样的。那么，从"ϕx"和"ϕx 蕴涵 ψx"，我们推论出"ψx"；因此 ψx 对于任何可能的变目是真的，因而是恒真的。所以为了从"$(x) \cdot \phi x$"和"$(x) \cdot \{\phi x$ 蕴涵 $\psi x\}$"推论出"$(x) \cdot \psi x$"，必须从表面变项过渡到真实变项，然后再返回到表面变项。一切数学推理是从对一个或多个命题函项的所有值的断定过渡到对其他某一命题函项的所有值的断定，例如就像从"所有等腰三角形底角相等"过渡到"所有的底角相等的三角形是等腰三角形"，因此，上述程序是一切数学推理所需要的。在证明三段论第一格第一式和三段论的其他式中尤其需要这个程序。总之，一切演绎推论都要运用真实变项（或常项）。

或许可以假定：有可能完全取消表面变项，以使我们满足于用任何代替所有，但这不是事实。以上述引用的一个连续函项的定义为例，在这个定义中，σ、ϵ 和 δ 必定是表面变项。对于定义来说表面变项是常常需要的。举下列一个例子："一个整数，除了 1 和它自身之外没有任何整因子时，被称作质数"。这个定义不可避免地以下面这一形式包含表面变项："如果 n 是一个除了 1 或给定的整数之外的一个整数，则对于所有可能的 n 的值来说，n 不是给定的整数的因子"。

因此，所有和任何之间的差别在演绎推理中必不可少，并出现在全部数学中；虽然据我所知，在弗雷格指出这一点之前一直没有人注意到它的重要性。

对我们的目的来说，这个差别有一个重要用途。在命题或性质这类变项的情形中,"任何值"是合法的,"所有的值"却不合法。因此我们可以说:"p 是真的或假的,其中 p 是任何命题"。但是我们不能说:"所有的命题是真的或假的"。其理由是:在前者中,我们仅仅肯定具有"p 是真的或假的"这形式的诸命题中一个未确定的命题,而在后者中,我们肯定(如果不同的话)一个新的命题,它与所有的具有"p 是真的或假的"这形式的命题是不同的。因此,在"所有的值"会导致自我指称的谬误的情形里,我们可以承认一个变项的"任何值",因为对"任何值"的认可没有以相同的方式创造新的值。因而,虽然我们不能有意义地说逻辑的基本规律适用于**所有的**命题,但是可以用这些规律说明有关**任何的**命题。可以这样说,这些规律具有特殊的阐明,但不具有普遍的阐明。不存在**一个**是矛盾律的命题(比如说);只存在矛盾律的各种实例。对于任何命题 p,我们可以说:"p 和非 p 不能都真";但是,不存在以下这样的命题:"每一命题 p 都是这样的命题:p 和非 p 不能都真"。

同样的解释也适用于性质。我们可以谈到关于 x 的**任意**性质,但不能谈及**所有的**性质,因为会由此产生新的性质。所以,我们可以说:"如果 n 是一有穷整数,0 有性质 ϕ,且只要 m 有这个 ϕ,$m+1$ 就有性质 ϕ,那么由此得出:n 有性质 ϕ"。这里,我们不必指定 ϕ;ϕ 代表"任何的性质"。但是我们不能说:"一个有穷整数定义为具有下述**每一**性质 ϕ 的整数;这样的性质被 0 所具有并且被具有它们的数的后继者所具有。"因为这里主要考虑的是**每一**性质[①],而不是**任何**性质;在使用这样一个定义时,我们假定它包含

① 这和"所有的性质"没有区别。

了一个不同于有穷整数的性质,这个性质恰好是那种(正像我们看到的)从中产生出自我指称的矛盾的假定。

在上述例子中,有必要避免那些日常语言的联想,日常语言不适合表述我们要求的那种区别。这一点可以进一步说明如下:如果归纳法用来定义有穷整数,它就必须陈述有穷整数的确定性质,而不是模糊的性质。但是如果 ϕ 是真实变项,"如果 0 具有性质 ϕ 且具有它的数的后继者具有它,n 就具有性质 ϕ"这个陈述就赋予 n 一个随着 ϕ 变化而变化的性质,这样一个性质不能用来定义有穷整数的类。我们希望说:"'n 是一个有穷整数,意指'不论性质 ϕ 可能是什么,如果 0 具有性质 ϕ 且具有它的数的后继者具有它,n 就具有性质 ϕ'。"但是这里的 ϕ 已经变成表面变项。为了使 ϕ 仍是真实变项,我们大概应当说:"无论性质 ϕ 可能是什么,'n 是一个有穷整数'意指'如果 0 具有性质 ϕ 且具有它的数的后继者具有它,n 就具有性质 ϕ'。"但是在这里"n 是一个有穷整数"的意义随着 ϕ 变化而变化,所以这样一个定义是不可能的。这个例子说明了一个重要之点,即:"若一个真实变项出现于一个命题函项的断定之中,则它的辖域[①]绝不小于全部命题函项。"这就是说,如果我们的命题函项(比如说)是"ϕx 蕴涵 p",关于这个函项的断定将意指"'ϕx 蕴涵 p'的任何值是真的",而不指"'ϕx 的任何值是真的'蕴涵 p"。在后者中,我们实际上有"ϕx 的所有的值是真的",而此 x 是表面变项。

① 一个真实变项的辖域是其"任何值"被论及的全部函项。因此,在"ϕx 蕴涵 p"中,x 的范围不是 ϕx,而是"ϕx 蕴涵 p"。

3. 概括命题的意义和值域

这一节必须先讨论所有这个词在其中出现的命题的意义，然后讨论这样的集合：这些集合容许涉及它们的所有元素的命题。

不仅把含有所有这样的命题而且还把含有有的（非确定的）这样的命题称为概括的命题，这是很方便的。“ϕx 有时真”这个命题等价于“非-ϕx 恒真”的否定；“有的 A 是 B”等价于“所有 A 不是 B”的否定，即“无 A 是 B”的否定。没有必要询问是否可能发现使“ϕx 有时真”区别于“非-ϕx 恒真”的否定的解释。就我们的目的而言，可以把“ϕx 有时真”定义为“非-ϕx 总真”的否定。总之，这两类命题需要同一种解释，而且受同样的限制。每一类命题中都有表面变项；而正是表面变项的存在能构成我称之为概括命题的东西。（注意：任何命题中不能有真实变项，因为含有真实变项的东西不是一个命题，而是一个命题函项。）

这一节我们要问的第一个问题是：我们如何解释在“所有人都有死”这类命题中的所有这个词？乍一看去，或许有人认为这里不会有什么困难，“所有的人”是一个相当明确的概念，我们谈及的是所有的人，他们都有死。但是，对这种观点有许多反对意见。

（1）要是上述观点正确，似乎就会是这样：要是没有人，“所有的人都有死”就不能是真的。然而，正如布莱德雷指出的[①]：即使没有人有侵犯行为，“侵犯者将被起诉”也可以完全真实；因而根据

① 《逻辑》，第 II 章，第 1 部分。

他的进一步论证，我们必须将这类命题解释为假言命题，意指“如果任何人侵犯，他将受到起诉”；也就是说，“如果 x 侵犯，x 将受到起诉”，其中 x 可能具有的那个值域（不论是什么）完全不限于那些实际上进行侵犯的人。同样，“所有的人都有死”将意指“如果 x 是人，x 有死，其中 x 可以具有某一值域内的任何值”。这个值域是什么留待以后确定；但不管怎样，这个值域要比“人”宽泛，因为当 x 不是一个人时，上述假言命题也确实常常是真实的。

(2)“所有的人”是指称短语；鉴于我在其他地方详述的理由[①]，看来指称短语绝没有任何单独的意思，而只是作为成分进入这样的命题的语言表达式中：这些命题不含有相应于所说的指称短语的成分。这就是说，指称短语是通过它出现在其语词表达式中的命题来定义的。因而这些命题通过指称短语取得它们的意思这一点是不可能的；我们必须寻找一种对含有这类短语的命题的独立解释，并且不应使用这些短语来说明这类命题的意思。因而我们不能将“所有的人都有死”看成一个关于“所有的人”的陈述。

(3)即便有“所有的人”这样一个对象，很显然，它也不是当我们说“所有的人都有死”时我们要将有死性所归属的那个对象。要是将有死性归属那个对象，就应当这样说：“所有的人是（单称的 *is*。——译者）有死的。”因此，存在“所有的人”这样一个对象的假定无助于我们解释“所有的人都有死”。

(4)似乎很明显，如果我们遇见某个可能是人也可能是伪装的天使的事物，那么在“所有的人都有死”的范围之内要断定的是“如

① 《论指称》，见《心灵》(1905 年 10 月)。〔本书第二篇论文。R. C. 马什〕

果这是一个人，他有死”。因此，正像在侵犯者的情形一样，以下这一点似乎也很显然：我们实际上是说“如果任何事物是一个人，它就有死”，而哪种事物是人这个问题并不属于我们断言的范围，因为，要是所有的实际上指称“所有的人”，它就会属于了。

(5)因此我们得到以下观点，即“所有的人都有死”的意思可以由下列某个形式更明确地陈述：“如果 x 是人，x 有死，这一点恒真。”这里，必须对恒这个词的范围进行考查。

(6)很明显，恒这个词包含某些 x 不是人的情形，如在伪装的天使的情形中我们所看到的。既然，如果 x 是人，x 有死，那么 x 要是局限于 x 是人的情形，就可以推论出 x 是有死的。因而，由于恒的同样的意思，我们应当看出“x 有死这一点恒真”。但是很显然，倘若不修改恒的意思，这个新命题就是假的，虽然另一个是真的。

(7)有人或许希望“恒”意指“对于 x 的所有值”。但是，如果“x 的所有值”合理，就会包括“所有的命题”和“所有的函项”这些成分，而这些是不合法的总体。因而 x 的值以某种方式限定在某一合理的总体之内。这一点似乎把我们引向“论域”的传统学说，在这个学说中必须假设 x 存在。

(8)我们应当具有恒的某个意思，它不一定表述在一个有关 x 的限定的假设之中，这一点十分重要。因为假设“恒”意指“每当 x 属于类 i 时”。这样“所有的人都有死”就变成“当 x 属于类 i 时，如果 x 是人，x 有死”；即是说，“如果 x 属于类 i，那么，若 x 是人，则 x 有死，这一点恒真”。但是，新的恒是什么意思呢？在这个新的命题中，比起以前将 x 限定在人这个类来，似乎没有更多的理

由将 x 限定在 i 这个类。因此,如果我们不能发现对函项"如果 x 是人,x 有死"的可能的值的自然限制(即某种给定限制),而这种限制不需要从外部来施加,我们就将被引向一个新的更广的论域,如此等等,以至无穷。

(9)显然,既然所有的人都有死,就不会有任何是"如果 x 是人,x 有死"这个函项的值的(假命题)。因为,只要这是一个命题,"x 是人"这个假设必定是一个命题,因此"x 有死"这个结论也必定是一个命题。但是,如果这假设是假的,则假言命题为真;如果这假设是真的,则假言命题为真。因而不可能有"如果 x 是人,x 有死"这个形式的假命题。

(10)由上可得出:如果要排除 x 的任何值,这任何值只能是这样的值:对于这些值不会有"如果 x 是人,x 有死"这一形式的命题,即是说,这一用语对这些值是无意义的。正像我们在(7)里看到的,既然必定有被排除的 x 的值,可见"如果 x 是人,x 有死"这个函项必定有确定的意义域[①],这个意义域缺少 x 的所有可想象的值,虽然它超出那些是人的值。对 x 的限定因此也是对"如果 x 是人,x 有死"这个函项的意义域的限定。

(11)我们得出结论:"所有的人都有死"意指"恒有如果 x 是人,x 有死"。这里的恒意指"对函项'如果 x 是人,x 有死'的所有值来说"。这是一个对 x 的内在的限定,是由这个函项的性质给

① 称一个函项对于变目 x 是有意义的,如果此函项具有对于这个变目的值。因此,我们可以简略地说"ϕx 是有意义的",意指"函项 ϕ 具有对于变目 x 的一个值"。一个函项的意义域是由所有的对于此函项是真的变目和所有的对于此函项是假的变目共同组成的。

出的；而且这是一个不需要明确陈述的限定，因为一个函项的真不可能比对它的所有值来说更为一般。进一步说，如果这个函项的意义域是 i，那么“如果 x 是 i，那么如果 x 是人，x 有死”这个函项具有同一个意义域，因为，除非此函项的成分“如果 x 是人，x 有死”有意义，这个函项不能有意义。但是，这里的意义域正像曾经在“如果 x 是人，x 有死”这个函项里一样，又是不明确的；因此，我们不能精确地作出意义域，这样作的尝试只能产生出一个新的命题，在这个新命题里，同样的意义域也是不明确的。

因而一般说来：“$(x)\cdot\phi x$”的意思是“恒有 ϕx”。尽管缺少精确性，这一点也可以解释为“ϕx 恒真”，或者更明确地说：“所有的具有 ϕx 形式的命题都是真的”，或“函项 ϕx 的所有的值是真的”。[①] 因此，这个基本的所有是“一个命题函项的所有的值”，而每一其他的所有都来自这个所有。而且，每一命题函项都具有一个确定的意义域。在这个域之内是这个函项对其具有值的一些变目。在这个变目的域之内，这个函项不是真就是假；在这个域之外，这个函项则无意义。

上述论证可以总结如下：

试图限定变项的重重困难是：这些限定自然地将自身表述为下列的假设，即变项属于某一个类，而且，当这样表述的时候，所产生的假设是不受预想限定的约束的。例如，让我们试图将变项限定于人，并断定，以此限定为条件，“x 有死”恒真。那么，恒真的东

① 这个观点在语言上方便的表述是：“对于 x 的所有可能的值而言，ϕx 是真的”，可以将一个可能的值理解为这样一种东西：ϕx 对于它是有意义的。

西是，如果 x 是人，x 有死；即使 x 不是人，这个假设也是真的。因此，一个变项绝不可能限定在某个域之内，如果，当变项在那个域之外时，这个变项出现在其中的命题函项仍然有意义的话。但是，如果当上述变项超出某一域之外，该函项就不再有意义的话，那么事实上变项就被限定在那个域，而无须作任何明确的类似的陈述。在发展逻辑类型时需要这一原则，我们很快要对此进行讨论。

现在我们开始看到"所有的某某"这样的短语何以有时是合理的而有时又是不合理的。假设我们说："所有的具有性质 ϕ 的项具有性质 ψ"。根据上述解释，其意思是，"ϕx 恒蕴涵 ψx"。假定 ϕx 的意义域与 ψx 的相同，这个陈述就是有意义的；因此，给定任何确定的函项 ϕx，就存在关于"所有满足 ϕx 的项"的命题。但是，有时也会出现这样一种情况（正像我们后面会更充分地看到的）：一个在语言上似乎是一个函项的东西实际上是许多具有不同的意义域的同类函项。例如，这一点适用于"p 是真的"。我们将看到，它实际上不是一个关于 p 的函项，而是以 p 是某类命题为根据的不同的函项。在这样的情形下，表述这个模糊函项的用语，由于其模糊性质，可能在超出任何一个函项的意义域的变目值的整个集合中都是有意义的。在这样的情形下，所有这个词是不合法的。因此，如果我们试图说"所有的真命题具有性质 ϕ"，即"'p 是真的'恒蕴涵 ϕp"，对于"p 是真的"可能的变目必定超出关于 ϕ 的可能的变目。因此，人们希望的一般陈述是不可能的。有鉴于此，作出关于所有的真命题的真正一般的陈述是不可能的。然而假设的函项 ϕ 实际上有可能像"p 是真的"一样模糊，而如果它碰巧具有像"p 是真的"一样的模糊性，我们也许总能给命题"'p 是真的'蕴涵

ϕp”一个解释。例如,如果 ϕp 是“非-p 是假的”,就会出现上述的情形。于是,在这样的情形下,我们就得到一个有关*所有*命题的一般命题的外观,但这种外观是关于*真*和*假*这样的词的系统的模糊性造成的。(这种系统的模糊性来自命题的分层,这一点将在后面作解释。)在所有这类情形里,我们可以作出关于*任何*命题的陈述,因为那些模糊的词的意义将使自身适应于任何命题。但是,如果我们将命题变为一个表面变项,并且说出一些关于*所有*的事情,那么我们必须假设,这些模糊的词存在某种可能的意义,尽管它可能是这些词所具有的各种可能的意义中的完全无关的意义。这就是*所有*这个词何以具有排除“所有的命题”的限定,又何以*似乎*存在关于“所有的命题”的真实陈述的原因。对类型论作出解释之后,这两点会更明显。

有人常常提出这样的看法[①]:为了可以合法地谈及一个集合的*所有*,所需的是这个集合应当是有限的。因此,“所有的人都有死”是合法的,因为人构成一个有限的类。但是,这实际上不是我们能够谈及“所有的人”的理由,从上述讨论可以看出,最本质的不是有限性,而是可称作*逻辑齐性*的东西。这个性质属于任意一个这样的集合:它们的项都包含在某一函项的意义域中。要不是由于隐藏在*真*和*假*这样通常的逻辑词中的模糊性,一个集合是否具有这个性质总是一目了然的;这种模糊性赋予那种实际上是具有不同意义域的许多函项的混合物一种单一函项的外观。

这一节结论如下:每一含有*所有*这个词的命题断定了某一命

① 例如,由 M.彭加勒提出的看法,见《形而上学和道德评论》(1906 年 5 月)。

题函项恒真；这意指，所说的函项的所有的值都是真的，但不意指这个函项对所有的变目是真的，因为存在这样的变目，对此任何给定的函项都是无意义的，亦即没有值。因而，我们可以谈及一个集合的所有，当且仅当该集合构成某个命题函项的全部或部分意义域，意义域定义为有关函项对其有意义亦即有值的那些变目的集合。

4. 类型的分层

一个类型被定义为一个命题函项的意义域，即这个函项对其有值的变目的集合。如果一个表面变项出现在命题里，这个表面变项的值域就是一个类型，这个类型由涉及其“所有的值”的函项确定。将对象划分成类型是必不可少的，因为否则就会产生自我指称的谬误。正像我们看到的，这些谬误可通过叫做“恶性循环原则”的东西加以避免；这一原则是说“没有一个总体能包含通过自身定义的元素”。用我们的术语来说，这个原则就是：“包含一个表面变项的任何东西一定不是该变项的可能的值。”因此，包含一个表面变项的任何东西必定属于与此变项的可能的值不同的类型；我们可以说，它属于更高的类型。因此，包含在一个表达式中的表面变项是决定其类型的东西。这是下列讨论中的指导原则。

包含表面变项的命题通过一些过程——概括过程总是其中之一，即以一个变项代入命题的一个项，并断定对该变项所有可能的值所产生的函项——从不包含这些表面变项的命题中产生出来。因而，当命题包含表面变项时，此命题称为概括命题。我们将一个不包含表面变项的命题称作初等命题。很显然，含有表面变项的命题预设了其他命题，它是通过概括从这些其他的命题得到的；因而所有概括命题都预设了初等命题。在初等命题中，我们可以从一个或多个概念中区别一个或多个项；这些项不管是什么，都可被视为此命题的主词，而概念是对这些项所断定的谓词或关系[①]。我们把初等命题的项叫做个体；这些个体构成第一或者最低的类型。

实际上，无必要了解哪些对象属于最低的类型，甚至无必要了解那些出现在给定的语境之中的最低类型的变项是不是个体的或另外什么的类型。因为，实际上唯有变项的关系的类型才是有关的；因此，出现在一给定的语境中的最低类型就这个语境而论可称作是个体的类型。由此可知：上述关于个体的说明对于以下论述的真不是根本的；最根本的是在其中其他类型从个体产生、而个体类型可以建立的方式。

通过将概括过程用于初等命题中出现的个体，就得到新的命题。这一过程的合理性只要求：任何个体不应当是命题。这一点是由我们给个体这个词的意义保证的。我们可以将个体定义为没有复杂度的某一事物；那么，既然命题本质上是复杂的，个体显然不是命题。因而，将概括过程用于个体时，我们不会冒出现自我指称谬误的危险。

我们将初等命题以及只包含个体作为表面变项的初等命题叫做一阶命题。它们构成第二逻辑类型。

① 见《数学的原则》，第 48 节。

这样我们有一个新的总体，一阶命题的总体。我们又能形成新的命题，其中一阶命题作为表面变项出现。我们称这些命题为二阶命题；它们形成第三逻辑类型。比如说，如果爱匹门尼德断定“我所肯定的所有一阶命题都是假的”，那么他断定的是一个二阶命题；他可以真正地断定这个命题而不是真正地断定任何一阶命题，所以不会产生矛盾。

这一过程，可以无限地继续，第 $n+1$ 逻辑类型是由 n 阶命题组成的。n 阶命题是包含 $n-1$ 阶，但不包含更高阶的命题作为表面变项的命题。如此得到的类型是相互排斥的。因而，只要我们记住：一个表面变项必定总局限于某一类型之内，就不可能出现自我指称的谬误。

实际上，函项的分层比命题的分层更方便。不同阶的函项可以通过代入的方式从不同阶的命题得到。如果 p 是一个命题，a 是 p 的一个成分，令“$p/a;x$”表示由于用 x 代 a（不论 a 出现于 p 中的何处）而得到的命题。那么，我们将 p/a 称作母式(matrix)，它可以代替一个函项，它对变目 x 的值是 $p/a;x$，而对变目 a 的值是 p。同样地，如果“$p/(a,b);(x,y)$”表示先用 x 代 a，然后又用 y 代 b 的结果，我们可以用双重母式 $p/(a,b)$ 代表双重函项。这样可以避免除个体和不同阶的命题之外的表面变项。母式的阶定义为在其中实行代入的命题的阶。我们把这样的命题称作原型(prototype)。母式的阶并不确定母式的类型：首先因为它不确定以其他变目所代入的那些变目的数目（即该母式是否具有 p/a、$p/(a,b)$ 或 $p/(a,b,c)$ 等形式）；其次因为，如果此原型是大于一阶的，其变目可以是命题或者个体。但是很显然，一个母式的类型通过命题的分层总是可定义的。

虽然，用母式代替函项是可能的，而且这个程序使得对类型的解释在一定程度上变得简单了，但这在技术上却不方便。从技术上说，用 ϕa 代替原型 p，用 ϕx 代替 $p/a;x$，是方便的；因此，要是在使用母式的地方 p 和 a 作为表面变项出现，我们就有 ϕ 作为表面变项。为了使 ϕ 作为表面变项可以合理，有必要使它的值局限于某一类型的命题。因而我们继续推论如下。

一个其变目是个体，而且值总是一阶命题的函项，称为一阶函项。一个包括一阶函项或命题作为表面变项的函项称为二阶函项，以此类推。一个具有比其变目高一阶的一个变项的函项称为直谓(predicative)函项；有几个变项的函项，如果在这些变项中存在一个使函项成为直谓函项的变项，而所有其他的变项被赋值，也称为直谓函项。所以，一个函项的类型是由它的值的类型以及它的变目的数目和类型决定的。

函项的分层可以进一步解释如下。一个个体 x 的一阶函项由 $\phi!\, x$(ψ,χ,θ,f,g,F,G 这些字母都可以用作函项)表示。所有一阶函项都不包含作为表面变项的函项；因而这类函项构成一个明确规定了的总体，在 $\phi!\, x$ 中的 ϕ 可以转变成表面变项。任何一个 ϕ 在其中出现为表面变项且不存在比 ϕ 有更高类型的表面变项的命题是一个二阶命题。这样的命题如果包含个体 x，它就不是 x 的直谓函项；但是如果它包含一阶函项 ϕ，它就是 ϕ 的直谓函项，记作 $f!\,(\psi!\,\hat{z})$。所以 f 是一个二阶直谓函项；f 的可能的值又形成一个明确规定了的总体，并且我们可以将 f 变成表面变项。这样又能定义三阶直谓函项，它们是一些对它们的值具有三阶命题和对它们的变目具有二阶直谓函项的函项。我们可以这种方式继续下去。几个变项的函项的情况完全类似。

我们采用下列约定。任何语境中出现的最低类型的变项由小写拉丁字母(除去 f 和 g,这两个字母仍用于函项)表示;变目 x 的直谓函项(其中 x 可以属于任何类型)由 $\phi!\,x$ 表示(其中 ψ,χ,θ,f,g,F 或 G 可以代替 ϕ);同样地,x 和 y 这两个变目的直谓函项由 $\phi!\,(x,y)$ 表示;x 的一般函项由 ϕx 表示,而 x 和 y 的一般函项由 $\phi(x,y)$ 表示。在 ϕx 中,ϕ 不能变成表面变项,因为它的类型是不确定的;但是在 $\phi!\,x$ 中,ϕ 是其变目属于某一给定类型的直谓函项,ϕ 就可以变成表面函项。

观察下面这一点十分重要:既然有不同的命题和函项的类型,既然概括只能在某一个类型之内运用,那么,含有"所有命题"或"所有函项"这些词的所有用语显然都是无意义的,虽然在某些情形里它们可以有无可非议的解释。矛盾是由于在找不到确切意思的情形中使用这类用语而产生的。

现在,如果我们回到这些矛盾上来,立即就会看出,通过类型理论可以解决某些矛盾。凡是提及"所有的命题"之处,我们必须代之以"所有的 n 阶的命题",其中,我们给 n 什么值无关紧要,根本问题在于 n 应当有某个值。因此,当一个人说"我正说谎"时,我们必须将他的话解释为:"有一个我肯定的 n 阶的命题,且这个命题是假的。"这是一个 $n+1$ 阶的命题;因而,这个人不是在肯定 n 阶的任何命题,因而他的陈述是假的,然而这一陈述的假并不蕴涵"我正说谎"这个陈述的假似乎蕴涵的意思:他正作出一个真陈述。这就解决了说谎者悖论。

再看“用少于十九个音节不可命名的最小整数”。首先要注意到，“可命名的”必定指“通过某种指定的名称可命名的”，而且指定的名称的数目一定是有限的。因为，如果它是无限的，就没有理由说为什么应当有一个用少于十九个音节不可命名的整数，这个悖论便可消失。我们下一步可以假设，“用类 N 的名称可命名的”意指“是满足完全由类 N 的名称组成的某个函项的唯一的项”。我认为，这一悖论的解决在于下面这个简单的考察：“用类 N 的名称可命名的”本身绝不是用那个类的名称可命名的。如果通过给 N 添上“用类 N 的名称可命名的”这个名称而扩展 N，名称的基本结构(apparatus)就被扩大了；称新的结构为 N'，“用类 N' 的名称可命名的”就不再是用类 N' 的名称可命名的。如果我们试图扩展 N 直至它包含所有的名称，“可命名的”就变成(根据上述所说)“是满足完全由名称组成的某一函项的唯一的项”。但此处有一个函项是表面变项；因而我们被局限于某一类型的直谓函项(因为非直谓函项不能是表面变项)。因而我们不得不看到：为了避免悖论，通过这类函项表示的可命名性是非直谓的。

关于“最小的不可定义的序数”的情形近似于刚刚讨论的情形。正像前面所讲，这里的“可定义”必定和某一给定的基本观念的结构相关；因而有理由假设“用类 N 的观念可定义的”不是用类 N 的观念可定义的。以下这一点是真的：存在完全由可定义的序数组成的序数序列的某个确定的节，且具有最小的不可定义的序数作为它的界。这个最小的不可定义的序数通过对我们的基本结构稍作扩展是可定义的；但是，又将存在一个新的序数，它将是带有新结构的最小的不可定义的序数。如果我们扩展我们的结构，以便包括所有可能的观念，就不再有任何理由使人相信存在不可定义的序数。我认为这个悖论明显的力量很大程度上在于假设如果某类的所有序数是可定义的，这个类必定也是可定义的，这样一来它的后继当然也是可定义的；但是，没有理由接受这个假设。

其他的矛盾，尤其是布拉里-弗蒂的矛盾，需要更深入的工作加以解决。

5. 可化归性公理

正像我们已经看到的，x 的命题函项可以是任何阶的函项；因而，关于“x 的所有的性质”的任何陈述都是无意义的。（“x 的性质”与“对 x 成立的命题函项”是一回事。）但是，如果数学是可能的，就应当有某个方法作出这样的陈述：它们通常等值于当我们（不精确地）谈及“x 的所有的性质”时心中所想之物。这一点绝对有必要。这一必要性表现在许多方面，尤其和数学归纳法关系密切。通过使用任何而不用所有，我们可以说，“任何这样的性质即被 0 具有并且被具有它的所有数的后继所具有的性质为所有有穷数所具有”。但是，我们不能继续说：“一个有穷数是具有所有这样性质的数：它们 0 所具有且被具有它们的所有数的后继所具有。”如果我们将此陈述局限于数的所有一阶性质上，我们便不能推出：此陈述对二阶性质成立。例如，我们将不能证明：如果 m、n 是有穷数，则 $m+n$ 也是有穷数。因为，根据以上定义，“m 是有穷数”是 m 的二阶性质；因而，$m+0$ 是有穷数以及如果 $m+n$ 是有穷数，那么 $m+n+1$ 也是有穷数这个事实不许可我们通过归纳法得出

$m+n$是有穷数。很明显，这种状况使得许多部分的初等数学成为不可能。

另一个由整体和部分的非相似性给出的有穷的定义处境也不好。这个定义是："一个类称为有穷的，如果其前域是这个类而其后域被包含于这个类的每一个一一关系具有整个类作为它的后域。"这里出现了一个可变关系，即关于两个变元的一个可变函项；我们必须取这个函项的所有值。这就要求此函项应当属于某个指定的阶；但是，任何指定的阶都不能使我们推演出许多初等数学命题。

因而，如果可能，我们必须找出在不影响命题函项的值的真或假的情况下化归命题函项的阶的某种方法。这似乎是常识通过对类的承认而实现的。给定属于任何阶的任何命题函项 ϕx，对于所有 x 的值而言假定这一点等价于一个具有"x 属于类 a"形式的陈述。这个陈述是一阶的，因为它没有提及"某一类型的所有的函项"。确实，这个陈述唯一在实践上优于原来的陈述 ϕx 之处在于它是一阶的。假定实际上存在像类这样的东西，这并没有什么好处，而关于不是自身元素的类的矛盾表明：如果存在类，它们必定是与个体根本不同的东西。我认为，类适合的主要目的，以及使类有语言上的方便的主要理由是类提供一种化归命题函项的阶的方法。因此，我不假定任何似乎包含在常识中的对类的认可的东西，除非每一命题函项就其所有的值而言都等值于某一直谓函项。

关于函项的这个假定不论它们的变目的类型可能是什么，都是适用的。令 ϕx 是有任何阶的变目 x 的函项，变目本身可能是一个个体或者任何阶的函项。如果 ϕ 是比 x 高一阶的，我们用

$\phi!\ x$这一形式写出这个函项；在这种情形下，我们称 ϕ 是直谓函项。因此，个体的直谓函项是一阶函项；而对于变目的更高的类型来说，直谓函项代替了一阶函项关于个体所起的作用。然后我们假定，每个函项对于所有它的值来说都等值于同一变目的某个直谓函项。这个假定看来是通常关于类的假定的本质所在；不管怎样，它保留了我们有用的那些类，其数目之少，足以避免由于不愿勉强认可类而易于引起的那些矛盾，我们称这一假定为类的公理，或者可化归性公理。

同样我们假定：两个变项的每一函项，就其所有的值而言，等值于这些变项的直谓函项；这里两个变项的直谓函项是这样的函项：在两个变项中存在一个变项，对于它而言函项成为直谓函项（在我们先前的意义上），这时赋予另一变项一个值，这个假定看来应解释为：关于两个变项的任何陈述规定它们之间的一种关系，我们称这个假定为关系的公理或可化归性公理。

在处理两项以上的关系时，对三个、四个……变项也需作类似的假定。但是，就我们的目的来说，这些假定并非必不可少，所以本文不作这些假定。

借助于可化归性公理，关于“所有的 x 的一阶函项”或者关于“a 的所有直谓函项”的陈述产生大部分若没有这一公理就需要“所有的函项”的结果。就像数学中必然有的情形一样，关键之点是，这类结果是在所涉及的函项值的真或假是唯一相关的所有情形中取得的。因此，例如，现在只需要对数的所有直谓函项陈述数学归纳法；而它是从对任何阶的任意函项都成立的类的公理得到的。或许有人认为导致我们发明类型分层的那些悖论现在会再次出现。但并非如此，因为在这些悖论中，或者超出函项的值的真或假的某些东西是相关的，或者那些出现悖论的表达式即使在引入可化归性公理之后还是无意义的。诸如"爱匹门尼德断定 ψx"这样的陈述不等值于"爱匹门尼德断定 $\phi!\ x$"，尽管 ψx 和 $\phi!\ x$ 是等值的。因此，如果企图将所有的命题都包括在我可以虚假地肯定的命题之中，那么，"我正说谎"这句话还是没有意义，而如果将这句话局限于 n 阶的命题，则它不受类的公理的影响。因此，命题和函项的分层正是在存在着要加以避免悖论的情形中才是需要的。

6. 符号逻辑的初始观念和命题

符号逻辑中需要的初始观念表现为下列七种：

(1)一个变项 x 或几个变项 $x,y,z,\cdots\cdots$ 的任何命题函项。这由 ϕx 或 $\phi(x,y,z,\cdots\cdots)$ 表示。

(2)一个命题的否定。如果 p 是这个命题，它的否定由 $\sim p$ 表示。

(3)两个命题的析取或逻辑和；即"这个或那个"。如果 p,q 是两个命题，它们的析取由 $p \vee q$①表示。

(4)命题函项的任何值的真，即 ϕx 的真，x 不是特指的。

(5)命题函项的所有值的真。由 $(x)\cdot\phi x$ 或 $(x):\phi x$ 表示，或者

① 以前刊登在本刊的一篇文章里，我将蕴涵而不是析取看作不加定义的。这两者之间的选择是兴趣问题；现在我选择析取，因为它使我们能够减少初始命题的数目。〔参见《蕴涵理论》，《美国数学杂志》，1906 年，第 XXVIII 卷，第 159—202 页。——R. C. 马什〕

由使此命题去掉括号所必需的任意多的圆点表示。[①] 在 $(x)\cdot\phi x$ 之中,我们称 x 是表面变项,而当 ϕx 被肯定(x 不是特指的)时,我们称 x 是真实变项。

(6)任何类型的一个变目的任何直谓函项;根据情况,由 $\phi!\ x$ or $\phi!\ \alpha$ or $\phi!\ R$ 表示。如果 x 是个体或命题,x 的直谓函项就是其值是比 x 高一层的类型的命题的函项,或者如果 x 是函项,它就是 x 的值的函项。可以这样来描述:在直谓函项之中,表面变项(如果有)都是具有和 x 一样的类型或较低类型;而一个变项,如果它可以作为 x 的变目,或者作为 x 的变目的变目等等有意义地出现,就具有比 x 低的类型。

(7)断定;即断定某个命题是真的,或者某个命题函项的任何值是真的。这需要将一个实际上被断定的命题与一个仅仅被考虑的命题加以区别,或者与作为某个其他命题的假设而提出的命题加以区别。我们用置于被断定东西之前的符号"⊢"及去掉被断定东西的括号所需的足够圆点表示断定。[②]

在继续讨论初始命题之前,我们需要一些定义。在下列定义,以及在初始命题中,字母 p,q,r 用于指谓命题。

$$p \supset q \cdot = \cdot \sim p \vee q \qquad \text{定义。}$$ [③]

这个定义说的是"$p \supset q$"(读作"p 蕴涵 q")的意思是"p 假或

① 圆点的这一用法源于皮亚诺(Peano),怀特海先生的《论基数》(《美国数学杂志》第 XXIV 卷)和《论物质世界的数学概念》(《美国哲学学报》第 CCV 卷,第 472 页)对此作了充分解释。

② 这个符号,以及它表述的那种观念的引入都源于弗雷格。参见他的《概念文字》(哈雷,1879 年)第 1 页,和《算术的基本规律》(耶拿,1893 年)第 Ⅰ 卷,第 9 页。

③ "定义"在原公式中用"Df"表示。——译者

者 q 真”。我不想断言“蕴涵”不能有其他的意思，只是认为在符号逻辑中将这个意思给予“蕴涵”是最便利的。在一个定义中，等号和字母“Df”(“定义”)可以被视作一个符号，它们共同表示：“被定义为……的意思”。不带有“定义”的等号具有另外的意思，对此很快要定义。

$$p \cdot q \cdot = \cdot \sim(\sim p \vee \sim q) \quad \text{定义。}$$

这定义了 p 和 q 两个命题的逻辑积，即“p 和 q 二者都真”。上述定义是说，这意谓“p 假或者 q 假，这一点是假的”。同样地，这里没有给出可以给“p 和 q 二者都真”的那个唯一的意思，而给出是就我们的目的而言最方便的意思。

$$p \equiv q \cdot = \cdot p \supset q \cdot q \supset p \quad \text{定义。}$$

那就是说，“$p \equiv q$”可以读作 p 等值于 q”，它意指“p 蕴涵 q 且 q 蕴涵 p”；当然，由此又得出 p 和 q 同真或者同假。

$$(\exists x) \cdot \phi x \cdot = \cdot \sim \{(x) \cdot \sim \phi x\} \quad \text{定义。}$$

这定义了：“至少有一个 x 的值，对它而言 ϕx 真。”我们将它定义为“ϕx 恒假，这一点是假的”。

$$x = y \cdot = : (\phi) : \phi ! x \cdot \supset \cdot \phi ! y \quad \text{定义。}$$

这是关于同一性的定义。它说明，当被 x 满足的每一直谓函项也被 y 满足时，x 和 y 就被说成是同一的。从可化归性公理可以得出：如果 x 满足 ψx(ψ 是直谓的或非直谓的任何函项)，那么 y 也满足 ψy。

下列这些定义不太重要，引入它们的唯一目的是简化。

$$(x, y) \cdot \phi(x, y) \cdot = : (x) : (y) \cdot \phi(x, y) \quad \text{定义，}$$

$$(\exists x, y) \cdot \phi(x, y) \cdot = : (\exists x) : (\exists y) \cdot \phi(x, y) \quad \text{定义，}$$

$\phi x . \supset_x \cdot \psi x : = : (x) : \phi x \cdot \supset \psi x$ 定义，

$\phi x . \equiv_x \cdot \psi x : = : (x) : \phi x \cdot \equiv \cdot \psi x$ 定义，

$\phi(x,y) \cdot \supset_{x,y} \cdot \psi(x,y) : = : (x,y) : \phi(x,y) \cdot \supset \cdot \psi(x,y)$

定义，

以及对任意多的变项成立的诸如此类的公式。

下列是所需要的初始命题。（在 2、3、4、5、6 和 10 之中，p，q，r 代表命题。）

（1）由真前提蕴涵的命题是真的。

（2）$\vdash : p \vee p . \supset . p$。

（3）$\vdash : q . \supset . p \vee q$。

（4）$\vdash : p \vee q . \supset . q \vee p$。

（5）$\vdash : p \vee (q \vee r) . \supset . q \vee (p \vee r)$。

（6）$\vdash : q \supset r . \supset : p \vee q . \supset . p \vee r$。

（7）$\vdash : (x) . \phi x . \supset . \phi y$；

即，“如果 $\phi\hat{x}$ 的所有的值是真的，那么 ϕy 也是真的，这里的 ϕy 是任何值”。[①]

（8）如果 ϕy 是真的（这里 ϕy 是 $\phi\hat{x}$ 的任何值），那么 $(x) \cdot \phi x$ 是真的。这一点不能用我们的符号表述；因为，如果我们写出“$\phi y . \supset . (x) \phi x$”，就意指“$\phi y$ 蕴涵：$\phi\hat{x}$ 的所有值是真的，这里的 y 可以有适当类型的任意值”，但情况一般并非如此。我们的意思是

① 相对于函项的这个或那个值，我们用 $\phi\hat{x}$ 这个记法指示函项本身，这是很方便的。

要肯定："如果不管如何选择 y，ϕy 是真的，那么 $(x)\cdot\phi x$ 是真的"，而用"$\phi y.\supset.(x)\cdot\phi x$"表述的是："无论怎样选择 y 如果 ϕy 是真的那么 $(x)\cdot\phi x$ 是真的"。这是完全不同的陈述，而且一般是假陈述。

(9) $\vdash:(x)\cdot\phi x.\supset.\phi a$，**其中 a 是任何确定的常项。**

这个原则实际上是像存在 a 的可能的值同样多的不同的原则。即是说，它说明（例如），凡对所有个体成立的对苏格拉底也成立，对柏拉图也成立，等等。这个原则是这样的：一般的规则可以适用于特殊的情形；但为了给出其范围，有必要提及那些特殊的情形，因为不这样，我们就需要这个原则本身使我们确信：一般的原则可以适用于特殊的情形这个一般的规则可以适用于（比如说）苏格拉底这个特殊的情形。因此，这个原则与(7)不同；该原则作出一个关于苏格拉底、柏拉图或其他某个确定常项的陈述，而(7)则作出关于变项的陈述。

上述原则从不在符号逻辑或纯粹数学中使用，因为所有这些命题都是全称的，即使我们似乎具有一个严格的特例（如"一是一个数"），若缜密考查，结果这也并非如此。事实上，使用上述原则是应用数学的显著标志。所以，严格说起来，我们可以从我们的初始命题表中删掉这个原则。

(10) $\vdash:.(x).p\vee\phi x.\supset:p.\vee.(x)\cdot\phi x$；

即是说，"如果'p 或 ϕx'恒真，那么或者 p 真，或者 ϕx 恒真"。

(11) 当不论 x 是什么变目，$f(\phi x)$ 为真，并且不论 y 是什么可能的变目，$F(\phi y)$ 为真时，那么，不论 x 是什么可能的变目，$\{f(\phi x).F(\phi x)\}$ 为真。

这是"变项的同一(identification)"公理。两个独立的命题函项，已知每个总是真的，而且我们希望推论出它们的逻辑积也总是真的，这时就需要以上公理。这个推论只有在这两个函项采取同一类型的变目时才是合理的，否则它们的逻辑积是无意义的。在上述公理中，x 和 y 必须是同一类型的，因为这两者都作为 ϕ 的变目出现。

(12)对任意可能的 x 来说，如果 $\phi x \cdot \phi x \supset \psi x$ 为真，那么 ψx 对任一可能的 x 也是真的。

需要这个公理是为了使我们确信：在这个假设情形中的 ψx 的意义域与 $\phi x \cdot \phi x \supset \psi x . \supset . \psi x$ 的意义域是一样的，事实上这二者和 ϕx 的意义域是一样的。我们知道，在假设情形里：每当 $\phi x \cdot \phi x \supset \psi x$ 和 $\phi x \cdot \phi x \supset \psi x . \supset . \psi x$ 都有意义时，ψx 是真的。但我们不知道：倘若没有公理，每当 ψx 有意义时，ψx 是真的。因而需要这个公理。

例如，在证明下列命题时，需要公理(11)和(12)：

$$(x) . \phi x : (x) . \phi x \supset \psi x : \supset . (x) \cdot \psi x。$$

由(7)和(11)，

$$\vdash :. (x) . \phi x : (x) . \phi x \supset \psi x : \supset : \phi y . \phi y \supset \psi y。$$

由(12)可得，

$$\vdash :. (x) . \phi x : (x) . \phi x \supset \psi x : \supset : \psi y,$$

由(8)和(10)导出上面要证的结果。

$$(13) \vdash :. (\exists f) :. (x) : \phi x . \equiv . f ! x。$$

这是可化归性公理。它说的是：给定任何函项 $\phi \hat{x}$，存在一个直谓函项 $f ! \hat{x}$ 使得 $f ! x$ 总等值于 ϕx。注意：既然以“$(\exists f)$”打头的命题根据定义是以“(f)”打头的命题的否定，上述公理就涉及思考

“x 的所有直谓函项”的可能性。如果 ϕx 是 x 的任何的函项，我们就不能作出以“(ϕ)”或“$(\exists\phi)$”打头的命题，因为我们不能考虑“所有的函项”，只能考虑“任何的函项”或者“所有的直谓函项”。

(14)$\vdash :. (\exists f) :. (x,y) : \phi(x,y) . \equiv . f!(x,y)$。

这是关于双重函项的可化归性公理。

在上述诸命题中，x 和 y 可以是任何类型。在其中涉及类型理论的唯一方式在于：在(11)中当两个真实变项都作为同一函项的变目出现，因而它们具有同样的类型时，(11)只允许我们将在不同的内容中出现的真实变项视为同一的，而且，在公理(7)和公理(9)中，y 和 a 必须各自具有对 $\phi\hat{z}$ 的变目来说合适的类型。这样，比如说假定我们有一个$(\phi).f!(\phi!\hat{z},x)$形式的命题，它是 x 的二阶函项。那么根据(7)，

$$\vdash : (\phi) . f!(\phi!\hat{z},x) . \supset . f!(\psi!\hat{z},x),$$

这里的 $\psi!\hat{z}$ 是任何一阶函项。但是，不能将$(\phi).f!(\phi!\hat{z},x)$处理为好像它是 x 的一阶函项，也不能将这个函项视作上述 $\psi!\hat{z}$ 的可能的值。正是这种类型的混淆产生了说谎者悖论。

再看那些不是自身的元素的类。显然，既然我们将类与函项视为同一①，就不能有意义地说任何类是或不是自身的元素；因为一个类的元素是这个类的变目，而一个函项的变目总具有比这个函项低的类型。如果我们问“所有的类的类的情形又如何呢？它难道不是一个类，因而是自身的一个元素吗？”回答是两方面的。首先，如果“所有的类的类”意指“任一类型的所有的类的类”，那么

---

① 这种同一常要作一点修改，下面很快就会解释。

不存在这样的概念。第二,如果"所有的类的类"意指"具有类型 t 的所有的类的类",那么这是一个具有比 t 高一类型的类,因此不是它自身的元素。

所以,尽管上述初始命题同样适用于所有的类型,它们却不能使我们引出矛盾。因而在任何演绎过程中,绝对无必要考虑变项的绝对的类型;唯一必要的是注意:出现在命题中的不同的变项具有适当的相对的类型。这就排除了产生我们的第三个矛盾的那类函项,即:"在 R 和 S 之间有关系 R"。因为在 R 和 S 之间的关系必然具有比这两者都高的类型,因此该函项是无意义的。

7. 类和关系的初等理论

在其中出现函项 ϕ 的命题,就其真值而言,可以依赖个别的函项 ϕ,或者只依赖 ϕ 的**外延**,即能满足 ϕ 的变目。我们称后一类的函项是**外延函项**。因此,例如"我相信所有的人都有死"也许不等值于"我相信所有的无羽毛的二足动物都有死",即使人与无羽毛的二足动物具有相同外延;因为,我也许不知道它们的外延是一样的。但是"所有的人都有死"必定等值于"所有的无羽毛的二足动物都有死",如果人与无羽毛的二足动物外延一样。因此"所有的人都有死"是"x 是人"这个函项的一个外延函项,而"我相信所有的人都有死"不是一个外延函项;我们将不是外延函项的函项称作**内涵函项**。与数学有特殊关系的函项的函项都是外延的。$\phi ! \hat{z}$ 这一函项的外延函项 f 的记号是

$$\phi ! x . \equiv_x . \psi ! x : \supset_{\phi, \psi} : f(\phi ! \hat{z}) . \equiv . f(\psi ! \hat{z})。$$

从函项 $\phi!\hat{z}$ 的任意的函项 f，可以得到相关的外延函项如下：

$$f\{\hat{z}(\psi z)\}.=:(\exists\phi):\phi!x.\equiv_x.\psi x:f\{\phi!\hat{z}\}$$ 定义。

$f\{\hat{z}(\psi z)\}$这个函项实际上是 $\psi\hat{z}$ 的函项，尽管不是像 $f(\psi\hat{z})$一样的函项，假定后者是有意义的。但是，将 $f\{\hat{z}(\psi z)\}$技术上处理为仿佛它有一个变目 $\hat{z}(\psi z)$是十分方便的，我们将 $\hat{z}(\psi z)$称作"由 ψ 规定的那个类"。我们得到

$$\vdash:.\phi x.\equiv_x.\psi x:\supset:f\{\hat{z}(\psi z)\}.\equiv.f\{\hat{z}(\psi z)\},$$

由此可知，将上述给出的同一性定义用在虚构的对象$(z\phi)\underset{\vee}{z}$和 $\hat{z}(\psi z)$时，就会得到

$$\vdash:.\phi x.\equiv_x.\psi x:\supset.\hat{z}(\phi z)=\hat{z}(\psi z)。$$

这个公式及其逆（其逆也能得到证明）是类的显著特性，因而，将 $\hat{z}(\phi z)$处理为由 ϕ 规定的类是合理的。以同样的方式可提出

$$f\{\hat{x}\hat{y}\psi(x,y)\}.=:(\exists\phi):\phi!(x,y).$$

$$\equiv_{x,y}.\psi(x,y):f\{\phi!(\hat{x},\hat{y})\}$$ 定义。

这里，关于 $\phi!(\hat{x},\hat{y})$和 $\phi!(\hat{y},\hat{x})$之间的差异我们有必要说几句话。我们将采用下列约定：当函项（相对于它的值来说）由一种涉及 $\hat{x}$ 和 $\hat{y}$ 或者字母表中其他任何两个字母的形式表示时，通过用 a 代 $\hat{x}$ 和用 b 代 $\hat{y}$ 可以得到这个函项对于 a 和 b 的变目的值；即是说，第一次提及的变目要代入字母表中较早出现的字母，和第二次提及的变目要代入字母表中较后出现的字母。这样就足以区分 $\phi!(\hat{x},\hat{y})$和 $\phi!(\hat{y},\hat{x})$；例如：

$\phi!(\hat{x},\hat{y})$对变目 a,b 的值是 $\phi!(a,b)$

$\phi!(\hat{x},\hat{y})$对变目 b,a 的值是 $\phi!(b,a)$

$\phi!(\hat{y},\hat{x})$对变目 a,b 的值是 $\phi!(b,a)$

$\phi!(\hat{y},\hat{x})$对变目 b,a 的值是 $\phi!(a,b)$

我们给出

$$x\epsilon\phi!\hat{z}.=.\phi!x \qquad \text{定义,}$$

由此得出

$$\vdash:.x\epsilon\hat{z}(\psi z).=:(\exists\phi):\phi!y.\equiv_y.\psi y:\phi!x。$$

又由可化归性公理我们得到

$$(\exists\phi):\phi!y.\equiv_y.\psi y,$$

由此得出

$$\vdash:x\epsilon\hat{z}(\psi z).\equiv.\psi x。$$

不管 x 是什么,这一点都成立。现在假设我们想讨论 $\hat{z}(\psi z)\epsilon\phi f\{\hat{z}(\phi!z)\}$。根据上述可得出

$$\vdash:.\hat{z}(\psi z)\epsilon\phi f\{\hat{z}(\phi!z)\}.\equiv:f\{\hat{z}(\psi z)\}:$$

$$\equiv:(\exists\phi):\phi!y.\equiv_y.\psi y:f\{\phi!x\},$$

由此得出

$$\vdash:.\hat{z}(\psi z)=\hat{z}(\chi z).\supset:\hat{z}(\psi z)\epsilon\kappa.\equiv_\kappa.\hat{z}(\chi z)\epsilon\kappa,$$

其中 κ 是对于任意具有 $\phi f\{\hat{z}(\phi!z)\}$形式的表达式而言的。

我们给出

$$cls=\hat{\alpha}\{(\exists\phi).\alpha=\hat{z}(\phi!z)\} \qquad \text{定义。}$$

这里的 cls 有一个依赖表面变项的逻辑类型的意思。因此,例如"$cls\epsilon cls$"这个命题——它是上述定义的一个结果——要求:"cls"在其出现的两个地方应当有不同的意思。"cls"这个符号唯一只

能用于无必要知道其逻辑类型的情形；它具有一种使其适应情况的模糊性。如果我们引入一种不可定义的函项“Indiv！ x”，其意思是“x 是个体”，则我们可以给出

$$Kl=\hat{\alpha}\{(\exists\phi).\alpha=\hat{z}(\phi!z.\text{Indiv}!z)\}\quad \text{定义。}$$

Kl 是一个明确的符号，意思是“个体的类”。

我们将使用小写希腊字母（除了 ϵ、ϕ、ψ、χ、θ 之外）代表任何逻辑类型的类，即代表具有 $\hat{z}(\phi!\ z)$ 或 $\hat{z}(\phi z)$ 形式的符号。

从这一点开始，类理论很像在皮亚诺的体系中一样进行展开；$\hat{z}(\phi z)$ 取代 $z\ni(\phi z)$。我也给出

$$\alpha\subset\beta.=:x\epsilon\alpha.\supset_x.x\epsilon\beta\quad \text{定义，}$$

$$\exists!\alpha.=.(\exists x).x\epsilon\alpha\quad \text{定义，}$$

$$V=\hat{x}(x=x)\quad \text{定义，}$$

$$\Lambda=x\{\sim(x=x)\}\quad \text{定义，}$$

和皮亚诺的体系一样，其中 Λ 是空类。$\exists$，Λ，V 这些符号就像 cls 和 ϵ 一样是模糊的，当有关的类型以另一种方式被指示出来时，它们只取得一个确定的意思。

我们以完全相同的方式处理关系，给出

$$a\{\phi!(\hat{x},\hat{y})\}b.=.\phi!(a,b)\quad \text{定义，}$$

（这个次序是由 x 和 y 的字母次序以及 a 和 b 的排印次序确定的）；由此可得

$$\vdash:.a\{\hat{x}\hat{y}\psi(x,y)\}b.\equiv:(\exists\phi):\psi(x,y).\equiv_{x,y}.\phi!(x,y):\phi!(a,b),$$

由可化归性公理，又得出

$$\vdash : a\{\hat{x}\hat{y}\psi(x,y)\}b . \equiv . \psi(a,b)。$$

我们用大写拉丁字母作为 $\hat{x}\hat{y}\psi(x,y)$ 这些符号的缩写，得到

$$\vdash :. R = S . \equiv : xRy . \equiv_{x,y} . xSy,$$

其中

$$R = S . = : f ! R . \supset_f . f ! S \qquad \text{定义。}$$

我们给出

$$\mathrm{Rel} = \hat{R}\{(\exists\phi) . R = \hat{x}\hat{y}\phi ! (x,y)\} \qquad \text{定义，}$$

我们看到：对于类所证明的一切对于二元关系都有其类似的东西。

根据皮亚诺，我们给出

$$\alpha \cap \beta = \hat{x}(x \epsilon \alpha . x \epsilon \beta) \qquad \text{定义，}$$

这定义了两个类的积或公共部分；

$$\alpha \cup \beta = \hat{x}(x \epsilon \alpha . \vee . x \epsilon \beta) \qquad \text{定义，}$$

这定义了两个类的和；以及

$$-\alpha = \hat{x}\{\sim(x \epsilon \alpha)\} \qquad \text{定义，}$$

这定义了一个类的否定。同样，对于关系我们给出

$$R \mathbin{\dot{\cap}} S = \hat{x}\hat{y}(xRy . xSy) \qquad \text{定义，}$$

$$R \mathbin{\dot{\cup}} S = \hat{x}\hat{y}(xRy . \vee . xSy) \qquad \text{定义，}$$

$$\dot{-} R = \hat{x}\hat{y}\{\sim(xRy)\} \qquad \text{定义。}$$

8. 摹状函项

迄今我们讨论的函项，除了少数几个诸如 $R \mathbin{\dot{\cap}} S$ 这样的个别函项之外，都是命题函项。但是，普通的数学函项 x^2，$\sin x$，$\log x$，

等等都不是命题函项。这类函项总是指“对 x 具有如此这般关系的那个项”。鉴于这个理由,可以称它们为摹状函项,因为,它们通过某一个项对它们的变目的关系而摹状了这个项。因此,“$\sin\pi/2$”摹状了数 1;然而“$\sin\pi/2$”出现在其中的命题却和代入 1 而得到的命题不一样。这可以从“$\sin\pi/2=1$”这个命题看出来。这个命题传达了有价值的信息,但“$1=1$”却不足道,摹状函项没有自身的意义,只是作为命题的成分;而这一般适用于“具有如此这般特性的那个项”形式的短语。因而,在研究这类短语时,我们必须定义这些短语出现在其中的任何命题,而不是这些短语本身[①]。因此这导致我们给出下列定义,其中的“$(\iota x)(\phi x)$”要读作“满足 ϕx 的那个项 x”。

$$\psi\{(\iota x)(\phi x)\}.=:(\exists b):\phi x.\equiv_x.x=b:\psi b \quad \text{定义。}$$

这个定义说,“满足 ϕ 的那个项满足 ψ”是指“有一个项 b,使得 ϕx 是真的,当且仅当 x 是 b 且 ψb 是真的”。因此,如果不存在某某或存在几个某某,关于“那个某某”的所有命题就将是假的。

一个摹状函项的一般定义是

$$R\text{‘}y=(\iota x)(xRy) \qquad \text{定义;}$$

这就是说,“$R\text{‘}y$”是指“对 y 具有关系 R 的那个项”。如果有几个项或者无项对 y 具有关系 R,关于 $R\text{‘}y$ 的所有命题一定是假的。我们给出

$$E!(\iota x)(\phi x).=:(\exists b):\phi x.\equiv_x.x=b \qquad \text{定义。}$$

这里“$E!(\iota x)(\phi x)$”可以读作“有一个诸如 x 的项满足 ϕx”或者

---

① 参见前面提到的文章《论指称》,其中对此观点给出详细的说明。

“满足 ϕx 的 x 存在”。我们有

$$\vdash :. E ! R`y . \equiv : (\exists b) : xRy . \equiv_x . x = b。$$

$R`y$ 中的倒逗号可以读作“的(of)”。因此，如果 $R$ 是父亲对儿子的关系，“$R`y$”就是“y 的父亲”。如果 R 是儿子对父亲的关系，关于 $R`y$ 的所有命题是假的，除非 y 有一个儿子且不多于一个儿子。

从上述看出，摹状函项是从关系中得出的。现在要定义的这些关系鉴于它们产生摹状函项因而尤其重要。

$$\text{Cnv} = \hat{Q}\hat{P}\{x Q y . \equiv_{x,y} . yPx\} \qquad \text{定义。}$$

这里 Cnv 是“逆”(converse)的缩写。它是一个关系对其逆的那种关系。例如，较大对较小的关系，父母身份对儿子身份的关系、前对后的关系等等。我们有

$$\vdash . \text{Cnv}`P = (\iota Q)\{x Q y . \equiv_{x,y} . yPx\}。$$

为了有更短且常常更简单的记法，我们给出

$$\breve{P} = \text{Cnv}`P \qquad \text{定义。}$$

下一步我们希望有对 y 具有关系 R 的诸项的类的记法。为此，我们给出

$$\overrightarrow{R} = \hat{\alpha}\hat{y}\{\alpha = \hat{x}(xRy)\} \qquad \text{定义，}$$

由此得出

$$\vdash . \overrightarrow{R}`y = \hat{x}(xRy)。$$

同样我们给出

$$\overleftarrow{R} = \hat{\beta}\hat{x}\{\beta = \hat{y}(xRy)\} \qquad \text{定义，}$$

由此得出

$$\vdash . \overleftarrow{R}‘x = \hat{y}(xRy)。$$

下一步我们需要 R 的前域(即对某事物具有关系 R 的诸项的类),R 的后域(即同某事物具有关系 R 的那些项的类),以及 R 的场,它是 R 的前域和后域的和。为此目的,我们定义 R 的前域、R 的后域以及 R 的场对 R 的关系。这些定义是:

$$D = \hat{\alpha}\hat{R}\{\alpha = \hat{x}((\exists y).xRy)\} \quad \text{定义,}$$

$$\text{Ɑ} = \hat{\beta}\hat{R}\{\beta = \hat{y}((\exists x).xRy)\} \quad \text{定义,}$$

$$C = \hat{\gamma}\hat{R}\{\gamma = \hat{x}((\exists y):xRy.\vee.yRx)\} \quad \text{定义。}$$

注意:上述第三个定义只有在 R 是我们可以称作一种齐性(homogeneous)关系的东西时才有意义;即这样一种东西,其中如果 xRy 成立,那么 x 和 y 具有相同的类型。否则无论我们怎样选择 x 和 y,xRy 和 yRx 中一定有一个是无意义的。这种意见在考虑布拉里-弗蒂的矛盾时是非常重要的。

借助上述的定义我们得到

$$\vdash . D‘R = \hat{x}\{(\exists y)\cdot xRy\},$$

$$\vdash . \text{Ɑ}‘R = \hat{y}\{(\exists x)\cdot xRy\},$$

$$\vdash . C‘R = \hat{x}\{(\exists y):xRy.v.yRx\},$$

最后这个定理只有在 R 是齐性关系时才有意义。“$D‘R$”可读作“R 的前域”;“$\text{Ɑ}‘R$”读作“R 的后域”,而“$C‘R$”读作“R 的场”。字母 C 被选作“场”(campus)这个词的开始字母。

其次,我们需要下述的一种关系的记法:即类 α(包含在 R 前域中的一个类)对之有 R 关系的那些项的类与类 α 的关系,也需要下述的一种关系的记法；即同类 β(包含在 R 的后域中的一个类)的某一分子有关系 R 的那些项的类与 β 的关系。对后者我们给出

$$R_{\epsilon}=\hat{\alpha}\hat{\beta}\{\alpha=\hat{x}((\exists y).y\epsilon\beta.xRy)\}\qquad 定义。$$

因此

$$\vdash.R_{\epsilon}{}^{\backprime}\beta=\hat{x}\{(\exists y).y\epsilon\beta.xRy)\}.$$

所以，如果 R 是父亲对儿子的关系，而 β 是伊顿公学学生的类，那么 $R\in{}^{\backprime}\beta$ 就是“伊顿公学学生的父亲们”的类；如果 R 是“小于”关系，而 β 是对于 n 的整数值具有 $1-2^{-n}$ 这一形式的真分数的类，那么 $R\in{}^{\backprime}\beta$ 就是比有 $1-2^{-n}$ 这一形式的某个分数更小的分数的类；即是说，$R\in{}^{\backprime}\beta$ 是真分数的类。上句提到的另一种关系是 $(\breve{R})_{\epsilon}$。

我们给出另一种更方便的记法

$$R``\beta=R_{\epsilon}{}^{\backprime}\beta\qquad 定义。$$

R，S 这两个关系的**关系积**是在 x 和 z 之间成立的关系，只要有一个 y 的项使得 xRy 和 yRz 二者都成立。关系积用 $R|S$ 表示。因此

$$R|S=\hat{x}\hat{z}\{(\exists y).xRy.yRz\}\qquad 定义。$$

我们还给出

$$R^2=R|R\qquad 定义。$$

类的类的积与和是经常需要的。它们定义如下：

$$s{}^{\backprime}\kappa=\hat{x}\{(\exists\alpha).\alpha\epsilon\kappa.x\epsilon\alpha\}\qquad 定义，$$

$$p{}^{\backprime}\kappa=\hat{x}\{\alpha\epsilon\kappa.\supset_{\alpha}.x\epsilon\alpha\}\qquad 定义。$$

同样，关于关系我们给出

$$\dot{s}\text{‘}\lambda = \hat{x}\hat{y}\{(\exists R).R\epsilon\lambda.xRy\} \quad \text{定义},$$

$$\dot{p}\text{‘}\lambda = \hat{x}\hat{y}\{R\epsilon\lambda.\supset_R.xRy\} \quad \text{定义。}$$

我们需要其唯一元素是 x 的类的记法。皮亚诺使用的是 ιx，因而我们用 $\iota\text{‘}x$。皮亚诺证明(弗雷格对此作过强调)这个类不能等同于 x。根据通常的类的观点，这种差异的必要性一直是神秘的，但根据上述提出的观点，这种必要性变得很明显。

我们给出

$$\iota = \hat{\alpha}\hat{x}\{\alpha = \hat{y}(y = x)\} \quad \text{定义},$$

由此得出

$$\vdash.\iota\text{‘}x = \hat{y}(y = x),$$

和

$$\vdash:E!\,\breve{\iota}\text{‘}\alpha.\supset.\breve{\iota}\text{‘}\alpha = (\iota x)(x\epsilon\alpha);$$

即是说，如果 α 是只有一个元素的类，那么，$\breve{\iota}\text{‘}\alpha$ 是那个唯一的元素[①]。

对包含在所给的类中的类的类，我们给出

$$\mathrm{Cl}\text{‘}\alpha = \hat{\beta}(\beta \subset \alpha) \quad \text{定义。}$$

现在，我们可以开始研究基数和序数，以及这些数怎样受到类型理论的影响。

9. 基数

一个类 α 的基数定义为所有的相似于 α 的类的类，当两类之

---

① 因此 $\breve{\iota}\text{‘}\alpha$ 就是皮亚诺称作 $\breve{\iota}\alpha$ 的东西。

间具有一一关系时，这两个类是相似的。一一关系的类由 $1\rightarrow 1$ 表示，其定义如下：

$$1\rightarrow 1 = \hat{R}\{xRy . x'Ry . xRy' . \supset_{x,y,x',y'} . x = x' . y = y'\} \quad 定义。$$

相似性由 Sim 表示；其定义是

$$\mathrm{Sim} = \hat{\alpha}\hat{\beta}\{(\exists R) . R \epsilon 1\rightarrow 1 . D\text{‘}R = \alpha . \text{Ɑ}\text{‘}R = \beta\} \quad 定义。$$

那么，由定义，$\overrightarrow{\mathrm{Sim}}$‘$\alpha$ 是 α 的基数；我们用 Nc‘α 表示这一点；由此我们给出

$$Nc = \overrightarrow{\mathrm{Sim}} \quad 定义。$$

由此得出

$$\vdash . Nc\text{‘}\alpha = \overrightarrow{\mathrm{Sim}}\text{‘}\alpha。$$

我们用 NC 表示基数的类；因此

$$NC = Nc\text{“}cls \quad 定义。$$

0 定义为这样的类：其唯一的元素是空类 Λ，因而

$$0 = \iota\text{‘}\Lambda \quad 定义。$$

1 的定义是

$$1 = \hat{\alpha}\{(\exists c) : x \epsilon \alpha . \equiv_x . x = c\} \quad 定义。$$

根据定义，0 和 1 是基数这一点很容易证明。

然而，可以看出，根据上述的定义，0、1 和其他所有的基数都像 *cls* 一样是一些模糊的符号，并且，有多少类型，它们就有多少意义。首先是 0，0 的意义决定于 Λ 的意义，Λ 的意义根据它是空类的那个类型而有所不同。因此，正像有许多类型一样，也有许多 0；这同样适用于所有其他的基数。但是，如果两个类 α，β 属于不同的逻辑类型，可以说，它们具有同样的基数，或者说，其中一个具有比另一个

更大的基数,因为,一一关系可以在 α 的元素和 β 的元素之间成立,即使 α 和 β 属于不同的类型。例如,令 β 作为 ι“α;它是这样的一个类:其元素是由 α 的单个元素组成的类。那么 ι“α 比 α 有更高的类型,但是它和 α 相似,由一一关系 τ 而与 α 互相关联。

类型的分层在加法方面有很重要的结果。假定我们有 α 项的类和 β 项的类,这里 α 和 β 是基数;要把这两个类加在一起得到 α 和 β 项的类或许完全不可能,因为,如果这些类不是同一类型的,则它们的逻辑和是无意义的。在只考虑有限多的类的地方,我们可以避免这样的实际结果,这是由于我们总可以将运算用于一个使其类型升至所需程度的类,而不改变其基数。例如,给定任意类 α,类 ι“α 具有相同的基数,但却比 α 高一个类型。因而,给定任何有限多的具有不同类型的类,可以将所有这样的类上升到我们可称之为有关的所有类型的最小公倍数的那个类型;而且可以表明,这可以通过这样的方式做到这一点,使得所得出的类没有共同的元素。然后我们可以构成如此得到的所有的类的逻辑和,而这个和的基数是原来的类的基数之算术和。但是这一方法却不能适用于具有上升类型的类的无限序列。鉴于这一理由,现在我们不能证明一定存在无限的类。因为假定在这个宇宙中只存在 n 个个体,其中 n 是有限的,那么就会有 2^n 个个体的类,和 2^{2^n} 个个体的类的类,等等。因此,每一类型中项的基数会是有限的;尽管这些数的增长超过任何给定的有限数;也不会有什么方法使它们相加以至得到一个无限的数。因而看来我们需要一个公理,大意是说:没有一个有限的个体类能包含所有的个体,但是,如果有人愿意假定宇宙中个体的总数是(比如说)10367,那么似乎也没有驳斥他这

个意见的推论方法。

从上述的推理方式看来，很显然，类型学说避免了关于最大基数的所有的困难。每一类型中有一个最大的基数，即这个类型整体的基数；但是这个基数总要被后一个类型的基数所超越，因为，如果 α 是一个类型的基数，而后一类型的基数是 2^{α}，那么就像康托尔证明的一样，它总大于 α。既然不存在不同的类型相加的方法，我们就不能谈及“具有任何类型的所有的对象的基数”，因此也就不存在绝对的最大的基数。

如果承认没有一个有限的个体类包含所有的个体，那么由此可得，存在具有任何有限数的个体类。因此，所有的有限的基数都作为个体基数而存在；即是说，作为个体的类的基数而存在。由此可知，有一个具有 $\aleph_0$ 基数的类，即有限基数的类。因而 $\aleph_0$ 作为个体类的类的类的基数存在。通过形成有限基数的所有的类，我们发现，$_2\aleph_0$ 作为个体类的类的类的类的基数存在；而我们可以这样无限地做下去。就 n 的每一有限的值来说，可以证明 $\aleph_0$ 的存在；但是，这需要考虑序数。

如果，除了假定没有一个有限的类包含所有的个体，我们又假定乘法公理（即：给出一组互相排斥的类，其中没有空类，那么至少有一个类是由这组中的每一类的一个元素构成的），那么我们可以证明：有一个个体类包含 $\aleph_0$ 个元素，因此 $\aleph_0$ 将作为一个个体基数而存在。这一点在某种程度上将类型化归到我们为了证明对于任何给定的基数的存在定理而必需的类型。但是，这不能给出任何的存在定理，而不这样做迟早是不能得到任何存在定理的。

涉及基数的许多基本的定理都需要乘法公理。① 可以看出：这个公理等价于策梅罗公理②，因此也等价于每一类都可良序这个假定③。这些等价的假定显然都是不能证明的，虽然至少乘法公理看起来十分自明的。由于缺少证明，看来最好不把乘法公理视为当然的，只把它陈述为每次被使用时的一种假设（Hypothesis）。

10. 序数

序数是顺序上相似的良序序列的类，即产生这些序列的关系的类。顺序的相似性或相像定义如下：

$$\text{Smor} = \hat{P}\hat{Q}\{(\exists S) . S \in 1 \to 1 . \text{Ɑ}'S = C'Q . P = S|Q|\breve{S}\} \quad \text{定义},$$

这里“Smor”是“顺序上相似”缩写。

序列关系的类（我们称作“Ser”）定义如下：

$$\text{Ser} = \hat{P}\{xPy . \supset_{x,y} . \sim(x = y) : xPy . yPz . \supset_{x,y,z} . xPz :$$

---

① 参考作者一篇文章《论超穷数和序型理论中的困难》的第 3 部分，《伦敦数学学会学报》，第二辑，第Ⅳ、第Ⅰ部分。

② 参考上述引文中关于策梅罗公理的一个陈述，以及关于这个公理蕴涵乘法公理的证明的部分。其逆蕴涵证明如下：给定 Prod‘k 作为 k 的乘法类，考虑

$$Z'\beta = \hat{R}\{(\exists x) . x \in \beta . D'R = \iota'\beta . \text{Ɑ}'R = \iota'x\} \quad \text{定义。}$$

并假定

$$\gamma \in \text{Prod}'Z``cl'\alpha . R = \hat{\xi}\hat{x}\{(\exists S) . S \in \gamma . \xi S x\}。$$

那么 R 是一个策梅罗关系。因而，如果 Prod‘Z“cl‘α 不是空的，那么对于 α 至少有一个策梅罗关系存在。

③ 见策梅罗：《每一量都可以良序》，《数学纪事》，第 LIX 卷，第 514—516 页。

$$x \epsilon C`P . \supset_x . \vec{P}`x \cup \iota`x \cup \overleftarrow{P}`x = C`P\}$$ 定义。

这就是说,将 P 读作“先于”,一种关系是序列关系,如果(1)没有先于自身的项,(2)一个前趋的前趋是一个前趋,(3)如果在关系的场中 x 是任何项,那么 x 的前趋与 x 以及 x 的后继共同构成此关系的整个场。

良序序列的关系(我们称作 Ω)定义如下:

$$\Omega = \hat{P}\{P \epsilon \mathrm{Ser} : \alpha \subset C`P . \exists ! \alpha . \supset_\alpha . \exists ! (\alpha - \breve{P}``\alpha)\}$$ 定义;

即,如果 P 是序列关系,而包含在 P 的域之中并且非空的任何一个类 α 具有一个第一项,那么 P 产生一个良序的序列。(注意:$\breve{P}$“α 是 α 的某项之后出现的那些项。)

如果用 No‘P 表示一个良序关系 P 的序数,而用 NO 表示序数的类,那么,我们将得到

$$No = \hat{\alpha}\hat{P}\{P \epsilon \Omega . \alpha = \overrightarrow{\mathrm{Smor}}`P\}$$ 定义,

$$NO = No``\Omega。$$

从 *No* 的定义又得出

$$\vdash : P \epsilon \Omega . \supset . No`P = \overrightarrow{\mathrm{Smor}}`P,$$

$$\vdash : \sim (P \epsilon \Omega) . \supset . \sim E ! No`P。$$

如果现在从上述定义与类型理论相联系的角度考查这些定义,那么,一开始我们就会看到:关于“Ser”和 Ω 的定义涉及序列关系的场。现在,只有当这个关系是齐性的,其场才有意义;因而,不是齐性的关系不产生序列。例如,可以认为关系 *τ* 产生序数 *ω* 的序列,例如

$$x, \iota`x, \iota`\iota`x, \cdots \iota^n`x, \cdots,$$

而我们可以试图以这一方式证明 ω 和 $\aleph_0$ 的存在。但是，$x\iota$‘x 具有不同的类型，因此根据定义，不存在这类序列。

根据上述关于 No 的定义，个体的序列的序数是个体关系的类，因此这个类具有和任何个体不同的类型，并且不能构成个体在其中出现的任何序列的一部分。另外，假定所有有穷序数作为个体-序数存在，即作为个体的序列的序数存在。那么，有穷序数本身就形成一个序列，其序数是 ω；因此 ω 作为一个序数-序数存在，即作为序数的一个序列的序数存在。但是一个序数-序数的类型就是个体的关系类的关系类的类型。因此，ω 的存在已在比有穷序数的类型较高的类型中得到了证明。此外，可以从有穷序数中产生的良序序列的序数的基数是 $\aleph_1$；因而 $\aleph_1$ 在个体关系类的关系类的类的类的类型之中存在。由有穷序数组成的良序序列的序数也能按大小顺序排列，其结果是一个其序数是 ω_1 的良序的序列。因而 ω_1 作为序数-序数-序数而存在。这个过程可以重复任意有限多次，这样就可能在适当的类型中确立 $\aleph_n$ 和 ω_n 对于 n 的任何有限的值的存在。

但是，上述生成过程不再导致**所有**序数的任何总体，因为，如果我们考虑任何给定类型的所有的序数，总会有更高类型的更大的序数；而我们不可能把一组其类型大于任何有限的界的序数加在一起。因此，任何类型的所有序数都可以通过良序序列中的大小顺序排列，这个良序序列具有比构成此序列的序数的类型更高类型的序数。在新的类型里，这个新的序数不是最大的。事实上，不存在有任何类型的最大序数，但在每一类型中，所有的序数都小于更高类型的某一序数。由于序数的序列升至大于每一可指定的有限的界的类型，因而完成这个序列就是不可能的；因此，尽管序数序列每一节都是良序的，我们却不能说整个序列是良序的，因为这“整个序列”是一个虚构。因而布拉里-弗蒂的矛盾消失了。

从最后这两节可以看出：如果允许个体的数目不是有限的，那么除$\aleph_\omega$和ω_ω外（论证两个数的存在也是完全有可能的），可以证明康托尔的所有的基数和序数的存在。不假定任何东西的存在可以证明所有有穷基数和序数的存在，因为，如果有任何类型的项的基数是n，那么后一类型的项的基数是2^n。因此，如果没有个体，那么就将有一个类（即空类），两个类的类（一个不包含任何类，另一个包含空类），四个类的类的类，以及一般说来第n阶的2^{n-1}个类。但是，我们不能把不同类型的项加在一起，因此也不能以这一方式证明任何无穷类的存在。

现在可以总结全部的讨论了。在陈述了某些逻辑悖论之后，我们发现所有的悖论都产生于这个事实：牵涉某一集合的所有的一个表达式看来自身也指称此集合中的一个；例如像“所有的命题或是真的，或是假的”似乎自身也是一个命题。我们确定，凡是在这种情形出现的地方，我们处理的是一个假的总体。而且事实上对于所假设的集合的所有说的任何话不能是有意义的。为了使这种确定有效，我们解释了关于变项的类型学说，继而讨论了这个原则：牵涉某一类型的所有的任何表达式（如果它指称任一事物）一定指称具有比它牵涉的某一类型的所有更高类型的某些事物。在牵涉某一类型的所有的地方，存在一个属于那个类型的表面变项。因此，任何含有表面变项的表达式都具有比那个变项更高的类型。

这就是类型学说的基本原则。只要遵守这个基本原则，建立逻辑类型的那种方式中的变化（如果证明它是必要的）不会影响矛盾的解决。上面解释的建立类型的方法已经表明，它能使我们陈述所有数学的基本定义，同时避免所有已知的矛盾。而且看来在实际上，类型学说只在涉及存在定理，或者应用于某个个别的情形时才是需要的。

类型理论提出了一些困难的关于它的解释的哲学问题。然而这些问题本质上可以从这一理论的数学发展中分离出去，而且它们像所有的哲学问题一样引入了并不属于理论本身的非确定性的因素。因此，陈述这个理论而不涉及哲学问题，将这些问题单独处理，看来更好些。

论共相与殊相的关系

从这篇文章我们将看到罗素正在转向1918年的逻辑原子主义，但此时他的观点尚处于过渡的状态。我们看到的这篇文章是罗素于1911年秋季向亚里士多德学会（伦敦）所作的“理事长致辞”。这一致辞当时是对该会的会员发表的，后来又刊登在1911至1912年的《亚里士多德学会学报》上。罗素于1955年增补的注释表明：他已不同意这篇文章中说明的关于殊相存在的论证，虽然他否弃这一论证是根据经济原则，而不是根据能够证明这个论证有错误的事实（两方面都不可能证明这一论证）。共相与殊相的问题是哲学的一个基本问题，罗素对这一问题的处理方式既明确又很有说服力。所以，我把这篇论文推荐给研究当代哲学的学生们，尽管罗素后来不同意关于殊相的论证的有效性。

这篇文章发表不久，罗素就开始了同路德维希·维特根斯坦交往的第一阶段。维特根斯坦的观点对罗素思想产生一定影响几乎有七年时间（就是说，直到罗素于1918年末或1919年初变成中立一元论者为止）。我们把这篇论文同罗素的1914、1918和1919年的那些文章相对比，就可以看到维特根斯坦对罗素著作产生影响的某种标志。

论共相与殊相的关系[①]

1911 年

下面这篇文章的目的在于讨论形而上学所关心的对象是否基本上划分为两类:共相和殊相,或者是否有克服这种二元论的方法。我本人则认为,这种二元论是最终的;另一方面,与我的观点基本上相同的很多人却主张,这种二元论并不是最终的。我倒不觉得支持最终性的观点的理由是最后的结论。因而在下列的讨论中,我将更注重讨论中出现的差别和需考虑的问题,而不是论证所得到的结论。

我们的讨论要从关于共相和殊相的清晰定义开始,这是不可能的,虽然我们可能希望最终取得这样的定义。一开始,我们只能粗略指出想要分析的那些事实和想要考察的那些差别。有几种同性质的差别相互混合而引起了混乱,在我们进入问题的核心之前,清理这种混乱是很重要的。

与我们有关的第一种差别是知觉和概念之间的差别,即知觉

---

① 人们于 1900 至 1901 年亚里士多德学会成立之前看到的摩尔的论文《同一性》的论题与本篇文章的论题十分相似。我认为这一问题需要重新讨论的主要理由是:关于这一论题的根据的说明似乎还要求对相对于物理空间的感觉空间的性质作某些考查。

活动的对象与概念活动的对象之间的差别。如果殊相与共相之间有差别，那么知觉将属于殊相，而概念将属于共相。共相的反对者，例如贝克莱和休谟，总认为概念作为模糊的摹本是从知觉中（或者以某一其他的方式）派生的。殊相的反对者总认为，知觉的表面特殊性是幻觉的，而且，虽然知觉的活动可能不同于概念的活动，然而，知觉的对象仅仅由于具有更大的复杂性而有所不同，实际上，它们是由那些作为概念或可能是概念的成分组成的。

但是，知觉和概念的差别太心理化，不能作为一种最终的形而上学差别。知觉和概念各自是知觉和概念这两种不同关系中的关系项，而在它们的定义中没有任何东西可以表明它们是否不同或怎样不同。进一步说，知觉和概念的差别本身不可能扩展到不是认知活动对象的实体上。因而，我们需要一些其他的差别来表达我们在知觉和概念之间似乎感到的那种内在的不同。

一种同性质的差别（它至少产生我们需要的一部分东西）是在时间中存在的事物和不在时间中存在的事物之间的差别。为了避免关于时间是相对的还是绝对的问题，我们可以说，一个实体 x“在时间中存在”，只要 x 本身不是时间的一瞬或一部分，并且命题“x 在 y 之前、x 与 y 同时，或 x 在 y 之后”适用于 x。（我们不假定**之前**、**同时**和**之后**是相互排斥的：如果 x 具有持续期间，它们就不会是这样。）乍一看来，在上述的意义上，知觉在时间中存在，而概念却不是这样。知觉的对象与知觉的活动同时并存，而概念的对象似乎对产生概念的那个时刻和对所有的时间是无所谓的。因此，乍一看来，这里我们具有所要寻找的那种非心理的差别。但是，同样的争论会像在知觉和概念的情况中那样发生。将概念归约为知觉的人会说，一切事物实际上都离不开时间，而在概念的情况下这一现象就是幻觉。将知觉归约为概念的人，要么像大多数观念论者那样否定所有事物存在于时间之中，要么像有些实在论者那样，主张概念能够并且确实在时间中存在。

除了上述关于时间方面的差别，还有一个关于空间的差别。正像我们将看到的，这个差别与我们现在的问题有非常重要的联系。尽量笼统地说，这种差别将实体划分为三类：(a)不在任何地点里的实体；(b)一次在一个地点里但绝不在多于一个地点里的实体；(c)同时在许多地点里的实体。为了使这个三重划分更精确，我们有必要讨论一下我们说的一个地点指什么意思，我们用"在……里"(in)指什么，而不同类的空间(视觉的、触觉的和有形的空间)如何产生这三重划分的不同形式。目前，我只是用例子说明我的意思。很显然，关系并不存在于空间的任何地点。我们认为，自己的身体一次存在于一个地点，但不能存在于多于一个的地点里。反之，一般的性质，诸如白色，就可以说，它同时存在于许多地点：在一种意义上我们可以说，白色就在每个有白色事物的地点里。以后我们还要讨论实体的这种划分；现在我只想指出这个问题需要考查。

除了上述心理的和形而上学的差别以外，还有两个与现在的探讨有关的逻辑差别。首先，在关系和非关系的实体之间有差别。哲学家往往忽视或者反对关系，并且往往说起来仿佛所有的实体不是主词就是谓词，但是这个习惯正在消退。我不用作进一步论证就可以肯定：存在着关系这样的实体。就我所知，哲学对所有非关系的实体没有通名。这样的实体不仅包括所有的自然地被人们称作殊相的事物，而且包括哲学家讨论殊相对共相的关系时习惯于思考的所有共相，因为人们一般视作殊相的共同性质的共相事实上是一些谓词。就我们的目的来说，几乎不值得发明一个专门的技术名词；因而我干脆用非关系谈及那些不是关系的实体。

我们需要的第二个逻辑差别是，这种差别同关系与非关系之间的差别在外延上也许相等或也许不等，当然这两者在内涵上是不相等的。这一点可以表述为动词和名词之间的差别，或者更正确地说，由动词指称的对象和由名词指称的对象之间的差别。[①]（由于这个更正确的表述既长又累赘，一般我就用短些的词组意指这一表述。因此，当我谈及动词时，我指的是由动词指称的对象，谈及名词时指的是由名词指称的对象。）这种差别的本质来自对复合体的分析。如果不是全部，也是在绝大多数的复合体中，某些不同的实体由一种关系结合成为单一的实体。例如“A 对 B 的怨恨”是复合体，在这个复合体中，怨恨将 A 和 B 结合成一个整体；“C 相信 A 怨恨 B”是复合体，在这个复合体中，相信将 A、B、C 和怨恨结合成整体，等等。一种关系，根据它在其中出现的那个最简单的复合体中它结合那些关系项的数目而具有二元、三元、四元等等的区别，或者二价、三价、四价等等的区别。因此，在上述例子里，怨恨是二元关系，而相信是四元关系。将这些关系项结合成单一的复合体的能力就是我叫做动词的那种明确特征。现在又会产生这样一个问题：有没有由单一的项和一个动词组成的复合体呢？

① 我以前把这种差别说成是事物与概念之间的差别，但现在我认为这两个词已不再合适。参见《数学的原则》，§48。

“A 存在”或许会被当作一个可能是这类复合体的例子。或许存在这种复合体的可能性，正是这种可能性使我们不可能立即决定动词和关系完全相等。或许有这样的动词，它们既在语法上也在哲学上都是不及物的动词。这类动词，倘若存在的话，就可以将它们称作谓词。而它们归属的那些命题可以称作主谓命题。

如果不存在像我们在上面讨论其可能性的那种动词，也就是说，如果所有动词都是关系，就会推论出：主谓命题（如果它们存在）将表达主词对谓词的一种关系，那么，这类命题就像那些涉及人们叫做谓述（predication）的某种关系的命题一样是可以定义的。即使存在主谓命题（其中的谓词就是动词），也仍然存在许多等值的命题，在这些命题中，谓词与主词有关系；因此，举例来说，“A 存在”等值于“A 具有存在”。因而，宾词是不是动词这个问题就变得并不重要。更重要的问题是：是否存在一种专门的谓述关系，或者是否从语法上作为主谓命题的东西实际上是许多不同类的命题，而其中没有一种具有人们自然地将其与主谓命题联系在一起的那种特征。这个问题我们以后还要返回来谈论。

上述逻辑区别与我们的探究有关系是因为将殊相视作这样的实体是十分自然的：这些实体只能是关系的主词或关系项，而不能是谓词或关系。人们自然地想象一个殊相是一个这（“this”）或某个与这内在相似的东西；而这样一个实体似乎不能是一个谓词或关系。根据这个观点，一个共相将成为任何一个谓词或者一种关系。但是，如果不存在专门的谓述关系，以致也不存在人们可以适当地称作谓词的实体的类，那么，上述区别殊相和共相的方法即告失败。哲学是否必须承认两种最终不同类的实体即殊相和共相这个问题就像我们以后将更充分地看到的一样，变成了这个问题：非关系是否有两类，主词和谓词，或者毋宁说是只能是主词的词项和那些可能或是主词或是谓词的词项。而这个问题又转变成：是否存在一个最终简单的非对称关系，可以称这种关系为谓述关系，或者说是否所有的貌似的主谓命题都将被分析成为其他形式的命题，这些命题不需要在貌似的主词和貌似的谓词之间的一种根本的性质区别。

是否有一种简单的谓述关系这个问题或许有可能通过检查来决定。但在我看来，我不能以这种方式作出任何决定。我认为，倒是可以通过对**事物**的分析和关于时空多样性的考察来确定有这种谓述关系。这种分析和这些考察也将说明我们的纯粹逻辑问题与我在这篇文章一开头提出来的关于殊相和共相的其他问题是密切相关的。

我认为，关于事物和它们的性质的常识概念是主词和谓词概念的来源，也是为什么语言在这样大的程度上依赖于这个概念的理由。但是，正像其他常识概念一样，事物在某种意义上是个不热心的形而上学。它既不能给予原材料，也不能对于这种材料后面的实在给出靠得住的假设。常见的事物是由一束属于各种感觉的可感性质构成的，而人们设想这些性质都在一个连续的空间部分共同存在。但是，应当既包含视觉性质又包含触觉性质的常识空间并不是那个或是视觉的或是触觉的空间：它是一个被建构的“实在”空间，我认为人们所以相信这个空间是由于联想而发生的。而且，在未加工的事实中，我可以感觉的视觉性质和触觉性质并不在一个共同的空间里，而各自在它自己的空间里。因而，如果事物在视和触之间是不偏不倚的，它必定不再有我们可感觉的那些实际的性质，并必定不再成为这些性质的共同的始因、来源，或者任何能找到的模糊语词。因此，对科学的形而上学理论和哲学的形而上学理论所打开的道路是：事物可能是一些快速运动的电子变化，或者上帝心灵中的一个理念，但肯定不是人们的感官所知觉的东西。

反对事物的论证已很陈旧，我不必再费力去重复。我在这里介绍这个论证仅仅是为了说明有时被人们忽视的一个后果。反对殊相的实在论者易于将事物看成这样的东西：它可归约为一些共同存在于一个地点里的性质。但是除了对这一观点的其他异议之外，值得怀疑的是，这些相关的不同性质是否曾经在一个地点里共同存在。假如这些性质是可感觉的性质，这个地点必定是在一个可感觉的空间之中；而这样就会使这些性质应当只属于一个感觉这一点成为必然的。然而，属于一个感觉的真正不同的性质要在感知空间的一个单一的地点里共同存在这一点并不清楚。另一方面，假如我们考察可以称之为"实在"空间的东西，即包含了我们假定作为我们知觉原因的"实在"对象的被推知的空间，那么，我们就不再知道什么是性质（如果有性质的话）的本性：这些性质存在于这个"实在的"空间里，并且用当时科学可以规定具有任何特征的物质碎片集合来代替一束性质，这是很自然的。因此，不论怎样，共同存在于同一个地点里的一束性质并不是一种可接受的、可代替事物的东西。

就我们的目的而言，科学或哲学用来代替事物的"实在的"对象并不重要，我们必须格外重视的是处于单一的可感觉空间（比如

说视觉空间)里的可感觉对象的诸关系。

不需要殊相的可感觉性质的理论会说,假如在两个不同的地点看到了相同深浅的颜色,那么所存在的东西就是深浅的颜色本身,而且,存在于一个地点里的东西与存在于另一个地点里的东西是同一的。与上述相反,承认殊相的理论会说,两个数量上不同深浅的颜色实例存在于两个地点里:按照这一观点,深浅的颜色本身是一个共相,也是这两个实例的一个谓词,但这个共相并不存在于空间和时间之中。上述的第一种观点不引入殊相并完全取消作为一种基本关系的谓述关系:根据这种观点,当我们说“这个事物是白的”,最基本的事实就是,这里存在白性。根据另一种承认殊相的观点,这里存在的是某个这样的东西:白性是它的一个谓词——而在常识看来,必然与白性联系在一起的不是具有许多其他性质的事物,而是白性的一个实例,一个殊相(白性是它的除形状、亮度和其他一切之外唯一的谓词)。

以上的两种理论,一种只承认人们自然地称作共相的东西,另一种既承认共相,又承认殊相。要对上述两种理论进行考察的话,或许最好先考察并否弃仅承认殊相而完全取消共相的理论。这就是贝克莱和休谟在驳斥“抽象观念”的时候所提倡的理论。倘若要不使自己受他们的陈述的约束,我们先来看看这一理论可能创立了些什么。按照这一理论,对于在某一时刻的某个人来说,一般名称“白”是通过他看见的或想象的一块特殊的白片来定义的;假如另外一块颜色片在颜色上与标准的颜色片完全相似,它就叫做白。为避免使颜色成为共相,我们不得不提出“完全相似”是一种简单的关系,不可分析为谓词的共通性。进一步说,由于两块颜色片也许在形状和大小上完全一样，而在颜色上不同，因而我们所要求的并不是一般的相似性关系，而是一种更特殊的、关于颜色-相似的关系。因此，为了使贝克莱和休谟的理论有效，我们必须承认关于颜色-相似的最终的关系，这一关系在通常说成是具有相同颜色的两块颜色片之间成立。现在，乍一看来，颜色-相似这一关系本身就是一个共相，或者一个"抽象观念"。所以我们还是不能够避免共相。但我们可以将同样的分析应用于颜色-相似。我们可以采用一个标准的、关于颜色-相似的个别情况，而且要说明，假如其他的任何东西与我们的标准情况完全相似，就可以称之为一个颜色-相似。但是，很明显这样一个过程会导致一种无穷倒退：我们说明两个项的相似在于它们的相似跟其他两个项的相似之间所具有的那种相似，而这样一种倒退显然是恶性的。因此，相似至少必须作为一种共相被接受，我们已经接受了一种共相，就不再有理由拒斥其他共相。因而，这种唯一动机在于避免共相的全部复杂理论遭到了彻底的失败。不论是否存在殊相，但必定存在关系。在下列(a)、(b)、(c)的意义上这些关系是共相：(a)它们是概念，而不是知觉；(b)它们并不存在于时间之中；(c)它们是动词，而不是名词。

的确，上述论证并没有证明存在着相对于普遍关系的普遍性质。相反，这个论证表明，就逻辑能说明的范围而言，用殊相之间的各种完全相似可以代替普遍的性质。据我所知，这一观点若超出其逻辑可能性的范围无任何可取的地方。但是，从是否存在殊相问题的观点看来，它对此论证无任何影响。存在殊相正是唯一可能的观点。这观点只需要一种流畅的主谓命题的重述：我们不说一个实体具有这样那样的一个谓词，而要说，存在一些这样的实体，它跟这些实体具有这样那样的一种特殊的相似性。所以我在后面将忽略这个观点，因为不管怎样这观点都承认我们的主要论题即殊相的存在。现在我们必须转向支持这个论点的一些根据。

当我们努力说明关于可感觉性质的两种理论时，我们已经讨论了两块白片。按照否定殊相的那种观点，白性本身在这两片中都存在：一个数量上单一的实体即白性存在于所有是白色的地方。然而，当我们谈及两块白片时，很显然在某种意义上这些颜色片不是一块而是两块。正是这个空间的复多性造成了否定殊相这一理论的困难。

到目前为止，假若我们不打算介绍所有必要的解释和差别，也许会像下面这样大致陈述了关于殊相的论证。两个完全相似的具有同样大小和形状的白色片同时存在于不同的地点，这是有逻辑可能性的。不管“存在于不同的地点”的精确意义是什么，显然在这样的情况下，我们具有两块不同的白片。如果我们采用绝对位置的理论，它们的差异也许就被看成不是属于存在于两个地点的白本身，而是属于“这个地点的白性”和“那个地点的白性”这样的复合体。这样就从这个地点和那个地点的差异导出两块白色的差异；而既然不可能假定地点在性质上会有什么不同，这就一定要求地点应当是殊相。但假如我们拒绝绝对的位置，要想区别两块颜色片是两块就变得不可能了，除非每块不是共相的白性，而是白性的实例。或许有人认为，两块颜色片通过同一地点里的其他性质区别成这一块而不是同一地点里的另一块。然而这样做预设了这两块颜色片已经在数量上有所不同，否则的话，在同一地点里是这一个的东西在同一地点里必定又是另一个。所以，精确相似的事物在两个不同的地点里共存这在逻辑上是可能的，但在同一时间的不同地点里的事物不可能数量上相等，这个事实迫使我们承认：在地点里存在的东西不是共相本身，而恰恰是殊相，即共相的*实例*。

上述是我们证明的大致轮廓，但我们必须对其中各个论点进行考察和扩展，在这之后才能将这个证明看成是结论性的。首先，没有必要肯定存在两个完全相似的实存物。唯一必要的是领悟：我们关于这和那是两个不同的实存物的判断，不必依赖任何性质的区别，但可能只依赖空间位置的不同；而那种性质的区别——不管事实上这个区别是否永远伴随数量的区别——对于确保数量区别（这里也存在空间位置的区别）而言，绝无逻辑的必然性。

另外，很不容易精确说明：在感知空间里哪一种空间分布可能在肯定复多性方面给我们提供根据。我们必须弄清楚这一点才可能用空间来进行关于殊相的证明。我们往往认为，一事物不可能同时在两个地点里。但是，这一常识的准则若不加以仔细说明就会把我们引入无法解决的困境。因此，我们的首要任务就是要发现如何以无可非议的形式来说明这个准则。

在理论动力学里，我们讨论物体和“实在的”空间，并且严格地接受了一切事物都不能同时出现于两个地点里的准则，而且认为，任何的占据多于一个空间点的物体至少在理论上是可分的。只有占据唯一的一点的事物才是简单的和单纯的。这个观点直截了当，将它应用于“实在的”空间没有任何困难。

但是，这样的观点应用于感知空间则完全不能接受。（比如说）视觉的直接对象永远具有有限的范围。如果我们想象，这个对象，像在“实在的”空间里对应于它的物体一样，是由一些实体的一个集合组成的，对于每一个非空的点就有一个这样的集合，那么我们就得假定以下两件事情，而它们似乎都难以置信，即：(1)视觉(或触觉)的每一直接对象都是无限复杂的；(2)每一这样的对象总是由这样一些部分组成的：这些部分由于它们的本性是不可感知的。感知的直接对象似乎完全不可能具有这些特性。因而我们必须假定，视觉的一个不可分离的对象可以占据视觉空间的一个有限范围。简言之，在分离视觉的任一复杂对象时，我们必须经过有限的步骤之后达到一个最小的可感素，尽管它在有限的范围之中，却不含有任何复多性。在某种意义上，视觉空间可以是无限可分的，因为，仅仅由于注意力或者通过显微镜，感知的直接对象能够以在原先只有简单性的地方引入复杂性的方式进行变化；而在这个过程中不能划定任何清楚的界限。但是这是一个用新的直接对象取代旧的对象的过程，而新的对象，虽然比旧的对象更多地进行了细分，但仍然只由一些有限的部分构成。因此，我们必须承认：感知的空间不是无限可分的，而且不是由点构成，而是由有限的东西组成，尽管这些有限的东西根据注意力的波动经常改变面积和体积，不断地分裂或者结合。如果存在一个对应于感知空间的“实在的”几何学空间，几何学空间里一些无限的点必须对应于可感知空间里的单个的简单实体。

从上述可以推知：如果我们将事物不能同时出现于两个地点里这个准则应用于感知的直接对象，那么“地点”切不可看成一个点，而必须承认它是由感知的单一对象所占据的范围。例如，我们可以把一张白纸看成单一不可分的对象，或者由两个部分构成的对象(一上一下或左手部分和右手部分),或者由四个部分构成的一个对象,等等。如果我们根据这种解释而认为:即使白纸看起来是一个不可分的对象,它的上半部分和下半部分也在不同的地点里,那么,我们只得说,这个不可分的对象同时都在这两个地点里。但是,我们最好说明,当白纸似乎作为一个不可分的对象时,这个对象只占据一个“地点”,尽管这个地点对应于以后是两个地点的东西。因此,我们可以将一个“地点”定义为由一个不可分的感知对象占据的那个空间。

由于上述定义,一个事物不能同时出现于两个地点里这条准则或许要归约为一种同义反复。这个准则,虽然可能需要重新表述,却仍然具有重要的意义,它可从空间关系的考察中推导出来。很显然,可感知的空间关系在点之间不能成立,但是,在一个单一的复合感知对象的各部分之间必定成立。当人们感知一张纸是由一上一下两半个部分构成时,这两个一半通过直接在两个一半之间,而不是在假定的更小的细分——事实上在感知的直接对象中不存在这种细分——之间成立的一种空间关系而结合成为复合的整体。因此,可感知的空间关系必定有一些粗糙,而没有点之间的几何学关系的整洁平滑的性质。例如,关于距离我们要说些什么呢?两个同时可感知对象之间的距离必须通过它们之间可感知的对象加以定义;在论及的两个对象的情形里,正像那张纸的两个一半一样,它们之间不存在距离。保持确定的东西是某一种次序;通过右和左、上和下等等的方式,一个感知的复合对象的各个部分获得一种空间的次序,而这个次序是确定的,虽然它并不服从与几何学次序完全一样的规则。一个事物不能同时出现于两个地点里的

准则,则变成以下这个准则:每一个空间关系蕴涵了它的各个项的相异性,即是说,在它自身的右面或者它的上面等等没有任何东西。既然是那样,现给定两块白片,其中一片是在另一片的右边。由此可得:不存在一种单一的叫做白性的事物,它在自身的右边。但是,存在作为白性实例的两个不同的事物,其中一个在另一个的右边。按照这种意见,我们的准则将支持必须既有共相又有殊相的结论。但上述的论证纲要,需要作一些补充才可以视作最终性的。因此,让我们来一一考察这个论证的各个步骤。

为了具有明确性,我们假定:在一个视野之内我们感知到一个黑色的场地上面有两块分开的白片。那么我们可以完全肯定:这两块白片是两块而不是一块。问题是:如果每块白片中存在的是共相的白性,我们能坚持说存在的是两块白片吗?

如果我们承认绝对空间,当然可以说,正是地点的差别使得这些白片是两块,这个地点有白性,那个地点也有白性。从有关殊相的存在这一主要问题的观点看,由于这个地点和那个地点一定是构成绝对空间的殊相或者蕴涵这样的殊相,因而上述观点将证明我们的论点。但是从有关感知空间中的复多性这个直接问题的观点看,我们可以驳斥上述的观点;其理由是,不管"实在的"空间可能是怎样的情形,可感知的空间肯定不是绝对的,就是说,绝对的地点不在感知的对象之中。因此,这里的白性和那里的白性不可能被区别为这样的复合体:其中这个地点和那个地点分别是其成分。

当然,白性可以有不同的形状,比如说一个圆形和一个方形,那么我们可以通过这些形状来区别它们。根据上述采纳的关于可感知空间的本性的观点，我们可以观察到，一个感知的简单对象极有可能具有一种形状：这个形状像另一个形状一样是一个性质。既然感知的简单对象可以有有限的范围，就没有理由设想，在感知的对象中，形状必定蕴涵空间的可分性。因而我们的两块白片可以分别为圆形和方形但它们不是在空间可分的。显然，这种区别两块白片的方法是完全不合理的。如果这两块白片都是方形或者都是圆形，它们恰恰是很容易区别的。只要我们能同时看见这两者，在我们感知到有这两块时，它们之间任何的相像程度都不会引起丝毫的困难。因此，形状的不同（不管它是否存在）不能使白片成为两个实体而不是一个。

可以说，这两块是由于它们对其他事物有不同的关系而有区别。例如，可能会出现这种情况：一块红片在一块白片的右边，而在另一块白片的左边。但是，这并不蕴涵这些白片是两块，除非我们知道一事物不能既在另一事物的右边又在其左边。或许可以说，这显然是错误的。假定一个黑色表面中间有一小块白色空间。这时整个黑面或许只形成一个单一的感知对象，并且似乎一定是既在那个被它完全包围的白色空间的右边又在其左边。我认为，在这个例子里，下列说法会是更真实的：即黑色既不在那块白色的右边，也不在其左边。但是，右和左是一些涉及感知者身体的复杂关系。我们再看其他一些更简单的关系，比如说包围关系。在我们上面的例子里，黑色表面对那块白片具有这种包围关系。设想我们有另一块白片，恰好有同样的大小和形状，完全被红色包围。那么，可以说，这两块白片由于不同的关系而有区别，因为一个是被黑色包围，另一个是被红色包围。但是，如果这一区别的根据是有效的，那么，我们必须知道，一个实体既完全、直接地被黑色包围，又完全、直接地被红色包围，这是不可能的。我的意思不是要否定我们确实知道这一点。但是有两点值得引起注意——首先，这不是一个分析命题；其次，它预设我们上述两块白片的数量上的差异。

我们如此习惯于将“内部”和“外部”这类关系视作不相容的，以致很容易想象是逻辑的不相容，尽管事实上这种不相容是空间的一个特性，而非逻辑的结果。我不知道什么是感知(无论是视觉的还是触觉的)，对象的不可分析的空间关系，但是不管它们是什么，它们必须具有为了产生一种次序所要求的那种特性。它们，或者它们中的某一些，必定是非对称的，也就是说，它们与其逆关系是不相容的：例如，假定“内部”是它们中的一个关系，一个在另一个内部的事物必定不会同时在其外部。它们，或者它们中某一些，必定也是传递的，就是这样一种关系，例如，如果 x 在 y 的内部，y 在 z 的内部，那么 x 在 z 的内部——为了说明问题，我们假定“内部”是基本的空间关系之一。或许还要求进一步的性质，但鉴于有空间次序这样一个事物这个事实，至少以上这些性质是根本的。我们可得结论：至少一些基本的空间关系必定是任何实体对自身都不能具有的那种关系。空间关系满足了这些条件，这一点确实是自明的。但是，这些条件不是由纯粹逻辑思考来证明的：它们是可感知的空间关系的综合性质。

正是由于这些自明的性质，上述两块白片的数量差异才能是自明的。它们具有互为外部的关系，而这就要求它们应当是两块，不是一块。它们可能有也可能没有内在的——关于形状、大小、明亮度,或者其他性质的——差别。但是,无论有没有这些差别,它们都是两块,而且,它们应当没有任何内在的差别这一点明显地具有逻辑可能性。由此可得,空间关系的各个项不可能是共相或者共相的集合体,却必定是能够成为完全相似的、然而数量上有差异的殊相。

在我们现在的这场讨论中十分令人满意的是,我们不必含有绝对位置的意思就有可能谈论"地点"、事物或"占据"地点的性质。我们一定要理解:按照采取相对位置的观点,"地点"不是精确的概念。但是,它的有用性是这样产生的:假定一组对象,诸如一个房间里的墙壁和家具,在某一段时间要取得它们未变化的空间关系,而与此同时一系列其他对象,比如说,相继坐在某一把椅子上的人们,对于相对固定的对象相继具有一组给定的空间关系。那么,这些人一个挨一个地都具有一组给定的性质,这些性质就寓于他们对于墙和家具的空间关系之中。无论谁在一给定的时刻具有这一组给定的性质,都可以说是"占据"了某一地点。这"地点"本身仅仅是一组固定的对于某些对象的空间关系,而这些对象的空间关系在所考虑的这段时间里相互之间大体上是不变的。因此,当我们说一个事物一次只能在一个地点时,我们意指它一次对于一组给定的对象只能有一组空间关系。

或许可以这样论证,既然我们承认了一个简单知觉对象可能具有有限的范围,我们也就承认了这个对象可同时出现在许多地点里,因此可以是在自身的外部。然而,这是一种误解。在感知的空间里,由一个简单知觉对象占据的有限范围不能分割为许多地点。它是由单一事物占据的单一地点。在下述两种不同的方式中，这一地点可以“对应”于许多地点。第一种方式是，如果存在具有几何学性质的“实在的”空间这样一个事物，可感知空间里的一个地点就将对应于“实在的”空间里的无限的点，而这个作为知觉对象的单一的实体将对应于“实在的”空间里的许多物质实体。第二种方式是，在一次可感知的空间和另一次可感知的空间之间多多少少有点部分的对应。假定我们密切注视我们上述的白片，而同时在我们的视野里没有发生任何其他引人注意的变化。我们看到的白片可能并且常常确实地作为注意的结果而变化——我们可以感知明暗的差别，或者其他差别，或者没有性质的差别时，我们可以只观察白片里的各部分，而这些部分使它成为复合的并且引入了它里面的差异和空间关系。我们自然地会想到，我们仍然像以前一样正在注意同一个事物，而我们现在看到的东西一直在那里存在。因此，我们的结论是：我们那些表面上简单的白片实际上不是简单的。但是，事实上，知觉的这个对象不是以前那个相同的对象；可能作为同一个对象的是人们设想对应于知觉对象的那个物质对象。当然，这个物质对象是复合的。而从注意中得到的那种知觉在某种意义上将比那个感知一个简单对象的东西更正确一些，因为，如果注意揭示出先前未注意到的差别，也许可以承认：在对应于感知对象的那个“实在的”对象里，存在相对应的各种差异。因而，从注意中得到的知觉可以比其他知觉提供更多的关于“实在的”对象的信息；但是，知觉的对象本身在一种情形里与在另一种情形里相比是同样实在的——这就是说，在两种情形里它都是一个当被人们感知时存在的对象，但是，除了在它被感知的时候之外，人们没有理由相信它的存在。

在可感知空间里,空间单位不是一个点,而是知觉的一个简单对象,或一个知觉的复合对象里的一个最终成分。这就是为什么虽然两块显然相互分离的白片必定是两块,但白的连续区域可以不是两块的理由。一个连续的区域,如果不是太大,也许并非是由各部分构成的感知的单一对象,而这对于两个显然分离的区域是不可能的。空间的单位是变化无常的,不断地改变其大小,并且受每一次注意力波动的控制。但是它必定占据一个可感知空间的连续位置,因为不这样它就会被感知为复多的。

我们从感知空间导出的数量差异的论证可能会由于关于不同心灵内容的相似论证而得到加强。如果两个人都相信2加2等于4,那么至少在理论上可能的是:他们指派给2、加、等于和4这些词的意义完全一样。因此,若就他们信念的对象而论,就没有任何东西能将一个从另一个区别开来。但是,似乎很明显,存在两个实体,一个是一个人的信念,而另一个是另一个人的信念。一个特殊的信念是一个复合体,我们可称作主词的东西是其中的一个成分;在这个例子里,正是由于主词的差异才产生信念的差异。但是,这些主词不可能只是若干组的一般性质。设想我们中有个人是以仁慈、愚蠢和喜爱双关语为特点。以下说法就不会是正确的:"仁慈、愚蠢和喜爱双关语相信2加2等于4"。通过补充大量一般性质的办法也不能使这句话更正确。进一步说,无论我们加上多少性质,另一个主词或许也有这些性质仍然是可能的;因而,性质不能构成主词的差异性。两个不同的主词必定有区别的唯一有关的方面在于他们对殊相的关系:例如,每一主词都对另一主词具有关系,而对他自身没有这种关系。但是,以下所说在逻辑上是可能

的:有关其中一个主词的一切或者仅与共相有关的一切可以适用于另外一个主词。因而,即使出现了关于这类命题的差别,这些差别也绝不构成两个主词的相异性。所以,我们必须将主词视作殊相,视作根本不同于那些可述说主词的一般性质的任何集合。

我们将看出,根据必定要支配实在事物与知觉对象相符的一般原则,任何在知觉对象中引入差异的原则在实在的事物中也必定引入一种相应的差异。现在我不想去论证关于存在什么根据才能肯定一种符合。但是,如果存在这样一种符合,我们就必须假定:结果中的差异(即可感知的对象)蕴涵了原因中的差异(即实在的对象)。因而,如果我感知到视野中的两个对象,我们必须假定,至少有两个实在的对象在引起我的感知方面是有关的。

当殊相出现在感知空间时,它们的本质特征是:它们不能同时出现在两个地点。但由于对于"地点"是什么有疑问,这就不是一种令人满意的陈述问题的方式。更正确的陈述是:某些可感知的空间关系蕴涵了它们各个项的差异;例如,如果 x 在 y 之上,x 和 y 必定是不同的实体,然而,只要我们理解成这样的意思,一事物不能同时出现在两个地点里的陈述就不会有什么害处。

现在,我们可以回到殊相和共相的问题,同时更希望有可能精确说明它们之间那种对立的本质。我们还记得,我们是从下列三种不同的对立开始的:(1)感知和概念的对立,(2)时间中存在的实体和不在时间中存在的实体的对立,(3)名词的和动词的对立。但是在我们讨论的过程中,自身发展了一种不同的对立,即(4)在一个给定的时间可以出现于一个地点但不多于一个地点里的实体和要么不能出现在任何地点要么在一个时间出现在几个地点的实体之间的对立。使一块特殊的白片成为殊相(而白性是共相)是由于以下事实:特殊的颜色片不能同时出现在两个地点,然而白性,只要它存在,就存在于任何有白色事物的地方。正像所说明的一样,或许可以认为,这种对立不适用于思想。我们可以这样回答:一个人的思想在他的头脑中;然而,不必深究这个问题,我们可以看出:在一个人的思想和他的头脑(或头脑的某一部分)之间确实存在某种关系,而在他的思想和空间的其他事物之间却没有这种关系。我们可以扩充关于殊相的定义,以便能囊括这种关系。我们可以说,一个人的思想"属于"他的头脑所在的地点。那么我们就可以在第四种意义上将一个殊相定义为不能是一次在多于一个地点的或者属于多于一个地点的实体,而将一个共相定义为要么不能存在于或属于任何地点,要么能同时存在于或属于许多地点。这种对立与前面三种对立有某些类似,对此必须进行考查。

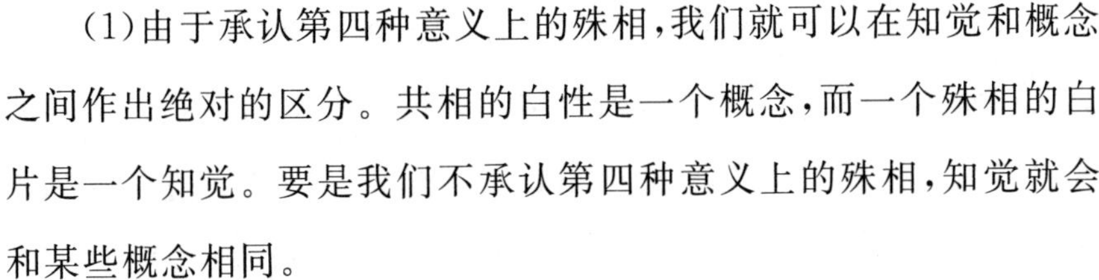

(1)由于承认第四种意义上的殊相,我们就可以在知觉和概念之间作出绝对的区分。共相的白性是一个概念,而一个殊相的白片是一个知觉。要是我们不承认第四种意义上的殊相,知觉就会和某些概念相同。

(2)鉴于同样的理由,我们能够说,像白性这样的一般性质绝不在时间中存在,而确实在时间中存在的事物都是我们第四种意义上的殊相。其逆命题即我们第四种意义上的所有殊相都在时间中存在,由于它们的定义而成立,因而关于殊相和共相的对立的第二和第四种意义是同范围的。

(3)第三种对立即名词和动词的对立由于对谓词是否为动词有疑问而引起更多的困难。为了避免这个疑问,我们可以用另一种对立来代替。这另一种对立与以下条件的名词和动词的对立是同范围的:谓词是动词而非其他词。这另一种对立将谓词和关系置于一边,其他的一切置于另一边。根据一种传统的定义,不是谓词或关系的就是一个本体(substance)。的确是这样,当本体流行时,人们就认定:一个本体必定是毁灭不了的,而这个性质却不属于我们的本体。例如,当一个人看见一道光线时,他看见的东西是我们意义上的一个本体。但是,不可毁灭性的重要性在于形而上学而不在于逻辑。就逻辑性质而论,我们的本体将十分类似于传统的本体。因此,我们具有一方面的本体和另一方面的谓词和关系的对立。那种拒斥殊相的理论允许一般分类为谓词——例如白的——的实体存在;因此,这种理论就抹杀了本体与谓词之间的显著不同。相反,我们的理论保留了这种不同。总之我们知道,本体等同于我们第四种意义上的殊相,而谓词和关系等同于共相。

我们可以看到,按照肯定殊相的理论,如果我们不采纳关于普通的感觉性质实际上是从特殊种类的相似性派生的观点——这是上述所考察的与贝克莱和休谟相联系的观点——那么就存在一种特殊的主词对谓词的关系。假定上述那种观点是错的,日常的感觉性质就是殊相的谓词,而殊相是这些性质的实例。可感觉的性质本身在这些实例存在的同样意义上并不在时间中存在。谓述关系是在它的两项之间包含一种基本的逻辑差别的关系。谓词本身可以具有谓词,但是谓词的谓词与本体的谓词有根本的区别。按照这个观点,谓词绝不是主词的一部分,因此,没有任何真正的主谓命题是分析的。“所有 A 是 B”这种形式的命题实际上不是主谓命题,但它们表达谓词的诸关系;这类命题可以是分析的,但是传统上它们与真正的主谓命题的混淆一直是形式逻辑的耻辱。

否弃殊相并假定(例如)白性本身就存在于任何(常识所表明的)有白色事物的地点的那种理论，完全取消作为一种基本关系的谓述。根据其他的观点，“这是白的”表达了殊相和白性之间的一种关系，一旦否弃殊相，这实际上是说，白性是在这个地点的诸性质之一，或者它对于某些其他的性质具有某些空间关系。因此，谓述是否为一个最终简单关系的问题可以视作两种理论的显著区别；如果有殊相，这种关系是最终的，否则就不是最终的。而且，如果谓述是一个最终的关系，关于殊相的最好定义是：殊相是一些只能作为诸谓词的主词或诸关系的项的实体，就是说，它们(在逻辑意义上)是本体。这个定义比一个引入空间或时间的定义更加可取，因为空间和时间是我们碰巧亲知的那个世界的偶然特性，因此缺少属于纯逻辑范畴的必然普遍性。

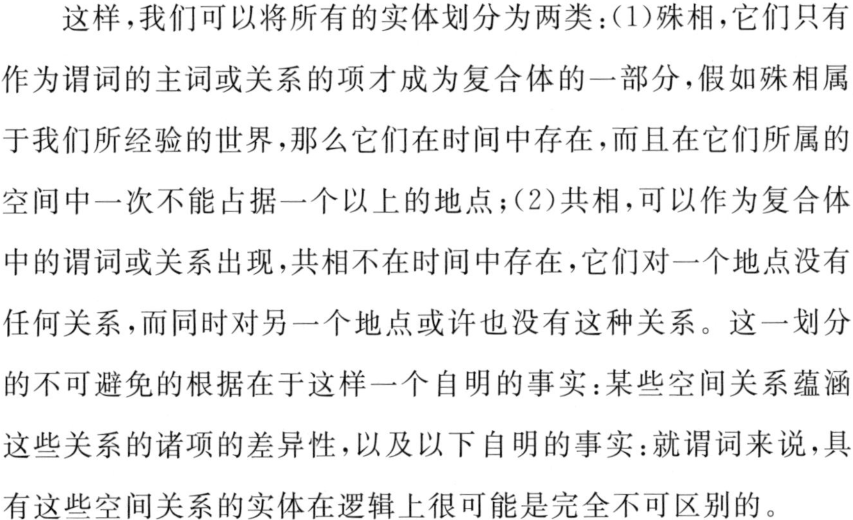

这样，我们可以将所有的实体划分为两类：(1)殊相，它们只有作为谓词的主词或关系的项才成为复合体的一部分，假如殊相属于我们所经验的世界，那么它们在时间中存在，而且在它们所属的空间中一次不能占据一个以上的地点；(2)共相，可以作为复合体中的谓词或关系出现，共相不在时间中存在，它们对一个地点没有任何关系，而同时对另一个地点或许也没有这种关系。这一划分的不可避免的根据在于这样一个自明的事实：某些空间关系蕴涵这些关系的诸项的差异性，以及以下自明的事实：就谓词来说，具有这些空间关系的实体在逻辑上很可能是完全不可区别的。

在我看来，上述文章中赞成殊相存在的论证由于我在《人类的知识——它的范围和限度》里解释的理由似乎不再有效了。问题的要点在于上述文章的最后一句话。我不再认为存在这样的空间或时间关系，这些关系必然永远蕴涵差异性。这并不证明肯定殊相的理论是错误的，只说明这个理论不可能证明是正确的。肯定殊相的理论和否定殊相的理论似乎同样靠得住。如果是这样，后者则具有逻辑上经济的优点。

〔1955 年补注〕

论亲知的性质

1914年春，罗素到哈佛大学任哲学讲师。在这段时间他在洛厄尔研究会的主持下发表了哲学讲演。这些讲稿作为《我们关于外部世界的知识》一书于当年年底出版。这本书所反映的论题以及我们将要看到的以下三篇论文（这些文章首次发表在《一元论者》杂志上），无论从哲学上来看还是从罗素已发表的著作来看，都没有更新的思想。关于亲知的知识与摹状的知识的区别我们在圣奥古斯丁（St. Augustine）的《论导师》一书中已经看到了明确而详尽的论述；而罗素在他的《哲学问题》（1912年）一书里对此也作过充分的阐明。但这些论文的重要性在于：它们向我们展现了罗素同一些杰出的当代美国哲学家在哲学辩论中的分歧所在，并向我们提供了罗素反对中立一元论的论证。这种中立一元论是他后来在《心的分析》（1921年）一书中所接受的、又逐渐否弃了的观点（这显然是由于类似本文中所说明的一些理由）。

在哈佛的数月逗留使罗素与"新实在论"学派的詹姆斯（James）、培里（Perry）、舍弗（Shaffer）和迪莫斯（Demos）有直接的交往。罗素将这一学派视作从他自己的思想成果中发展起来的剑桥哲学的亲密盟友，但他并不赞成这学派的某些实用主义的观点。罗素确实很赞赏舍弗的"崭新而强有力的数理逻辑方法"，以致"举荐”他重新撰写《数学原理》,“因为迄今为止舍弗所发表的成果使他比其他任何人都更有资格从事这一必要的重新建构工作”。[①]

1916年哈佛大学洛厄尔研究会主任邀请罗素返回哈佛担任哲学系终身职务。由于罗素当时因初犯国防令的罪名而被取消了剑桥三一学院的讲师资格,这一邀请就具有特殊的吸引力。但是,英国外交部拒绝批准他离开本土,使他未能接受这一聘请。这种因为思想观点的分歧而进行的蓄意迫害始终没有中断,最终导致罗素1918年的牢狱生活。

本来会出现的另外一种生活却变成危险的狱中消遣。但令人感兴趣的是,请大家推测一下,要是罗素自1916年以后就作为美国哲学舞台上的一个角色,美国哲学将会出现怎样的形势呢?我们可以肯定,实用主义绝不能得到它所取得的那么多阵地——它在罗素于剑桥创始的那类哲学的批评下最终会被压垮;也可以肯定,与怀特海(他于1914年来到哈佛)相比,罗素在哈佛的哲学同事心目中将会留下更深刻的印象。(在怀特海退休后很短一段时间里,他的思辨式的思潮在哈佛就不再产生影响,而现在几乎无痕迹地消失了。)当罗素1940年第二次在哈佛作讲演时,他的观点(已作为《意义与真理的探究》一书发表)已经和当代美国思想息息相关,而怀特海的宇宙论则不可能与这一思想发生关系。

正是上述原因使我决定重印这些并非很出名的文章,它们是

① 《数学原理》第一卷第二版导言,剑桥,1925年,第XV页。罗素的赞赏是哈佛大学授予舍弗逻辑教授职位的重要因素;但是,罗素曾希望看到的重构工作一直未进行,而且舍弗发表的文献可能比这所大学中其他任何一个教授都少,他在丘奇文献目录中记载的全部著述还不到21页。

作为对于 1914 至 1918 年世界大战前的美国思想的评论。在紧接本文的论逻辑原子主义讲演的第六部分，我们将看到罗素在上述一些问题上改变观点的解释。

论亲知的性质

1914 年

一、关于经验的初步说明

下列所述的目的在于提倡对于经验的最简单也是最普遍性的方面即我所谓的“亲知”进行某种分析。我主张，亲知(acqaintance)是不必具有本质共同性的主体与客体之间的一种二元关系。我们认为主体是“精神的”，除了在内省中客体并非是精神的。客体可能在现在、在过去，或者完全不在时间之中；它可能是一个可感觉的殊相、一个共相，或者一个抽象的逻辑事实。所有认知关系——注意、感觉、记忆、映象、相信、不信等等——都以亲知为先决条件。

为反对下列三个相争的理论，我们必须为上述理论进行辩解。这三个理论是：(一)马赫与詹姆斯的理论；根据这一理论，在所有的精神事实中，所涉及的仅仅是由非心理科学处理的一些同类客体的不同的归组，并不存在像“亲知”这样的独特关系。(二)主张直接的客体如同主体一样也是精神的理论。(三)主体和客体之间具有第三种实在的理论；这第三种实在即“内容”，它是精神的，是主体理解客体时所借助的思想或心的状态。以上第一个理论最有趣，也最难以对付。我们只能通过充分详尽的讨论来处理它。这些讨论将作为第二篇论文。其他两个理论和我自己的理论一起放在第三篇论文里讨论，而第一篇是关于思想资料的说明。①

“经验”这个词像哲学中表达基本概念的绝大多数词一样，是从日常生活语言引进来作为专门术语的。尽管有些急性子的哲学家对这个词进行了一番净化，它还是保留了原有的污垢。“经验哲学”最初是反对先验哲学的。“经验”限于人们通过感官所获悉的一切。但它的范围渐渐被扩大，一直到囊括了人们所意识的一切，变成从德国引进的一种贫乏的唯心主义的口号。一方面，它再次肯定“诉诸经验”的联想，似乎这样就排除了超验形而上学家们的狂想；另一方面，因为经验似乎是动摇不定的，从而提出：一切发生之物只能作为某个心灵的“经验”这一学说。因此，唯心主义者通过用这种方法使用这个词巧妙地将先验一词的臭名以及坚持不可知的实在这一赤裸裸的教条的表面必然性强加于他们的对手，而这种不可知的实在被认为必定要么是完全任意的，要么实际上不是不可知的。

对唯心主义的反叛已使人们看到“经验”这个词的混乱。这使得实在论者越来越避免用它。但是，恐怕即使避免了它，与它相联系的那些思想上的混淆还可能持续。看来，我们最好是设法分析和澄清一般由于“经验”这一词所引起的含糊、混乱的观念，只有这样做我们才能够触及有关认识论的基本重要的方面。

像所有的哲学探究一样，这里关于使用词语的某种困难也是不可避免的。普通词的意义是模糊、不明确和不稳定的，就像在刮

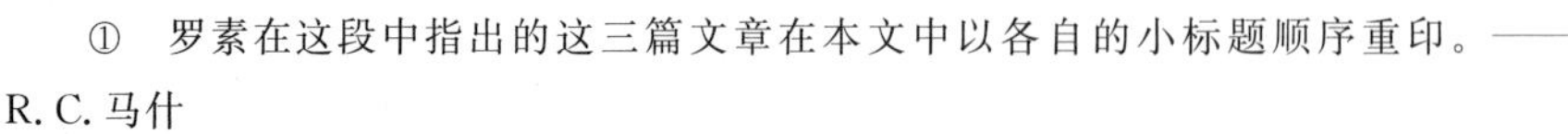
① 罗素在这段中指出的这三篇文章在本文中以各自的小标题顺序重印。——R. C. 马什

风的夜晚一盏忽明忽暗的街灯投下的阴影；然而，在这片不确定的意义的中心，我们也许会发现哲学要求一个名称所具有的某个精确概念。假如我们选择新的术语，就会掩盖它与普通思想的联系，还会妨碍对普通思想的澄清；但是，假如我们以一种新的精确含义使用普通的词，似乎可能会适得其反，或许会由于不相干的联系而混淆读者的思想。为排除这些反面的危险而制定一条规则也是不可能的；有时候最好是引进一个新术语，有时候最好是精炼一个普通词直到它适用于专门的目的。在“经验”一词的处理中，后者似乎更可取，因为精炼这个词的实际过程是很有教益的，否则就不可能完全消除它所掩盖的思想混乱。

究“经验”一词所包含的中心概念时，我们也要进行“心”和“精神”的定义所要求的分析。常识将人划分成灵魂和肉体。笛卡尔哲学将一切存在之物归结为不是心就是物，从而推广了这一划分。这一划分是人们非常熟悉的，它具有如此可敬的古老传统，以至于成为人们的一种习惯，而似乎不再是一种理论。心是我们从内部所认识的东西——思想、感情和意志，而物是在我们心外的空间之中。可是，自莱布尼茨(Leibniz)之后几乎所有伟大的哲学家都对心物二元论进行了挑战。他们中的大多数人由于将心视作直接给予的东西，从而使表面看起来的“物”同化于心，因此就获得唯心主义的一元论。我们可以把唯心主义者定义为这样的人：他认为，凡是存在之物，在它具有我们通过内省而知属于我们自己心灵的某个特性的意义上，都可称作“精神的”。但是，在现代这一理论受到来自各类观点的批评。一方面，那些承认我们通过内省来认识具有我们称作“精神的”特性的事物的人们极力主张：我们也能够认识并不具有这一特性的其他事物。另一方面，威廉·詹姆斯和美国实在主义者们则极力强调不存在“精神的”事物的特殊性质，那些所谓精神的事物与那些所谓物质的事物是相同的东西，二者的差别仅在于语境或排列的不同。

这样一来我们有三种意见要讨论。持第一种意见的人否认存在着由内省来揭示的所谓“精神的”特性，这些人可以称作“中立一元论者”，因为，他们拒绝将世界划分为心和物，而且既不说“所有实在是心”，也不说“所有实在是物”。持第二种意见的人是“唯心主义的一元论者”，他们承认所谓“精神的”特性，而且主张一切事物都具有这一特性。持第三种意见的人是“二元论者”，他们认为有上述这一特性，但也有不具备这一特性的事物。为了在三种意见中作出判断，我们必须先确定“精神的”这一词是否具有意义；这一探究使我们又回到“经验”的意义这个问题上。

如果不接受哲学上所讲的知或不知，我们在考察世界时似乎可以看出：它包含许多的人和物，而有些物被有些人所“经验”。人在不同的时间可以经验不同的物，而不同的人在同一时间也可以经验不同的物。有些事物，诸如地球的内部或者月亮的另一面，从未被任何人经验过，但是人们却相信它们的存在。据说一个人经验的事物就是在感官中给予的东西，即他自己的思想和感情（只就他知道它们来说），或许还有（虽然常识在这一点上可能是犹豫的）他最终通过思维所认识的那些事实。在任一给予的瞬间，总有人所能“知道”的某些事物，即呈现“在这个人的心之前”的事物。现在若要定义“知道”一词虽然很难，但倘若说我知道如此这般的事物却不难。如果有人问我，那我可以回答：通过由不同成分组成的客体的集合，我就知道这个、那个，如此等等。假如我描述这些客体，我当然可能描述错了；因而我不能向别人确切表达什么是我所知道的东西。但是，如果我自言自语，并且用可以称作“专名”的词而不用摹状词来指称它们，我就不会有错误。只要是我使用的名称，就确实是此刻的名称，即我正在对事物命名，所以事物就一定是我知道的客体，因为否则的话这些词只能是无意义的声音而不是事物的名称。因此，在任何给定的瞬间都有一个客体的集合。如果我加以选择，我就能给出客体的专名。这些就是我所“知道”的客体，“在我的心之前”的客体，或者是在我的当下“经验”中的客体。

在“我的当下经验”中具有某个整体，认识这一点非常重要，但对此又很难分析。如果设定“我”在一时和另一时是相同的，我们很可能认为“我的当下经验”可以定义为“我”“现在”所具有的一切经验。但事实上我们会看到：在认识顺序中，“我”和“现在”一定要借助“我的当下经验”来定义，而不是相反。进一步说，不能将“我的当下经验”定义为“与这(this)同时发生的所有经验”(这里的这是我现在的某个实际经验)，因为那会忽略我经验之外的经验可能性。也不能将“我的当下经验”定义为“与这同时发生的、我所经验的所有经验”，那会完全排除我尚未从内省中意识的我的那部分经验。我认为，我们只能说，“共同被经验”是一种本身能被经验的被经验事物之间的关系。例如，当我们知道我们正在一起观看的两个事物时，或者知道同时被看见的一个事物和被听到的一个事物时这两种事物就是这种关系。从这一方式中认识了“共同被经验”意味什么，我们才能将“我的当下经验内容”定义为“与这同时发生的一切被经验之物”。这里的这是通过注意而挑选出来的任何一个经验之物。我们将在后面多次返回来讨论这个题目。

我还不打算致力于“经验”的逻辑分析。眼下我想讨论经验的范围、界限、在时间中的延续以及为什么把它看成并非包罗万象的理由。这些题目将在下列问题的依次讨论中得以解决：(一)“经验”中包括一些朦胧的和边缘的感觉吗？(二)当下的“经验”包括所有当下的真实信念吗？(三)我们现在经验我们所记得的过去的事物吗？(四)我们如何能够知道现在所经验的一组事物不是包罗一切的呢？(五)我们为什么将现在的[①]和过去的经验看成一个经验即所谓“我们的”经验的所有组成部分呢？(六)导致我们相信“我们的”全部经验并非包罗一切的是什么呢？许多这样的问题只能在下一步得到充分的讨论。现在，我们不是为了它们自身的利益来讨论它们，而是为了熟悉经验概念。

(一)“经验”中包含一些朦胧和边缘的感觉吗？问到这个问题，也许不仅与感觉有关，而且关系到朦胧的愿望、模糊的思想，以及一切不在注意力的中心的其他东西；但为了好说明起见，感觉是最简单也可能是最充分的例子。为了更明确，我们先考虑视野的情况。一般说来，如果我们正在注意可见的事物，它就是我们在视野的中心所注意的东西。但由于意志的作用，我们也可能去注意边缘的东西。显然这时候我们所注意的无疑是我们所经验的。因此，必须要讨论的问题是：注意是否就是经验，或者说没有被注意的事物是否也是被经验的事物。似乎有必要承认我们没有注意到

① present 依上下文有时译为当下的，有时译为现在的。——译者

的事物，因为，注意是在“心之前”的客体之中进行的挑选，所以，注意预设了一个以不太专一的方式而形成的更大的域，注意可以从其中选择它想要的东西。可是在有些情况下，尽管有人们预料能引起感觉的物质条件，看起来却没有感觉存在，例如，当我们没有听见一个微弱的声音（如果我们注意到它就应当听到），似乎就没有相对应的“经验”；在这种情况下，虽然有声音刺激物的物质存在，却似乎没有相应的“精神的”存在物。

（二）我们的精神生活大部分是由信念和我们乐意称之为关于“事实”的“知识”组成的。当我说到一个“事实”时，我指的是由“情况是如此这般”这一短语所表达的那类事物。在这个意义上，事实完全不同于一个可感觉的事物。它是在命题中被表述的，是我们对其具有信念的那类客体。我现在要问的不是信念是否被人经验（我认为那是很明显的），而是要问信念所指向的那些事实是否曾经被人们所经验。显然立即可以回答：在我们的认识范围中所考察的绝大部分事实是没有被经验的。我们没有经验地球绕太阳公转、伦敦具有六百万居民、拿破仑在滑铁卢战败等这样的事实。但是我认为，有些事实是被经验的，即那些我们自己看见的事实，它们既不依赖我们根据先前事实的推理，也不依赖其他人的证明。这些“初始的”事实（我们是通过像感觉那样的明确无疑的直接见识而知道它们的）必定属于最初的经验质料，它们在认识论中具有极其重要的地位。我们在后面有机会对它们进行充分的讨论。

（三）我们现在经验我们所记得的过去的事物吗？假如不考虑记忆心理学，肯定不能充分地讨论这个问题。但是，以一种简要的初步方式还是可以说些什么，以便指出肯定的结论。第一步，我们切勿混淆真实记忆和目前关于过去事物的映象(image)。我现在可以在心之前唤起昨天看见的一个人的映象;这映象不在过去,我现在确实正在经验它,而映象本身不是记忆,记忆涉及在过去知道的某物,涉及我昨天看见的事物,而不涉及我现在唤起的映象。但是,即使将现在的映象作为不相关的东西搁置一旁,也仍然有以下两者的区别:一种可以称作"理智"的记忆和另一种可以称作"感觉"的记忆。当我仅知道"我昨天看见琼斯"时,这是理智的记忆;我的认识是对于前一段所讨论的一个"初始的事实"的认识。但是在关于刚刚发生的事物的直接记忆中,事物本身似乎还保留在经验之中,尽管事实上你知道它不再是当下的。我不敢说知道这种记忆可以延续多久;但是它确实可以延续很久,足以使我们意识到时间的流逝,因为所记忆的事物曾经是当下的。因此,在两种不同的方式中,过去的事物似可构成当下经验的组成部分。

鉴于过去和将来之间的差异,过去的事物是在记忆中被经验的这一结论或许能得到加强。通过科学的预言,我们能根据不同的概率认识关于将来的许多事物,但这些事物都是推论出来的:无一是人们直接认识的。我们甚至不能直接认识"将来"这个词指什么:将来本质上是当现在将成为过去时的那段时间。"现在"和"过去"是在经验中给予的,而"将来"是利用它们来定义的。从认识论观点看,过去和将来之间的差别恰恰就在于:过去是现在部分地被经验的,而将来却全部在经验之外。

(四)我们如何能够知道现在所经验的一组事物不是包罗一切的呢?这个问题自然来自刚才说到的关于将来的那种看法;因为,我们相信有将来,这正好是使我们超越当下的经验的那些信念之一。然而,这一信念并非最明确无误的;我们尚无极好的理由确信会有一个将来,而实在必定要以某一方式超越当下的经验这一点似乎和一切认识一样确实无疑。

这个问题极其重要,因为它把我们引向认识如何才能超越个人经验的全部问题。然而,眼下我们不讨论关于个别经验的全部问题,只涉及在给定的瞬间的经验。乍一看去,仿佛每一瞬间的经验必定是对于此瞬间的认识的樊笼,仿佛它的边界一定是我们现在的世界的边界。我们现在理解的每个词必定具有一个归入我们现在的经验之中的意义:我们绝不可能指着一个东西说:“这在我现在的经验之外”。我们不可能认识任何具体的事物,除非它是现在经验的一部分,由此或许推论出:我们不能知道在现在的经验之外是否存在着具体的事物。或许这样说:假定我们知道这一点,也就是假定我们能知道不知道的东西。由于这一原因,我们可能被迫主张最谦虚的不可知论,对我们的瞬间意识之外的一切都不得而知。这样的观点即便真实,通常也不以这种极端的形式加以提倡;但是,如果严格应用唯我论和古老的经验哲学的原则,似乎会将每一瞬间的认识缩小在瞬间经验的狭窄范围内。

关于这个理论有两个互补的答复。一个是经验的,即指出事实上我们知道的比理论所假设的要多;另一个是逻辑的,即指出从材料中得出理论的那个推论中的荒谬。我们先来谈经验的拒斥。

一个明显的经验拒斥来自我们忘记了某些事物这个认识。例如,当我们试图回想一个人的名字时,我们完全肯定这名字进入了我们过去的经验,但是,尽管我们作了极大的努力,它却不再回到我们现在的经验。再有,在一些抽象的领域中,我们知道有许多事实不在当下的经验之中,我们可能记得在乘法运算表里有一百四十四个条目,却不记得每个条目是什么;我们可能知道在算术中有无限多的事实,其中只有一个有限数此刻呈现在我们心中。在以上两例中我们都有确定性,但一例中被忘记的事物曾经是我们经验的一部分,而另一例中没有被经验的事实不是存在于时间中的具体事物,而是一个抽象的数学事实。如果我们愿意承认日常生活的信念,比如将有一个未来,那么,我们当然会有一个很大的、虽无人经验但的确存在的区域。通过记忆我们了解到迄今我们一直在感觉中不断地意识以前未经验过的新的殊相,因而我们的整个过去的经验不是包含一切的。假如目前这一瞬不是宇宙生命中的最后一瞬,我们就必须承认将来包含我们目前尚未经验的事物。以下说法是无可指责的:既然这些事物是将来的,它们还不能构成宇宙的一部分;但不论什么时间,它们必定被包含在完整的宇宙清单中。清单上面必定列举出同已有的、现有的事物同样多的将要有的事物。鉴于上述理由,可以肯定:这个世界包括了我没有经验的事物,而且极有可能包括巨量的这样的事物。

还要说明存在着我们现在没有经验的事物这种认识的逻辑可能性。这一观点依据以下事实:我们可能知道具有这一形式的许多命题,“存在着具有如此这般性质的事物”,即使我们不知道这些事物的实际例子。在抽象的数学世界极易看到这样的例子。比如,我们知道没有最大的质数,但是在我们能够想出来的所有质数中肯定有一个最大的。因此有些质数总要大于我们能想到的任何质数。而在更具体的领域里这一点同样真实:我们完全可能了解,存在着一些我们已经知道而现在又忘掉了的事物,尽管举出这类事物的例子显然是不可能的。回想一下我们前面的例子。我或许完全记得昨天我知道了别人向我介绍的一位小姐的名字，但今天我忘了。别人告诉我她的名字，这是我知道的一个事实，这事实意味着我知道一个我不再知道的特殊事物；我知道存在这样一个特殊事物，但是不知道它是什么样的特殊事物。倘若深入追踪这个题目，则要对“摹状的知识”作出解释，但这属于下一步的工作。目前，我只想指出：我们知道存在一些当下的经验之外的事物，而这类认识没有引起任何逻辑的困难。

（五）我们为什么将现在的和过去的经验看成一个经验的全部，即所谓“我们的”经验呢？必须先讨论这一点，才能提出我们能否认识存在着超越“我们的”全部经验的事物这个更深入的问题。但目前就此仅能作一些简要的预备性讨论，使我们在谈及一个人的全部经验时对我们所指的是什么和其中的难点是什么有所认识。

很显然，使我们将过去的经验称作“我们的经验”的东西是记忆。我不仅指现在记忆中的这些经验是我们的经验，而且指记忆总是把我们的现在与过去连接起来。然而，这样做的并不是记忆本身，而是某一种记忆。如果我们只记得某个外部客体，这种经验是现在的，那么尚无理由假定这是过去的经验。因为要记住一个我们从未经验的客体这在逻辑上是可能的；我们确实无法肯定有时不会发生这种事情。例如，我们听到一下钟响，并且知道在我们注意这响声之前这钟就已经敲过几次。在这个例子中，我们或许确实经验了先前发生的钟声，但我们不记得有这样的经验。用这个例子可以说明一个重要的差异，即记忆一个外部事件和记忆我

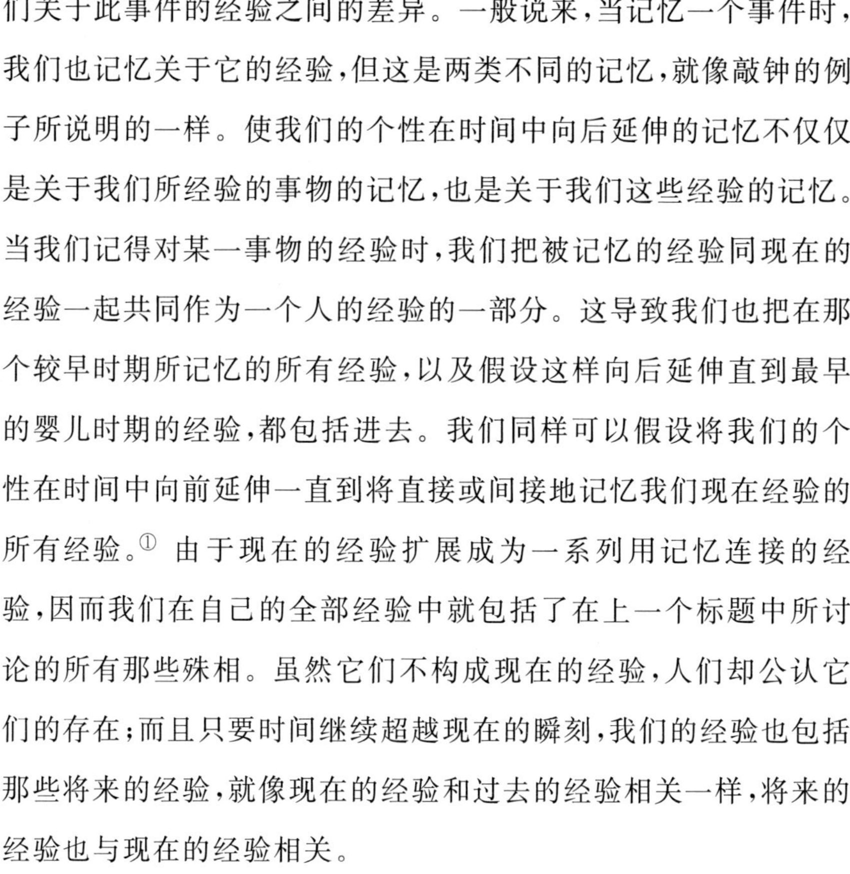

们关于此事件的经验之间的差异。一般说来，当记忆一个事件时，我们也记忆关于它的经验，但这是两类不同的记忆，就像敲钟的例子所说明的一样。使我们的个性在时间中向后延伸的记忆不仅仅是关于我们所经验的事物的记忆，也是关于我们这些经验的记忆。当我们记得对某一事物的经验时，我们把被记忆的经验同现在的经验一起共同作为一个人的经验的一部分。这导致我们也把在那个较早时期所记忆的所有经验，以及假设这样向后延伸直到最早的婴儿时期的经验，都包括进去。我们同样可以假设将我们的个性在时间中向前延伸一直到将直接或间接地记忆我们现在经验的所有经验。[①] 由于现在的经验扩展成为一系列用记忆连接的经验，因而我们在自己的全部经验中就包括了在上一个标题中所讨论的所有那些殊相。虽然它们不构成现在的经验，人们却公认它们的存在；而且只要时间继续超越现在的瞬刻，我们的经验也包括那些将来的经验，就像现在的经验和过去的经验相关一样，将来的经验也与现在的经验相关。

（六）导致我们相信“我们的”全部经验不是包含一切的是什么呢？这是唯我论问题：在上段说明的意义上如果一事物不是我们全部经验的一部分，我们有什么理由来相信它存在、已经存在或者将要存在呢？

我们已经说明了认识在**现在的**经验之外的事物的存在是**可能的**。这一逻辑证明不用修改也适用于在我们**全部**经验之外的事物

① 在关系的逻辑语言中，如果 M 是“记忆”关系，N 就是 M 和 M 的逆之和，而 x 是任何一个瞬刻经验，x 所属的全部经验就是对于 x 具有关系 N^* 的全部瞬刻经验。见《数学原理》∗90。

的存在。因此我们要讨论的唯一问题是，我们是否知道能证明这类事物之存在的任何经验事实呢？在抽象的逻辑和数学领域中，利用我们先前的例子很容易证明有些事实并不构成我们全部经验的一部分。似乎可以肯定：在我们一生中我们只能想出有限的算术事实，但我们知道全部算术事实是无限的。倘若有人认为这个例子是没有说服力的（其理由是，或许我们不死而且来世对算术益发感兴趣），那么，他将看到下面的例子更使人棘手。一个真实变项的函数的数目无限地大于瞬刻时间的数目。所以，即使我们无休止地思考每一时刻的新函数，或每一时刻任何有限多的新函数或无限多的新函数中的少部分，都会有我们想不到的无限多的函数，因此关于它们的无限多的事实绝不进入我们的经验。因此可以肯定，有许多数学事实并不进入我们的全部经验。

关于殊相存在问题，据我所知，还不能提出上述这样有说服力的证明。我们自然会想象其他人的身体中也有与我们几乎一样的心。这些心经验着我们没有直接意识的快乐和痛苦，欲望和厌烦。但是，尽管我们自然会如此想象，尽管提不出理由使人相信我们的想象是错的，似乎也没有最终的理由使人相信这想法不错。我们对下述事物可提出完全相同的怀疑：地球的内部、月亮的另一面，以及没有直接经验证明而我们习惯于肯定的数不清的物质事实。假如有充分的理由来相信这些事物，其理由必定来自通过复杂程序的归纳和因果推论，而现在我们不宜讨论这些程序。目前，我们先将他人和未感知的物质事物的存在确定为作业假说。我们会不断地讨论这个假设，最终再总结关于其真实性的证据。目前，我们只能满足于这些结论：(a)不存在反对这一假设的逻辑理由；(b)在逻辑世界中肯定存在着我们没有经验的事实;(c)存在许多我们没有经验的殊相这一常识假定作为作业假说始终是成功的,并且不存在任何反对它的证明。

上述讨论使我们得出这个结论:不是世界上全部事物,而是某些事物在我意识生命中的任一给予的瞬刻共同集合成一组,可以把这一组称作"我现在的经验";这一组包括现在存在的、过去存在的事物和抽象的事实;还有,在我关于事物的经验中包括了比单纯的事物更多的东西,并且可以在记忆中经验这东西;因此,我在时间中的全部经验组合可以用记忆来定义,但这个组合像瞬刻的一组一样,当然不包含所有的抽象事实,似乎也不包含所有现存的殊相,尤其不包含我们认为是和他人身体有联系的那种经验。

现在我们要讨论什么是对"经验"的分析,也就是说,将某些客体联合成一组而构成一个瞬间经验的结合力是什么。这里要首先讨论我们称作"中立一元论"——归于威廉·詹姆斯——的理论。这理论提出的一些问题如此重要,以致若不设法给予答复就不可能进行下一步的讨论。

二、中立一元论

"中立一元论"——与唯心论的一元论和唯物论的一元论相对立——是这样的理论:人们一般认为是精神的事物和人们一般认为是物质的事物在由一个集合而非另一个集合所具有的内部性质上没有任何差别,它们的差别仅在排列和范围方面。这一理论可通过对照邮政指南来说明:在邮政指南中,同一个名字要出现两次，一次以字母先后出现，另一次以地理位置出现；可以把字母顺序比作精神，地理顺序比作物质。在这两种顺序中所给定的事物的亲缘关系完全不同，其原因和结果遵循不同的规律。这两类客体在精神世界可以通过观念的联系而连结，在物质世界中可以通过万有引力定律而连结。一个客体的整个范围在精神顺序中与在物质顺序中截然不同，以致它本身被人们视作二重的。在精神顺序中它被称作“观念”，即在物质顺序中同一客体的观念。但这种二重化是错误的：椅子和桌子的“观念”相等于椅子和桌子，这些观念不是在物质的、而是在精神的范围中加以考察的。

就像邮政指南中每个人有两类邻居（即字母邻居和地理位置邻居）一样，每一客体将处于以不同规律组成的两种因果系列（即精神的和物质的）交叉之中。“思想”与“事物”实质上没有区别。我的思想之流也是事物之流，也就是通常所说的我正*思考的*那些事物之流；引导我们称作*思想*之流的仅在于：连续规律完全不同于物质规律。在我头脑中，凯撒可以给沙勒曼打电话，但在物质世界中这两人完全没有联系。根据这一理论，心与物的二元论完全是错误的；构成世界的*材料*仅有一种，这材料在一种排列中可以称作精神的，在另一种排列中则称作物质的。[①]

下列几段引文可以更清楚地说明这个观点。

---

① 关于这一理论的说明，参见威廉·詹姆斯的《彻底经验主义论文集》（朗曼公司，1912），尤其其中第一篇论文“‘意识’存在吗？”；也可参见马赫的《感觉的分析》（芝加哥，1897 年；原作发表于 1886 年）。马赫的理论看起来大体上和詹姆斯的理论相同；但据我所知，在这一论题上詹姆斯并没有参考马赫，因此他一定是独立地得出自己的结论的。培里的《现代哲学趋向》和《新实在论》都主张同样的理论。

马赫说：

“这样，只有用那种习惯的、呆板的考察方法时，物理学研究和心理学研究之间才有传统上说的鸿沟。例如，我们一俟注意到一个颜色对其光源、其他的颜色、温度、空间等等的依存关系，这个颜色就是物理学的对象。可是，假如注意这个颜色对视网膜……的依存关系，它就是一个心理学的对象，它就是感觉了。在物理学和心理学领域里，并不是题材不同，而是探求的方向不同罢了。”（《感觉的分析》，第14页）

“不是自我（the ego）而是要素（感觉）是第一性的。要素构成自我，自我具有绿色感觉，是说绿色这个要素出现在其他要素（感觉、记忆）的某个复合体中。当自我不再有绿色的感觉时，比如自我逝去了，这些要素就不再以它们通常的熟知的联结方式出现。这就是一切。不再存在的只是一个理想的经济思维的单一体，而不是真实的单一体。

“假如关于要素结合的知识不能使我们满意，假如我们又要问：谁有这种感觉的联结，谁在经验感觉？那么我们就是屈服于把一切要素（一切感觉）归类于一个不经分析的复合体的旧习惯。”（同前书，第19至20页）

“并不是物体产生感觉，而是感觉的复合（要素的复合）构成物体。假如在物理学家看来，物体似乎是长存的实在的东西，感觉仅仅是物体的瞬时即灭的外现，在假定这样的观点时，这些物理学家忘记了一切物体都只是感觉复合体（要素的复合体）的思想符号。”（同前书，第22页）

“因此对我们来说，世界不是由神秘的实在构成的，这些实在由于它们与另一个同样神秘的实在即自我的相互作用产生了独自能得到的感觉。在我们看来,颜色、声音、空间、时间……是基本的要素,我们的任务就在于探究这些要素的某些联系。”(同前书,第23页)

马赫通过物理学得出他的观点,詹姆斯则通过心理学得到本质上相同的学说。詹姆斯的《心理学》一书,虽然接近了但还没有体现出这些观点。现在我们将讨论的包括这些观点的几篇文章被收集在他死后出版的《彻底经验主义论文集》一书里。我希望,下列引文能够清楚地体现这些观点。

詹姆斯说:“‘意识’是非实体的空名,它没有权利作为第一性的本原。那些死抱住意识不放的人,他们抱住的不过是一个回响,不过是正在消失的‘灵魂’遗留在哲学的空气中的微弱的虚声而已。过去二十年来[①]我一直不相信‘意识’是实体;过去七八年来我曾向学生们提出过这样的意见,即意识是不存在的,并试图向他们解释意识在经验的实在中的实用主义的等同物。我觉得公开而普遍地否弃意识的时机已经成熟了。

“倘若直截了当否定‘意识’之存在,乍一看去似乎如此荒谬——因为不可否认,‘思想’是存在的,我怕有的读者会放下我的文章不读了。那就让我立即解释一下:我的意思只是否认意识这个词代表一个实体,但极强调它确实代表一个职能。我指的是没有任何原始的材料或存在的性质(与构成物质对象的东西相对照)可以构成我们关于它们的思想;但是有一种由思想来行使的经验

① 本文首次发表于1904年。

职能,为了行使这种职能,就涉及这种存在的性质。这种职能即是认识。”(同前书,第2至4页)

“我的论点是,如果一开始就假设世界上只有一种本原的材料或质料,由这一材料构成一切事物,假如我们称这种材料为‘纯粹的经验’,则很容易将认识解释为纯粹的经验的各个组成部分相互之间可以发生的一种特殊的关系。这种关系本身也是纯粹经验的一部分;其中的一个‘关系项’成为认识的主体或负载者,即认识者,另一项成为被认识的客体。”(同前书,第4页)

对于(他拒斥的)经验包含主体和客体的本质对立这一观点作了解释之后,詹姆斯继续说:

“我的论点正好与此相反,我认为经验没有内在的二重性:而经验发生意识和内容的分离不是通过减少而是通过相加的方式——相加是对其他组经验加入一片给予的具体经验,与这种方式相联系,经验的使用和职能可以是完全不同的两类。这一点可以用颜料作说明。在染料商店,装在一个罐子中的一种颜料和其他颜料一起形成一个整体,作为许多待出售的质料;反之,如果这种颜色涂在一幅画布上,周围涂上其他颜色,那么它表现图画的一个特色,行使一个精神的职能。我认为,正是这样,在相关事物的一种场合所发生的一部分给予的、未分离的经验才扮演一个认识者、一种心灵状态或‘意识’的角色;而在不同的场合,同样的未分离的一片经验扮演一个已知物、一个客观‘内容’的角色。总之,在一种组合中可以将经验视作思想,在另一种组合中又可视作事物。既然它可以在两种组合中同时表现,我们就完全有权利说经验同时既是主观的、又是客观的。”(同前书,第9至10页加点部分在原文中为斜体。）

“意识不表示一种特殊的材料或存在的方式，而含有一种外在关系。我们的经验的特殊性，即它们不仅存在而且是已知的——经验具有‘有意识的’性质可以说明这一点——可通过各经验之间的相互关系（这些关系本身也作为经验）而得到更好的解释。”（同前书，第 25 页，加点部分在原文中为斜体。）

接下来几页，詹姆斯又解释说：火或水的生动图像恰如物理学上的火或水一样真热或真湿。他说，它们的区别就在于这个事实：图像中的火和水在因果联系上不像“实在的”火和水那样起作用。“精神的火燃烧不着实在的木柴；精神的水甚至不一定（当然它也可以）浇灭一场精神的火。精神的刀或许很锋利，但它不能劈开实在的木头。”（同前书，第 33 页）

“纯粹经验论的核心观点是：我们按照经验如何作用于其相邻的经验而将其归类为两种组合，它们被称为‘外部的’组合和‘内部的’组合。我们可以说，任何一个‘内容’，例如坚硬（hard），都是既可以划归这一组也可以划归那一组的。”（第 139 页）

最后他谈到人们所说的意识的内省确定性。但他的内省的陈述与通常不同。他原来说，“思想之流（我坚决认为它是一种现象）仅代表某些东西的无关紧要的名字，一经仔细究查就会揭示出这些东西主要是由我的呼吸之流组成的。康德所说的‘我思’必定能伴随我所有的对象，实际上就是伴随这些对象的‘我呼吸’。除了呼吸之外还有其他许多内部事实……，而只要意识属于直接的感知，这些事实就增加了‘意识’的财富；但是我终于相信：呼吸（它曾经是‘精神’的起源），声门和鼻孔之间向外运动的这种呼吸，就是

哲学家一直用来构造他们了解为意识的那种实在的本质要素。”（第37页）

为了理解詹姆斯的理论，必须更详细地讨论他对于“认识”的说明。一般说来，他不把单纯的看、听和感觉叫做“认识”，而持有另一种学说的人在这些情形里都会说我们有直接的认识。按照詹姆斯的观点，则根本没有认识，有的只是作为心的一个成分的事物本身，而人们错误地认为心认识这个事物。照他看来，认识是两片经验之间的外在关系，认识就在于这个事实：一片经验利用某些中介导致另一片经验。下列说明适当地介绍了他对认识的看法：

“假定我正坐在我在剑桥的书房里，离‘纪念堂’步行需要十分钟；假定我正在真正地思考这个纪念堂。我的心在它面前可以仅仅有纪念堂的名字，可以有关于它的清楚的意象，或者模糊的意象，而意象中的这些内在的差异并不形成认知职能的差异。赋予意象的是某些外在的现象、特殊的经验结合，如果意象如此，那么它的认识职能也就如此。

“例如，倘若你问：我的意象指怎样的纪念堂，我什么也答不出来；或者说，假如我不能给你指出哈佛三角堂或不能领你到那里去，或者是，你领我到了那里之后，我也不能确定所见的纪念堂就是我心中的那个堂；你就有理由否定我，认为我绝没有‘意指’过那个特殊的纪念堂，即使我的精神意象或许在某种程度上与那个纪念堂相似。这种情形下的相似只是巧合，因为世界上属于一类的所有的事物都是彼此相似的，无必要认为鉴于上述理由才承认彼此的相似。

“另一方面，假如我能领你来到纪念堂，并告诉你关于它的历史和目前的用途；如果在它的面前我感觉我的观念——不管它是多么不完整——一直导向这里，而现在停止了；假如这意象和我感觉的纪念堂的联系是相似的，因而当我行走的时候，一种场合的每一项连续地符合于另一场合的相应项；那么原因就在于我的灵魂是预言性的，而我的观念必定被称作（大家也会承认是这样）对实在的认知。我所指的就是那种知觉……。

“在这种连续的和不断确证着（不是按照超验的意义而是指确定地感觉到的过渡）的过程中，存在着这样的东西：即通过一个观念对一个知觉的认识可能包含或意味的一切。”（第54至56页）

根据上述说明，我们将注意到：通常他一来到纪念堂就不再“认识”它；只有当他有下述观念的时候，他才能“认识”：这些观念引导或使他能够通过适当的步骤知觉纪念堂。但是将经验视作某种条件下对自身的“认识”，显然也是可能的。詹姆斯列举了各种事例，他说：

“认识者或者被认识者都是：

（一）在不同的场合中被接受两次的、本身相同的经验片；或者是

（二）属于同一主体的两片真实经验，它们之间有确定的连接性过渡的经验束；或者

（三）被认识者是这个主体或那个主体的可能的经验，所说的连接性过渡如果被充分延长就会引向那个经验。”（第53页）

在后面一段解释中，他说：

“比如要唤起关于我的狗的当下的观念，对这真实的狗的认知指的是以下情形：一旦建立了真实的经验网络，观念就有可能引进

我的一串其他的经验，这些经验连续不断地出现，直到最后终止在一个跳着、叫着、毛茸茸的物体的生动感知上。这些就是我通常看见的这真实的狗，这狗的完整的面貌。”（第198页）

他又说：“倘若我们居然取得绝对终极的经验，要是我们一致同意这些经验，它们绝不被修正过的继续部分所取代，那么它们也不会是真的；它们是实在的，它们仅仅存在着……唯有那些由于令人满意的连接而引向它们的其他事物才会是‘真的’。”（第204页）

继续考察詹姆斯理论的实质上的真假之前，我们或许能注意到：他关于“经验”一词的使用是不恰当的，显然是唯心主义祖先遗留下来的痕迹。经验这个词充满了模糊性；它不可避免地使人联想起经验主体；它暗示某种共同的性质，即在世界的所有成分中“被经验着”的性质，然而我们有理由认为找不到这样的共同性质。培里教授摒弃了这个词，他在“关于心的实在论”和“认识的实在论”[1]中对马赫-詹姆斯假设作出令人钦佩的解释。但是，即使在他的说明中，像在整个学说中一样，似乎也有可能发现关于心的唯心主义习惯的无意识的影响，不自觉地追随那些曾经作为根据又已经被否弃的观点。但这只有通过详尽考察支持或反对中立一元论的全部理论根据才能够使我们看清楚。

在赞成这一理论的根据中，我们首先可以看到它所引入的极明显的单一化。有一种观点认为经验中给予的事物应当是基本不同的两类事物，即精神的和物质的事物，这一观点与那种仅仅是表面的和肤浅的二元论观点相比远不能使我们的理智追求得到满

① 见《当前哲学趋向》一书第12、13章。

足。奥卡姆的剃刀“如无必要，勿增实体”——我视其为哲学中至高无上的方法论准则——规定了詹姆斯的理论比二元论更可取，只要有可能使他的理论对事实作出说明。另外，在笛卡尔时代被假设是显而易见的材料的“物质”，在当前科学假设的影响下已成为不大相同的超越感官的构造。毫无疑问，它只能通过一长串中介的推论才会与感觉有联系。感觉中直接再现的东西显然以某一方式为物理学所预设，但不是要由物理学而是要由心理学来研究。因此，在感觉方面我们似乎有一个中立的立场，一个分水岭，根据我们想要提出的问题的性质，我们可以从这分水岭走到“物质”或走到“心灵”。①

围绕“空间”概念的困难可以说明感觉中出现的模糊状况。现在我还不准备解决这些困难；只希望人们会感觉到这些困难，免得看起来仿佛是空间提供了物质和精神之间的明显区别。有时，人们仍然认为物质可以定义为“空间中的东西”，但只要我们考察了“空间”，就会发现它具有令人难以置信的歧义、变化和不确定。康德的先验的无限给予的整体——一旦我们的记忆忘记了对分析所作的困难的分解，它只不过表达我们的自然信仰——已经遭受到来自形形色色的诸方面的一系列毁灭性打击。数学家已经建构了

① 正统哲学中感觉的中立地位可以由以下所引斯托特(Stout)教授的《心理学指南》一书(第133页)来说明：“如果我们将作为物质对象的特性的红颜色与作为相应的感觉的特性的红颜色相比较，就会看到，作为直接感知的红(redness)是两者的共同属性。差别只在于：它在两种场合所参与的关系不同。作为事物特性，可以认为它与此事物的其他特性——它的形状、结构、气味、味道等——有关系。作为心理状态，可以认为它是感觉者的意识的特殊修饰，与他的精神生命的总流有关系。”这段话似乎接受了中立一元论关于感觉的一些学说，而斯托特教授一般不会采取这一理论。

多重可能性的空间，并已说明许多逻辑模式适用于经验的事实。逻辑表明：空间并非只是“几何学题材”，因为，可满足于任何给予的一种几何学的有无限多的题材。心理学分清了各种感觉对于空间构造所作的贡献，并揭示出：无所不包的物理学空间只作为许多经验上熟悉的相互关系的产物。因此，心理学占用了实际经验的空间，逻辑占用了几何学空间，而物理学空间，以一种作业假说的谦卑外表滞留在上述两者之间。由此可见，并不是在“空间”里能找到区分精神的东西和物质的东西的标准。

支持中立一元论的大部分论证就像其倡导者所说明的，是对以下观点的反驳：我们通过“观念”的媒介来认识外部世界，而“观念”是精神的。下一章我将讨论这个观点；现在我只想说：我赞成中立一元论而反对上述这一观点。我并不认为，当我认识一个客体的时候，在我心中就有某个可称之为这个客体的“观念”的东西，对该观念的占有构成我对这个客体的认识。中立一元论在承认这一点之后就绝不再继续前进。相反，中立一元论恰好在这一基点上取得它与唯心主义相一致的论点，而作出了我认为完全是错的假定。这个假定是：凡是直接呈现给我的事物，必定是我的心的一部分。由于相信精神和物质的二元性质，“观念”的拥护者就从这个假定推论出：能够直接呈现给我的只有观念，而非物质。中立一元论者由于觉察到（我认为是正确地）物理世界的成分可以直接呈现给我，从而推论出：精神的东西和物质的东西是由同样的“材料”组成的，它们只是相同要素的不同安排罢了。但是，如果上述假定是错误的，那么，这两种对立的理论就可能像我所认为的那样，都是错的。

在试图驳斥中立一元论之前或许还需要再缩小问题的核心。非认知的精神事实——感觉、情绪、意志——提出表面上的困难，詹姆斯对此作了初步答复。我们可以讨论或证明这答复是否靠得住。但鉴于我们讨论的是认识论，我们可以忽略问题的非认知方面而只注意与认识相关的方面，也正是在这方面他的理论对我们很重要。我们必须在这一范围来判定他的理论之真伪。

除了以论证为根据的异议，在以下观点中还存在一个初始的困难，即在客体对心的单纯呈现中不存在任何认知。如果我看见一片具体的颜色，然后立即闭上眼，至少能够设想：在我紧闭双眼的同时这片颜色一直存在着；詹姆斯也会同意这一点。但是，当我睁开眼睛时，这片颜色就是我瞬间经验的一个内容；反之，当我闭上眼时它就不是。按照詹姆斯的观点，是或不是我瞬间经验的内容这二者之间的区别就在于被经验的关系，即对于我经验中的其他内容主要是因果的关系。就在这里我觉得有一个不能克服的困难。我认为：我看见的一片红色和未看见的一片红色之间的区别不可能在于这片红和其他同类客体之间的出现或不出现的关系。我觉得可以想象一个心仅存在于看见红的一瞬间，在不具有其他经验之前这心就不再存在。但是，按照詹姆斯的理论，这个设想不仅不可能，而且无意义。在他看来，事物是由于相互间的某些关系而成为我的经验内容；要是没有我所经验的相互联系的事物体系，就不会有被我经验的一个事物。我以不同的方式提出同样的观点：很显然，当我看见红的一瞬间，我不必参照我的其他经验内容就以某个方式亲知了红，而在我看见红之前我做不到这一点，当红本身不在记忆中出现时我也做不到这一点，不管我多么有能力回

想各种事实，而一旦我加以选择就可以使我再次看见红。我具有的这种作为瞬间经验一部分的亲知似乎更应当称作认知，在这一点上，亲知比詹姆斯在论及纪念堂时所描绘的任何有关的观念具有更不可缺少的重要性。

我们返回来讨论上述提到的困难。当我开始注意到我的瞬间经验内容如何与其他事物相区别时，我才觉得这一困难是对中立一元论的重要驳斥，就此而论，它会以更普遍的形式存在，会提出一些问题，而这些问题在我们处理了各种更细微的难点之后才会得到更好的考察。

看来要回答的第一个难题是关于**判断**或**信仰**的本质，特别是错误信仰的本质。信仰和感觉在关于心面前的东西的本质方面是完全不同的。例如，如果我相信“今天是星期三”，无论是感觉还是表象都不可能给出如同我的信仰所包含的相同的客观内容。我认为，以上例子中这一相当明显的事实由于强调依据存在经验的信仰这种无意识的习惯而被搞得晦涩难解。据说，人们信仰上帝，人们不信亚当和夏娃。但在这样的情况下，被信仰的东西或不被信仰的东西都包含了这一点：存在着对应某一摹状词的实体。能被信仰的东西或不被信仰的东西与对应其摹状词的真正的实体（假如有的话）是截然不同的两回事。因此，所有的信仰问题都完全不同于感觉或表象的问题，而错误信仰也毫不相似于幻觉。幻觉是事实，不是错误；犯错的则是依赖幻觉的判断。假如我相信今天是星期三，而事实上今天是星期二，那么“今天是星期三”就不是事实。在物质世界我们找不到任何对应这个信仰的实在。唯心主义者关于心灵的创造性活动、关于与我们的综合有关的各类关系等所讲述的东西在错误的情况下似乎也是真的；但照我看至少是不可能解释今天是星期三这个错误信仰的出现，除非援引在物质世界找不到的东西。

《新实在论》[①]一书中有一篇文章叫做“关于真理与错误的实在论理论”(W. P. 蒙塔古著)。只要我们考察一下这篇论文关于错误说了些什么，即可说明上述论点。

“真的和假的”，蒙塔古说，“分别是实在的(real)和不实在的(unreal)，可以将它们视作可能的信仰或判断的对象。”(第 252 页)

这一定义没有什么不寻常的地方，却坏在一个如此简单而且如此至关重要的缺陷上，以致我们对如此众多的哲学家竟然未能看出它而感到惊诧。这缺陷就是：并不存在所谓不实在的东西，因此，根据定义也不存在所谓假的东西；但是，众所周知，确实存在着假的信仰。但蒙塔古先生很可能坚持认为：不仅存在着实在的事物，而且存在着不实在的事物，因为在他看来，“实在的”是可以定义的。他对实在作了下列定义：

“实在的宇宙是由存在物的空-时体系和此体系所预先设定的一切共同构成的。”(第 255 页)

接着他推断出关于不实在的观点：

“由于每个实在都可被看成真实的同一复合体或命题，并且由于每个命题有一个且只有一个矛盾命题，我们或许可以说：在现存的客体领域中的剩余物(即非实在之物)必定是由假命题或非实

① 本书由六位美国实在论者共同著述，纽约和伦敦，1912 年。

在、殊相和共相组成的，它们和构成实在的真命题是矛盾的。”（同前书）

从上述引文似乎可以看出：按照蒙塔古的观点，（一）每个实在都是命题；（二）假命题和真命题一样也是现存的；（三）非实在之物是假命题的类。目前我们不可能深究这些属于逻辑的题目。鉴于我在别处提出的理由，看来应当是这样：（一）任何实在都**不是**命题，虽然有些实在是信仰；（二）**真**命题对于复合事实具有某种对应，而假命题则具有完全不同的对应；（三）非实在之物只是虚无，它仅在下列同样的意义上才相等于假命题的类：它相等于犯了买卖圣职罪的独角兽的类，即这二者皆为空类的意义。我们可以推断（如果在其他方面是不明显的）：同感觉和表象相比，信仰对于客体涉及完全不同的关系。按照蒙塔古先生的观点，关于中立一元论者的典型错误一般说来就是所谓的“感觉幻象”。我下一次将设法充分说明，这种幻象并不比正常的感觉具有更多的假象或错误。我们在日常生活中很熟悉这样的错误，比如弄错了星期几，或者认为美洲是于 1066 年被人发现的。倘若将这些错误强制纳入“感觉幻象”的模型，就要付出如下的代价：假定这个世界充满了像“1066 年——或者无知的学生可能会提出的任何年代——发现美洲”这样的实在。

和关于错误的困难有一定联系的进一步困难涉及关于非时间实在的思想，或者对独立于时间的事实的信仰。凡是对信仰的正确分析，显然都存在我相信二加二等于四的时间，而且存在我没有思考这个事实的其他时间。那么倘若采取宇宙中不存在特殊的精神元素的观点，就不得不主张“2＋2＝4”是在有人相信它的那些时刻存在的，但在其他的时刻不存在的实在。然而却很难构想这类在某些时间中确实存在的抽象事实。这一命题的成分绝不是任何特殊时间，因此以下是绝不可能的：只有通过某个外来的特殊时间的中介，这一抽象事实才会取得对于它有时被思想和有时不被思想时所涉及的某些瞬间的那种特殊关系。当然这仅仅是以下同一困难的另一形式：假如我们接受中立一元论，就不得不把因果的功效归于在被相信的瞬间上的那个抽象的、无时间性的事实。鉴于这些理由，看来我们必然要主张，我相信 2＋2＝4 涉及了在我信仰的客体中并不涉及的特殊时间。而这同一个论证也一字不变地适用于当表象的客体不是特殊时间的各种表象。

关于记忆也出现了一个类似的难题。假如现在我记得一小时之前发生的一件事，那么，目前这一事件（即我的记忆）不可能在数量上相等于一小时前的事件。因而，假如我目前的经验只包含所经验的客体，以上所说的我记忆的那个事件本身就不能是我记忆时所经验的客体。所经验的客体必定是某个可以称作关于过去事件的“观念”的东西。但是对于这一点，如果将它应用于所有的记忆（必定会是如此），就似乎出现同样的异议，即对以下学说的反对意见：同外部客体的一切接触都要通过“观念”的中介而发生——这是中立一元论已经作为异议提出并加以反对的学说。假如在记忆中绝不可能直接经验过去，那么，我们必须查问：现在记忆中所经验的客体完全相似于过去的客体这一点怎么可能被认识呢？而如果不能被认识，我们所设想的关于过去的全部知识都会成为假象，而要说明我们关于过去的知识和关于将来的知识之间的差异也是不可能的。

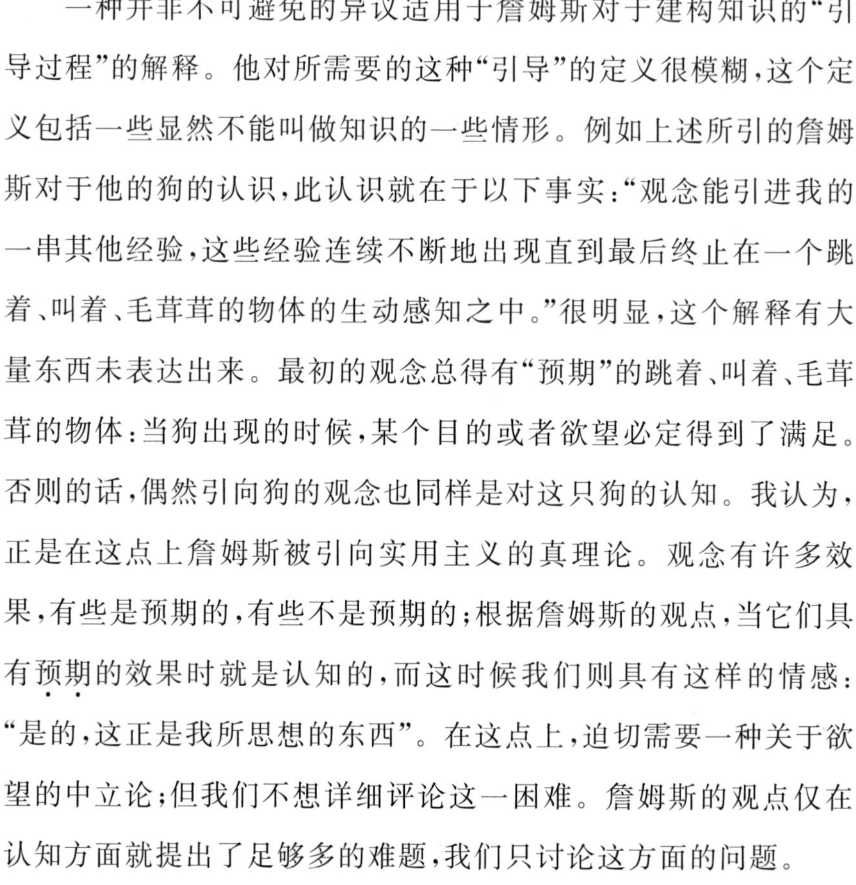

一种并非不可避免的异议适用于詹姆斯对于建构知识的“引导过程”的解释。他对所需要的这种“引导”的定义很模糊，这个定义包括一些显然不能叫做知识的一些情形。例如上述所引的詹姆斯对于他的狗的认识，此认识就在于以下事实：“观念能引进我的一串其他经验，这些经验连续不断地出现直到最后终止在一个跳着、叫着、毛茸茸的物体的生动感知之中。”很明显，这个解释有大量东西未表达出来。最初的观念总得有“预期”的跳着、叫着、毛茸茸的物体：当狗出现的时候，某个目的或者欲望必定得到了满足。否则的话，偶然引向狗的观念也同样是对这只狗的认知。我认为，正是在这点上詹姆斯被引向实用主义的真理论。观念有许多效果，有些是预期的，有些不是预期的；根据詹姆斯的观点，当它们具有**预期**的效果时就是认知的，而这时候我们则具有这样的情感：“是的，这正是我所思想的东西”。在这点上，迫切需要一种关于欲望的中立论；但我们不想详细评论这一困难。詹姆斯的观点仅在认知方面就提出了足够多的难题，我们只讨论这方面的问题。

詹姆斯所假定的介于他那只狗的先前知识和它的实际呈现之间的因果关系还需要一些进一步的定义；因为非预期的因果关联，即使它们最终的出现是预期的，也不能被说成是表明了最初的观念是认知的。例如，假定我想和狗待在一起；我向另一条街出发，希望在那里找到它；但在路上我不幸跌进一个我的狗已经落入其中的煤窖。虽然我找到它了，但不能说我知道它就在那儿。除了这种困难，因果关系是极其模糊的。我不相信，关于因果性这一主题的已被接受的概念能够得到辩护；而且不仅是这些概念，詹姆斯关于认知关系的说明也变得模糊不清。在詹姆斯和他的一些追随者身上体现了一种对科学的天真态度，一种对于可称作科学常识的东西的无批判的接受。我觉得他们这样做似乎大大地破坏了他们对于一些基本问题的思考的价值。“连续不断地出现的一串经验”这个概念倘若被引进认知定义中，我认为那就表示对因果性概念的不充分的批判态度。但我不能完全肯定这是对詹姆斯观点的致命驳斥，通过重新陈述而避免这一驳斥并非毫无可能。

另一个困难是：为了使詹姆斯关于认知的解释适用于所有的情形，他必须不仅要包括实际的引导过程，而且要包括潜在的引导过程。照他的观点，在认识者和被认识者之间可能存在着三类关系，我们可以看到其中的第三类关系是这样描述的：“如果加以充分的延长，连结性的过渡就一定会引向这个主体或那个主体，而被认识者就是这些主体的可能的经验。”（见前书，第 54 页）他说：“类型 3 总是可能正式地或假设地还原为类型 2”，而在类型 2 中这两者的经验都是真实的。这一点确实如此。但是由于使用了“假设地”这个词，他又引入了他名义上排除的可能性这一因素：假如你做了这样那样的事情（或许事实上你没有做这些事），你的观念一定会证实自身。但这与实际的证实相比完全是另一回事。可能的或假设的证实的真必然包括以下的考虑：必须完全取消作为真的意义的证实。一般说来可以这样规定：可能性永远表示不充分的分析：唯一存在的是真实的东西，纯粹的可能只是虚无，鉴于这个简单的理由，当分析全部完成时，只有真实的东西才是相关的。

如果我没有弄错的话，在我们将精确性引入詹姆斯关于“引导过程”的说明时就会产生一些困难。产生这些困难的原因是：他没有注意到在较早的阶段所相信的东西和完成时所经验的东西之间

必定有一种逻辑关系。我们返回来看纪念堂的例子。按照詹姆斯的观点，假如我知道在第一个路口向右转，在第二个路口向左转，然后继续走大约二百码便到达纪念堂，就可以说我“认识”纪念堂。让我们来分析这个例子，在所假设的情况中，我认识或者我至少真相信以下的命题：“纪念堂是一座在第一个路口向右转，在第二个路口向左转，然后继续走大约二百码便能到达的建筑物”。为了简明起见，我们令此命题是 P，在这个命题中，“纪念堂”这个名称可以假定作为摹状词出现，即它意指“叫做‘纪念堂’的建筑物”。它可以作为一个专有名称，即作为一个经验中直接呈现的客体的名称出现；但在所假设的情况中，当问到我是否确实认识纪念堂时，更有启发的是要把该名称的出现看作是一个摹状词。这样的话，命题 P 就断定了适用于同一个实体的两个摹状词。关于这一实体，此命题只说明有两个摹状词适用它。一个人在未曾看见纪念堂，而它从未直接呈现于他的经验中的情况下也可能认识命题 P（例如通过地图的帮助）。但是，假如我想发现对 P 的信仰是真还是不真，我面前就出现了两种方式。我既可以寻求其他的命题，它们给出了关于纪念堂的其他摹状词，例如它出现在地图上的某一点；我又可以去发现可满足某一个摹状词的真正的实体，然后确定它是否满足另一个摹状词。它们之间的次序从理论上看是无关的；但恰好是其中一个摹状词（即告诉我怎样走路的那一个）使找到被描述的实体更容易了。于是我可以先在第一个路口向右转，再在第二个路口向左转，继续走二百码，然后问在我面前的建筑物的名称。假如有人回答是“纪念堂”，我对命题 P 的信仰就得到证实。但是，当 P 事实上是真的时候，若要说关于 P 的信仰构成了

关于纪念堂的认识，那似乎就是对这些词的误用了。对P的信仰是对命题的信仰，在此命题中纪念堂本身甚至不作为一个成分；一个从没经验过纪念堂的人也可以根据充分的理由而承认它；一个清晰地记得纪念堂的人也可能错误地否定它。即便我不知道纪念堂的名称，甚至没有作出关于它的命题，但只要我真正看见它，就一定可以说：我是在某种比任何由于相信描述它的真命题而可能有的意义更根本的意义上认识了它。

假如上述分析正确，下列几点则是至关重要的。首先，像其他许多哲学家一样，詹姆斯和他的追随者不适当地把信仰同化为表象，从而遮掩了关于错误的难题；其次，他们所称作的关于客体的认识实际上是关于命题的认识，在这个命题中客体本身并不出现，而是由通过意象或实际的当下经验的其他成分由一个**摹状词**来代替；第三，使这类命题成为真实的是构成这一实际命题的诸成分的关系，这些关系**可能**（但不一定总是这样）是由所描述的客体的中介建立的，即便如此，它们也不是所描述的实际客体作为一个项或成分而进入的关系。因此，詹姆斯所称作的关于客体的认识实际上是关于命题的认识，而客体并不出现在这些命题之中，代替它们的是摹状词；这类命题的成分就包含在相信这些命题的那个人的当下经验之中。

以上看法把我们引向我必须要强调的对中立一元论的最后一个驳斥：我的一组当下的经验如何与其他的事物相区别呢？不管“我的经验”是什么意思，下面这一点都是不可否认的：在任一给予的瞬间，世界上的有些事物（而非全部事物）以某种方式集合成由我现在直接经验中的东西所构成的一束东西。我想考虑的问题是：中立一元论对于连接这束东西的各部分的纽带以及使它们不同于世界上其他事物的差别能够作出可靠的解释吗？

培里教授在他的《当前哲学趋向》一书中的“心的实在论”一章里顺便讨论了上述问题。他首先强调这一事实：相同的事物可以进入两个人不同的经验，因而一个心的对象不一定和另一个心的直接观察截然割断。到这里为止我赞成他的观点。但这一点并不能推论出（除非你假定了中立一元论也就是说，如果能推论出就要假定中立一元论）：你能够直接知道某一事物是另一个人的经验的一部分。A 和 B 或许都知道某一客体 O，但这并不能得出 A 知道 B 知道 O。因此，两个心灵可以知道同一个客体这一事实并不说明这两个人本身都容易理解各自的直接观察，除非它们完全是构成了他们的经验内容的客体。当然在这种情况下，他们必定能理解各自的直接观察。鉴于物理的原因，我们的如此大量的客体是一些其他的观察者不知道的身体内部的状态，由于这一事实，培里教授认为回避上述结论是完全错误的。而我认为，在这一点上他可能错了。请注意一些绝非私有的事物。比如说我在思考 3＋3＝6。我能直接知道我正在思考这一点，而其他人则不能。培里教授说：

“如果你是心理学者或者梦的解析者，我可能‘告诉’你我心里所想的东西。老练的人往往会认为，当我用言语如此揭示我的心灵时，你并不直接知道我心里所想的东西。可以假定，你直接知道的只是我的语词。我所以能够理解这样的假定仅在于它明确地指出：只有在听完我的话之后你才知道我心里所想的东西。”（见前书，第 200 页）

在我看来，这段话包含了一个逻辑错误，也就是说混淆了共相和殊相。就话的意义对于两个人是共同的而言，这些意义几乎都是共相。唯一的例外或许是“现在”一词。[①] 例如，如果我指着某个可见的对象说“这”，那么另一个人所看到的东西和我看到的并不完全一样，因为他是从不同的地点去看的。因此，如果他用这个词来指谓他所见的对象，这个词对于他不会有对于我完全一样的意义。如果他试图修正这一点，他必须通过“从我朋友的视点来看的对象符合我所见的那个对象”这样的摹状词来代替他视觉中直接的感觉材料。因此，我想说我的经验的那些话将忽略对于它是殊相的东西，只传达共相的东西（我不是说两个人知道同一殊相在逻辑上不可能，而是说由于每人的视点不同，这在实际中不会发生）。但是我们可以说，这类困难不适用于完全由共相或逻辑成分组成的抽象思维的情形。在这样的情形中，我的确能完全传达我思维的对象；但即便是这样，也有某种我不能传达的东西，即那个使我的思维成为特殊的过时事件的东西。假如在某个瞬间我思想3+3=6，这是时间中的事件；如果你在同一瞬间思想它，它是在同一时间的第二个事件。因此，在3+3=6这一简单明了的逻辑事实之外还有我思维中的某个事物；而恰好这个事物是部分地不可传达的。当我告诉你我正在想3+3=6时我给了你信息，纵使你对于算术并非完全无知。正是这进一步的某种东西造成我的思想，我们必须讨论这一思想。关于这一点，培里教授说：

“当我思想抽象的观念时，我的心的内容，即那些抽象观念本

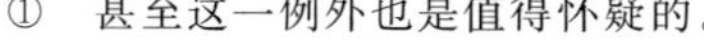

① 甚至这一例外也是值得怀疑的。

身，就与你可能也在想的东西一样。它们不是在任何排他性的意义上属于我的。它们是我的心的内容，这一事实意味着它们必定和我的神经系统的历史有密切联系。这些内容和使其成为我的内容的环节好像是共同的对象，存在于一般的观察和研究的领域。”（第 297 页）

这一段的重要句子是“它们是我的心的内容这一事实就意味着它们必定和我的神经系统有密切联系”，同一章另一个地方表达了这一相同的观点。他说：“基本要素变成精神的内容，这时就以具体的方式反应出中枢神经系统的特性。”（在第 299 页，培里加了重点）下列是更充分的说法：

“心是一个复合物，它这样构成起来是为了有希求地或感兴趣地行动。这里我指的是显示出活的生物体的那种特性，这生物体最初具有自我保存的本能，并在其发展的过程中获得各种各样特殊的兴趣。我主要不是在生理学的意义上而是在生物学的意义上使用兴趣这个词的。某些自然的过程以这样的智慧始终如一地行动，以致可以分离、保护和更新自身。”（第 303—304 页）

但是，这样对构成心灵的东西所作的解释似乎不可能与明显的事实相一致。为了认识这样那样的事物是在我的经验之中，没有必要去认识关于我的神经系统的任何东西：从没学过生理学而且没有意识到他们具有神经的人完全有能力知道在他们的经验之中有这个或那个。或许是这样（我不想肯定或否定这一点）：我经验的事物对于我的神经系统具有某种其他事物所没有的关系；但假如是这样的话，这必定是以后的建立在关于意识对象与神经系统以及物质对象的联系的大量观察上的科学发现。在我意识的事物之间——例如我眼前看见的事物和我背后的事物之间——的差别不是后来的、精心推敲的科学差别，也不是依赖这些事物的相互关系的差别。我认为上述这一点已检验得很清楚；我不知道怎样证明这一点，因为我想不出比这更显而易见的。倘若如此，中立一元论则不可能正确，因为它被迫求助于诸如对神经系统这样的无关考察，以便解释我经验的东西和我没有经验的东西之间的差别。这个差别对于中立一元论可能给出的任何解释都是更直截了当的。

现在可以总结这节冗长的讨论，讨论过程中必须事先提出下一步将充分展开的许多题目。我们已看出，中立一元论坚持认为：不存在两类（即精神的和物质的）实体，只存在实体之间的两类关系（一类属于按精神顺序排列的关系，另一类属于按物质顺序排列的关系）。倘若赞成这一理论，我们就承认了被经验的东西本身可能是物质世界的一部分，而且往往如此；承认了同一事物可以由不同的心来经验；承认了“心”和“物”的古老差别（除了不顾那些既非精神又非物质的抽象事实之外）错将“物质”和物质寓于其中的“空间”视作明显的、给予的和清晰的东西，并毫无希望地怀疑感觉事实是应当称之为物质的呢，还是应当称之为精神的。强调了上述这一切，我们必须承认中立一元论对哲学作出了重大贡献。然而，如果我没有错的话，还存在一些这一理论不能解决的难题和它不能予以解释的事实。它的产生主要是作为对下列观点的异议：外部的客体不是直接地，而是通过主观的“观念”或“意象”这个中介被人们所认识。但它又和这个观点共同主张以下学说：无论我经验了什么，都必定是我的心的一部分；一旦否弃了这个学说，它的

许多貌似合理性就会消失。

对中立一元论最主要的反驳建立在这样的考察上：在（比方说）可见的颜色和未见的同一颜色之间似乎有一种差异，这差异不是在对其他颜色、其他经验对象或神经系统的各种关系之中，而是在更直接、更密切、更直观的某个方式中。如果中立一元论是正确的话，那么仅有一种经验的心灵在逻辑上必定是不可能的，因为一个事物只有借助它的外部关系才是精神的；而且相应地对于这种哲学来说，要定义我的全部经验与我经验之外的事物的差别这方面也是很困难的。

第二个困难来自**信仰**或**判断**，詹姆斯和他的追随者不适当地将信仰和判断比作感觉和表象，从而导致了毁灭性的关于错误的理论。错误被定义为“相信非实在之物”，这就被迫承认了实际中存在着非实在之物。

第三个困难是：对不在时间中的事物的思维或对非时间性事实的信仰是有确定日期的时间事件。如果这事件不包含超出所思想或所相信的非时间事物的某种成分，那么以上所说似乎是不可能的。同样的问题出现在记忆方面；因为，假如所记忆的东西实际上存在于正在记忆的心之中，记忆在时间系列中的地位就变得模糊不清，而被记忆的客体的本质过去性也消失了。

第四个困难关系到詹姆斯提出的认识的定义，但很难说此定义对中立一元论来说重要到何等程度。詹姆斯通盘考虑的不是关于真理的认识，而是关于事物的认识。他认为这认识就在于其他事物的呈现，它们能引导出据说是它们认识的那个事物。他甚至拒绝将直接经验——我将其视作关于事物的唯一真实认识——视作认识;看起来他所谓对事物的认识实际上是关于命题的认识,而这事物甚至不是这命题中的成分。

除了上述困难以外,我认为还有第五个比前面四个更致命的困难。它来自对“这”、“现在”和“我”的考察。但这一困难要求相当长的讨论,所以留到下一部分再谈。

鉴于上述的各种理由——必须承认有些理由断定了下一步讨论的结果——我的结论是:中立一元论虽然在驳斥以前几个理论方面大部分是正确的,但它还没有能力处理所有的事实。它必定被另一个理论所代替。关于在某一瞬间被某个主体所经验的和没有被经验的东西之间的差别,这个理论所做的解释要比那种完全否定特殊精神实体的存在的理论所能做的更简要,也更明确。

三、经验的分析

在第一篇,我们对被经验的客体进行了初步考察。在第二篇,我们讨论了以下理论:经验只是一些客体的某一种相互关系,除了被经验的东西之外没有其他任何特殊的存在物。既然发现这一理论是不能令人满意的,现在我们就要探究经验的其他成分,并讨论经验与被经验客体的关系的性质。

我们先审查一系列至少值得怀疑的相关事实,再开始对经验的分析。就这一题目的各派哲学理论而言,很显然,无论正确的分析是什么,它本身都不是一些立即很明显的事实。但是,它就像一种科学的假设一样,作为经过材料的比较之后留下来的理论剩余物,我们必定能够取得这样的事实,这就像哲学的通常情况一样,构成我们材料的不是几个逻辑上最简单的事实，而是大量复杂的日常事实。对它们的分析在每一步都提出新的困难和疑惑。因此，假如我们要从不可否认的东西开始，就必须首先使用那些虽然很熟悉但却需要进一步详细分析和定义的词，而这一点在下一步才是可能的。

在我们目前的探究中最明显的事实是：不管“经验”的定义是什么，毫无疑问有些客体总会进入我现在的经验，而其中至少有些客体在我还记得的前一段时间没有进入我的经验。不太明显的事实是：所记忆的客体有时候——至少在刚刚过去的情况下——仍然被经验着，以致被经验的客体不一定与经验同时发生。我们能够思想像逻辑和数学这样的抽象事实，这也是显而易见的。但这还需要论证说明：当我们思想这些事实时所经验的是什么。要不是由于有人相信中立一元论，我本想说，我们能够经验自己的经验，而且这完全不同于经验我们经验中的客体。这是很显然的。即使有中立一元论，我认为也必须给作为我们经验的经验出现的东西找出一个位置，因为很难看出：不这样做又如何能取得我们具有经验这个概念呢？

前面我们已确定了：已知我们现在的经验不是包含一切的。而这一点有时被人认为不是已知的，其根据是：假如一事物在我们的经验之外，我们就不可能知道存在这个事物。即使受到重复的指责，再一次指出（不属于认识论而属于逻辑的）一些理由或许是有用的，因为这些理由会说明以上论证的荒谬。一个客体可以通过我们经验中的词项加以摹状，而存在着对应于这个摹状词的客体的命题则完全是由被经验成分组成的，因此不必通过外部的经验就能够知道这个命题的真。假如在考察中似乎没有对应于这个摹状词的被经验客体，就会得出以下结论：存在没有被经验的客体。例如，我们知道琼斯、父子关系和每人有一位父亲这个事实。因而我们知道存在着“琼斯的父亲”，虽然我们可能从未具有对他的经验。关于这个例子更充分的讨论必定涉及关于摹状的知识，目前只需要避开对下面这个观点的可能的异议：在任一瞬间被经验的事物已知并非是世界上全部事物的总和。今后我将假定这一观点。同时我们务必要记住这一点：我绝不能给出目前不在我经验中的事物的实际例子，因为，我能用非摹状的方式提到的所有事物必定都在我目前的经验中。这涉及了经验的真正性质，而且是关于经验的一个最重要的明显事实。

经验只是在精神世界中发生的众多事情之一，尽管它或许是最有特征的和最广泛的一个。判断、情感、欲望、意志虽然都以经验为先决条件，但又与经验有所不同；它们本身可以是被经验的，而且它们无疑具有以下要求：人们应当经验它们所涉及的客体，但是，它们本身并不仅仅在于对客体的经验。

弄清一个心灵的经验在多大程度上可能重叠于另一个心灵的经验这一点很重要。中立一元论者有助于哲学的就在于指出了同一个客体可以被两个心灵经验。作为事实，这一点当然适用于对于共相和抽象的所有经验活动，也适用于（尽管我认为只有理论上的可能性）感觉的事物。但是还留下大量的只有一个心灵才能经验的事物。首先，相对于唯一的被经验客体的经验活动从经验上看似乎不是先验必然性的事实，而是仅可能由一个人来经验。通过直接的经验，我可以认识在此瞬间我所看见的东西，尽管对另一人来说在理论上有可能看见这同一客体，但作为经验事实这另一人却不能通过我正看到它的直接经验来认识这个客体。关于其他的判断、情感、欲望、意志这类精神事实，这一点也完全是正确的，所有这些精神事实只能由一个人来经验。

因此，当客体 O 被 A 和 B 两个不同的人经验时，A 对 O 的经验是一个事实，B 对 O 的经验是另一个事实。A 对 O 的经验可以被 A 经验，B 对 O 的经验可以被 B 经验，但 A 和 B 都不能经验另一人的经验。A 在逻辑上不需要任何其他的经验就可以经验他对 O 的经验；因而他经验 O 这一事实不可能像中立一元论者设想的在于他对其他的经验客体的一种关系。从这些经验的特性来看，似乎不可避免地得出以下推论：A 对 O 的经验不同于 O 本身，事实上这是一个复合体；A 本身，或者与 A 连在一起的更简单的实体，如同 O 一样也是其中的成分。所以，经验必定是一种关系，其中的一项是被经验的客体，另一项是进行经验活动的项。我们或许仍然称这关系为“经验”，而迄今我们一直使用“经验”这个词，因为它是非约定的词，它似乎不会预先判断我们分析中的争点。现在，既已确定经验是由一种关系建立的，那就最好用一个不大中立的词，我们将同义地使用“亲知”(acquaintance)和“觉察”(awareness)这两个词，通常使用前一个。所以，当 A 经验客体 O 时，我们就说 A 亲知 O。

我们将“主体”定义为亲知某个事物的实体(entity)，就是说“主体”是“亲知”关系的前域。反之，被亲知的一切实体将称作“客体”，就是说“客体”是“亲知”关系的后域。没有被亲知的实体不可以叫做客体。假如一个事实包含亲知或者包含预设亲知为成分的某个关系，就可以称其为“精神的”。因此，亲知的一切实例都是精神的，因为，它是一个主体和客体通过亲知关系而统一在其中的复合体。孤立的客体不一定是精神的。当某个殊相(但没有一个关系预设亲知)作为事实的一个成分时，我们就可以称这一事实为“物质的”。确定为精神事实而非精神实体的理由就在于：我们只能通过摹状词取得主体，而且并不知道这些主体是否属于客体。

可以看出：我们没有将心和主体相等同。一个心灵可持续在一段时间中，但绝不能假定主体持续存在。就我们的论证至今所取得的结论看，关于一经验主体是否和另一经验主体相同的问题尚未提出任何证据。目前还不能判断属于同一人的不同经验的主体是否同一的问题。

针对上述将经验分析为主客体二元关系而可能提出来的最强烈的反对意见来自难以捉摸在内省中的主体。我们可能极易觉察自己的经验，但却不能觉察主体本身。当然，这一论证有助于支持中立一元论。这是一个重要的论证，很值得仔细思考。我们可以努力以下列方式解决它：要么坚持我们确实可能亲知主体，要么坚持即使这一看法正确，也无理由说明我们为什么能够亲知主体。

首先讨论我们确实能亲知主体[①]的理论。很显然，这个问题与“我”这个词的意义密切相关。这一问题很难避免混乱，而能否避免混乱又是非常关键的。首先，“我”(I)这个词的意义务必不要和“自我”(the ego)的意义相混淆。“自我”具有共相的意义：它不

① 以前关于这一点的讨论中，我当时坚持认为我们有这类亲知。参见《亲知的知识和摹状知识》，《亚里士多德学会会报》，1910—1911 年，尤其见第 110、127 页。

是指一人胜过另一人,而是指人的一般性质,无论这性质是什么,它都可以使每人称自己为“我”。但是“我”本身不是共相;当每次使用“我”的时候,只能有一人是我,虽然这个人是随着讲话者的不同而不同的。倘若将“我”描述为模糊的专名,而不是共相,就更接近正确。但在使用时,“我”一点也不模糊,它不指任何其他的人,而是指正在使用它的人。为了使难点得以清楚的阐明,有必要从“我”中清除通常包含的大量东西——它们不仅有身体,而且有在它们可能不属于当下的经验主体时的过去和未来。很显然,这一切都是通过从当下的主体的扩展中得到的,而根本问题则涉及我们关于当下主体的意识。因此在讨论中应断定:“我”是指我现在具有的经验主体(看出其中的恶性循环很重要);而且我们必须问自己:在这个意义上“我”是否为我们所亲知的东西。

在这一问题上,必须承认内省不会给以赞成的答复。休谟的无能力感知自身的观点并不奇特,我认为绝大多数无偏见的观察者会同意他的观点。纵然尽了极大努力也几乎无人能瞥见自身,这种观点并不充分;因为“我”是大家都知道如何使用的词项,因而它必定具有某些很容易理解的意思。这就得出:“我”这个词像大家共同使用的一样必定代表一个摹状词;在逻辑的意义上它不能是真正的专名,因为真正的专名只能给予我们所亲知的客体。

这就迫使我们考察上述提出的第二种答复,并且要询问自己:我们的亲知理论是否可以蕴涵关于赤裸裸的主体的直接意识。如果蕴涵了,看来这个理论一定是错误的,但我想,我们可以说明亲知理论不蕴涵这种直接意识。我们的理论坚持认为:当我们觉察关于客体 O 的经验时,其感觉材料是“某物亲知 O”这一事实。这里出现的主体，不是以它的个体身份，而是作为一个“表面变项”；因此，这类事实可以是一个感觉材料，尽管不能亲知主体。

假如主体不是在亲知中给予的这一点似乎是正确的，那就将得出主体的内在性质不可知的结论。例如，我们不能够知道主体不同于物质(matter)，也不能够知道主体并非不同于物质。它们唯有作为亲知关系以及其他蕴涵亲知的心理关系——欲望、判断等——所指称的对象而被人们所认识。由此可知，心理材料——至少是认知的心理材料——不是由殊相，而是由某些事实(即某些命题所断定的东西)和关系(即亲知和某些其他的以亲知为先决条件的东西)组成的。感觉给予殊相而知觉给予事实，通过这一说法我们可以区别前者和后者；这样一来，内省完全是由知觉而不是感觉组成的。

鉴于我们不知道主体是什么这一事实，就不能接受一切“精神的”东西是一切涉及主体的东西的定义。我们可以将精神事实定义为包含亲知或(以亲知为先决条件的)其他关系——欲望、判断等——之一的事实。或许有这样的可能性：主体是另外一类我们叫做物质(physical)事实的成分，因此涉及主体的事实可能不总是精神事实。

当两个客体 O 和 O′作为一个经验的两部分被给予时，我们知觉到“某物既亲知 O 又亲知 O′”这一事实，因而被给予的两例亲知有一个共同的主体，即使这主体不是给予的。我认为正是这样，“我”变成通俗易懂的。当我们认识到经验是通过亲知关系建立的时候，我们就可以将“我”定义为当下经验的主体。而我们可以看到，这样下定义，“我”就指谓和先前更通俗的定义所指谓的同一个实在。但以上两个定义形式都不要求我们承认:我们曾经亲知了一个亲知的赤裸裸主体。

然而,上述对“我”的定义中还留下一个十分有趣并且很重要的论点要考察,这就是:“当下的”经验是什么意思。如果将“我”定义为我们所主张的观点,那么看来明显是“当下的”经验必定由亲知来了解。由此又要引出下列几点:第一,必须注意心理的呈现和当下的时间之间的联系(如果有联系);第二,必须注意在我们对于当下的经验的亲知中心理上包含了什么;第三,必须注意关于当下经验的一切定义似乎会陷入恶性循环的逻辑困难。

(一)在一种意义上,无论我经验什么,我经验它的那一刻对于我都是“当下的”,但在时间的意义上,它不一定是当下的——例如它是人们记忆中的事物,或根本不在时间中的抽象事物。所有被经验的事物都是“当下的”这个意义或许不被人注意,我们倒不如用已经有的三个词——经验、亲知和觉察——来描述这一意义是什么。但还有另一个意义,在这一意义上,感觉中给予的客体是“当下的”。正像我们后面将看到的一样,我们有理由提出存在多种一般的“亲知”关系,而且似乎是:其中的一种关系当客体在感觉和知觉中是当下的,而在记忆中不是当下的这种意义上是“呈现”。我认为在这一意义上“呈现”关系是建立我们关于时间的认识的最终成分,而“当下的”时间可以定义为对于我具有“呈现”关系的那些事物的时间。回想一下上面关于“我”所说的一切,我们看到,谈及对“我”具有呈现关系的事物时,我们指的是对于当下经验的主体具有呈现关系的事物。因此“当下的经验”是比“当下的时间”更本质的概念:后者可以由前者定义,反之则不然。

（二）在我们对于当下的经验的亲知中心理上包含了什么呢？至少以下所说显然是可能的：应当有关于客体 O 的经验，还应当有另一类关于经验 O 的经验。这第二类经验在感觉和知觉的客体是当下的，而在记忆的客体不是当下的意义上必定包含了当下。让我们称这个意义为 P。那么，主体对于一个自身是经验的客体应具有关系 P 则是必要的，我们可以用符号表示为 S—A—O。因此，我们需要一种可用以下符号来表示的经验：S′—P—（S—A—O）。[①]

当这样的经验出现时，可以说我们具有一例“自我意识”，或者“关于当下的经验的经验”。要注意的是，没有好的理由说明为什么 S 和 S′这两个主体在数量上相同：包含这两者的“自我”（self）或“心灵”（mind）可能是一个构造，就我们的问题的逻辑必然性方面而言，它们不必涉及这两个主体的任何同一性。因此，“当下的经验”就是指使用这一词组对于主体具有呈现关系的经验。

（三）然而还留下一个逻辑的困难，解决起来既有趣又重要。为了认识当下的经验，我没有必要一定要知觉

S′—P—（S—A—O）

这一事实。没有对这一事实的知觉也必定有可能挑选出作为当下的经验。要是有必要知觉这个事实的话，很明显我们就会陷入一种无穷倒退。事实上很显然，“当下的经验”，或“当下的客体”，或完成同样目的的某个词组，都必定能够作为专名来使用；客体在不同的时机对于不同的主体的所有方式都是当下的，而且我们已经

① 或者应当是 S′—P—［（∃S）·（S—A—O）］。

看到，与呈现给“我”有关的主体必定要通过呈现关系进行定义。

主要的考察无疑来自于对实际上“呈现”是什么的回想。当客体在我当下的经验之中时，我就亲知它；对于我来说，并无必要反省我的经验，或者观察这客体具有属于我的经验的那种特性，才能亲知它；正相反，我不需要有任何关于客体特性或关系的反省就能认识客体本身。这一点通过一个说明性的假设或许可能更明确：假定我像亚当一样担任为各种客体命名的工作。我应当为它们命名的那些客体都是我亲知的客体，但对于我来说不必反省我对它们的亲知，或者认识它们都分有对我的某种关系。将我能给它们命名的那些客体与其他事物相区别的是以下这个事实：这些客体在我的经验之中，也就是说，我亲知了它们，而唯有以后的反省才证明它们都具有这一显著的特征；在命名它们的过程中，它们看起来仅仅是这个、那个或其他什么。

对“这”一词的进一步思考有助于使这一点更明确。“这”一词永远是一个专名，在这一意义上它直接适用于恰好一个客体，并且从来不描述它所适用的客体。但在不同的时机它适用于不同的客体。就我们目前这一问题的目的而言，我们可以说“这”是某人使用这个词的瞬间所注意的那个客体的名称。这里引入的注意关系当然不同于亲知关系。其中一点不同在于：主体一次只能注意一个客体，或至少很少的客体。（这一点当然可以质疑，但鉴于我们的目的可以先这样假定。）因此，我们可以谈及“在给予的瞬间一个给予的主体所注意的那个客体”。如此描述的客体是在那一瞬间主体将称呼它为“这”的客体，但若认为“这”意指“我现在注意的客体”则是错误的。“这”是一个应用于我现在注意的客体的专名。

如果问我怎样挑选这个客体,回答是:通过假设既然它是我所注意的客体,我就在挑选它。“这”并不等待着由给予的特性来定义,而是被给予的;首先它是实际地被给予的,然后对它的反省说明它就是“那个被给予的东西”。

我们可以顺着相反的次序回顾我们的每一步讨论。在我的意识生命的任何一瞬都有我正注意的一个客体(或至多是一些很少的客体)。有关殊相的一切知识都从这一客体中传递出来。这个客体并非内在地区别于其他客体——(由于一些与我们无关的原因)只不过碰巧我注意了它。既然我注意到它,我就能命名它;我可以给它起任何我挑选的名称,但是一旦创造力枯竭,我很容易命名它为“这”。由于反省和特殊经验的帮助,下面这一点变得很明显:有“注意”这样的关系,而且总有一个主体正注意叫做“这”的客体。正注意“这”的主体被称为“我”,而对“我”具有呈现关系的事物的时间被称为当下的时间。“这”是全部过程的出发点,但“这”本身不是被定义的,而完全是被给予的。混乱和困难就来自将“这”视为**由被给予的事实来定义**,而不是完全被给予的。

因此,我们能够答复因缺之对主体的亲知而形成的对亲知理论的责难,另一方面也承认反对者提出的我们不能亲知主体的观点是正确的。回答了这些异议,现在我们就能用下列要求反击中立一元论:要求中立一元论必须提出关于“这”、“我”和“现在”的解释。我不仅仅是说中立一元论应当提出关于特殊性、自我性和瞬时的解释,因为,它甚至丝毫不触及实质问题也是可以完成这一切的。我所要求的是要说明挑选的原则。对于某一瞬间的某个人来说,这一原则可使得一个客体、一个主体和一个时刻是密切的、接近的和直接的，因为对于这一时刻的主体来说没有任何其他的客体、主体或时间能这样，尽管同样的密切性、接近性和直接性将属于这些东西(它们与其他的主体和时间有关系)。假定在一个世界上，没有特殊的精神事实，那么就会有一种完全的不偏不倚状态，一种均匀的漫射光，而不是逐渐消失于外部黑暗中的中心照明，这正是和心发生关系的客体的特征。这些不是显而易见的吗？或许不必承认特殊的精神事实也能找到对这些疑问的答复；但在我看来，这些作为"这"、"我"和"现在"的"特别的殊相"显然不可能没有心的挑选。因此，我得出如下结论：对特别殊相的考察可作为对中立一元论的新的反驳，而且是最终的反驳。

在结束经验的分析之前，我们必须考虑一个流传很广的理论，根据这一理论，我们对客体的亲知不仅包含主体和客体，而且包含被称为"内容"的东西。迈农很明确地提出了内容和客体之间的区别，例如在他的《论客体的高度分类和对于内心感知的关系》[①]一文中。下面我们引述这篇文章中的一些话，它们可能有助于使这一理论变得更加明白易懂。

"就所有的心理事物而言，它们必须具有客体，这一点至少就这里只与我们有关的那个心理材料而言或许会毫无保留地予以认可。无人会对下面这一点产生怀疑：若没有对某个事物的陈述，你就不能具有陈述[②]，若没有关于某件事的判断，你就不能去判断。人们也许愿意承认不存在任何没有内容的陈述或判断；但这种情

① 《感觉器官的心理学和生理学》期刊，XXI卷(1899年)，第182页以后。

② 我认为主体和客体在呈现中的关系或许相等于我所谓的"亲知"的关系。

愿多半来自内容和客体几乎完全相同这样的假定。我也一直相信这两个表达式可以同样使用,因此可以省掉其中的一个。现在我认为这看法是荒谬的。”(第 185 页)紧接着他立即说明自己的根据。他说,主要根据是,我们可能具有其客体是非存在的陈述或判断,不管这种客体是由于自身矛盾(例如圆的方形),是由于不存在这样的事物(例如金的山),是由于尽管它可以“实存”(subsist)但不是那种能现存(exist)的事物(例如红和绿之间的差异),或是由于虽然现在被陈述,但其存在却属于过去或将来。他作出以下的结论:“因此陈述总是存在的,但是除掉为了理论预见的利益之外,谁又会愿意承认不是陈述的内容存在而是陈述存在呢?”(第 186 页)因而,客体和内容之间的第一个区别是:客体可能是非存在的事物,但只要陈述存在,其内容必定也存在。第二个区别是:客体可能不是心理的,而内容必定是心理的。客体可能是蓝色的、温暖的或沉重的,而内容不可能具有这样的属性。(第 187—188 页)他说,一切陈述,虽然其客体有所不同,它们却共同具有使其恰好成为陈述的东西,即“意象或意象行为”;但对不同客体的两个陈述不是完全相似的,因而客体中的差别必定导致陈述中的一些差别。那么,虽然有“行为”的同一性,两个陈述在其中或许能体现差别的东西就是被称作“内容”的东西。这东西现在存在着,并且是心理的,即使这时候客体并不存在,或者客体是过去的、将来的,或并非心理的。(第 188 页)

我们先考察迈农的上述论证才能确定事实上是否存在“内容”以及陈述的客体。迈农引用的非存在客体的例子通过不完全符号的理论大部分已经解决——圆的方形和金的山根本不是客体(我

并非指它们是不存在的客体)。其他的例子就更不难应付了。例如,红和绿之间的差异具有适合这类客体的一种实存;将来的事物虽然可以通过摹状词来认识,但它们不被陈述。然而仍有一种情况:我们可以有关于抽象事物(在时间中没有任何位置)的陈述,或者关于不复存在的记忆中的客体的陈述。记忆情形充分说明迈农在以下假定中的困难:当某个内容不存在时陈述仍然能够存在。应当说,我们现在有记忆,或者用通俗的语言说,我们有记忆时处于一种与我们没有记忆时应有的状态相比完全不同的"心灵状态"。事实上迈农的"内容"就是通常称为"心灵状态"的东西。于是问题就在于:有那种相对于以各种方式被人们认知的客体的"心灵状态"吗?迈农告诉我们,如果陈述的内容现在不存在,而陈述现在存在,这是不可能的事。但是如果像我们极力主张的那样,陈述全部而唯一地就在于主体和客体的关系之中,那么,记忆-陈述则是一个复合体,其中的一个成分是当下的,而另一个是过去的。这样的复合体在时间序列中有否确定的位置这一点并不明确:记忆主体是当下的这一事实对于将整个复合体视作当下的这一点并非充足的理由。同一说法也适用于其客体根本不在时间中的陈述的情况。因此"谁愿意承认不是陈述的内容存在而是陈述存在呢?"这个问题就失去了论辩力量:"存在"这个词非常模糊,但如果它意指"时间序列的某一部分",那么,陈述存在这一点并不是完全明确的;如果它意指其他的合理的意思,客体不存在这一点也是不明确的。

内容而非客体必定是心理的这种论证,以及客体而非内容可能具有蓝色、温暖和沉重这类属性这种论证可以不予重视,因为这

些论证没有提供自身成立的理由而使人们相信存在着内容这一类事物。

极力促成对“内容”(与客体相反)产生信仰的论证是迈农提出的以下最后一个论证,即是说:对一个客体的陈述和对另一个客体的陈述之间必定有某些差别,而这种差别在陈述的“行为”中是看不到的。乍一看去,在我思考一事物和思考另一事物时我的心灵处于不同的“状态”,这一点似乎很明显。但是事实上客体的差别提供了所要求的所有的差别。关于心灵“状态”的假设似乎有“内部”关系论的影响(一般是无意识的):人们以为主体中的某一内在的差别必定对应于主体对其有陈述关系的客体中的差别。我在其他地方曾经详细论证了这个问题,因此现在我将采用“外部”关系论。根据这种观点,关系的差别不提供内在属性的差别的证据。从这一事实可以推出“我觉察 A”这一复合体和“我觉察 B”这一复合体完全不同,但不能推出:在我觉察 A 时我具有在我不觉察 A 而觉察 B 时不具有的某种内在的性质。因此没有理由断定主体中的差别对应于两个被陈述的客体之间的差别。

还有一个需要探究的问题:是否还有其他的理由可以承认“内容”? 我认为,或许是由于粗心的使用“意象”和“观念”这类词而使得对内容的信仰一直受到鼓舞。人们或许这样认为:从许多不同的观点看见一个给予的物质对象时,这物质对象本身就是具有许多陈述的客体,而不同的意象是不同的内容。迈农自己远远避开这样的混乱,但是语言容易鼓励这一想法。当然,事实上,人们认为从不同观点看到的物质对象是一个理论的构造,而不是什么陈述的客体。各种有关的陈述的客体是从不同观点看的直接的视觉材料。视觉材料的变化与物质对象是不变的信仰相结合有助于产生视觉材料是“主体的变型”的信仰，这样就遮掩了视觉材料作为客体的特性。现在我不想扩大这个题目，因为我在1914年7月的《科学知识》期刊上的一篇文章[①]里详细讨论过这个题目。

或许有人极力主张：不同的人能够认识同一个客体，但不能具有相同的陈述，而这一点指出了超出客体以外的作为陈述成分的东西。如果这个论证的前提是被承认的，作为对中立一元论的反驳它就是行之有效的；但根据我们的理论，主体间的差别足以区分两个陈述，因此并不会产生疑难。

反对内容的主要论证是内省地发现内容的困难。可以说已经承认的这一困难同样适用我们亲知理论中的主体，但我们的理论不是以假设的对主体的内省知觉，而是以源自经验本质的推论为根据的；这一点确实如此。假如迈农用来支持其内容信仰的论证在我们看来是有效的话，我们就应当承认内容；但是在没有有效的论证的情况下，只有内省的证据才能引导我们承认内容。既然连这种证据也不存在了，所以我们就可以下结论：无理由承认内容。

将“内容”视为主体变型的信仰常常采取比迈农所主张的更加极端的形式。人们认为只要是能直接认识的东西必定是在“心灵之中”，而我们只能由推论取得外在于我们的一切事物的知识。我们可以用许多方法反驳这种观点。我们最好首先搞清楚：“我的心灵”意谓什么，在问到这或那是否在“我的心中”时我们争辩的究竟是什么。下一步我们也许会指出：许多人可以认识抽象的事实和

① ［这篇论文重印在《神秘主义与逻辑》一书的第八章里。——R.C.马什］

共相，因此，假如这些抽象的事实和共相“在我的心中”，那么，同样事物可以同时在两个心之中。但是，我认为主体理论的主要来源一直是人们所假设的感性幻觉。正像天文学理论一样，太阳不是直接给予的：直接给予的是某种视觉的光亮片，根据物理学，它依赖插进来的中介和我们的感觉器官。因此，假如我们认为天文学家的太阳就是我们在“看见太阳”时的那个客体，那么，实际给予之物必定降低到某个主观的事物这样的水准。但事实上天文学家研究的物理对象是一种推论，而我们看见的光亮片尽管有它的变化性，也只能视之为谬误论证所产生的幻觉。

总起来说：经验的明显特征似乎表明经验是一种两项关系；我们把这种关系称作**亲知**，而我们将对于客体具有亲知的一切事物命名为**主体**。主体本身似乎并不亲知自身；但这一点并不妨碍我们的理论通过“这”一词的意义的帮助来解释“我”这个词的意义，“这”是所注意的那个客体的专名。尤其在这方面我们发现自己的理论优于中立一元论，而中立一元论似乎无能力解释经验的选择。最后，我们讨论并否弃了经验包含称为“内容”的精神变型的观点，而这些变型形形色色，这又再次产生形形色色的客体——这个观点似乎依赖内部关系理论；被我们同时加以否弃的是所有的直接知识都局限于我们自身的知识这一学说——然而，我们的一部分论证要留待另一次补充说明。

逻辑原子主义哲学

路德维希·维特根斯坦十九岁那年(从柏林高等技术学校毕业后)来到英格兰,开始在曼彻斯特大学的工程实验室作为一名研究学者从事航空学的研究。在这个时期他读了《数学的原则》,并于1912年1月以"优等生"的资格去剑桥学习——鉴于1920年之前剑桥尚未授博士学位,他大概是"研究"学士学位的候选生。他在剑桥就学五个学期,绝大部分时间同罗素在一起从事研究。1913年夏季他离开剑桥,直到第二年战争爆发之前的十四个月期间,罗素一直与他保持着联系。但是,几乎没有什么保留下来的材料可以向我们说明:他们都谈了一些什么。在1914年哈佛讲演的序言中,罗素曾谈到"我的朋友路德维希·维特根斯坦先生"的"尚未发表的、充满新意的重大发现"(讲演第9页)。这些话使人联想到他们的关系绝非像人们所想象的一个二十四岁的学生和他四十一岁的杰出导师之间的那种关系(但是就罗素的个性而言,这一点儿也不奇怪)。①

---

① 对于维特根斯坦《逻辑哲学论》的发表(1922年)罗素担负主要责任。1929年返回剑桥时,维特根斯坦仍是一名无学位的"学生",并且只能在他又进行两个学期的学习之后,才能开始从事(四十岁时)博士学位研究。他提交《逻辑哲学论》作为博士论文,并通过了由罗素和摩尔主持的答辩考试。维特根斯坦被任用为三一学院的研究员。在这件事情上罗素也起了作用;但除此之外,他们之间先前的那种关系未能再继续下去,因为那时罗素搬出了剑桥的学院区,并且专注于与他早期研究不同的其他哲学问题。

罗素对他于1912至1914年间与维特根斯坦进行讨论的那些观点的进一步发展或许在他的1918年逻辑原子主义讲演里得到最好的记载。但这并不表示:维特根斯坦一定赞成罗素处理这些思想资料的方式;实际上我们都知道,维特根斯坦一直很反感罗素为《逻辑哲学论》的英文版所作的导言。伟大的哲学家都有一个共同的弱点,他们总认为自己的思想完全正确,并且不能充分考虑其他人的思想(没有什么自己观点的二流思想家往往在这方面做得更好些)。因此,我们所看到的青年维特根斯坦的观点,仅仅是以那种被吸收进成年罗素的思想的形式出现的,尽管如此,这一观点还是很有意思的。

逻辑原子主义讲演对处于哲学发展批判时期的罗素思想提供了一个充分展开的、详尽系统的说明。令人奇怪的是,罗素作了这些讲演之后差不多四十年来它们竟从未正式加以重印。这些讲演所做的一项工作就是要证明,"近代逻辑最伟大的一个功绩是:允许我们对(各种类型的哲学)疑难进行精确的阐明,与此同时,必定要摈弃所有的试图解决这些疑难的虚伪托词"。作出该声明的作者[不是罗素,就是P. E. B.乔戴恩(Jourdain)]似乎是怀疑论者,但他实际上是一位比怀疑论者更有智慧的人物。

逻辑原子主义哲学

1918 年

下列(全文)是 1918 年的前几个月我在伦敦(戈登广场)所作的连续八篇讲演。这些讲稿在很大程度上是关于我从我以前的学生和朋友路德维希·维特根斯坦那里得到的某些观点的阐明。自 1914 年 8 月以后我一直没有机会获知他的观点,我甚至不知道他是否还健在[1],因此,这些讲稿中所说内容倘若超出了讲稿中所包含的最初提出来的许多理论,维特根斯坦对此不应当负有任何责任。

目　　录

一、事实和命题 …………………………………………… 214

二、殊相、谓词和关系…………………………………… 228

三、原子命题和分子命题 ……………………………… 245

四、具有一个以上动词的命题和事实;信念等等………… 260

五、一般命题和存在 …………………………………… 276

---

① [这段话写于 1918 年,是连续三期《一元论者》期刊上所发文章的序言。我从编辑的角度作了四处小的改动,现以完全不同的版式重印。——R. C. 马什]

六、摹状词和不完全符号 …………………………… 292
七、类型理论和符号学说:类………………………… 308
八、形而上学补论:何物存在………………………… 327

一、事实和命题

现在我要开始的这一系列讲演,我称作逻辑原子主义的哲学。一开始或许最好先简单地说一说我是怎样理解这个题目的。我所主张并称作逻辑原子主义的这种哲学是在思考数学哲学的过程中强加于我的一种哲学,虽然我发现很难精确地说出以上二者之间在多大的程度上具有确定的逻辑联系。在这些讲演中我准备讲的内容主要是我个人的见解,而且我声明我所讲的东西并不超出这一范围。

正像我试图在《数学的原则》中要证明的一样,当我们分析数学时,我们总要使数学回归到逻辑。一切数学在最严格和最形式化的意义上都要回到逻辑。在目前的讲演里,我将努力以大纲的方式(相当简要、相当不能令人满意地)提出一种逻辑学说。在我看来,这一学说产生于数学哲学——严格地说不是逻辑地,而是作为一种人们反思出来的东西:某种逻辑学说,和以这一学说为基础的某种形而上学。我要主张的逻辑是原子主义的,它与那些不同程度追随黑格尔的人们的一元论逻辑相对立。当我说我的逻辑是原子主义的时候,我意指我也主张存在许多分散的事物的常识信仰;我并不认为:世界的明显复多性仅在于一个单一不可分的实在的各种状态和各种不真实的划分。从这一观点就会得出以下结论：为了证明我所主张的那种哲学的合理性，必须要做的相当一部分工作就在于证明分析的全过程是合理的。人们往往听说分析的过程只是伪造，当你分析任何给予的具体的整体时，你总是搞错它，所以分析的结果就不是真实的。我认为这不是正确的观点。当然，我的意思不是说（也没有人会坚持说）当你进行分析之后，你保留了在你分析之前所有的全部事物。假如你这样做，你绝不能在分析的过程中获得任何东西。我提议，不是通过论战或通过反对相反意见的论证来对付我不赞成的那些观点，而是要正面提出关于那个问题我认为是真理的东西，并且自始至终竭力说明我所主张的观点必然来自绝对不可否定的材料。当我谈到“不可否定的材料”时，不要认为它是“真材料”的同义语，因为“不可否定”是一个心理学术语，而“真”则不是心理学术语。当我说某个事物是“不可否定的”时，我意指它不是那种任何人想要否定的事物；从中我们不能得出它是真的，不过的确可从中得出我们都会认为它真——而这一点正像我们似乎有能力达到的那样接近真理。当你正在思考任何一种认识论时，你或多或少要被束缚于某种不可避免的主观性，因为你不是单纯地考虑什么东西适用于世界这个问题，而是“关于这世界我能知道什么？”你永远必须从在你看来是真的事物开始论证；如果在你看来这事物是真的，就不存在更多的要做的工作。你不可能越过自身并且抽象地考虑那些在你看来是真的事物是否是真的；你可能在下面这种特殊的情况下才会这样做：即你的一个信仰在你的许多其他信仰的影响下有所改变。

我称自己的学说为**逻辑**原子主义的理由是因为我想在分析中取得的作为分析中的最终剩余物的原子并非物质原子而是逻辑原

子。某些这样的原子就是我称为"殊相"的东西(诸如很小的颜色片、声音、瞬间的事物),而还有一些原子是谓词或者关系等。其要旨在于我想取得的那种原子不是物理分析的原子,而是逻辑分析的原子。

那些作为开端的不可否定的材料永远是相当模糊和有歧义的,这是哲学中一个相当奇特的事实。例如,你可能会说:"此刻这个房间里有一些人。"这句话很显然在某个意义上是不可否定的。但是,当你试图定义这个房间是什么,一个人在这个房间里是什么,你打算如何区别一个人和另一个人等等时,你就会发现,你所说的是极其模糊的,你实际上并不知道你的意思是什么。这是一个非常奇特的事实,即你实际上肯定的每一件事情,顷刻间成为某个你并不知道其意思的事情,而且,在你取得一个严格陈述的瞬间你不能肯定它是否真或假,至少当时是这样。在我看来,健全的哲学推理过程主要在于:从我们觉得完全有把握的那些显而易见的、模糊的、有歧义的事物开始,一直到某个准确的、明白的、确定的事物。通过反省和分析,我们发现这个事物就包含在我们由此开始的那个模糊的事物之中。也可以这样说,确定的事物是实际的真,而模糊的事物是实际真的一种阴影。要是以后有时间,而我又了解的比现在更多,我很愿意作一次关于模糊性概念的专题讲演。我认为模糊性在知识论中非常重要,比你断定它是出自于大多数人的著述要重要的多。如果你没有努力做到使每个事物精确,那么每个事物都有你没有认清的很大程度的模糊性;而每一精确的事物距离我们通常思考的每一事物是如此遥远,以至于你不可能在一瞬间设想出那就是当我们说出所思考的东西时我们实际上的

意思。

当你使用我刚刚谈到的分析和反省的方式而从模糊转向精确的时候，你永远要冒犯错误的危险。如果我从“在这个房间里有如此这般多的人”这个陈述开始，然后努力使这个陈述精确，我会遇到很多危险，而且极其有可能是这样：我作出的任何精确陈述都是某个根本不真实的事物。因此，你不可能很容易或很简单地从这些模糊而又不可否定的事物到达那些精确事物，这些精确事物将会保持起点的不可否定性。你取得的那些精确的命题可能在逻辑上是一些你依赖它们建立体系的前提，但它们不是认识论的前提。认识下面这两者之间的区别十分重要，即：事实上你的认识来自什么东西，和如果你已经具有了全面的认识，你会从什么东西中推论出这种认识。这两者是完全不同的事情。逻辑学家视作一门科学的那类前提不会是那种最先知道或者最容易知道的事物：它将是一个具有巨大演绎能力、巨大说服力和严格性的命题，是一个与你的认识从其开始的实际前提完全不同的事物。当你谈论认识论的前提时，你并没有谈论任何客观的事物，而是谈论某种会因人而异的东西，因为一个人的认识论前提与另一个人的认识论前提是不会相同的。在一个相当大的学派里有一个很强的倾向，认为当你努力对你知道的东西作哲学推导时，你应当一步一步深入地将你的前提推回到不严格的和模糊的领域，越过你自身所处的那个点，一直回到儿童或猿那里；而且还认为，你似乎知道的一切事物——但心理学家却承认它们是你先前的思想、分析和反省的产物——实际上都不能视作你自己认识中的前提。我可以说，这是一种非常广泛地受到支持的理论。而且有人利用这一理论反对我想要极

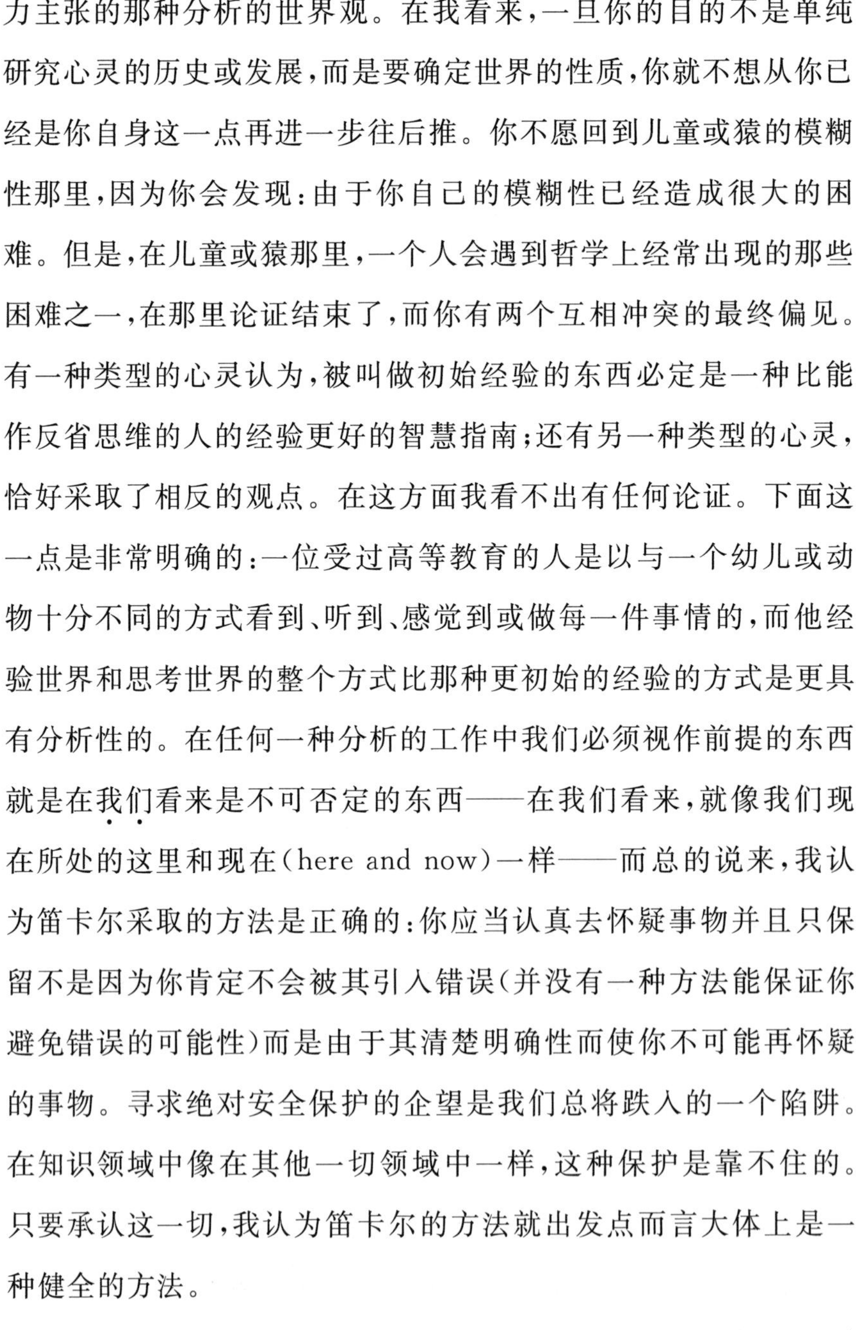

力主张的那种分析的世界观。在我看来,一旦你的目的不是单纯研究心灵的历史或发展,而是要确定世界的性质,你就不想从你已经是你自身这一点再进一步往后推。你不愿回到儿童或猿的模糊性那里,因为你会发现:由于你自己的模糊性已经造成很大的困难。但是,在儿童或猿那里,一个人会遇到哲学上经常出现的那些困难之一,在那里论证结束了,而你有两个互相冲突的最终偏见。有一种类型的心灵认为,被叫做初始经验的东西必定是一种比能作反省思维的人的经验更好的智慧指南;还有另一种类型的心灵,恰好采取了相反的观点。在这方面我看不出有任何论证。下面这一点是非常明确的:一位受过高等教育的人是以与一个幼儿或动物十分不同的方式看到、听到、感觉到或做每一件事情的,而他经验世界和思考世界的整个方式比那种更初始的经验的方式是更具有分析性的。在任何一种分析的工作中我们必须视作前提的东西就是在**我们**看来是不可否定的东西——在我们看来,就像我们现在所处的这里和现在(here and now)一样——而总的说来,我认为笛卡尔采取的方法是正确的:你应当认真去怀疑事物并且只保留不是因为你肯定不会被其引入错误(并没有一种方法能保证你避免错误的可能性)而是由于其清楚明确性而使你不可能再怀疑的事物。寻求绝对安全保护的企望是我们总将跌入的一个陷阱。在知识领域中像在其他一切领域中一样,这种保护是靠不住的。只要承认这一切,我认为笛卡尔的方法就出发点而言大体上是一种健全的方法。

因此,我提议,永远从一切这样的论证开始:从我必须通过诉诸明显得滑稽可笑的材料而作出的一切论证开始。所要求的一切哲学技巧都在于选择那些有能力产生大量反省和分析的东西，都在于反省和分析的自身之中。

以上所述都是作为一些介绍。

我想要引起你的注意的第一个自明之理（我希望你在这一点上与我意见一致：我叫做自明之理的这些事物是如此显而易见，以至于提到它们都几乎是滑稽可笑的）是：世界包含事实，而事实是不论我们对之持有什么样的看法而该是怎么样就是怎么样的东西；而且还有信念，信念指涉事实，通过对事实的指涉，信念不是真就是假。首先，我将试图向你作一个关于我所说的“事实”意指什么的预先说明。当我谈到一个事实时——我并不打算下一个精确定义，而是作一种解释，以便你了解我正谈论的是什么——我是意指那种使一个命题真或假的事物。如果我说“天正下雨”，在某种天气条件下我说的是真，而在另外的天气条件下是假。使我的陈述为真（或像有可能出现的情况那样为假）的天气的条件就是我应叫做“事实”的东西。如果我说“苏格拉底死了”，那么我的陈述之所以为真是由于很久以前在雅典发生的某一生理事件使然。如果我说“地心引力与距离的平方成反比”，我的陈述由于天文学的事实而被认为真。如果我说“2＋2＝4”，使我这个陈述成为真的是一个算术上的事实。相反，如果我说“苏格拉底活着”、“地心引力与距离成正比”或者“2＋2＝5”，使我前面的陈述成为真的那些完全相同的事实就说明这些新的陈述是假的。

我要你认清下面这一点：当我谈到一个事实时，我不是意指一个特殊存在的事物，诸如苏格拉底、下雨，或者太阳。苏格拉底本身不能使任何陈述真或者假。你很可能会认为，他完全靠自身就能赋予“苏格拉底存在”这一陈述为真，但是事实上这是错误的。这错误来源于一种混淆，我将努力在第六讲开始处理存在这个概念时阐明这种混淆。苏格拉底本身[①]，或者任何孤零零的特殊事物，都不能使任何命题真或者假。“苏格拉底死了”和“苏格拉底活着”二者都是关于苏格拉底的陈述，一个是真而另一个是假。我称作一个事实的是那种不是由像“苏格拉底”的单一名字而是由一个完整句子表达的东西。一个单一的字确实有表达一个事实的时候，例如像“火”或者“狼”，但它总是归于一个未被表达的语境，而且有关一个事实的充分表达总是涉及一个句子。例如，当我们说某一事物具有某一性质时，或者此事物对另一事物具有某一关系时，我们就表达了一个事实；但是那个具有性质或关系的事物并不是我叫做一个“事实”的东西。

注意到事实属于客观的世界这一点很重要，除去一些特殊的情形，事实不是由我们的思想或者信念创造出来的。这就是我作为自明之理提出的那类事物之一。但是，一个人在读了任何一种哲学的那一瞬间，他当然会意识到，在这样一个可能变成你想要的那种观点的陈述之前竟有那么多的东西要说。我要强调的第一件事情就是：外部世界——也可以说，认识旨在了解的那个世界——不是全部由大量“殊相”来描述的。但是，你必须重视我叫做事实的这些事物，它们是那种你用一个句子表达的事物，而这些正像特殊的椅子和桌子一样多的事物是真实世界的一部分。除了在心理

① 此时此处我将苏格拉底视为一个“殊相”，但是我们很快会看到这个观点需要修正。

学中，我们的绝大部分陈述不仅仅被人用来表达我们心灵的状况，尽管这常常是这些陈述能全部成功的地方。这些陈述被人用来表达事实，而这些事实(除了当它们是心理学事实的时候)是关于外部世界的事实。存在当我们所谈是真和当我们所谈是假时都同样会涉及的这样一些事实。当我们所谈的是假的时候，它就是一个使我们所说的东西是假的客观事实，而当我们所谈的是真的时候，它就是一个使我们所说的东西是真的客观事实。

存在许多不同种类的事实，在后几讲里我们将讨论关于事实的某一些分类。现在我只想指出很少几种事实作为开始，以便使你可能不再想象事实都是非常相似的。有像“这是白的”这样的特殊事实；也有像“所有人都有死”这样的普遍事实。当然，在特殊和普遍事实之间的这种区别是极其重要的。倘若设想你只是用特殊事实就能完满地描述这个世界，那就会再次铸成大错。假定你成功地记述了整个宇宙中的每一个单一的特殊事实，而且宇宙中任何地方不再有你没有记载的任何种类的单一特殊事实，你仍然不会获得关于宇宙的完满的描述，除非你又添上一句话：“我记述的这些全都是存在的特殊事实。”因此，倘若不是既有特殊事实又有普遍事实，你就不能希望完满地描述这个世界。另一种区分——或许引出更多一点的困难——是肯定事实和否定事实之间的区别。例如“苏格拉底活着”——一个肯定事实——和“苏格拉底没有活着”——你可以说是一个否定事实。[1] 但是以上这种区别很难弄准确。我们可以说存在一些关于特殊事物、特殊性质或关系

① 否定事实要在后一章里进一步讨论。

的事实。而且除了这些之外，还有你在逻辑领域里的那种完全普遍的事实——在逻辑领域里不提及现实世界中的任何要素，不提及任何特殊事物、特殊性质或特殊关系。实际上严格地说，你或许没提到任何东西。这就是逻辑命题的特征之一，即他们什么也没有提及。这类命题是“如果一个类是另一类的一部分，作为这一类中的一元的项也是另一类中的一元”。一个纯逻辑命题的陈述中出现的所有的词都是实际上属于语形的词。它们仅仅是一些表达形式或联系的词，并不提及它们出现在其中的那个命题的任何特殊成分。当然，这是一个需要得到证明的事物；我现在不把它作为自明的规定下来。还存在一些关于单一事物的特性的事实；和一些关于二种、三种或更多的事物之间的关系的事实；以及任何这个世界上对于不同的目的具有重要性的某些事实的不同分类。

十分明显，不存在真和假的事实的二元论，存在的只是事实。当然，说所有事实都是真的也是错误的。之所以错误是因为真和假是互相关联的，而且你会把那种有可能是假的事物却说成是真的。一个事实不能既真又假。这就把我们带到陈述、命题或判断的问题上，而这一切确实都有真和假的二元性质。我认为，尽管不是为了认识论的目的，但鉴于逻辑的目的，很自然地要把注意力集中在命题上。命题可作为那种一定会成为我们关于真和假的二元性质的典型载体。人们可以说，一个命题是一个陈述语气中的句子，一个断定某个事物而非询问、命令、愿望的句子。它也可能是一个由“that”(这或那)一词作先导的那种句子。例如，“(that)苏格拉底活着”、“(that)2＋2＝4”、“(that)2＋2＝5”，任何这类句子都是一个命题。

一个命题就是一个符号。它具有一些也是符号的组成部分，在此意义上它是一个复杂符号：当一个符号具有作为符号的组成部分时，它可以定义为复杂符号。一个句子中包含几个词，这几个词每个都是符号，因此，在这种意义上，这个将它们组合起来的句子就是一个复杂符号。在符号理论中有许多对于哲学十分重要的东西，比我过去曾经想象的要多得多。我认为这种重要性几乎完全是消极的，也就是说，这种重要性就在于下面这一事实：如果你没有清楚地意识到符号，如果你没有清楚地觉察到符号与它所表示的东西的关系，你就会发现自己将那些仅仅属于符号的特性归于那个事物。当然，在像哲学逻辑这样非常抽象的学科中尤其可能出现这种情况，因为你应该思考的论题是极其难以理解和难以捉摸的，以至于任何曾经试图思考它的人都知道你也许在六个月中只有一次用半分钟来思考它。其余的时间你都在思考符号，因为它们是有形的实在的东西。但是你理应思考的事物却非常难以捉摸。所以人们常常不去努力思考它。真正好的哲学家就是那个在六个月中确实有一次用一分钟思考这个事物的人。坏的哲学家从来不思考它。这就是为什么符号理论具有某种重要性的原因，因为若不考虑这种重要性，你肯定会误认为符号的特性就是事物的特性。这一理论还有其他有趣的方面。存在不同种类的符号，在符号和被符号化的东西之间存在不同种类的关系，而一些十分重大的谬误就起因于没有认清这一点。这类矛盾（我将在后面与类型相联系时谈论这类矛盾）都产生于有关符号的错误，产生于将一种符号置放在另一种符号应当占据的位置。我认为，人们一直认为是哲学中绝对基本的某一些概念完全是由于在符号表示上的

错误而产生出来的——例如，存在的概念，或者(倘若你喜欢)实在的概念。这样两个词代表了哲学上一直讨论的很多内容。一直有这样一种理论，即每一命题实际上都是关于作为一个整体的实在的描述，等等。而所有这些关于实在和存在的概念在哲学上都发挥了非常重要的作用。现在，我自己的信念是：由于它们一直出现在哲学之中，它们完全是在符号表示上的糊里糊涂的发源地，而当你澄清了那种糊涂混淆之后，你会看到，实际关于存在所谈的每一件事情都是十分简单的错误。这就是你关于存在能够说的一切。我将在后一讲转入存在问题，但是这只是符号表示之所以重要的一个例子。

我觉得，有些人认为：当你谈论符号表示时你只是指数学符号，所以，或许我应当谈一下我怎样理解符号表示的。我是在包括每一种类的所有语言的意义上使用符号表示的。因而在我看来，每一词是一个符号，每一句子以及句子的句子都是符号。当我谈到一个符号时，只是指某一事物，它“意指”其他的事物，而关于我用“意义”(meaning)意指什么这个问题我还不准备告诉你。在一段时间里我将列举“意义”可以意指的严格说是无限多的不同事物，而这样做我并不觉得已经彻底讨论了意义问题。我认为意义这个概念永远或多或少是心理学上的概念，而且不可能取得一种纯粹逻辑的意义理论，也不能取得纯粹逻辑的符号理论。我认为关于你用一个符号所表示的含义的解释的本质，恰恰在于要考虑像知道、认知关系，或许还有联想这类事物。总而言之，我非常清楚：符号理论和符号表示的使用不是一种不必考虑你对事物可能具有的各种认知关系而以纯粹的逻辑就可以解释的事情。

关于一个人用"意义"意指什么，我要作几点说明。例如，你说"苏格拉底"这个词意指某一个人；"有死"这个词意指某一性质；而"苏格拉底有死"这个句子意指某一事实。但这是完全不同的三种意思，而且，假如你认为在这三种情况中"意义"一词具有同样的意思，你就会陷入最无希望解决的矛盾之中。我们千万不要认为恰好有一个由"意义"所指的事物，因此也恰好有一种符号与被符号化的事物的关系。这是非常重要的。一个名称大概是对于一个人所使用的一个专门符号；一个句子（或一个命题）是一个事实的专门符号。

一个信念或陈述具有真和假二元性质，而事实并不具有这种性质。一个信念或陈述永远包含一个命题。你可以说：一个人相信某某是这样的情况。一个人相信苏格拉底死了。他所相信的明明是一个命题，而就形式目的而言，将命题视作具有真和假二元性质的本质事物是很方便的。例如，认识到下列这类要点非常重要：命题不是事实的名称。一旦向你指出这一点，它就是非常显而易见的。但是，事实上我从来没有认识到这一点，直到我从前的一个学生——维特根斯坦向我指出这种观点。一旦你想到这一点就会完全明白，一个命题并不是一个事实的名称，这是从符合每个事实的有两个命题这个纯粹事实中推论出的。假定苏格拉底死了是一个事实。你有两个命题："苏格拉底死了"和"苏格拉底没有死"。而且，这两个命题对应同一个事实，而世界上只有一个事实使一个命题真、使另一个命题假。这绝不是偶然的，而且这说明命题对于事实的关系如何完全不同于名称对于被命名的事物的关系。对于每一事实存在两个命题，一个命题真而另一个命题假，但在符号的

性质上无任何东西能向我们证明哪一个是真命题，哪一个是假命题。假如有这样的东西的话，你就不必观看周围的一切，只要通过检验命题就能确定关于世界的真理。

正像你注意到的，一个命题对一个事实可以有两种不同的关系：一种是你可称之为对于事实是真的关系，另一种对于事实是假的关系。二者都同样是本质上的逻辑关系。这种逻辑关系可以实存于二者之间。反之，对于名称来说，就只存在一种关系，即名称对它所命名的东西能够具有的关系。一个名称刚好能命名一个殊相，或者说，如果它不命名一个殊相，它就根本不是一个名称，而是声音。倘若不具有刚好是命名某一事物的一种特殊关系，它不可能是一个名称；反之，一个命题如果是假的，它还是作为一个命题。有这样两种方式：是真和是假的方式，它们一起相应于是一个名称这一特性。就像一个词可能是一个名称，或者不是名称而是无意义的声音一样，一个显然是命题的词组可能是真的或假的，或者可能是无意义的。但真和假共同属于无意义的对立面。当然，这就说明命题的形式逻辑特性完全不同于名称的形式逻辑特性，而且也说明它们对于事实的关系也是完全不同的，因此，命题不是关于事实的名称。你不可贸然接受这种念头：你可以用其他的方式命名事实；但你却做不到这一点。你根本不能命名它们。你不能适当地命名一个事实。你所能做的唯一的事情是肯定它或否定它、欲求它或用意志力驱使它、希冀它或质询它，但是这一切都要涉及完整的命题。你绝不能将那类使命题成为真或假的东西置于一个逻辑主词的位置。你只能使其作为要被肯定或否定的某个事物，或者诸如此类的事物，但绝不是要被命名的事物。

讨　　论

问题：你是否将自己的"存在许多事物"这个出发点视作一个要贯穿始终的，或者以后必定要证明的假设呢？

罗素先生：不，这两者都不是。我不会将"存在许多事物"视作一个假设。就它能得到证明而言，我承认这证明是经验的，而以往提供的对它的否证是先验的。作为经验的人当然一定会说，存在许多事物。一元论哲学家企图说明不存在什么。我要提出对他的先验论证的驳斥。我认为，关于存在许多事物这一点没有什么逻辑的必然性，关于不存在许多事物这一点也没有这种必然性。

问题：我的意思是指作为出发点你是从经验的哲学出发还是从先验的哲学出发。你只在一开始作出陈述，然后再回过头来证明它呢，还是绝不回到对它的证明。

罗素先生：不，你绝不会返回来。这就像从橡子到橡树一样，你绝不会在橡树中返回到橡子。我喜欢这样一个陈述，它粗略模糊并且具有属于你从不知道其意义的事物的那种显明性。但是我绝不应当返回到那个陈述。我这样说吧，此处有一个事物，我们似乎多少有些相信在这个事物中的某处隐藏有真的东西。我们会里里外外查看它，一直到能够分离出某物并且能够说：喏，这是真的。它实际上不会等同于我们由之开始的那个事物，因为它更具有分析性，更精确得多。

问题：似乎你能以一个日期命名一个事实，难道不是这样吗？

罗素先生：表面上你可以命名事实。但是，我认为，实际上你不可能：你总会发现，如果你完全地陈述整个事情，情况并非如此。假定你说“苏格拉底之死”。你可能会说，这是苏格拉底死的事实的名称。但是，很明显不是这样。你可以在考虑真和假的一瞬间看清这一点。假定他没有死，这个词组仍然是有意义的，尽管当时不可能存在你能命名的任何东西。但是，假定他从来没有生存过，“苏格拉底”这个声音就完全不会是一个名称；在另外一个方式中你也能看到这一点：你可以说“苏格拉底之死是一个虚构”。假定你在报纸上看到凯泽被暗杀，而这消息实际上不是真的。这时你可能会说：“凯泽之死是一个虚构。”很清楚，世界上不存在像虚构这类的事物，然而这个陈述是完全正当的。从这一点就可以推论出“凯泽之死”不是一个名称。

二、殊相、谓词和关系

由于我必须坚持的主要论题在某种意义上是分析的合理性，因而我打算从今天开始分析事实和命题。我的主要论题之所以如此是因为如果有人接受我所谓的逻辑原子主义，这就意味着他确实相信这个世界可以分解成许多分散独立的、具有关系等等的事物；而且还意味着许多哲学家用来反对分析的那种论证是不合理的。

根据逻辑原子主义的哲学观，人们或许认为：要做的第一件事情就是发现组成逻辑结构的各类原子。但是，我并不认为这就是该做的第一件事情；这是最早要做的几件事情之一，但不一定是第一件事情。人们必须要考虑的还有其他两个问题，而其中至少有一个问题是更重要的。你必须要思考：

1. 那些看起来像是逻辑上复杂的实体的事物实际上是复杂的吗？

2. 它们实际上是实体吗？

我们可以先不管第二个问题；实际上，要等到我的最后一次讲演才能充分讨论这个问题。第一个问题，即它们实际上是否复杂，是你必须一开始就考虑的。这两个问题事实上都不是很精确的问题。我并不自称是从精确的问题出发。我认为，谁也不可能从任何精确的事物出发。任何人只能在其进程中尽可能地达到精确。然而，其中每个问题都**可能**具有一个精确的意思，因此每个问题实际上都很重要。

还有另一个问题也出现较早，即：我们视作逻辑上复杂实体的自明的事例是什么？这实际上是我们一开始就要讨论的第一个问题。我们把什么样的事物视作自明复杂的呢？

当然，日常生活中所有普遍的客体看起来都是复杂的实体：这样的事物有桌子和椅子、面包和鱼、人、领地和权力——这些事物从外表上判断都是复杂的实体。我们习惯上给予专有名称的各类事物从外表上判断都是复杂实体：例如，苏格拉底、皮卡迪利、罗马尼亚、主显节之夜或任何你愿意想到并能给予一个专名的事物。这些事物看起来都是复杂的实体。它们看起来像是被束缚在一起而成为某种统一的复杂体系，这种统一导致一个单一称号的使用。我认为，正是这种表面上统一的企图，在很大程度上导致一元论哲学，而且导致这样的联想：作为整体的宇宙在这些事物就是我上述谈论的那种事物的意义上大约是一个单一的复杂实体。

至于我，并不相信有这种类型的复杂实体。我想视作自明的复杂实体的例子的也不是这样一些事物。我的理由看来会随着我的论证越来越简单明了。但是今天我不能讲完全部的理由，而只能预先或多或少地解释一下我的意思。例如，你要分析关于皮卡迪利的一个事实看起来是什么。假定你作出关于皮卡迪利的任何陈述，例如“皮卡迪利是一条令人愉快的街道”。如果你正确地分析了这样一个陈述，我认为，你将会看到，那个符合于你的陈述的事实并不包含任何符合于“皮卡迪利”这个词的成分。“皮卡迪利”这个词将形成许多有意义的命题的一部分，但是符合于这些命题的事实不包含任何符合于“皮卡迪利”这个词的单一成分(无论是简单的还是复杂的)。这就是说，如果你把语言当作你在对所表达事实的分析中的向导，你将在那类陈述中被引入歧途。在第七讲，部分地也在第八讲，我要以一定篇幅说明一些理由，但在预先的解释中我只能说一些会帮助你理解我的意思的事情。乍一看，“皮卡迪利”是地球表面上某一部分的名称。而我认为，如果你想要定义这个名称，你必定会将它定义为由物质实体的类组成的序列，即那些在不同的时机会占据地球表面的一部分的东西。因此你会发现：皮卡迪利的逻辑地位一定和序列与类的逻辑地位有密切的联系。而如果你要将皮卡迪利视作真实的，你必定认为类的序列也是真实的，而且无论你指派给这些类的序列怎样的形而上学地位，你必定也要将这种地位指派给皮卡迪利。正如你所知，我认为序列和类具有逻辑虚构的本质：因此，如果这一观点能立得住，就可以将皮卡迪利分解为一个虚构。十分类似的说法也将适用于其他

的例子：罗马尼亚、主显节之夜和苏格拉底。苏格拉底这个例子或许提出一些特殊的问题，因为，究竟什么东西构成一个人这个问题在苏格拉底这个例子里就有特殊的困难。但是，为了论证起见，你可以将苏格拉底等同于他的经验的序列。他实际上也许是类的一个序列，因为一个人同时具有许多经验。所以，他终归还是非常像皮卡迪利。

这种考虑似乎把我们从一开始的那种自明的复杂实体引向其他的更顽固、也更值得我们着重去分析的实体，亦即事实。上一次我解释了我说的事实是什么意思，即是说，那种使一个命题真或者假的事物，那种当它是这样时你的陈述是真的、当它不是这样时你的陈述是假的事物。正像我上次所言，事实显然是一些这样的事物：当你想要对世界作出全面的说明时你必须要考虑的事物。仅仅列举出这个世界中存在的各别事物你不可能对这个世界作出全面的说明：你一定也要提及这些事物的关系、特性等等所有是事实的东西，从而使事实必定属于对客观世界的一种说明，而比起苏格拉底和罗马尼亚这类事物来，事实好像确实是明显地复杂得多，而且更不可能得到合适的解释。不管你对“苏格拉底”这个词的意思作如何解释，你还是回避不了这样一个真理，即：“苏格拉底有死”这个命题表达一个事实。你也许完全不知道苏格拉底是什么意思，但是十分清楚“苏格拉底有死”的确表达一个事实。在说由“苏格拉底有死”表达的那个事实是复杂的时候，显然存在某个有效的意义。世界上的事物具有各种特性，并且相互之间具有各种关系。事物具有这些特性和关系，这是事实，而事物及其性质或关系在某种意义上显然是具有这些性质或关系的事实的组成部分。对我们

一开始进行的显然是复杂**事物**的分析可以通过各种方式化归为显然是关于这些事物的事实的分析。因此，一个人对复杂性的问题的思考必定开始于对各种**事实**的分析，而不是对显然复杂事物的分析。

一个事实的复杂性一开始是通过以下情况得到证明的：断定一个事实的命题是由几个词组成，其中每个词可以出现在其他的语境之中。当然有的时候你可以用一个词来表达一个命题，但是，如果它被充分地表达，它就一定要包含几个词。“苏格拉底有死”这个命题可以由“柏拉图有死”或由“苏格拉底是人”来替换；在第一个例子中，我们修改了主词，在第二个例子中，我们修改了谓词。很明显，在“苏格拉底”一词出现的所有命题中都有某种共同的东西，而同样在“有死”一词出现的所有命题中也有某种共同的东西，即那种不是一切命题都共同具有的，而仅仅是关于苏格拉底或有死的命题所共同具有的东西。我认为，很清楚，相应于其中出现“苏格拉底”一词的命题的事实都具有同样相应于出现在这个命题中的“苏格拉底”这个共同词的某种东西，结果是你开始有了那种复杂感，你能在一个事实里取得其他事实可能也同样具有的某种东西，正像你可以有“苏格拉底是人”和“苏格拉底有死”，这二者都是事实，又都与苏格拉底有关，尽管苏格拉底并不构成其中任何一个事实的全部。显而易见，在这个意义上存在一种将一个事实分割为若干组成部分的可能性：不必修改其中的其他组成部分就可以修改其中的一个组成部分，而一个组成部分也可以出现在某些其他的（虽然不是所有其他的）事实之中。从一开始我就想明确这样一点：有一种意义，在这种意义上，事实可以得到分析。我并不

想讨论有关一切分析的全部困难，而只是讨论如何驳斥那些认为人们实际上完全不能分析的哲学家们表面确凿的反对意见。

像我上一次所做的一样，这一次我也尽可能地从最平易的自明之理开始。我的要求和愿望就是，我由此开始的那些事物应当是如此之明显，以致你会感到奇怪：为什么我还要浪费时间来说明它们。这正是我的目的所在，因为哲学的特点就是从某种简单得似乎不值得说明的东西开始，而以某种如此荒谬，以致无人会相信的东西作为结束。

关于命题的复杂性的一个自明的标志是以下这个事实：命题是通过不同的几个词来表述的。现在我开始讨论另一个要点，它主要适用于命题，因而也间接地适用于事实。只要你理解构成一个命题的那些词，你就能理解该命题，即使你以前从未听到过这个命题。这似乎是一个很低级的特性，但正是这个特性标志着命题的复杂性，并且能将命题与意义简单的词区分开。一旦你知道一种语言的词汇、语法和句法，你就能理解这种语言的一个命题，即使你以前从未看到过这个命题。例如，读报纸的时候，你发觉一些对于你是新的陈述，尽管事实上它们是新陈述，你却立即就明白它们的意思，因为你理解组成这些陈述的这些词。你能通过理解这些词来理解一个命题，这种特点是这些词在表达简单的事物时所没有的。用“红的”这个词作为例子。我们假定——一个人总得这样做——“红”代表一种特殊的颜色。你会对这个假定感到遗憾，但是你绝不能以另外的方式来进行。只有通过看见红的事物，你才能理解“红”这个词的意义。并不存在任何其他的可以理解红的方式。你去学习语言或者去查看字典都是无用的。这类事情都不

能帮助你理解“红”这个词的意义。这种方式中的意义与命题的意义完全不同。当然,你可以给“红”这个词下一个定义,而这里重要的是应区别一个定义和一个分析。一切分析只能涉及复杂的事物,而且在最终的分析中永远要依赖对于本身是某个简单符号的意义的客体的亲知。人们不是定义一个事物,而是定义一个符号,这一点几乎没有必要去考察。(“简单的”符号是一个其各部分不能是符号的符号。)简单的符号与简单的事物完全不同。那些只能用简单符号而不可能以其他方式标示的客体也许可以叫做“简单的”,而那些可以通过符号的结合来标示的客体也许可以叫做“复杂的”。当然,这是一个预先的定义,或许多少有点循环性质。但在这一阶段关系还不太大。

我已经讲过,只有通过看见红的事物人们才能理解“红”这个词。你也许反对这种观点,其理由是你能定义红,例如,定义它是“最大波长的颜色”。你也许会说:这就是关于“红”的定义。而且,一个人即使没看见过任何红的事物,他也能理解这个定义,只要他理解关于颜色的物理理论。但是,实际上这完全不能构成在最微不足道的意义上“红”这个词的意思。如果你取“这是红的”这个命题,并且用“这具有最大波长的颜色”来代替这个命题,你就得到一个完全不同的命题。你立即能够看出这一点,因为一个对关于颜色的物理理论一无所知的人也能够理解“这是红的”这个命题,而且能知道这是真的,但是他不可能知道“这具有那种具有最大波长的颜色”。反之,你或许可以说,假设一个人不能看见红,但是能理解关于颜色的物理理论,而且能领悟“这具有最大波长的颜色”这个命题,但是,他却不能像正常的未受过教育的人所理解的那样来理解“这是红的”这个命题。因此,很清楚,如果你将“红”定义为“具有最大波长的那种颜色”,你就根本没有给出这个词的真正意义,你只给出了一个真的摹状词,这是完全不同的事情,而所产生的命题与在其中出现“红”这个词的命题是完全不同的。在这种意义上“红”这个词不能被定义,尽管在一个正确摹状词构成一个定义的意义上它可以被定义。但在分析的意义上你不可能定义“红”。这正说明字典为何能够站得住脚,因为一部字典宣布:通过语言中的一些词可以定义语言中所有的词,因而很明显,字典一定会在某些地方犯恶性循环的错误,但是字典可以利用正确的摹状词来对付这种错误。

至此我已经说得十分明确:在什么意义上我应当说“红”这个词是一个简单符号,而“这是红的”这个词组是复杂符号。“红”这个词只能通过亲知客体而被人们所理解。反之,如果你知道“红”是什么和“玫瑰花”是什么,那么,即使你以前没听到过“玫瑰花是红的”这个词组,你也能理解这句话。这一点明确表示了什么东西是复杂的。这是复杂符号的标志,也是通过复杂符号而表示的客体的标志。这就是说,命题是一些复杂符号,而命题所代表的事实也是复杂的。

关于词的意义的全部问题在日常语言中充满了错综复杂性和歧义性。当一个人使用一个词的时候,他通过这个词所意指的和另一个人通过这个词所意指的并不是同一个东西。我经常听见有人说这是不幸的事。这是一种错误。但要是人们通过他们的词意指同一个东西,那就会出现绝对严重的后果。那样会使一切交际往来成为不可能的事情,会使语言成为可想象的最无希望和最无用的东西，因为你归于自己的词的意义必须依赖你亲知的客体的性质，而既然不同的人亲知不同的客体，因而如果他们不把完全不同的意义归于他们的词就不可能互相交谈。我们就只能谈论逻辑——一种不是完全不合要求的结果。例如，拿“皮卡迪利”这个词来说。我们作为亲知皮卡迪利的人要把与从未去过伦敦的人可能归于这个词的意义完全不同的意义归于这个词；而且，假定你在外国许多地方旅行，并在皮卡迪利漫游，你会向你的听众们传达和你心中所想的完全不同的命题。他们知道皮卡迪利是伦敦一个重要街道。关于这条街他们也许知道许多事情，但是他们恰恰不知道当你正在这条街上行走时你所知道的事情。要是你坚持说语言是没有歧义的，你就不可能告诉国内的人们你在外国许多地方见过的东西。倘若存在一种无歧义的语言，就会到处出现令人难以置信的不便，因此，我们尚无这种语言倒是件好事情。

分析与定义不同。你可以通过正确的描述来定义一个词项，但是这样做不能构成一个分析。此刻，我们关注的不是定义而是分析。所以我要返回到关于分析的问题。

我们可以制定下述暂时的定义：

> 一个命题的组成部分是我们为了理解这个命题而必须理解的一些符号；使得一个命题真或者假的事实的组成部分（根据具体情况）就是我们为了理解这个命题而必须理解的一些符号的意义。

以上并非绝对正确的定义。但是这样定义会使你有可能理解我的意思。这个定义缺乏正确性的一个原因在于：这样定义还不能适用于像“或者”和“不”这样的词。这些词是命题的成分，却不对应于相应事实的任何一部分。这就是第三讲的一个主题。

我称这些定义为预先的，因为它们是从命题的复杂性开始，先从心理上定义，然后才是事实的复杂性。然而很明确的一点是：按一种有次序的适当程序，你应从事实的复杂性开始。而事实的复杂性不能是仅仅是某种心理的事物，这也是很明确的。如果，在天文学事实中，地球围绕太阳旋转，那么，这一点是真正复杂的。这并不是你认为它是复杂的，而是一种真正客观的复杂性。因此，你应当以一种适当的有规则的程序从世界的复杂性开始，并且达到命题的复杂性。以另一种相反方式进行的唯一理由在于：在所有的抽象东西中符号更容易加以把握。但是，我怀疑，在从事实的复杂性开始的那种根本客观的意义上复杂性究竟是否可定义。在那种意义上，你不能分析你所说的复杂性的意思。你必定只是领悟它——我倾向于认为至少如此。关于这种复杂性人们什么也不能说，只能给出类似我一直在讲的那类标准。因此，当你不能对事物作出一个真正适当的分析的时候，一般来说，最好是围绕这样的分析来谈论，但不要宣称你已经作出了完全正确的定义。

或许有人会提出：复杂性本质上与符号有关联，或者本质上是心理学的。我认为，坚持其中任何一种观点都不能真正行得通。但是，它们又是那种人们可能会想到的观点，那种人们总要设法看一看它是否有效的东西。而我认为，它们是根本行不通的。当我们讲到我在第七章要讨论的符号表示的原则时，我将力图让你信服：在一种逻辑上正确的符号表示中，在一个事实和事实的符号之间将永远存在某种基本的结构同一性。而且，这个符号的复杂性非常准确地对应于它所标示的事实的复杂性。同样，正像我以前所说的，我们完全能非常直观而明显地看出下列这样的事实：两个事物互相处在一定的关系中——例如这个在那个的左边——这个事实本身客观上就是复杂的，而不只是对它的领悟是复杂的。两个事物彼此处在一种关系中，这个事实，或者任何这类陈述，都具有其自身的复合性。所以，将来我会作出假定：世界上存在一种客观的复杂性，而这种复杂性通过命题的复杂性得到反映。

刚才我一直在谈论我们从语言的逻辑缺陷，即从我们的语词都是有歧义的这个事实获得了很大的便利。现在，我提议来讨论哪一种语言将成为逻辑上完美无缺的语言。在一种逻辑上完满的语言中，除了像“或”、“不”、“如果”、“那么”这类词之外（这些词具有不同的功能），命题中的词会一一对应于相应事实的诸组成部分。在一种逻辑上完满的语言中，对于每一简单的客体将只存在一个词，而每一并非简单的事物将由词的组合来表述——当然，这种词的组合来自这样一些词，它们表达进入该组合的简单事物，它们表达事实的每一简单的成分。这种类型的语言将是完全分析的，将在一瞥之际表明人们肯定或否定的事实的逻辑结构。我在《数学原理》里制定的语言就想要成为这样的语言。《数学原理》的语言仅有语形，却没有字母表。除了缺少字母表这一点外，我认为它是一种非常好的语言。它旨在于：如果你添上一种字母表，这样的语言将成为逻辑上完满的语言。在这个意义上各种现实的语言不是逻辑上完满的，而且如果服务于日常生活的目的，它们也不可能是完满的。一种逻辑上完满的语言，如果可能构造出来的话，一定不仅是过分的冗长，而且，就其字母表而论在很大程度上对于一个讲话者是私有的。这就是说，这种语言使用的一切名称对于那

个讲话者一定都是私有的，它们不能进入另一个讲话者的语言。鉴于我在这篇讲演的前一部分中考查的理由，对于苏格拉底、皮卡迪利或者罗马尼亚就不能使用专有名称。总之你会发现，这是一种的确非常不便利的语言。这也是逻辑作为一门科学之所以非常落后的原因，因为逻辑的需要与日常生活的需要是完全不同的。你想要一种具有这两方面特点的语言，但不幸的是，不得不作出让步的正是逻辑而绝非日常生活。但是我将假定：我们已构造了一种逻辑上完满的语言，而且我们将要在国家重大场合上使用这种语言。现在我将返回我打算作为开端的那个问题，即关于事实的分析。

可以想象的最简单的事实是这样的事实：它们占有一种由某个特殊事物作中介的性质。可以说，“这是白的”就是这样的事实。我们必须在一种非常复杂的意义上考虑这类事实。我不想要你去思考我手中握着的这支粉笔，而是要你想想当你注视这支粉笔时，你看见了什么。如果你说“这是白的”，这对于你能获得的那样简单的一个事实将是适用的。下一个最简单的事实是在两个事实之间(诸如这个是在那个的左边)你具有一种关系的事实。再下一步你又取得在三个个体之间你具有三元关系的事实。(罗伊斯给出的例子是“A 将 B 给 C”。)于是你得到要求作为那些关系中最小的三个项的诸关系，我们称作三元关系。而那些要求是四项的关系，我们称作四元关系，以此类推。这样你会具有一个整体上无限的事实分层系统——在这些事实中你具有一个事物和一个性质、两个事物和一种关系、三个事物和一种关系、四个事物和一种关系，等等。这整个分层系统构成我称之为原子事实的那种东西，而它们是最简单的那类事实。在这些事实中,你能够区别出某一些事实比另一些更简单,因为,含有一个性质的事实比那些(比如说)你具有五元关系等等的事实更简单。我们将它们全部都视为非常简单的事实,并且视为我所称呼的原子事实。表达这些事实的命题我称作**原子命题**。

每个原子事实中有一个成分,它自然地通过动词来表达(或者,就性质来说它可以通过一个谓词、一个形容词来表达)。这一成分是一个性质,或者二元、三元、四元……的关系。为了谈论这些问题,我们把一个性质叫做"一元关系",这样会非常便利,所以我就这样做;这就省掉了大量的赘述。

这样你就可以说:一切原子命题都对不同层次的关系作了断定。除了关系之外,原子事实还包含关系的诸项——如果是一元关系就有一个项,如果是二元关系就有两个项,以此类推。我把这些进入原子事实的"项"定义为"殊相"(particulars)。

定义:殊相=原子事实中的诸关系项。

这就是关于殊相的定义。而我要强调这个定义是因为关于殊相的定义是某种纯粹逻辑的东西。究竟这个还是那个是殊相?这个问题要由逻辑定义来决定。为了理解这个定义,并无必要事先知道"这是一个殊相"或者"那是一个殊相"。还需要探究的是:在这个世界上你能够发现哪些殊相(假如有殊相的话)。在真实世界里你实际上发现哪些殊相完全是纯粹经验的事情,这整个问题不会使逻辑学家感兴趣。逻辑学家从来不给出实例,因为一个实例仅仅是对一个逻辑命题的诸检验之一。而为了理解这个逻辑命题,你并无必要知道关于真实世界的任何实例。

从原子事实到原子命题,表述一元关系或性质的词叫做“谓词”,而表达任何较高阶的关系的词一般是动词,有时是简单的动词,有时是整个词组。总之可以说,动词显示出那种关系的本质中枢。其他的出现在原子命题中的不是谓词或动词的那些词,可以叫做命题的主词。在一元命题中将有一个主词,在二元命题中将有两个主词,以此类推。命题中的主词是那些表达诸关系项的词,关系则由命题表述。

在理论上能够代表殊相的唯一的一类词是专有名称,而专有名称的全部问题非常奇特。

定义:专有名称=代表殊相的词。

尽管我已经写下这个定义,就普通语言而论,它显然是错的。的确,如果你努力思考一下如何谈论个体,你就会看到:唯有通过专有名称,你才可能谈论某个特定的殊相。唯有通过摹状词,你才能使用一般的词。你又如何用词来表达一个原子命题呢?一个原子命题确实要提及现实中的殊相,不仅仅描述它们,而且真实地命名它们,而你只能通过名称命名它们。因此,你立即就能看出:除了专名之外,一切其他的言语成分显然完全不可能代表一个殊相。然而,如果我在黑板上点了一点,并且把它叫做“约翰”,这件事的确似乎有些奇特。你一定会感到惊奇。但是,若不这样做,你又如何知道我当时谈及的是什么东西呢。如果我说“右手边的这一点是白色的”,这是一个命题。如果我说“这是白的”,这完全是一个不同的命题。当我们都在那里并且能看见它时,“这”使用得很合适。但是，如果我想明天再谈论它，那么给它命名并叫它为“约翰”就会很方便。并不存在其他的你能提及它的方式。唯有通过一个名称，你才能真正提及它本身。

在语言中被看作名称的东西，像“苏格拉底”、“柏拉图”等等，最初是打算用来执行这种代表殊相的功能的，而且，在日常生活中，我们确实将一切实际上并非如此的各类事物视为殊相。我们共同使用的像“苏格拉底”这类名称实际上是摹状词的缩略语；不仅如此，而且连它们描述的东西也不是殊相，而是类或序列的复杂系统。一个名称只能在一个词（其意义是一个殊相）的狭窄的逻辑意义上应用于讲话者亲知的一个殊相，因为你不可能命名你没有亲知的任何事物。你会记得，当亚当给动物命名时，它们一个一个地来到他的面前，而他开始亲知它们，然后命名它们。我们并不亲知苏格拉底，因而不能命名他。当我们使用“苏格拉底”这个词时，实际上我们用了一个摹状词。我们这种看法可以通过这样一些短语表现出来，诸如“柏拉图的老师”、“饮了毒酒的哲学家”或者“逻辑学家断定为有死的那个人”，当然我们并没有将苏格拉底这个名称作为这个词的专门意义上的名称。

在这个词专门严格的逻辑意义上要取得名称的任何实例都是非常困难的，人们确实在逻辑意义上用作名称的词仅仅是一些像“这”或“那”的词。人们可以用“这”作为一个名称代表此刻有人亲知的一个殊相。我们说“这是白的”。如果你赞成“这是白的”意指你看见的“这”，你就正在把“这”用作一个专名。但是，如果你试图要领悟当我正在说“这是白的”时所表达的那个命题，你绝不能做到这一点。如果你意指这支粉笔是一个物质对象，那么你并没有在使用专名。唯有当你非常严格地使用“这”代表一个感觉的现实对象时，“这”实际上才是一个专名。这样，一个专名就具有很奇特的性质，即是说，在两个连接的时刻专名几乎不意指同样的事物，而且对于讲话者和对于听话者也不意指同样的事物。它是一个模糊的专名，但是实际上依然是一个专名。而且，它几乎是我能想到的、在我就专名问题一直谈论的意义上适当地和逻辑地使用的唯一事物。在我一直谈论的意义上，专名的重要性不在于日常生活的意义，而在于逻辑的意义。你可以看出：为什么在《数学原理》提出的逻辑语言中没有任何名称，因为，在那部书里我们的兴趣完全不在于特殊的殊相，却只在于一般的殊相（如果我能被允许使用这样一个表述的话）。

在世界的财产目录上你必须要考虑的那种客体之中，殊相具有这样的特性：它们中每一个都是完全孤立独处的，而且是完全自存的（self-subsistent）。殊相具有的这种自存性过去常常被归于实体（substance），不过就我们的经验而论，它通常仅仅存留于很短的时间。这就是说，世界上存在的每一殊相在逻辑上绝不依赖任何其他的殊相。每一殊相也许刚好就是整个宇宙；而情况并非如此，这只是一个经验的事实。说你不应当具有由一个殊相而无其他事物构成的一个宇宙，那是没道理的。这是殊相的一种特殊性。同样的道理，为了理解一个殊相的名称，唯一必要的是要亲知那个殊相。当你亲知了那个殊相，你就具有对于那个名称的充分、合理和全面的理解，而且不要求更多的信息。对符合于那个殊相的事实，没有任何进一步的信息会使你对其名称的意义具有更充分的理解。

讨　　论

卡尔先生:你认为存在并非复杂的简单事实。那么,一切复杂的东西是否都是由简单的东西组成的?进入复杂的东西的那些简单的东西难道本身不是复杂的?

罗素先生:没有任何事实是简单的事实。关于你的第二个问题,当然是一个或许应加以论证的问题——无论一事物当时是否复杂,必要的是它应当在分析中具有简单的成分。我认为完全有可能假定:复杂事物可以作无限分析,而你绝不能达到简单的事物。但我认为这并非真实,但它确实是人们可以论证的东西。我本人确实认为:复杂的东西——我并不想谈论复杂的东西——是由简单的东西构成的,然而我承认这是一个困难的论证,这个论证或许是:分析可能在永远进行。

卡尔先生:你的意思不是说当把事物称为复杂的时候,你已经断定了实际上存在简单的东西?

罗素先生:不,我并不认为必然包含这个意思。

内维尔先生:我感到不明确的是:"这是白的"这个命题无论如何是一个比"这和那具有相同的颜色"这个命题更简单的命题。

罗素先生:这是我还没有时间考虑的许多事情之一。前一命题也许与"这和那具有相同的颜色"这个命题相同。也许是这样:白被定义为"这"的颜色,或者干脆是这样:"这是白的"这个命题意指"在颜色上这和那是同一的",因而可以说,"那"的颜色就是白的定义。以上是可能的情况,但是不存在什么特定的理由认为就是这种情况。

内维尔先生:有没有可作为更好一些的例子的一元关系呢?

罗素先生:我认为没有。通过技巧你能消除所有的一元关系,这一点从演绎上来说是相当明显的。如果有时间我想要说的事情之一就是你能消除二元关系,并化归于三元关系,以此类推。但是,不存在任何特殊的理由来假定:那就是世界开始的方式,即世界是从 n 阶关系而非 1 阶关系开始的。你不能将它们向下化归,而只能向上化归。

问题:如果一事物的专名,如"这",从一个瞬息到另一瞬息都在变化,我们又如何可能作出任何论证呢?

罗素先生:你可以将"这"保留一两分钟。我点了一个点,而且只在一小段时间里谈论这个点。我意指这个点常常变化。如果你很快论证,那么你在它完结之前就能得到一小段时间。我认为事物持续一段有限的时间,差不多是几秒、几分或者可能凑巧的任何时间。

问题:你不认为空气对那个点在起作用,在改变它吗?

罗素先生:如果空气没有将它的外表改变到足以使你具有一个不同的感觉材料,那就没有什么关系。

三、原子命题和分子命题

上一次我还没有完全结束我为第二讲所拟订的教学提纲,所以我必须先完成上一讲。

上一讲结束时我谈论的题目是:殊相的自存,即就殊相存在的逻辑可能性而言，每一殊相如何独立于其他任何殊相之外有其实存而又如何不依赖其他任何东西。我把殊相与古老的实体概念相比较，就是说，殊相具有往往归属于实体的自存性，但不是在时间中的持久性。一般来说，一个殊相实际上往往持续很短的时间，不是一瞬间，而是一段非常短的时间。在这方面殊相与古老的实体有区别，但在它们的逻辑地位上没有区别。正如你所知，有一种与此观点大相径庭的逻辑理论。按照这一理论，如果你确实理解了任何一件事物，你就一定理解一切事物。我认为，这种观点依赖于某些观念的混淆。一旦你亲知了一个殊相，你就完全充分地理解了那个殊相本身，这与以下事实没有关系：存在着大量你尚不知道的有关这个殊相的命题。但是为使你能知道这殊相本身是什么，你完全没有必要知道关于此殊相的很多命题。我们返回来以另一种方式更确切地说，为了要理解一个殊相名称在其中出现的命题，你必须已经亲知了那个殊相。对较简单事物的亲知已被对较复杂事物的理解所预设。但是，我想反对的那种逻辑却坚持以下观点：为了彻底了解任何一件事物，你必须知道它的所有的关系和所有的性质，事实上就是提及这个事物的所有命题；而你当然会从这一点推论出：这个世界是一个相互依赖的整体。正是在这种基础上一元论逻辑才赖以发展。人们一般都通过谈论事物的“本性”，假定一事物具有某种你称作其“本性”的东西——这种东西一般被精心地与事物加以混同又加以区别，因此你能取得一个令人快慰的交替变动，这种变动使你能推出适合于某个时刻的任何结果——来支持这一理论。事物的“本性”会意指提及此事物的所有真命题。当然，下面这一点是很明显的：既然每一事物对其他每一事物都有关系，你若不具有宇宙中一切事物的某些知识，就不能知道有一个事物作要素的所有事实。但当你认识到：人们称作“知道一个殊相”的东西仅仅是指对那个殊相的亲知并且被预设在提及那个殊相的任何一个命题的理解之中。我认为你同时也会认识到，你不能接受下面这种观点：你对那个殊相的名称的理解预设了所有涉及那个殊相的命题的知识。

现在我想谈谈理解，有关理解的词组常常被人们误用。人们常常谈及“对宇宙的理解”等等。但是，实际上你能够理解（在这个词的严格意义上）的唯一事物当然只是一个符号。而理解一个符号就是知道它代表什么。

我从殊相出发再转向谓词和关系，以及我们所谓的“理解那些我们用来表示谓词和关系的词”所指的意思。在这些讲演中我所谈论的大量的都是我从我的朋友维特根斯坦那里得到的观点。但是，自从 1914 年 8 月以后，我一直没有机会了解他的观点有多大变化，也不知道他是否还活着。所以，我只能让自己对这些内容负完全责任。

理解一个谓词与理解一个名称完全不同。正如你所知，我所说的谓词是指那种用来指谓诸如红的、白的、方的、圆的这种性质的词，而对那类词的理解包含一种心灵活动，这种心灵活动与理解一个名称时所包含那种心灵活动是不同的。要理解一个名称，你必须要亲知作为殊相名称的那个殊相，而且你必须知道它就是那个殊相的名称。这就是说，你没有任何关于一个命题的形式的联想，但是在理解一个谓词时你却有这种联想。例如，要理解“红的”，就是要理解说一事物是红的时是什么意思。你必须引入命题的形式。关于任何一个殊相“这”，你不必知道“这是红的”，但是你必须知道说任何事物是红的，这是什么意思。你必须理解人们所说的“是红的”是什么。这一点的重要性与类型理论（我后面要讨论这种理论）有关。其重要性就在于这样一个事实：一个谓词只能作为一个谓词出现。当它似乎作为一个主词出现时，这个词组就需要进一步阐述和解释，当然你正谈论词本身这种情况例外。你可以说“‘红的’是一个谓词”，但这时你必须有打上引号的“红的”，因为你在谈论“红的”这个词。当你理解“红的”时，这意指你理解“x 是红的”这种形式的命题。恰恰因为这一点，对谓词的理解就比对名称的理解更复杂一些。同样的道理也完全适用于关系，而且事实上，适用于一切非殊相的事物。例如，拿“x 在 y 之前”中的“之前”来说：当你理解如果 x 和 y 是给定的，“之前”是什么意思时，你就理解了“之前”。我的意思不是指你知道它是否真实，而是指你理解那个命题。同样的说法也适用于关系：一种关系只有作为关系才能出现，它绝不能作为主词出现。如果不是真实的关系项，你就总得提出假设的关系项，例如“如果我说 x 在 y 之前，我就肯定了 x 和 y 之间的一种关系”。正因为这样，你就必须扩充像“‘之前’是一种关系”这样的陈述，以便能得到它的意义。

事实上，不同类的词具有不同类的用法，而且必须永远坚持正确的用法而非错误的用法，也正是这种错误使用符号而产生的谬误才导致有关类型的各种矛盾。

在结束我上次打算讨论的那些题目之前，刚好还有一个问题，这个问题来自上一讲结束时的讨论，即：如果你愿意，你就能从形式上把（比如说）一元关系化归为二元关系，或把二元关系化归为三元关系，或把低于某一阶的一切关系化归为高于那一阶的一切关系，但是不可能有相反的化归。假定有人以“红的”作例子，他说“这是红的”、“那是红的”等等。如果现在有人提出这样的意见：即使没有主谓命题，我们也有理由设法生活下去，我们必须要做的工作只是选出某个标准的红的事物，并且必须有一种人们或许叫做“颜色相似性”（颜色相同性）的关系——这是一种直接的关系，它并不在于具有某一种颜色。因而你可以把红的事物定义为一切在颜色上与这一标准事物相似的事物。实际上，这也是贝克莱和休谟推荐的处理方法，只是他们不承认自己把性质化归为关系，而是认为自己是在摆脱“抽象观念”。以这一方式你可以恰如其分地从形式上把谓词化归为关系。这在经验上或逻辑上都没有反对意见。如果你认为这是有价值的，你就能以完全同样的方式继续将一元关系化归为二元关系，又能将二元关系化归为三元关系。罗伊斯（Royce）过去常常对这个过程有很大的兴趣。鉴于某个理由，与二元关系相比，他始终更喜欢三元关系；在他关于数理逻辑和几何原理的著作里，他具体说明了这一偏爱。

所有这一切都是可能的。我本人看不出，一旦你已经认识这是可能的，再这样做又有什么特殊的意义。我看不出有什么特别的理由能够假定：在世界中发生的最简单的关系（比如说）是 n 阶的关系，然而，也不存在先验的理由反对这一假定。另一方面，相反的化归只有在某些特定的情况下才有可能，在那些情况下，关系具有某些特定的性质。例如，二元关系在对称和传递的时候可以化归为谓词的相同性。因此，像颜色相似性这样的关系具有以下性质：如果 A 与 B 恰好有颜色相似性，而 B 与 C 也有颜色相似性，那么,A 与 C 就恰好有颜色相似性;而且,如果 A 与 B 有颜色相似性,那么,B 与 A 也有颜色相似性。但在非对称关系中情况就不同了。

以“A 大于 B”为例,很明显,“A 大于 B”并不在于 A 和 B 有共同的谓词。因为倘若有共同谓词的话,那就要求 B 也应当大于 A。下面这一点也很明显:“A 大于 B”不仅仅在于 A 和 B 具有不同的谓词,因为如果 A 有不同于 B 的谓词,B 就有不同于 A 的谓词;这样一来无论是谓词相同还是不同,在这两种情况中你都可以得到一个对称的关系。例如,如果 A 具有与 B 不同的颜色,那么 B 具有与 A 不同的颜色。因而一旦你取得对称的关系,你具有的关系无论化归为相同的谓词还是化归为不同的谓词,形式上都是可能的。但是,一旦你得到非对称的关系,就不存在这种可能性。将二元关系化归为谓词的相同或不同这种不可能性在与传统哲学的联系上极其重要。因为大量的传统哲学依赖以下这个假定:每个命题实际上都是具有主-谓形式的命题,而这一论点自然不是真的。这一理论却支配大部分传统的形而上学、古老的实体观,以及大量的关于绝对的理论,因此这种逻辑观——它具有由下述理论支配的幻想:你永远能以主-谓形式表述一个命题——对于传统的形而上学有非常大的影响。

我上一讲该说的内容就是这些。现在我转到今天这一讲的正题:分子命题。我之所以称其为分子命题,是因为这些命题含有其他的命题,你可以称它们是分子命题的原子。我用分子命题意指具有“或”、“如果”、“和”等等这类词的命题。如果我说“或者今天是星期二,或者我们在这里都弄错了”,这就是我意指为分子命题的那种命题。或者，如果我说“如果天下雨，我就带雨伞”，这又是一个分子命题，因为它含有“天下雨”和“我带雨伞”这两个部分。如果我说“天下过雨而且我确实带了雨伞”，这又是一个分子命题。或者我说“天要下雨的假设与我将不带雨伞的假设是不相容的”，这也是一个分子命题。这类命题很多，你可以进行组合，以至无穷。它们都是从与“或”、“如果”、“和”等等这类词有关的命题建立起来的。你还记得，我将原子命题定义为含有一个简单动词的命题，那么，现在就有两种不同的组合方式，可以从原子命题进入更复杂的命题。在我刚才讨论的那种句子中你可以得到分子命题，而在下一讲我将讨论另一种句子，在那种句子中你见到的不是两个相关的命题，而是一个含有两个或更多动词的命题。这样的例子可以从相信、愿望等中得到。“我相信苏格拉底是有死的”，在这个句子中你可以看到两个动词，“相信”和“是”。或者，“我希望我不死”也有两个动词。任何表达愿望、信念或怀疑的这类句子都涉及两个动词。很多心理上的态度也涉及两个动词，它们好像不是明确分开的，而是在一个统一的命题中的两个动词。但是今天我只谈论分子命题，而你也会理解，你可以用“或”和“和”等等来制定命题，其中构成命题不是原子的，但是此刻我们可以限于构成命题是原子命题的情况。当你考虑一个原子命题，或像“相信”这样的一个命题，当你考虑任何一个这类命题时，就恰恰存在一个由那个命题或真或假地指出来的事实。一个命题的本质就在于：它可以两种方式，即以人们所谓的真的方式或假的方式对应于一个事实。在类似下列的一个图式里，你或许能说明这一点：

$$\text{真:命题}\ \overrightarrow{\ }\ \text{事实}$$

$$\text{假:事实}\ \overrightarrow{\ }\ \text{命题}$$

假设你有“苏格拉底是有死的”这个命题,那么,不是有苏格拉底有死的事实,就是有苏格拉底没有死的事实。一种情况是以使命题真的方式去对应,另一种情况是以使命题假的方式去对应。这是命题和名称完全不同的一个方面。

当然,对应于每一事实都有两个命题:一个真,一个假。但没有假的事实。所以你不能为每个命题取得一个事实,而只是为每一对命题取得一个事实。上述说法部适用于原子命题。当你考虑像“p 或 q”、“苏格拉底是有死的或者苏格拉底仍旧活着”这样的命题时,你将有两个不同的事实涉及你的命题“p 或 q”的真或假。也将会出现对应于 p 的那个事实和对应于 q 的那个事实,这两个事实都与发现“p 或 q”的真或假有关系。我认为,世界上没有一个单一的析取事实对应于“p 或 q”。看来并不合乎情理的是:在现实的客观世界存在一些活动的事实——你可以将其描述为“p 或 q”。但是我不会过分强调似乎给人以合理的印象的东西:总而言之那不是你所能信赖的东西。此刻,我认为任何困难都不会产生于这个假定,即“p 或 q”这一命题的真或假不是依赖单个析取的客观事实,而是依赖两个事实,其中一个对应于 p,而另一个对应于 q:p 具有一个对应自己的事实,而 q 也具有一个对应于自己的事实。这就是说:“p 或 q”这个命题的真或假依赖两个事实而不是一个事实,因为 p 依赖一个并且 q 也依赖一个。一般说来,关于你用两个命题所构成的那些东西,为了知道它们的意义,那就必须要知道给

出了 p 的真或假和 q 的真或假后，它们在什么条件中是真的。这一点是极其明显的。关于“p 或 q”，你可以列一个图表，用“TT”表示“p 和 q 都真”，用“TF”表示“p 真和 q 假”，等等，

TT	TF	FT	FF
T	T	T	F

其中下面一行说明“p 或 q”的真假值。你不必在真实世界里到处去寻找你可能叫做“或”的一个客体，而且说：“请注视这个，这就是‘或’”。这样的事物根本不存在。而如果你企图以这种方式去分析“p 或 q”，你将陷入麻烦。但用上面这个图表完全可以解释析取的意义。

当分子命题的真或假只取决于组成它的那些命题的真或假时，我把这些东西叫做命题的真值函项。这一点同样适用于“p 和 q”、“如果 p 则 q”以及“p 与 q 不相容”。当我说“p 与 q 不相容”时，我的意思只是说这二者不能都真，此外没有别的意思。这类东西叫做真值函项。而今天我们讨论的这些分子命题是真值函项的实例。如果 p 是一个命题，“我相信 p”这个陈述的真或假并不只是取决于 p 的真或假，因为我相信某些真命题而非全部真命题，并且我相信某些假命题而非全部假命题。

我只是想跟你们简单地谈一谈建立这些真值函项的那种方式。你所能建立的所有这些不同类型的真值函项全出自一个来源，即“p 与 q 不相容”，它的意思就是说：p 和 q 二者不能都是真的，至少其中有一个是假的。

我们用 p/q 来表示“p 与 q 不相容”。

例如，拿 p/p，即“p 与自身不相容”来说，这里 p 显然是假的，

因而你可以将“p/p”看作是指“p 是假”，即 p/p＝非 p。分子命题的意义完全由它们的真值表来决定，除此之外没有任何别的东西能作出决定，所以一旦你得出两个用同一个真值表说明的东西，你可以使它们同一。

假设你想要“如果 p 则 q”，它仅仅意指：倘若没有 q，你就不能有 p，因而，p 与 q 的假是不相容的。因此

“如果 p 则 q”＝p/(q/q)。

你只要有以上命题，当然立即就可推出：如果 p 真，则 q 也真，因为你不可能有 p 真而 q 假。

假设你想要“p 或 q”，它意指：p 的假与 q 的假不相容。如果 p 假，则 q 不假，反之亦然。这将是

(p/p)/(q/q)。

假设你想要“p 和 q 二者都真”。这意指：p 与 q 不是不相容。当 p 和 q 二者都真时，它们中至少有一个是假的这种情况就不会出现。因此，“p 和 q 二者都真”＝(p/q)/(p/q)。

整个演绎逻辑只是上述这种观念的复合和扩展。这种不相容性观念最初就被表明足以支持舍弗先生的目的，M. 尼科德(M. Nicod)随后又做了大量的工作。这种推演方式比《数学原理》的方式要简单得多。《数学原理》中有两个作为开端的初始观念，即“或”和“非”。而这里你只要用一个前提就可以进行推演。我不打算对这个题目作进一步的发挥，因为那样会将你带入数理逻辑的领域。

我看不出有任何理由来假定：在对应于这些分子命题的事实中存在一种复杂性。因为，正如我说过的，一个分子命题与一些事

实的对应同一个原子命题与一个事实的对应是完全不同的。与此相联系,有一个特殊要点必须考查。这就是下述问题:存在否定的事实吗?有没有像你可以称为的事实"苏格拉底没有活着"这样的事实呢?迄今为止我的讲话中一直肯定有否定的事实。例如,如果你说"苏格拉底活着",在真实的世界中对应这个命题的是苏格拉底没有活着的事实。人们对否定事实有某种的反感情绪,这种情绪促使你希望不要有"p或q"这样一个事实在世界中流行。你有这样一种情绪:只存在肯定的事实,而且,否定的命题总是有办法由肯定的事实来表达。我在哈佛[①]作关于这个问题的讲演时,我论证说存在否定的事实,而这个观点几乎引起一场骚乱:听讲的这一班人大概从来没有听说过有否定的事实。我仍然倾向于认为有这种事实。但是,我在哈佛讲演时的一位听讲者,迪莫斯(Demos)先生,后来在《心灵》杂志上写了一篇文章,解释为什么不存在否定的事实。那是在1917年4月号的《心灵》杂志上。我认为他对于不存在否定的事实这一观点尽其所能作了比较好的解释,但这是一个很困难的问题。实际上我只是请求你们不应当武断独行。我并没有肯定地说存在否定的事实,而是说也许存在。

关于否定的命题,你可能会注意到一些东西。迪莫斯先生首先指出:否定的命题就其定义而言根本不依赖于认知的主体。对此我表示赞成。假定你说:当我说"苏格拉底没有活着"时,我仅仅表达对苏格拉底活着这个命题的不相信。你必须在真实世界中找到一个东西使这种不相信成为真实的,唯一的问题在于这是什么

---

① [1914年。——R.C.马什]

东西。这是他的第一个论点。

他的第二个论点是：我们不应当就其表面的价值看待否定的命题。他说，你不能以“苏格拉底是人”是一个关于事实的表达这种直接的方式将“苏格拉底没有活着”这个陈述视作一个关于事实的表达。关于这一点，他只是论证说，他不能相信世界上存在否定的事实。他坚持认为，真实的世界中不可能有诸如“苏格拉底没有活着”这样的可视作一些简单事实的事实，所以，你必须为否定的命题作一些说明，作一些解释；而且他还认为，这些否定命题不可能像肯定命题那样简单。后面我还要回到这个论点，但就上述而言我还不想与他取得一致。

我并非完全同意他的第三个论点，这个论点是：当“不”这个词出现时，我们不能把它看作是对该谓词的限定。例如，如果你说“这不是红的”(“This is not red”)，或许你想说的是“不-红”(“not-red”)是一个谓词。但当然不会是这样；首先因为大量的命题不是关于谓词的表达；其次因为“不”这个词适用于整个命题。适当的表达应当是“不，这是红的”；这个“不”用于“这是红的”整个命题，而你自然会在许多情况中十分明确地看到这一点。如果你举一个我在讨论摹状词时提出的例子：“当今的法国国王不是秃头”(“The present King of France is not bald”)，如果你将“不-秃”(“not-bald”)视作一个谓词，人们必定会断定这是假的，其理由是，没有一个当今的法国国王。但是很显然，“当今的法国国王是秃头”这个命题是假命题，因此这个命题的否定必定是一个真命题，而不可能出现你将“不-秃”视作一个谓词的情况，所以，在所有有“不”的命题里，你必须把“不”视作用于整个命题，“非 p”是一个专门公式。

现在我们讨论以下问题：实际上我们怎样解释“非 p”。迪莫斯先生提出的建议是，当我们肯定“非 p”时，实际上肯定的是，存在某个命题 q，它是真的且与 p 不相容（他的原话是“p 的相反面”，但我认为其意思是一样的）。下面是他建议的定义：

“非 p”意指“存在一个命题 q，它是真的且与 p 不相容”。

举例来说，如果我说“这支粉笔不是红的”，我要意指的是断定存在某个命题，假如它就是“这支粉笔是白的”这个命题——它与“它是红的”这个命题不一致。而且我还意指：因为你碰巧不知道那个真的且与 p 不一致的实际命题是什么，所以你使用这些普遍的否定形式。或者，当然你也许可能知道那个实际命题是什么，但是你可能对 p 是假的这个事实更感兴趣，而对使其假的那个特殊事例不大感兴趣。比如说，当你急于要证明某个人是说谎者时，你就会对他肯定的某个命题的虚假特别感兴趣。你也有可能对一般命题而非特殊的事例更感兴趣，所以假如有人肯定那支粉笔是红的，你或许是对那支粉笔不是红的这个事实而非对那支粉笔是白的这个事实更感兴趣。

我发现很难相信关于虚假的那种理论，首先你要注意有这样一种反对意见：虚假使不相容性成为基本的和客观的事实，这并不比接受否定事实更简单得多。在此，你必须得有“(that)p 与 q 不相容”这一公式，以便把“不”化归为不相容性，因为这必须是那个相应的事实。下面这一点非常明确：不管对“不”作什么样的解释，存在着某个将给予你一个事实的解释。如果我说“这间屋子里没有一只河马”，那么很明显，存在着某个解释这个陈述的方式，根据这个方式就有一个相应的事实，而这个事实完全不可能是：这房间的每一处都充满了不是河马的某个事物。你就又会回到我们一直尽力加以避免的关于不是这一类就是那一类事实的那种必然性。我们一直努力地既避免否定事实又避免分子事实，而这样做的结果只是用分子事实替换否定事实，而且我认为，作为一种避免悖论的手段，这并不是很成功的，尤其是当你考虑到这一点：即使我们把不相容性看作是一种关于事实的基本表达，不相容性也不是在事实之间，而是在命题之间。如果我说"p 与 q 不相容"，那么，p 与 q 至少有一个一定是假的。很明显，没有两个事实是不相容的。不相容性存在于命题之间，在 p 与 q 之间，所以，如果你打算把不相容性看作是基本的事实，在解释否定时你必须把涉及与事实相反的命题的某个东西看成你的基本事实。很明显，命题不是你可以叫做"实在"的东西。如果你正在编制一个关于世界的目录，一定不能把命题算进去。事实要算，信任、愿望、意志也要算，但是命题不能算。命题不能独立存在，因而被看成关于真实世界的一个最终事实的这种命题的不相容性需要大量的处理、大量的打扮之后才能编入世界的目录。因此，作为避免否定事实的一种简化，我认为实际上并不成功。我认为你会看出：更简单的做法是将否定事实看成事实，在与"苏格拉底是人"是一个事实同样的意义上承认"苏格拉底没有活着"实际上也是一个客观的事实。我上述所陈述的迪莫斯先生的理论是这样一种理论的发展，即当一个人企图避开否定的事实时他立即会想出来的一种理论。但就我给出的这些理由来说，我认为实际上这个理论没有回答如何以它的方式看待事物。我认为，你将会发现，最好还是把否定的事实看作最终的事实，否则你就会发现：要说出对应于一个命题的是什么，这是非常困难的。例如，当你有一个假的肯定命题（比如说“苏格拉底活着”）时，因为真实世界中有一个事实，这个肯定命题便是假的。只是因为有一个事实，一个事物才可能是假的，因而你会看到要说出下面这一点是极端困难的：如果你不打算承认否定的事实，当你作出一个假的肯定的断言时，确实发生的东西是什么。我认为所有这些问题都是困难的，而且我们总是可从两个方面举出一些论证。但总的来说，我倾向于相信存在否定事实，而不存在析取事实。但是对于析取事实的否定又导致某一些困难，我们将在以后一讲里与一般命题联系起来讨论这些困难。

讨　论

问题：你认为“苏格拉底死了”这个命题是肯定的还是否定的事实？

罗素先生：这句话部分地是否定事实。说一个人死了是很复杂的。它是合为一个的两个陈述：“苏格拉底曾经活着”和“苏格拉底现在没有活着”。

问题：将“不”一词置于句子中就给予句子一种否定的形式特征，而且反之亦然吗？

罗素先生：不，我认为你必须查究这些词的意义。

问题：我原认为，说“苏格拉底活着”和说“苏格拉底不是一个活人”之间有很大的区别。我认为，具有人们可以称作否定存在的东西，以及人们不能认识的事物之存在，是有可能性的。毫无疑问，苏格拉底曾经活着，但是他现在不再作为一个活着的人存在。

罗素先生：我不打算再探究人死后的存在问题，而只是考虑这些词的日常意义。

问题：你怎样检验你面前的一个命题是肯定的还是否定的呢？

罗素先生：不能从形式上进行检验。

问题：要是你从形式上进行检验，难道就推论不出你知道是否有否定的事实吗？

罗素先生：是的，我认为是推论不出的。在我从理论上大致描述过的那种完满的逻辑语言中，关于命题是肯定的还是否定的，永远是一眼看来就非常明显的。但这不会影响你打算如何来解释否定命题。

问题：否定事实的存在要比仅仅下个定义更难办吧？

罗素先生：对，我认为是这样。在我看来，形而上学的任务就是描述这个世界，而按照我的观点，一个真正的明确的问题是：在一种对世界的完全描述之中你是否一定要提及否定事实。

问题：你如何定义一个否定事实？

罗素先生：如果否定性是一个终极这一观点是正确的，你就不可能给出一个普遍的定义。

四、具有一个以上动词的命题和事实；信念等等

你一定记得，讨论原子命题之后，我曾指出，紧接着会出现比原子命题更深层的两种更复杂的命题形式：首先是我在上次讨论

过的、涉及像“或者”、“和”、“如果”这类词的命题，我把它们称作分子命题。其次是涉及两个或更多的动词（诸如相信、期望、意欲等）的命题。在分子命题中，我们是不是必须要处理关于事实的任何新的形式这一点是不明确的，明确的只是我们必须要处理一种关于命题的新的形式，即是说，如果你有一个像“p 或 q”这样的析取命题，那么，说世界上存在一个与“p 或 q”相对应的析取事实似乎并不十分合理，而只能说存在一个与 p 相对应的事实和一个与 q 相对应的事实，而这个析取命题从这两个不同的事实中获得其真或假。因此，在这个情况中人们仅仅是在讨论关于命题的一种新的形式，而不是讨论关于事实的一种新的形式。今天我们则不得不讨论关于事实的一种新的形式。

我认为，人们可以将哲学的逻辑（即逻辑的哲学部分，这是我从〔1917 年〕圣诞节以后所作的讲演中一直在讨论的内容）描述为一个详细目录，或者（假如你喜欢一个更谦恭的词），可描述为一个“动物园”，它包容各种事实可能具有的一切不同形式。我宁愿说“事实的形式”而不说“命题的形式”。将此用于我上次讨论的分子命题的情况，你若要分析这种关于事实的形式，那么，你要讨论的不是分子命题本身而是对于分子命题的信念。与我全力投入形而上学研究的这种实在论偏好相一致，我永远希望致力于关于某个实际的事实或一组事实的探究。而且，在我看来，这种探究如同它在动物学上一样，在逻辑上也是如此。在逻辑上你关心事实的各种形式、关心如何把握不同类的事实和不同逻辑类的事实——它们都是世界上存在的事实。而今天我要指出：当一个人相信、期望或者有意志的时候所发生的事实，具有和含有单个动词——我在第二讲里讨论过的那种动词——的原子事实完全不同的逻辑形式。(当然,事实可以有许许多多形式,严格地说是无限的,而我不期望你会以为我佯装能够处理所有这些形式。)假定考虑任何一个信念的实例。我想要你理解,我并不是以知识论中谈论判断的方式来谈论信念。在知识论中,你可以说存在二加二等于四的那个判断。我正在谈论在一特定时刻某一个人心灵中的信念的实际出现,并且正在讨论那是怎样一种事实。如果我说"这是星期几?",你回答"星期二"。此刻,你心灵中出现的是"这是星期二"这一信念。今天我要讨论的就是这个问题:当一个人具有信念时所出现的事实的形式是什么。当然你会看到:人们自然会达到的那种明确的第一个概念就是,信念是对于此命题的一种关系。"我相信 p 命题","我相信今天是星期二","我相信二加二等于四",诸如此类等等。表面看起来在这些命题中你仿佛具有一种从属于命题的相信关系。鉴于我将要考察的各种理由,这种观点完全行不通。但是你因此必定会有一种恰好不是上述观点的信念理论。以任何一种命题为例,比如说"我相信苏格拉底有死"。假定这个信念实际上出现。表达信念出现的这个陈述是关于事实的陈述,在这个陈述里你有两个动词。你可以有两个以上的动词,也可以有一个以上任何数量的动词。我可以相信约翰的意见是苏格拉底有死。在这个陈述里你有两个以上的动词。你可以有任何数量的动词,但是不能少于两个。你还会发觉:不仅这个命题有两个动词,而且,由命题表达的事实也有两个对应于动词的成分。由于极难找到一个词来描述所有这些人们用动词指谓的客体,为了简短起见,我只好称这些是成分动词。当然,这是在两种不同的意义上严格地使用“动词”这个词，但我认为：如果你了解这个词是这样使用的，它不可能导致混乱。这种事实(这个信念)是一个事实。它不像你在(比如说)具有“p 或 q”的分子命题的情况中所具有的那种事实。你具有一个信念，这恰恰是单个事实。很明显，从这个事实你可能相信虚假。也很明显，你不能从这个假信念的事实中切断一个部分：你不可能具有

我相信/苏格拉底是有死的。

有一些问题是从这样的事实产生的。第一类问题是：这些事实是不可否定的呢，还是你可以用某个方式将它们化归为对其他事实的关系？假定有不可化归的事实，在这些事实中的那种东西是一个言语表达式，这实际上有必要吗？关于这个问题，最近我才明确地提出可能会出现疑问的。实际上直到最近我才看出来，这是一个有争论的问题。我仍然相信存在一些具有上述形式的事实，但是我也看出：这是一个需要讨论的实质性问题。

(一)**信念等等是不可化归的事实吗**？

“等等”包括对一个命题的理解；包括欲望、意志和其他所有的你认为涉及一个命题的那类态度。说一个人相信一个命题，似乎很自然，而说一个人欲望一个命题，似乎就不自然了。但是，事实上这种看法仅仅是偏见。你相信什么和你欲望什么恰好是同样的性质。你也许欲望明天要去取一些糖，当然你有可能相信你将会去做。我不敢肯定在意志的情况中逻辑形式也完全一样。我倾向于这种看法：意志的情况更相似于知觉的情况，更直接地进入事实，并且排除虚假的可能性。总之，欲望和信念逻辑上恰恰是相同

的形式。

实用主义者和一些美国实在论者——人们称这个学派为中立一元论者——完全否定存在着我所讨论的那种意义上的信念这样一种现象。当然，他们不是在词上否定它，而是不去使用我所使用的那种语言，而这就很难将他们的观点与我正谈论的观点作比较。实际上人们不得不将他们的话翻译为多多少少类似于我们的语言，才有可能识别双方的冲突或分歧之处。如果你看一看詹姆斯的《彻底经验主义论文集》，或杜威的《实验逻辑论文集》，你就会看到他们完全否定存在着我所谈论的那种意义上的信念这样一种现象。尽管他们也用"相信"这个词，他们意指的却是完全不同的另一些事情。你将看到所谓"行为主义"的观点。根据这个观点，如果你说一个人相信一件事，你的意思就是说他以某个方式在行动；而这一点与詹姆斯的实用主义正好一致。詹姆斯和杜威会这样说：当我相信一个命题时，那就*意指*我以某一方式来行动，我的行为就有某些特点，而如果这个行为导致预想的结果，我的信念就是真的信念，反之则是假的信念。如果上述说法正确，如果你确实接受他们关于信念绝不作为孤立的现象而出现的观点，那就会使他们的实用主义成为一种关于真和假的完全合理的说明。因此，这是人们必须要考察的第一件事情。如果把这个论题看作是值得考察的，那就会使我远远地脱离逻辑，因为这是一个属于心理学的论题，它只是在这样一个方面与逻辑相关，即它提出了对以下问题的怀疑：是否存在具有我所谈论的那种逻辑形式的事实？在含有两个或更多动词的这种逻辑形式的问题上，你会看到有一种奇异的逻辑研究与经验研究的交错现象（当然这种交错或许也出现在其

他的地方)，在这方面，经验研究给予你一个事物具有某一逻辑形式的例子，而你实际上只有在看到一个例子时才能确定：是否存在具有一个给定的逻辑形式的事物，但看到一个例子这件事本身却是经验的。因此，鉴于这种现象，经验事实在某一些交点上与逻辑有关。因而我认为，在理论上人们或许不必知道任何实例就可以知道存在这些形式，但在实践上，正像我们所处的情境一样，似乎不可能发生这种情况。在实践上，如果你不能看到某一个形式的例子，你就不能知道是否存在那个形式。如果不能看到一个含有两个或更多动词的例子，我在理论上就没有理由相信会出现这样一种形式。

你看了詹姆斯和杜威这些人论信念问题的著述后，立即会产生这样一种看法：他们认为是信念客体的一类事物与我所想象的一类事物截然不同。他们总是把信念客体看作是一个事物。他们认为你相信上帝或荷马：你相信一个客体。这就是他们心目中的图景。按照一般的说法，这样的谈论还是够普通的，而且他们会说，他们提出来的第一个大致近似的观点是：要是存在这样的客体，你的信念就是真的；要是不存在这样的客体，你的信念就是假的。我的意思并不是说他们正好说了这样的话，而是说，这是他们由以出发的原初观点。他们似乎没有把握这样一个事实，即不是通过单个的词而是通过命题才能更好地表达信念中的客观的方面。而且，我认为，这个观点与他们关于构成信念的是什么这个问题的整个看法有很大的关系。按照他们的观点，信念的客体一般不是事物间的关系，也不是具有性质或不具有性质的诸事物，而只是那些可能存在或可能不存在的单个事物。在我看来，这种观点从根本上讲是绝对错误的。首先，存在着你完全不能适合于那个模式的大量的判断；其次，也完全不可能对虚假的信念作出任何解释，因为，当你相信一个事物存在而它并不存在时，此事物就不在那儿，它什么也不是，将它看成与实际上是虚无的东西的一种关系不可能是对于虚假信念的一种正确分析。这就是对于信念只在于与其客体的关系这种设想的反对意见。很显然，如果你说"我相信荷马"，但并不存在荷马这样一个人，那么，你的信念就不可能是与荷马的一种关系，因为不存在"荷马"。世界上发生的每一事实都必须由存在着的要素所组成，而不是由不存在的要素所组成。因此，当你说"我相信荷马"时，像上述那样将它视作一种关系就不可能是正确的分析。正确的分析是我以后在摹状词理论中所讲的那种分析。我现在该返回来谈谈刚才提到的行为主义学说。例如，假定：有人说你相信在 10 点 25 分有一趟火车。有人还告诉我们，这句话是指你在某一时刻出发去火车站。当你到达车站时，你看时间为 10 点 24 分，于是你就跑起来。这一行为构成你的这一信念：此时火车要开过来。如果你由于跑而赶上了火车，你的信念就是真的。假如火车在 10 点 23 分开走，你误了车，那么你的信念就是假的。行为主义者说，构成信念的东西就是这样的事物。并不存在唯一的心灵状态来仔细考虑火车在 10 点 25 分开出这一永恒真理。他们将这一点竟然也应用于最抽象的事物。关于事物的这种观点我本人并不觉得站得住脚。由于这一观点很深奥，而且人们或许有这样一种情感，即：如果你用足够长的时间细细地思考它，并充分意识到它的全部蕴涵，你也许最终会看到它是一个可行的观点，因此这是一种难以驳倒的观点；但我觉不出它是可行的。

当然，这一观点和中立一元论的理论是一致的。中立一元论认为：正像材料可以构成物质的东西一样，材料也可以构成精神的东西，比如说一部邮政指南，它向你说明你要找的既按字母顺序又按地理分布排列的人们。上述的整个理论都与行为主义学说一致。我不是说所有宣称相信一种理论的人们都必然也要宣称相信另一种，而是说这两种理论本质上属于一类。如果你想采取行为主义观点，你必须解释清楚信念和欲望，因为这类事物的确好像是精神现象。它们离物质世界中所发生的事物的确好像相当远。因此人们开始尽力解释清楚信念这样的东西，并且将信念化归为身体的行为：你对某一命题的信念就在于你的身体的行为。粗略地说，这就是上述观点的大致内容。它确实能使你在不去思考的情况下一切都很顺利。倘若如此，真和假就在于你的身体行为与某一事实（可以说，即作为你的行为之目的的遥远事实）的关系；而当你关于那个事实的行为令人满意时，你的信念是真的，当你关于那个事实的行为不令人满意时，你的信念是假的。按照那种观点，逻辑的本质将是具有同类形式的两个事实之间的一种关系，这是一种因果关系，即是说，一方面，将出现你的身体的行为，这行为是一个事实，而另一方面，火车在某一时刻发车，这是另一个事实，而整个现象就是由这两个事实的一种关系建构的。你要得到的东西在逻辑上总是具有与你在原因中所具有的同样形式，在原因中，你具有"这个事实引起那个事实"。这一点与我今天讨论的含有两个动词的事实相比，是截然不同的逻辑形式。

因为中立一元论具体说明了奥卡姆剃刀的应用，我自然倾向于赞成这种学说。我永远希望在哲学上用最可能少的工具处理问

题。这部分地是因为这样做减少错误的危险,因为完全无必要去否定你并没有断定的实体,所以,你假定实体愈少,犯错误的危险也就愈小。另外一个原因是——或许是一个有些琐碎的原因——在实体数目上的每一次缩小都增加了数理逻辑要完成下述任务的工作量,即建构看起来好像是你过去常常所假定的那些实体的事物。因此,中立一元论的整个学说令我愉悦,然而,迄今为止我又确实看出要相信这种学说十分困难。我在《一元论者》[①]期刊上撰写的一些文章——尤其是 1914 年 7 月号和这之前的两期——中,你能看到对于这整个问题的讨论。实际上我宁愿再重写,因为,我认为我用来反对中立一元论的某些论证不是有效的。我最信赖的是关于"特别的殊相"(即"这"、"我"等所有这类的词)的论证。这些词通过殊相与自己的关系从宇宙中挑选出某些殊相。而且由于以上这一事实,我认为这些词,或者与这些词相关的殊相,在说话的瞬间就呈现于你的面前。"这"当然就是我称作"特别的殊相"的东西。它只是一个被人注意的当下客体的专有名称,一个什么也不指的专名。当然,因为所注意的客体永远从一瞬到另一瞬,从一人到另一人地变化着,所以突出的殊相是模糊的。如果你要完全摆脱意识,那么要解释"这"这样一个词的意思是什么以及造成缺乏不偏不倚的是什么,我认为这是特别困难的。你一定会说,在纯物质世界里存在着一种完全的不偏不倚。时间的所有部分和空间的所有区域都似乎同等地突出。但是,实际上发生的是,我们挑选某一些事实,过去的、将来的以及所有这类东西的事实;这些事实

① [这篇论文的三个部分是这个集子的第五篇论文。——R. C. 马什]

围绕“这”向外扩展，而我本人却看不出你如何能根据中立一元论处理“这”这个概念。我并非教条地下这个断言，我只是不知道如何处理这个概念。在这篇讲演的其余部分我将假定存在着信念、期望等等这样的事实。要是深入查究这一问题的话，恐怕确实要占用我整整一讲的时间。因此，我们还是从那种对心理学问题的探讨回到更纯粹的逻辑问题，我对此表示歉意。

(二)在“我相信 p”这一命题中 p 的地位是怎样的?

由于你的信念有时是错的，你不能说你相信事实。而由于感知不易有错误，你可以说你感知事实。只要涉及的是唯一的事实，就不可能有错误。因此，你不能说，你相信事实。你只能说你相信命题。这种论点的麻烦是：命题显然什么也不是。因而它不可能是对问题的正确解释。当我说“命题显然什么也不是”时，这或许不是十分明显的。要是我认为存在着命题，即使在这一刻在我看来下面这个说法也是很不合理的：当事实上今天是星期二时，除了事实之外还有一些流传的诸如“今天是星期三”这类奇怪的暧昧的东西。我不能相信这样的东西流传在真实的世界中。不止一个人可能会相信这一点。而我确实认为，具有生动的实在感觉的人绝不能想象这一点。从事逻辑研究的诸困难之一就在于：逻辑是对于可想象的最抽象的东西的极端抽象的研究，而且，如果你没有一个对真实事物的生动的直觉，你就不可能合理地进行探究。你必须具有那种在逻辑中相当充分发展了的直觉。我认为，不这样做你就会陷入异想天开的东西。我觉得，梅农十分欠缺的恰恰是这种对实在的直觉。梅农坚持认为，存在像圆的正方形这样的客体，

只是它不现存(exist),而且它甚至不实存(subsist),但无论如何有这样的客体。当你说“圆的正方形是虚构”时,梅农承认存在一个“圆的正方形”的客体,并且存在“虚构”这个谓词。具有实在感觉的人绝不会这样来分析这个命题。他会看到:这个命题需要以这样一种方式进行分析,使得你不必将圆的正方形视作该命题的一个成分。若假定真实的自然界中存在着一整批流传的假命题,这在我看来简直是荒谬可笑之极。我不会让自己作出这样的假定。我不能相信在事实存在的意义上假命题也存在。在我看来,关于“今天是星期二”这个事实的某种东西与“今天是星期三”这个假定处于不同的实在层次。当我说及“今天是星期三”这个命题时,我不是指那种你认为是星期三的心灵状态在将来的发生,而是正在谈论这样一个理论:存在着某种非常符合逻辑的、不以任何方式包含心灵想象的东西;我认为你不能将一个假命题视作这样的东西。我认为,一个假命题只要一出现就必须接受分析,把它拆散、扯碎,显露出事实的完全分散的片断,在这些片断之中才能分解出假的命题。我这样说完全是根据我所谓的关于实在的直觉。我应当对“实在”作几句解释。实在是个很模糊的词,对它的绝大部分使用都是不合适的。当我像现在这样地谈论实在时,我能做的最好解释是,我以下列说法表示我的意思:我意指你在关于世界的全面描述中提到的每一件事物;这个说法向你传达了我的意思。而现在我**并不**认为,在关于世界的全面描述中必须提到假命题。当然,会提到假的信念、假的假定和对一些不会实现的东西的欲望,但是唯独不会提到所有的假命题。因此,当你(像人们说的那样)相信一个假命题时,这不可能是对所发生之事的正确说明。说“我相信 p

命题”,并把该事件视作我和 p 之间的一种双重关系,这并不正确。无论你相信一个假的还是真的命题,其逻辑形式恰好相同。因此,在所有情况下,你都不要将信念视作你自己和一个命题之间的二项关系。你必须彻底分析这个命题,并且以不同方式处理你的信念。因此,信念实际上不含有作为一个成分的命题,却只含有作为成分的那个命题的所有的成分。当你相信时,你不能说“你相信的是什么东西?”对于这个问题来说是没有答案的,即是说,不存在你正相信的单一的事物。“我相信今天是星期二。”你不可设想“今天是星期二”是一个我正相信的单一的客体。要是这样想就错了。这不是分析该事件的正确方式,尽管这种方式在语言上是便利的;假如人们知道这不是正确的,那就可以保留它。

(三)**我们如何描述一个信念的逻辑形式?**

我想尽力对构成信念的方式作出解释。但这绝非是轻而易举的问题。你不可能绘制一幅我所谓的信念空间图。你能绘制一幅原子事实图,而不可能绘制一幅信念图,因为理由很简单:空间关系总具有原子种类或者原子种类之复合的关系。我会尽量说清楚我的意思。其要点就在于与判断中存在的两个动词和这两个动词都作为动词出现的这个事实的相互联系。因为,如果一个东西是动词,它就只能作为动词出现。假如我以“A 相信 B 爱 C”为例子,在“奥赛罗相信德斯戴蒙娜爱卡西欧”这句话里你得到的是一个假的信念。你具有这一奇特的事态:在这个命题中出现了动词“爱”,而且它似乎作为德斯戴蒙娜对卡西欧的关系出现的,而事实上却并非如此,但它还是确实作为一个动词出现了,确实以一个动词应有的方式出现了。我的意思是指在“A 相信 B 爱 C”这个句子中，你必须在“爱”出现的位置上有一个动词。你不能将一个名词放入那个位置。因此很明显，那个附属的动词(即除了相信以外的那个动词)有作为动词的功能，并且似乎是两个项之间的关系。但是当判断恰好是假的时，事实上它就没有动词的功能。这就构成关于信念本质的疑难。你会注意到，无论人们在何处实际上逼近了关于错误的理论，倘若不假定非存在物的存在，人们都会有关于如何处理错误的疑难。我的意思是：每一种关于错误的理论由于假定非存在物的存在而迟早要自行毁灭。当我说“德斯戴蒙娜爱卡西欧”的时候，似乎好像在德斯戴蒙娜和卡西欧之间你有一个非存在的爱。但是这正像非存在的独角兽一样，是错误的。所以，你必须以某一其他方式对整个判断理论进行解释。现在，我准备用一个图来谈这个问题。假定你试着制作这样一个图：

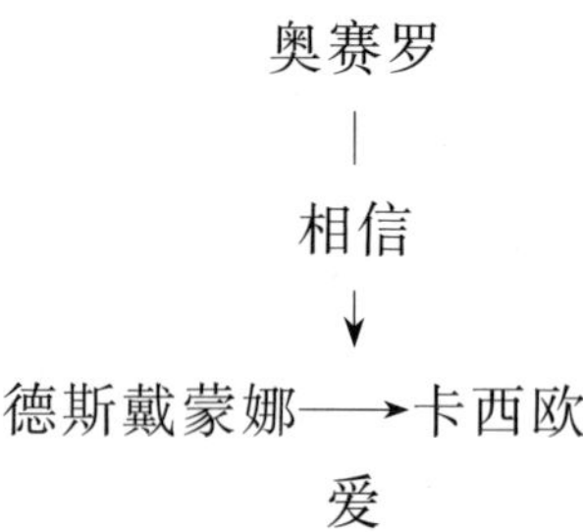

绘制一个图的问题并非像你可能设想的那样不可思议，因为这是整个符号理论的一部分。这种符号表示在何处以及如何会有错误，认识这一点非常重要：在何处以及如何会有错误即是指在这个符号中你具有连结这两个事物的这种关系，而事实上它们并非真正有这种关系。在空间中你不能获得任何在逻辑上与信念有同样形式的事件出现。当我说“逻辑上有同样形式”时，我是指按下述方式从一个命题中得到另一个命题，即用新的词项替换原命题中的词项成分。如果我说“德斯戴蒙娜爱卡西欧”，那么它与“A是在B的右边”具有相同的形式。它们具有相同的形式，而我可以说，空间发生的任何事物都不会与信念具有相同的形式。这里我还要谈论一种新的事物。它是我们的动物园里的一种新动物，不是我们以前那些种类的新成员，而是一个新的种类。这一事实的发现应归功于维特根斯坦先生。

从逻辑的观点看，关于信念有大量的奇特之处，奇特之一是，你可以相信所有形式的命题。我可以相信“这是白的”和“2+2=4”。这两个命题具有截然不同的形式，而你却可以相信这两者。由于在被相信的命题的形式上有很大的区别，在这两种情形中，真正出现的东西几乎不能恰好具有相同的逻辑形式。因此，似乎是这样：在各种不同情形中的信念从逻辑上严格地说不可能是同样的，而是必然随着你所相信的命题的性质的不同而有所区别。如果你有“我相信p”和“我相信q”这两个事实，如果p和q不是相同的逻辑形式，不是在我刚才所讲的意义上的相同的逻辑形式，那么，正是在那个意义上，你可以从“我相信p”通过用另一个事实的成分来替换“我相信p”的成分而推论出“我相信q”。这就意指：信念本身不能视为专门的单一的关系项。信念实际上必然随着人们所相信之物的性质的不同而具有不同的逻辑形式。因此，在各种情况中的信念的表面相同性大约是人们的幻觉。

我刚才讨论的问题实际上有两个重要的事情需要引起人们的注意。首先是，将所相信的命题视作一个独立的实体是不可能的，它不可能作为一个单元参与信念的发生。其次是，将附属动词与它的各项(作为信念中的客体词项)置于一个层次也是不可能的。我认为,在我几年前的出版物中发表的判断理论这个重要问题上是有点过分简单了,因为那时我确实是这样对待客体动词的;好像人们能够把它看作只是一个像词项一样的客体,好像人们能够把“爱”作为“相信”关系的一个项与德斯戴蒙娜和卡西欧置于一个层次上。这就是为什么我在今天的讲演中一直非常强调至少存在两个动词这一事实的原因。我希望你会原谅这样一个事实,即我今天所讲的大部分内容只是探索性质的,并且都是在指出困难。这个题目很难,而且一直未得到充分重视和讨论。实际上直到最近才有人开始以类似专门逻辑工具的方式思考信念的本质问题,因此,任何讨论都不会有很大帮助,所以,目前在许多要点上你必须满足于指出困难,而不是作出非常明确的解决。

(四)命名原则的问题

对“相信”、“期望”等等这样的动词我们应给予什么名字呢?我倾向于称它们为“命题动词”。这仅仅是为了便利而联想到的名字。因为这些动词都具有将一个客体和一个命题连结在一起的形式。正像我以上解释的,并非这些动词实际上有这种联系,但是称它们为命题动词很方便。当然,你可以称它们为“态度”(attitudes),但我不喜欢这个词,原因这是一个心理学词项,尽管我们经验中的一切事例都是心理学的,也没有任何理由假定我谈论的所有动词都是心理学的。绝无理由假定这一点。人们总该记得斯宾诺莎所说的关于上帝的无限属性。世界上存在他的无限属性的类似物是非常可能的。尽管我们没有亲知它们,却无任何理由假定：精神和物质穷尽了整个宇宙，因此，你绝不能说，任何逻辑类事物的所有实际事例都具有某种非逻辑性的性质：你不能足够了解那样的世界。因此，我不应当提出：具有由相信和意志为例所表示的那种形式的所有的动词都是心理学的。我只能说自己知道的所有动词是心理学的。

我注意到：在今天我要说的提纲里，我打算讨论真和假的问题。但是，由于真和假在整个讲演中一直都出现，对它们也就没有过多特殊要说的东西。关于真或假人们首先想到的东西是一个命题，而命题什么也不是。但是一个信念是以与一个命题是真或假的同样方式是真或假的，因而在这个世界上你确实有一些不是真就是假的事实。刚才我说过，在事实中没有真和假的区别，但是就我们叫做“信念”的那类特殊事实而论，在一个信念可作为真或假而发生的意义上(虽然它在真或假二者中同样是一个事实)就存在着这种区别。人们有时期望某件事情不会发生，在这同样的意义上人们可能把期望称之为假的。真或假依赖于所论及的命题。我倾向于这样看：与信念相反，感知并不通过命题，它直接进入事实。当然，当你感知一个事实时，你并没有引起错误，因为此时此刻正是你的客体错误的事实被排除了。我认为最终的证实总是会将自身还原为有关事实的感知。因此，感知的逻辑形式和相信的逻辑形式完全不同，这正是因为有起作用的事实这一情况。这又引出我尚未提出来深究的许多逻辑困难，但是我认为你自己可以看出：感知正像相信一样也要涉及两个动词。我倾向于认为，在完全类似于感知不同于信念这种方式上意志在逻辑上也不同于欲望。但是若讨论这一观点就会使我们远离逻辑了。

五、一般命题和存在

今天我要论述普遍的命题和存在。这两个问题实际上彼此关联:虽然乍看起来也许它们似乎没有联系,但它们是同一个论题。迄今为止我所谈论的命题和事实都只完全涉及确定的殊相、关系、性质或诸如此类的事物,而绝不涉及有人用“所有”、“有些”、“一个”和“任何”这些词提及的非确定的事物。而今天我要讲的正是这种非确定的命题和事实。

实际上,我今天想要讲的这类所有的命题,本身就可以汇集为两组——首先是关于“所有”的一组,其次是关于“有的”的一组。这两种命题互相关联;它们互为否定命题。举个例子,如果你说“所有的人都有死”,这是对“有的人没有死”的否定。关于一般的命题,其肯定和否定的区别是任意的。不管你将关于“所有”的命题视为肯定的命题、将关于“有的”的命题视为否定的命题,还是相反,这纯粹是凭你的兴趣。例如,如果我说“当我一路走来时,我没遇见一个人”,表面看来,你一定认为这句话是一个否定命题。当然,实际上它是关于“所有”的一个命题,即“所有的人都在我没有遇见的那些人之中”。另一方面,如果我说“当我一路走来时,我遇见一个人”,这句话给你的印象是肯定的句子,然而它却是对“所有的人都在当我一路走来时我没遇见的人之列”的否定。如果你考虑诸如“所有的人都有死”和“有的人没有死”这样的命题,你或许会说,将一般命题视作肯定的而将存在命题视作否定的,这样更自然一些。但是,人们要选择哪一个是完全任意的,仅只由于这一点我们最好还是忘掉这些词,而只谈论一般的命题和存在的命题。所有一般的命题都否定某个事物的存在。如果你说"所有的人都有死",这句话否定一个不死的人的存在,等等。

我想强调说:一般命题可以解释为不涉及存在的命题。例如,当我说"一切希腊人都是人",我并不想要你来假设这句话蕴涵有希腊人。尤其要考虑的就是不蕴涵这一点。否则必须要加上另外一个命题。如果你想在那种意义上解释这句话,你必须加上进一步的陈述"并且有希腊人"。这是为了实践上便利的目的。如果你包括了有希腊人这个事实,你就将两个命题混合成一个,它就在你的逻辑中引起不必要的混乱,因为你想要的那些种类的命题是一些确实断定了某些事物的存在的命题,而一般的命题并不断定某些事物的存在。要是碰巧没有希腊人,那么,"一切希腊人都是人"这个命题和"一切希腊人都不是人"这个命题都将是真的。"一切希腊人都不是人"这个命题,当然就是"一切希腊人都是非-人(not-men)"这个命题。如果碰巧没有希腊人,这两个命题将同时都真。关于一个无元素的类的所有元素的所有陈述都是真的,因为任何一般陈述的否定都确实断定了存在,因此,在这个情况下是假的。当然,这个不涉及存在的一般命题的概念不是三段论传统学说中的概念。三段论的传统学说假定:当你有"所有希腊人是人"这样一个陈述时,它蕴涵有希腊人,而这就产生了谬误。例如,"所有怪物是动物,且所有怪物喷吐火焰,因此有的动物喷吐火焰"。这是 Darapti* 论证中的一个三段论。但是,正像这个例子

* 亚里士多德第三格第一式。——译者

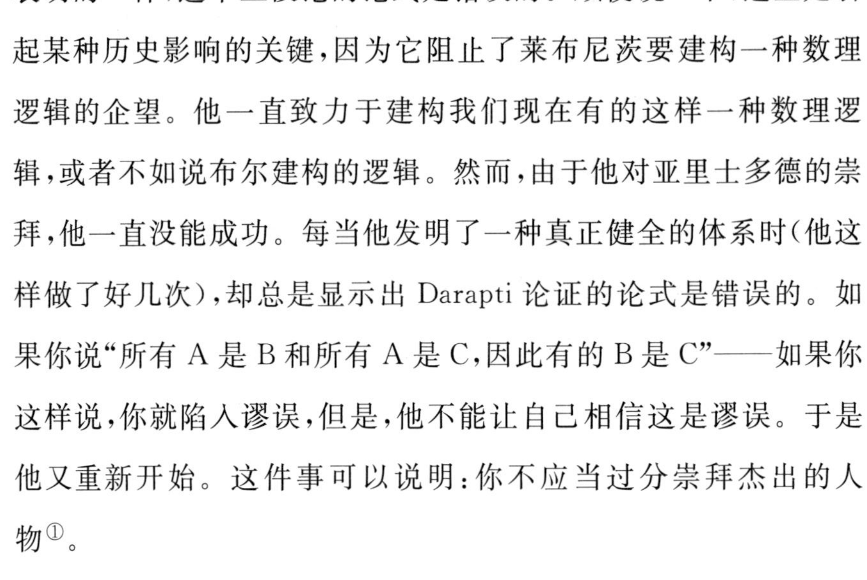

表明的一样，这个三段论的论式是错误的。顺便说一下，这正是引起某种历史影响的关键，因为它阻止了莱布尼茨要建构一种数理逻辑的企望。他一直致力于建构我们现在有的这样一种数理逻辑，或者不如说布尔建构的逻辑。然而，由于他对亚里士多德的崇拜，他一直没能成功。每当他发明了一种真正健全的体系时(他这样做了好几次)，却总是显示出 Darapti 论证的论式是错误的。如果你说“所有 A 是 B 和所有 A 是 C，因此有的 B 是 C”——如果你这样说，你就陷入谬误，但是，他不能让自己相信这是谬误。于是他又重新开始。这件事可以说明：你不应当过分崇拜杰出的人物①。

现在，当你询问在诸如“所有希腊人是人”这样一个一般命题中实际上断定了什么，你就会发现所断定的正是我称之为命题函项的所有值的真。**一个命题函项不过是这样一个表达式，它包含一个未确定的成分，或者几个未确定的成分，只要未确定的成分一经确定，它就变成一个命题。**如果我说，“x 是一个人”或者“n 是一个数”，这是命题函项；任何代数公式也是这样，比如说 $(x+y)(x-y)=x^2-y^2$。命题函项是一种不存在的东西，但是它像人们想要在逻辑里谈论的绝大多数的东西一样，并不因为这个事实而丧失其重要性。实际上，对于一个命题函项你能够做的唯一一件事就是：要么断定它恒真，要么断定它有时真，要么断定它永不真。如果你考虑：

“如果 x 是人，x 是有死的”，

① 参见 Couturat(古杜拉)：《莱布尼茨的逻辑》。

这句话是恒真的(当 x 不是一个人时与当 x 是一个人时正好一样);如果你考虑:

"x 是一个人",

那么这句话有时候真;如果你考虑:

"x 是一个独角兽",

那么这句话永不是真的。

你可以把一个命题函项称为:

必然的,当它恒真时;

可能的,当它有时真时;

不可能的,当它永不真时。

很多错误的哲学来源于混淆了命题函项和命题。在一般传统哲学中有大量这类错误,这种哲学只是在于将唯一适用于命题函项的谓词归之于命题,而且,有时更错误地将唯一适用于命题函项的谓词归之于个体。关于必然、可能、不可能的例子就是一个恰当的例子。在所有的传统哲学中形成一种"模态"的趋向,就是将必然、可能和不可能作为命题的特性来讨论,但实际上它们只是命题函项的特性。命题只能是真或者假。

如果你取"x 是 x",那么无论"x"可能是什么,这个命题函项都是真的,即它是一个必然的命题函项。如果你取"x 是人",这就是一个可能的命题函项。如果你取"x 是一个独角兽",这就是一个不可能的命题函项。

命题只能是真或假,命题函项却具有上述三种可能性。我认为,关于模态的整个学说不适用于命题,只适用于命题函项,认清这一点非常重要。

在日常语言中，命题函项包含在人们通常没有认清它们的大量的情况之中。在“我遇到一个人”这样的陈述中，倘若不了解我遇到的是谁，你也能很好地理解我的陈述，而这个真实的人并不是这个命题的一个成分。实际上你断定的是：某个命题函项“我遇到x和x是人”有时候是真的。至少有一个x的值，该函项对此是真的。因此，这是一个可能的命题函项。只要你得到“一个”、“某个”、“全部”、“每个”这样的词，这些词总是标志存在一个命题函项，因此可以说这些东西不是不可及的或深奥的：它们既是明显的，又是人们熟悉的。

命题函项也出现在“苏格拉底是有死的”这样一个陈述中，因为“有死”意指“在这一时间或那一时间要死去”。你意指：有一个时间，苏格拉底在这个时间要死去，而这又包含一个命题函项，即“t是时间，且苏格拉底在t时死去”是可能的。如果你说“苏格拉底是不死的”，这也包含一个命题函项。如果我们将不死看成涉及贯穿于全部过去以及全部将来的存在，这就意指：“如果t是任何时间，苏格拉底在t时活着。”但是，如果我们将不死仅仅看成只涉及贯穿于全部将来的存在，那么关于“苏格拉底不死”的解释就变得更完满了，即“有一个时间t，使得如果t′是在t之后的任何时间，那么苏格拉底在t′时活着”。因此，当你要适当地写出人们的大量日常陈述意指什么的时候，那就会变得有点复杂了。“苏格拉底有死”和“苏格拉底不死”互相并不矛盾，因为它们都蕴涵苏格拉底在时间中存在，否则他就不会是或有死，或不死。有人说，“有一个时间，在这个时间他死去”，而另一个人说，“不管你取什么时间，他都在那个时间活着”，然而，如果不存在一个他在那时活着的时间，“苏格拉底有死”的矛盾式就会是真的。

在命题函项中，一个未确定的成分叫做变项。

存在。当你取任何一个命题函项并且断定它是可能的，即它有时是真的时，这就给予了你关于“存在”的最基本的意义。你可以用以下说法表达这个意义：至少有 x 的一个值，对此，这个命题函项是真的。就“x 是一个人”而言，至少有 x 的一个值，对于这个值，“x 是一个人”是真的。这就是人们所说的“有人”或“人们存在”的意思。存在本质上是命题函项的一个特性，这是指命题函项至少在一个实例中是真实的。如果你说“有独角兽”，这个句子意指“有一个 x，使得 x 是一个独角兽”。这样的写法不适当地模仿了日常语言，而适当的写法应当是“(x 是一个独角兽)是可能的”。我们必须具有某个不加定义的观念，而你可以将“恒真”或“有时真”的观念看成你在这方面的不加定义的观念，那么，你就可以将另一个定义为这一个的否定。鉴于我目前不想探究的一些理由，在某些方面，最好将二者都视为不加定义的。正是由于有时候这个概念——这和可能的这个概念相同——我们才会得到存在这个概念。说独角兽存在只是等于说“(x 是一个独角兽)是可能的”。

当你说“独角兽存在”时，你并不是在作出会适用于也许碰巧存在的独角兽的任何说明，因为事实上不存在任何独角兽，这一点是完全明确的。因此，如果你的说明适用于现实的个体，那么，除非它是真的，否则就不可能是有意义的。你可以考察“独角兽存在”这个命题，并且会看到它是假的。它不是没有意义。当然，如果此命题通过独角兽的一般概念达到个体，那么，除非存在独角兽，否则这个命题就不可能有什么意义。因此，当你说“独角兽存在”时，关于个体你没有作出任何说明，而这一点同样适用于你说“人存在”这个命题时的情况。如果你说“人存在，并且苏格拉底是人，因此苏格拉底存在”，这正好与下列的谬误同属一类：要是你说“人是众多的，苏格拉底是人，因此苏格拉底是众多的”，因为存在是命题函项的一个谓词，或者在派生的意义上是一个类的谓词。当你把一个命题函项说成是众多的时，你意指：x 有几个值会满足此函项，不止有一个值会满足此函项；或者，如果你愿意的话，可在一种更广的意义上来理解“众多的”，如十个以上，三十个以上，或者你以为合适的任何数目。如果 x、y 和 z 都满足一个命题函项，你可以说这个命题是众多的，但是 x、y 和 z 分离开来就不是众多的。这恰恰同样适用于存在，就是说，在这个世界上存在的现实事物并不存在，或者说这样的提法至少是太强了，因为这是完全没有意义的。说它们不存在严格讲是无意义的，但是说它们存在严格讲也是无意义的。

你能肯定其存在或者否定其存在的正是命题函项。你不可贸然接受以下观点：这一点衍推出它衍推不出的结论。如果我说“存在于世界上的事物存在”，这是一个完全正确的陈述，因为我在此说的是关于某一类事物的某个事物；我是在我说“人存在”的同样意义上说上述话的。但是，我不可以继续说“这是世界上的一个事物，因而这个存在”。谬误的产生正在于此，而且正像你见到的，这只是一种将只适用于命题函项的一个谓词转变成为满足一个命题函项的个体的谬误。你可以在各个方面看出这一点。例如，有时候你不必了解有关的任何实例就可以知道一个存在命题的真。你知道在廷巴克图有人，但是我怀疑你们中任何人可以给我举出关于一个人的实例。因此，显然你可以知道存在命题而不必了解使这些命题真实的任何个体。存在命题没有对现实的个体作出任何说明，而仅对类或函项有所说明。

只要人们坚持使用日常语言，要阐明上述观点是极端困难的，因为日常语言植根于对逻辑的某种情感——我们的古老祖先具有的某种情感；而只要你坚持日常语言，你就会发现极难克服那种通过语言施加给你的偏见。例如，当我说“有一个 x，使得 x 是一个人”时，这并不是人们想要使用的那种词组。“有一个 x”是无意义的，究竟什么是“一个 x”呢？没有这样一个东西。你实际上能正确述说它的唯一方式就是发明一种新的特殊语言，使得这个陈述直接适用于“x 是一个人”，就像人们说“(x 是一个人)是可能的”，或者发明一种专门的符号来说明“x 是一个人”有时真这个陈述。

我之所以详细讲述这一点是因为它确实具有根本的重要性。在下一讲我还要返回来谈存在：作为应用于摹状词的存在，比我这一章所讨论的多少更复杂一些。我认为，一种几乎难以令人置信的对伪哲学的说明就来自于不能认清“存在”的意思是什么。

正像我刚才说过的，命题函项本身是一种不存在的东西：它只是一个图式。因此，在我努力想得到的世界的目录之中，有人会提出这样一个问题：世界上实际上存在的符合于这些事物的是什么？当然，很明显，在我们具有原子命题的同样意义上我们也具有一般命题。现在，我把同一般命题一起的存在命题算在内。我们也有像“所有人都有死”和“有的人是希腊人”这样的命题。但是，你不仅具有这样的命题；你还具有这样的事实，而且，当然就是在这里你又回到世界的目录之中：除了我在前一讲中一直在谈论的那些特殊事实之外，还有一般的事实和存在事实(existence-facts)。这就是说，不仅仅有那种*命题*，而且有那种*事实*。要认清这一点格外重要。靠从特殊事实(无论多么众多)的推论，你绝不可能得到一个一般事实。完全归纳的古老设计，往往出现在书本上，它作为普通归纳的对立物始终被设想为是非常安全和容易的，除非这种完全归纳的设计至少伴有一个一般命题，它就不会给你产生你想要的结果。例如，假定你想以下列方式证明“所有人都有死”：假定你从完全归纳开始，并且说“A 是一个有死的人”、“B 是一个有死的人”、“C 是一个有死的人”等等，直至结束。如果你不知道何时才结束，你就不可能以这个方式达到“所有人都有死”这个命题。这就是说，为了通过这条路达到“所有人都有死”这个一般命题，你必须已经具有“所有人都在我所列举的那些人之中”这个一般命题。单靠从特殊命题的推论，你绝不可能取得一个一般命题。你将永远不得不具有至少一个一般命题作为你的前提。我认为，这用实例说明了几个观点。其中一个是认识论上的观点：如果有(正像似乎有一样)一般命题的知识，那么，就必须有一般命题的*初始*知识(那是指不是由推论取得的一般命题的知识)，因为，如果你只有从其中至少有一个是一般前提的那些前提出发才能推论出一个一般命题的话，很显然，如果没有不是通过推论取得的某些一般命题的知识，你也绝不可能由推论取得这类命题的知识。我认为，这类知识——或者更确切地说，是我们具有这类知识的信仰——进入日常生活的那种方式或许十分奇特。我的意思是说，我们的确司空见惯地认可了极其值得怀疑的一般命题；例如，如果一个人刚好数完这个房间里的人，他或许会以为，他能够看见所有这些人。这是一个一般命题，而很值得怀疑的是：桌子下面也可能有人。但是，除了这桩事情之外，在一般命题的任何经验证实之中，你的确具有某种相当于以下情况的假定：你看不到的东西就不在那里。当然你不会如此强烈地这样提问题，但是你会承认（尽管有某些限制和保留）：如果一个事物不在你的感觉之中，它就不存在。这是一个一般的命题，而且只有通过这种命题，你才能得出人们以日常方式取得的那种日常经验的结果。例如，如果你对自己的国家进行人口普查，你就会假定：只要你适当而认真地调查，你没有看见的那些人并不存在，否则的话，你的普查可能是错误的。这就是成为似乎是纯粹经验东西的基础的某种假定。你不可能从经验上证明：你没有感知的东西并不存在，因为一个经验证明就在于感知活动，而据假设你没有感知到这种活动，因而任何那一类的命题，如果是可接受的，也必定是根据它自己的自明性而接受的。我把这种说明看成只是许多说明中的一种。还有其他许多人们可能采取的、对普通所假定的那类命题的说明，但许多这样的说明几乎没有什么合理性。

现在我要提出一个与逻辑有更密切关系的问题，亦即用来假设既存在一般命题又存在一般事实的理由。在我们讨论分子命题时，我对于存在分子事实的设想表示怀疑，但是我认为，人们不能怀疑一般事实的存在。我认为，当你列举了世界上所有的原子事实时，关于这个世界的一个进一步的事实是：上述列举的那些就是关于这个世界的所有存在的原子事实，而这个事实正像任何一个原子事实那样是关于这个世界的一个客观的事实，这一点是非常明显的。我认为：你必须承认，一般的事实既不同于特殊的事实，又超越于它们之上，这一点也是很明显的。同样，这个说法也适用于"所有的人都有死"。当你承认了所有特殊的人存在，并且看到了他们中每一个分别地有死时，所有的人都有死肯定就是一个新事实；根据我刚才所谈论的，不管这一事实有多新，似乎它都不可能是从世界上存在的个别人的有死性推论出来的。当然，承认我可能称作存在事实的东西——像"人们存在"、"绵羊存在"等等这种事实——并非如此困难。我认为，你会很容易地承认它们是一些超越于我以前所说的那些原子事实之上的不同的事实。这些事实必须进入这个世界的目录，而且是以研究一般事实时所涉及的命题函项进入世界目录的那种方式进入的。我尚未宣布已经了解关于一般事实的正确分析是什么。这是一个极端艰难的问题，而我一直十分希望看到有人深入钻研这个难题。我确信，虽然对这个难题的方便的技术处理要借助于命题函项，但是，这还不是正确分析的全部。超出这一点我就无能为力了。

还有一个要点是关于是否存在分子事实。我认为，当我说我认为不会有析取事实时，我提到了关于一般事实方面确实出现了一定的困难。以"所有人都有死"为例，这句话意指：

"'x 是一个人'蕴涵

'x 是有死的'，无论

x 可能是什么。"

你立即能看出，这是一个假言命题。它并不蕴涵存在任何人，也不蕴涵谁是人和谁不是人；它只是说：如果你具有任何是一个人的东西，那个东西就是有死的。正如布拉德雷在他的《逻辑原理》第二章里指出的,“侵入者将受到起诉”这句话可能是真的,即使没有一个人侵入,因为这句话只意指:如果任何人侵入,他将受到起诉。这就归结为:

“‘x是一个人’蕴涵‘x是有死的’是恒真的”

是一个事实。如果有人想要说“‘苏格拉底是一个人’蕴涵‘苏格拉底是有死的’”,这句话本身不是一个事实——这是我在讨论析取事实时提出来的,那么,要看出这如何可能是真的或许有点困难。我觉得不能肯定你就不能克服这种困难。当有人否认分子事实存在时,我只是提出以上应当予以考查的难点,因为,如果不能克服那个难点,我们就必须承认分子事实。

现在,我想谈谈完全一般的命题和命题函项这个主题。我所说的那些完全一般的命题和命题函项,是指只含有变项而不包含其他东西的命题和命题函项。这就涉及逻辑的整体。每一逻辑命题都全部地和唯一地由变项所组成,虽然每一全部地和唯一地由变项组成的命题都是逻辑的这一点并不真实。例如,你可以考虑如下的概括步骤:

“苏格拉底爱柏拉图”

“x爱柏拉图”

“x爱y”

“xRy”。

在以上概括中,你经过了一个不断概括的过程。当你得到xRy时,你就具有了一个不包含任何常项、只是由变项组成的图式,即二元关系的纯图式。而且很显然,任何表达一种二元关系的命题都能通过对x、R和y赋值而从xRy推导出来。因此,你可能会说，这就是所有这些命题的纯形式。我说命题的形式是指：当你用一个变项替换命题的每一单个要素时你所得到的那个形式。如果你想要关于命题形式的一个不同的定义，你很可能会将它定义为所有以下这些命题的类：你从一个给定的命题通过用其他要素替换命题所包含的一个或更多的要素所获得的那些命题。例如，在“苏格拉底爱柏拉图”中，你可以用另外一个人替换苏格拉底，另外一个人替换柏拉图，以及其他的一个动词替换“爱”。在这种方式中，通过由其他要素替换“苏格拉底爱柏拉图”这个命题的要素，就会有你从此命题派生出来的许多命题，因此你就得到某一类命题，而所有那些命题都具有某个形式，而且，如果你愿意的话就可以说：这些命题都具有的形式就是由它们全体所组成的那个类。这确实只是一个暂时性的定义，因为事实上，形式的观念比类的观念更基本。我不应当暗示这是一个真正好的定义，但是它可以暂时地用来说明人们用一个命题的形式所意指的那种东西。一个命题的形式就是任意两个命题之间共同的东西，其中一个命题是通过用其他要素替换原命题的要素的方式而从原命题得到的。当你认真研究了类似 xRy 这样的只包含变项的公式时，你就掌握了你可以在逻辑里断定那类东西的方式。

现举一例，你知道我说的一种关系的论域是指什么：我意指所有的对于某事物具有这种关系的词项。假如我说“xRy 蕴涵 x 属于 R 的论域”，这将是一个逻辑命题，而且是一个只含有变项的命题。你或许以为它包含像“属于”和“论域”这类的词，但这是一种错误。这仅仅是人们使用普通语言的习惯才使这些词出现。这些词实际上并不在那里。这是一个纯逻辑的命题。它完全没有提到任何特定的事物。这只能理解为：不论 x、R 和 y 可以是什么，这个命题被断定了。一切有关逻辑的陈述都是这类陈述。

要看出一个逻辑命题的成分是什么并非易事。当有人以“苏格拉底爱柏拉图”为例时，“苏格拉底”是一个成分，“爱”是一个成分，“柏拉图”也是一个成分。那么，你可以将“苏格拉底”换成 x，“爱”换成 R，并将“柏拉图”换成 y。x、R 和 y 什么都不是，它们不是成分。因此，看起来好像所有的逻辑命题完全没有成分。我认为这不可能完全真实。但是，你似乎可以说的唯一的另外一件事情就是：**形式**是一个成分；具有某一形式的命题永远是真实的。这**也许**是正确的分析，虽然我很怀疑这一点。

然而，恰好有这样一点需要引起注意：一个命题的形式绝不是该命题自身的成分。如果你断定“苏格拉底爱柏拉图”，这个命题的形式就是二元关系的形式，但是这不是该命题的成分。要真是如此的话，你就必须让这个成分和其他的成分发生关联。如果你认为形式实际上就是具有该形式的诸多事物之一，你就会使形式过分实体化，因此，一个命题的形式当然不会是该命题自身的一个成分。然而它有可能是关于具有该形式的诸命题的一般陈述的一个成分。因此，我认为，逻辑命题或许可以解释为关于形式的命题，这是**有可能的**。

关于逻辑命题的成分问题，最后我只能说，这是一个相当新的难题。目前尚未有很多机会考查它。我认为迄今存在的文字材料还没有以任何方式解决这个难题，但它是一个很有意义的难题。

现在我想给你们举几个例子，说明用纯变项的语言表达的命题完全不是逻辑命题。逻辑命题中包括所有的纯数学命题，所有数学命题不仅可以用逻辑词项来表达，也可以从逻辑前提中演绎出来，因而它们也是逻辑命题。除此之外，还有许多可以用逻辑词项表达但不能从逻辑上证明的命题，当然它们就不是构成逻辑的一部分的命题。假定你以这样一个命题为例："在世界上至少有一个事物。"这是一个你可以用逻辑词项表达的命题。如果你愿意，这命题将意指：命题函项"x＝x"是一个可能的函项。这是一个命题，因而你能用逻辑词项来表达它；但是你从逻辑上不能知道它是真还是假。就你的确了解这个命题而言，你是从经验中了解的，因为也可能碰巧不存在一个宇宙，那么该命题就不会是真的。所以可以说，存在一个宇宙这仅仅是一个偶然事件。这世界上正好有三万个事物这个命题也可以用纯逻辑词项来表达，当然它不是一个逻辑命题，而是一个（真的或假的）经验命题，因为，一个含有多于三万个事物的世界和一个含有少于三万个事物的世界都是可能的，因此，如果恰好有三万个事物，那么有人可能会说这是偶然的，这不是一个逻辑命题。在数理逻辑里，人们习惯于使用的有两类命题，即乘法公理和无穷公理。这两个公理也可以用逻辑词项来表达，但是不能由逻辑来证明或者否证。关于无穷公理，逻辑证明或否证的不可能性可以视作肯定无疑的，但是，就乘法公理而论它或许仍然面临一定程度的怀疑。每一个逻辑命题都必须在这个或那个意义上像一个重言式。这样的命题必须是具有一定特殊性质的东西。我尚不知道怎样定义这样的东西，它属于逻辑命题而不属于其他命题。下面是一些典型的逻辑命题的例子：

"如果 p 蕴涵 q，并且 q 蕴涵 r，则 p 蕴涵 r。"

"如果所有 a 是 b，而所有 b 是 c，则所有 a 是 c。"

“如果所有 a 是 b,且 x 是一个 a,则 x 是一个 b。”

上述命题都是逻辑命题。它们都具有某种特殊的性质,这种性质把它们从其他的命题中挑选出来,并且使我们有可能先验地了解它们。但是,这种特性究竟是什么,我还没有能力告诉你。逻辑命题应当唯一地由变项构成,这虽然是它们的一个必要特性,就是说,它们应当对一个完全由变项构成的命题函项的普遍真或者有时真作出断定——尽管这是一个必要特性,但不是一个充足的特性。很遗憾,我必须留下如此多的尚未解决的难题。我总是不得不为此道歉。但是,这个世界实在是令人困惑不解,而我对此却无能为力。

讨　论

问题:有没有你能用来代替“存在”的词,它能把存在赋予个体?你是不是将“存在”一词用于两种概念,或者你是不是否认有两种概念?

罗素先生:没有,不存在一种适用于个体的存在概念。关于世界上存在的真实事物,你根本无法对它们作出任何相应于这种存在概念的说明。认为你能对它们作出类似于存在概念的说明,这是完全错误的。你是由于语言才陷入混乱的,因为下述说法是相当正确的:“世界上所有的事物都存在”,而且从这句话过渡到“因为这是世界上的一个事物,所以它存在”是十分容易的。没有任何一种关于谓词的问题不能想象是假的。我的意思是:如果有像我们所谈论的这种个体存在的东西的话,那么,这种东西不应用是绝对不可能的，这就是一种错误所具有的特征，这一点是完全明显无疑的。[*]

六、摹状词和不完全符号

这一次我提出来讨论的是摹状词这个主题(我称之为“不完全符号”)，以及所描述的个体的存在。你还会记得，上一次我讨论了事物的**种类**的存在，即你在说“人们存在”(There are men)、“希腊人存在”(There are Greeks)或诸如此类的词组——这里你有一种可以是复数的存在——时所意指的东西。今天我要讨论的是被断定为单称的一种存在，例如“戴着铁面具的那个[**]人存在”或某个诸如此类的词组，这里你有一个由“那个如此这般的东西”这种单称词组所描述的客体。我还要讨论一下如何对那些在其中出现这种单称词组的命题进行分析。

当然，形而上学里有大量人们非常熟悉的以下这类命题：“我存在”、“上帝存在”或者“荷马存在”，而其他这样的陈述也经常出现在形而上学的讨论之中。我认为，在一般形而上学中讨论这些陈述的方式包含着一种简单的逻辑错误。今天我们将要讨论这种逻辑错误。它与我上星期在讲事物种类的存在这个问题时所涉及的是同样一种错误。考察这种命题的一个方式就是询问你自己：

---

* 参看罗素在前面(原书第 233 页末)所说的一段话。罗素认为把仅仅应用于命题函项的一个谓词变为应用于满足一个命题函项的个体，这是一种谬误。——译者

** 原文为定冠词“the”，表示特定的、独一无二的人或事物，由于汉语中没有定冠词，因而“the”姑且译为汉语中表示特定的人或事物的词“那(个)”或“该”。——译者

这个命题如果是假的，会出现什么情况。如果你考察像“罗穆路斯*存在”这样一个命题，或许我们绝大多数人认为罗穆路斯不存在。但这显然是一个完全有意义的陈述，无论说罗穆路斯存在是真还是假。要是罗穆路斯本身进入我们的陈述的话，那么，断定他不存在的陈述就很显然是无意义的胡言，因为你不可能有一个什么东西也不是的命题成分。每个成分都必定作为世界上的事物之一存在，因此，如果罗穆路斯本身进入他存在或者他不存在这两个命题，那么它们就不仅可能不是真的，而且甚至不可能是有意义的，除非他存在。很明显情况并非如此，而且人们得出来的第一个结论是：虽然看起来好像罗穆路斯是后一命题的一个成分，但实际上这一点是错误的。罗穆路斯不会出现在“罗穆路斯不存在”这个命题之中。

假定你试图弄明白这个命题的意思是什么。譬如说你可以承认利维(Livy)必须作出的关于罗穆路斯的一切说明，利维赋予罗穆路斯的所有特性(或许包括我们绝大多数人记得的唯一的特性，即他被叫做“罗穆路斯”这个事实)。你可以将这一切归在一起，作出一个命题函项，比如说“x具有如此这般的特性”，这些特性是你看到在利维那里列举出来的。在那方面你便有了一个命题函项，当你说罗穆路斯不存在时，你不过是说：这个命题函项绝对不是真的，在我上次解释的意义上这是不可能的，即没有一个x的值使这个函项为真。这样就使罗穆路斯的非存在归类成我上次说的那种非存在(在那里我们讲到过独角兽的非存在)。但是，以上并非是

* 罗穆路斯(Romulus)，据古罗马传说，是古罗马的建国者。——译者

关于这类存在或非存在的完全的解释，因为还有所描述的个体可能不存在的另外一种场合，这就是摹状词适用于多于一个人的场合。例如：你不能说“伦敦的那个居民”，这不是因为没有一个居民，而是因为有许多居民。

因此你能看出来：“罗穆路斯存在”或者“罗穆路斯不存在”这个命题引出一个命题函项，因为“罗穆路斯”这个名称实际上不是一个名称，而是一种删略了的摹状词。它代表一个人，此人做了如此这般的一些事情：他杀死了瑞穆斯，并且建立了罗马等等。它是那个摹状词的缩写；如果你愿意的话，它是“被叫做‘罗穆路斯’的那个人”的缩写。如果它真是个名称的话，那么就不会出现存在这个问题了，因为一个名称必须命名某种事物，否则就不是名称，而如果没有罗穆路斯这样一个人，也就不可能有一个不存在的人的名称，因而，“罗穆路斯”这个单词实际上是一种删略的或者是缩短了的摹状词，而如果你把它视作一个名称，你就会陷入逻辑的错误。一旦你认清它是一个摹状词，你也就认清关于罗穆路斯的任何一个命题实际上都引导出含有像(比如说)“x被叫做‘罗穆路斯’”这个摹状词的命题函项。这就立即向你引出一个命题函项，而且当你说“罗穆路斯不存在”时，你的意思是：对于x的一个值来说，该命题函项不真。

有两种摹状词，当我们说及“一个如此这般的东西”时，人们可以称作“不定的摹状词”，而当我们说及“那个如此这般的东西”(单称)时，人们可以称作“限定的摹状词”。请看下列例子：

不定的：一个人，一只狗，一头猪，

一位内阁大臣。

限定的：戴铁面具的那个人。

走进这房间的最后那个人。

曾经担任教皇职位的唯一英国人。

伦敦居民的人数。

43 加 34 的和。

（对于摹状词来说，它未必描述一个个体：它可以描述一种属性、一种关系或其他任何东西。）

今天我想要讨论的正是上述这类词组，即限定的摹状词。我不想再讨论不定的摹状词，关于这些摹状词该谈的上次已经谈过了。

我想要你认清：一个词组是不是一个限定的摹状词的问题并不取决于是否有一个如此被描述的限定的个体的问题，而只是取决于该词组的形式。例如，我应当把“伦敦的那个居民”叫做一个限定的摹状词，尽管事实上这个摹状词没有描述任何一个限定的个体。

要认清限定的摹状词的第一个关键是：它不是一个名称。我们以“《威弗利》的作者”为例。这是一个限定的摹状词，并且很容易看到：它不是一个名称。一个名称是一个简单的符号（就是说，一个不具有任何以符号作为组成部分的符号）。一个简单的符号往往指示某一个殊相，或者通过扩展而指示一个不是殊相但暂时好像被当作殊相的客体（或者错误地被人们相信是一个殊相，诸如一个人）。“《威弗利》的作者”（“The author of Waverley”）这类词组不是一个名称，因为它是一个复杂符号。它含有作为符号的组成部分。它包含四个词，这四个词的意义已经被确定，而且它们在该词组的确具有意义的唯一意义上确定了“《威弗利》的作者”的意义。在这个意义上，它的意义已经确定了，即是说，当“这”、“作者”、“的”和“《威弗利》”的各个意义已经被确定时，关于这词组就不存在任何任意的或约定的东西。在这方面，该词组和“司各脱”完全不同，因为当你在语言中已经确定了所有其他词的意义时，你并没有确定“司各脱”这个名称的意义。这就是说，如果你懂得英语，你一定也会懂得“《威弗利》的作者”这个词组的意义，即使以前你从来没有听见过这个词组。反之，如果你以前从来没有听到“司各脱”这个词，你就不会懂得“司各脱”的意义，因为：了解一个名称的意义就是要了解它所应用的是谁。

有时候你可以发现，人们谈论起来好像摹状词组是一些名称似的，而且你也会发现有人提出：像“司各脱是《威弗利》的作者”这样一个命题实际上断定了“司各脱”和“《威弗利》的作者”是同一个人的两个名称。这完全是一种误解；首先是因为“《威弗利》的作者”不是一个名称，其次是因为(正像你恰好会看到的)如果那是这句话的意思，那么这个命题就是像“司各脱是瓦尔特爵士”* 一样的命题，而且，除了所提及的人物要如此被称呼之外，该命题不会依赖于任何事实，因为一个名称就是一个人被称呼的东西。事实上，当没有人这样称呼他，任何人都不知道他是否是《威弗利》的作者的时候，司各脱还是《威弗利》的作者。而且，他是该书作者这个事实是一个物理事实，即他坐下来用自己的手写这本书这个事实，

---

* 瓦尔特·司各脱(SirWalter Scott，1771—1832)，苏格兰诗人及小说家。——译者

与他被称呼什么这一点无任何关系。这一点绝不是任意的。你不可能通过任何命名法则的选择来确定他是否是《威弗利》的作者，因为事实上他选定了撰写该书，而你是无能为力的。这说明"《威弗利》的作者"与一个名称截然不同。通过形式论证你可以非常明确地证明这一点。在"司各脱是《威弗利》的作者"之中，这个"是"当然表达了同一性。就是说，其名称是司各脱的那个实体与《威弗利》的作者是同一个。但是当我说"司各脱是有死的"时，这个"是"是断定的"是"，它和同一性的"是"完全不一样。将"司各脱是有死的"解释为"司各脱和有死的东西中的一个相同一"的意思是错误的，因为（还有其他原因）只有通过"x是有死的"这个命题函项，你才能够说出什么是"有死的"，而这样做就回到了断定的"是"。你不能将断定的"是"化归为其他的"是"。但是，在"司各脱是《威弗利》的作者"中的这个"是"不是断定的而是同一性的"是"。[①]

如果你试图用任何一个名称比如说"c"来替换上述命题中的"《威弗利》的作者"，以便使命题成为"司各脱是c"，那么，若"c"是任何不是司各脱的人的名称，则此命题一定是假的，而另一方面，若"c"是司各脱的名称，则此命题将完全是一个同义反复。要是"c"是"司各脱"自身，"司各脱是司各脱"恰好是一个同义反复这一点立刻显而易见。但是，如果你取任何恰好是司各脱这一名称的其他名称，那么，若此名称不是作为一个摹状词，而是作为一个名称，则此命题仍旧是一个同义反复。因为名称自身仅仅是指向事

① 这两种"是"的意思的混淆对于黑格尔的关于差别中的同一性概念是必不可少的。

物的一种手段，并且不出现在你所断定的事物之中，因而如果一个事物有两个名称，不管你使用的这两个名称是什么，你恰好作了同一个论断，只要这两个名称实际上是名称而不是缩略的摹状词。

因此，只存在两种选择。如果“c”是一个名称，“司各脱是 c”这个命题不是假的就是同义反复。但是“司各脱是《威弗利》的作者”这个命题既不是假的，也不是同义反复。因此，它和任何具有“司各脱是 c”这种形式（只要“c”是一个名称）的命题都不一样。这是说明一个摹状词完全不同于一个名称这个事实的另一种方式。

我想明确一下我刚才所说的观点：如果你以另一个名称来替换“司各脱”，而它也是同一个个体的名称，比如说“司各脱是瓦尔特爵士”，那么，“司各脱”和“瓦尔特爵士”都不是作为摹状词而是作为名称来使用的，你的命题严格地说来是一种同义反复。如果有人断定“司各脱是瓦尔特爵士”，那么这个人用来意指这个论断的方式就是：他正在将名称作为摹状词来使用。他的意思是：那个叫做“司各脱”的人就是叫做“瓦尔特爵士”的那个人，而“叫做‘司各脱’的那个人”就是一个摹状词，“叫做‘瓦尔特爵士’的那个人”也是如此。于是就不会发生同义反复。这话的意思是：叫做“司各脱”的那个人与叫做“瓦尔特爵士”的那个人相同一。但是，如果你把二者作为名称来使用，问题就完全不一样了。你必定看到：当你使用名称作出断定的时候，名称并不出现在你所断定的东西之中。名称仅仅是表达你想要断定的东西是什么的一种手段，而当我说“司各脱写《威弗利》”时，“司各脱”这个名称并不出现在我正断定的事物之中。我正断定的事物不是关于那个名称而是关于那个人的。因此，如果我说“司各脱是瓦尔特爵士”，将这两个名称作为名称使用，那么，不论是“司各脱”还是“瓦尔特爵士”都不出现在我作的断定之中，所出现的是具有这些名称的那个人，因此，我作出的断定是一种纯粹的同义反复。

要认清关于名称或者关于其他符号的两种不同的用法这一点非常重要：一种是你在谈论符号时的用法，另一种是你将它作为一个符号、作为谈论其他某件事情的一种手段时的用法。一般地说，如果你谈论你的正餐，你不是在谈“正餐”这个词，而是在谈论你打算吃什么，这是完全不同的事情。词的通常用法是作为一种达到事物的手段，而当你以这种方式使用这些词的时候，“司各脱是瓦尔特爵士”这个陈述就是纯粹的同义反复，就像“司各脱是司各脱”一样。

上述想法使我回忆起这样的观点：当你以“司各脱是《威弗利》的作者”为例，用一个名称代替一个摹状词即用一个名称代入“《威弗利》的作者”时，你必然或是取得一个同义反复，或是取得一个假命题——如果你用“司各脱”或其他某个名称代入同一个人就得到一种同义反复，而如果你代入其他东西就得到一个假命题。但是原命题本身既非同义反复又非假命题。这就表明：“司各脱是《威弗利》的作者”这个命题完全不同于以下任何命题，即如果以一个名称代入“《威弗利》的作者”而可能获得的任何命题。这个结论对于“《威弗利》的作者”这个词组在其中出现的任何其他命题都同样是真实的。如果你以任何一个有这个词组出现的命题为例，并且用一个专有名称替换这个词组，不论这个名称是“司各脱”还是其他的名称，你都将得到一个完全不同的命题。一般说来，如果你代入的名称是“司各脱”，如果原来的命题真，那么你代入后的命题仍然是真的，如果原来假，那么你代入后的命题仍然是假的。但是，它是一个**不同的**命题。它将保持真或假这一点不是**恒真**的，正像从以下例子可以看到的一样：“乔治四世想了解司各脱是不是《威弗利》的作者。”乔治四世想了解司各脱是不是司各脱，这是不对的。因此，甚至有这种情况：一旦你用一个客体的名称代入同一个客体的摹状词，命题的真或假有时候会出现变化。但是不管怎样，只要你用一个名称代入一个摹状词，它就永远是一个完全不同的命题。

乍一看，同一性非常令人困惑不解。当你说“司各脱是《威弗利》的作者”时，你有一半倾向于认为存在两个人，其中一人是司各脱，而另一人是《威弗利》的作者，而且他们碰巧是同一个人。这显然很荒谬，但是，这是一种有人经常易犯的看待同一性的方式。

当我说“司各脱是《威弗利》的作者”时，这里的“是”表达一种同一性。这个同一性能够得到正确的、不是同义反复的断定，其理由恰好在于这样一个事实，即：其中的一个是名称，而另一个是摹状词。或者二者或许都是摹状词。如果我说“《威弗利》的作者是《玛密恩》的作者”，当然，这句话断定两个摹状词之间的同一性。

下面是我想要阐明另一点：当摹状词（我所说的“摹状词”从这以后都指一个**限定的**摹状词）出现在一个命题中时，此命题中没有一个成分对应于作为一个整体的那个摹状词。在对此命题的正确分析中，摹状词被拆散并且消失。这就是说，当我说“司各脱是《威弗利》的作者”时，倘若认为你在此命题中具有三个成分——“司各脱”、“是”和“《威弗利》的作者”，这就是一种错误的分析，当然，这是你或许考虑分析时的一种方式。你或许会承认“《威弗利》的作者”是复杂的并且能进一步分解拆开，但是你或许会认为此命题能首先分解为以上三个部分。这完全是错误的。“《威弗利》的作者”完全不是此命题的一个成分。实际上不存在任何成分对应于这个摹状词组。现在我要努力向你证明这一点。

最明显的首要理由是：否定“那个如此这般的东西”的存在时你能具有有意义的命题。“独角兽不存在。”“最大的有限数不存在。”这类命题是完全有意义的，是非常合理、非常正确、非常得体的命题，而如果独角兽是命题的一个成分，上述这一点就不可能是真实的，这显然是因为：只要不存在什么独角兽，它就不可能是一个成分。因为，命题的诸成分当然是与其对应的事实的成分完全相同，既然独角兽不存在是一个事实，独角兽不是那个事实的一个成分也是极其明显的。因为，如果存在独角兽是其中一个成分的事实，就一定有独角兽，那么说它不存在就一定不是真的。这一点尤其适用于摹状词的这一情况。看来，既然“那个如此这般的东西”不存在是有可能的，可是其中出现“那个如此这般的东西”的命题也有可能是有意义甚至是真实的，所以我们必须设法知道说那个如此这般的东西的确存在究竟是什么意思。

动词的时态变化是极其令人讨厌的东西，因为我们所关注的是实际的事态。要是没有时态的话，人们就会感到舒适多了。听说汉语就是这种情况，但是我不懂汉语。你应当能说“苏格拉底过去存在”，“苏格拉底现在存在”，或“苏格拉底将来存在”，或者只说“苏格拉底存在”（不蕴涵任何时态），但不幸的是语言不允许这样做。不管怎样，我打算以无时态的方式使用语言：当我说“那个如此这般的东西存在"时,我不想意指:它现在存在,过去存在,或将来存在,而只是指它存在,不蕴涵任何涉及时态的东西。

"《威弗利》的作者存在":对这句话有两件事情需要做。首先,"《威弗利》的作者"是什么?他是那个写作《威弗利》的人,这就是说(我们现在正好谈到这一点):你具有一个所涉及的命题函项,即"x 写作《威弗利》",《威弗利》的作者是那个写作《威弗利》的人,而且为使写作《威弗利》的那个人能存在,有必要使这个命题函项具有两个特性:

(1)它至少对于一个 x 必须是真的。

(2)它至多对于一个 x 必须是真的。

要是无人写作《威弗利》,作者就不可能存在,而要是有两人写过它,那个独一无二的作者也不能存在。因此,你需要这两个特性,一个是至少对于一个 x 上述命题函项是真的,另一个是至多对于一个 x 上述命题函项是真的,这二者对于存在都是必要的。

至少对于一个 x 是真的特性就是我们上次已经讨论过的特性:我在命题函项是可能的那种说法里所表达的东西。那么,我们来讨论第二个条件,即至多对于一个 x 是真的,你可以用以下这一方式表达这个条件:"如果 x 和 y 写作《威弗利》,那么,x 与 y 相同一,无论 x 和 y 可能是什么。"这就说明至多一个人写作《威弗利》,这并没有说明任何人写作《威弗利》,因为即使没有人写作它,那个陈述也仍然是真的。它仅仅说明至多一个人写作《威弗利》。

关于存在的第一个条件不适用于独角兽的情况,而第二个条件不适用于伦敦的独一无二的居民的情况。

我们可以将这两个条件放在一起,而得到一个包括两者意思的合成表达式。你可以将这两者归结为:“(‘x写作《威弗利》’相等于‘x是c’,无论x可能是什么)就c而论是可能的。”我认为,这正像你可以作出这个陈述一样地简单。

你可以看到,上述的意思是说:存在某个实体c,我们也许不了解它是什么,它却能使得当x是c时,x写作《威弗利》是真的,以及当x不是c时,x写作《威弗利》不真,这就等于说c是写作《威弗利》的唯一人物;而我要说:存在c的一个值,这个值使以上情况为真。因此,这整个表达——它是一个关于c的命题函项——就c而论(在上次解释的意义上)是可能的。

这就是当我说《威弗利》的作者存在时我说这话的意思。当我说“《威弗利》的作者存在”时,我意指:有一个实体c,使得当x是c时,“x写作《威弗利》”是真的,而当x不是c时,这句话就是假的。作为一个成分的“《威弗利》的作者”在此完全消失不见了。因而当我说“《威弗利》的作者存在”时,关于《威弗利》的作者我没有说任何东西。你改用了这种同命题函项的精巧关系,从而使“《威弗利》的作者”消失了。这就是有意义地说“《威弗利》的作者不存在”为什么是可能的理由。要是“《威弗利》的作者”是这些命题(这个摹状词组出现在这些命题的语词表达式之中)的一个成分,那么,有意义地说以上这些话是不可能的。

你能够讨论“上帝存在”这个命题的事实就是这样一个证明:这个命题中使用的“上帝”是一个摹状词而不是一个名称。如果“上帝”是一个名称,关于存在就不会产生任何问题。

现在我该定义当我说一个被描述的东西存在时意指什么。我必须还要解释一下,当我说一个被描述的东西具有某个特性时意指什么。假设你想说“《威弗利》的作者是人”，可以这样表达这句话：“（‘x 写作《威弗利》’等价于‘x 是 c’，不论 x 可能是什么，并且 c 是人）就 c 而论是可能的”。

你会注意到，我们以前给出的“《威弗利》的作者存在”的意思只是刚给出的这个命题的一部分。它是任何这类命题的一部分：在这些命题中“《威弗利》的作者”具有我所谓的一种“初现”（primary occurrence）。当我谈到“一种初现”时，我是指：你不具有一个关于《威弗利》的作者作为某一更大命题的一部分而出现的命题，例如，“我相信《威弗利》的作者是人”，或“我相信《威弗利》的作者存在”就是这种更大的命题。当它是一种初现（就是说，涉及它的命题恰好不是一个更大的命题的一部分）时，我们规定为“《威弗利》的作者存在”的意义的那个词组将是这个命题的一部分。如果我说《威弗利》的作者是人，或是一个诗人，或是一个苏格兰人，或是我以初现方式对《威弗利》作者所作的任何说明，这个关于他的存在的陈述永远是所论及的命题的一部分。在这个意义上，我所作出的关于《威弗利》的作者的所有命题都蕴涵《威弗利》的作者存在。因此，在摹状词具有一种初现的任何陈述中都蕴涵所描述的客体存在。如果我说“当今的法国国王是秃头”，这句话便蕴涵当今法国国王存在。如果我说“当今法国国王有一头好头发”，这句话也蕴涵当今法国国王存在。因此，如果你不知道一个包含摹状词的命题是怎样被否定的，你就要得出这样一个结论：当今法国国王是秃头或者不是秃头都不是真的，因为要是你列举出所有是秃头的事物，你不会从中找到他，而要是你列举出所有不是秃头的事物，你也不会找到他。我能提出的按传统方式处理这一点的唯一

建议就是假定他戴了假发。通过观察"当今法国国王是秃头"这个命题的否定不会是"当今法国国王不是秃头"(如果你意指"有这样一个作为法国国王的人,但他不是秃头"),你才能避免关于他戴了假发的假设。其理由在于:当你陈述当今法国国王是秃头时,你说"有一个 c,使得 c 现在是法国国王,并且 c 是秃头",其否定却不是"有一个 c,使得 c 现在是法国国王,并且 c 不是秃头"。这个否定是比较复杂的,它是说"或者没有一个 c,使得这个 c 现在是法国国王,或者如果有一个作为法国国王的 c,则 c 不是秃头"。因而,你会看到:如果你想要否定"当今法国国王是秃头"这个命题,你不是通过否定他是秃头,而是通过否定他存在才能做到这种否定。为了否定当今法国国王是秃头这个陈述(它是由两部分组成的陈述),你只能从否定这两个部分之一着手。你可以否定一个部分(它将你引向假定当今法国国王存在而不是秃头),或者可以否定另一部分(它又引导你否定当今法国国王存在);这两种否定都将你引向"当今法国国王是秃头"这个命题的谬误。当你说"司各脱是人"这句话时,不存在双重否定的可能性。你可以否定"司各脱是人"的唯一方式就是说"司各脱不是人"。但是,只要出现了摹状词组,你就会遇到双重否定的可能性。

"那个如此这般的东西"虽出现在一些命题的语词表达式中但不出现在对这样一些命题的分析之中;并且,当我说"《威弗利》的作者是人"时,"《威弗利》的作者"并不是这个命题的主词,而如果我说"司各脱是人"时(把"司各脱"用作名称),这样一来司各脱就是命题的主词;认清这些至关重要。我不可能充分地强调这种观点是多么重要,而如果你没有认清当我说"《威弗利》的作者是人"

时，这不是一个和“司各脱是人”具有同样形式的命题，那么，你就会陷入多么深的形而上学的错误呵！这个命题并不包含一个“《威弗列》的作者”的成分，出于很多理由，这一点极为重要，其中一个理由就是这种存在问题。正如我上次向你们指出的那样，有大量的哲学依赖于这样一个概念：存在（可以这样说）是一种你可以归之于事物的特性；存在的事物具有存在的特性，而不存在的事物不具有这种特性。无论你举出所描述的各种事物还是个别事物，上述说法都是无稽之谈。例如，当我说“荷马存在”时，我正用“荷马”意指某个摹状词，比如说“荷马史诗的作者”，而且我正在断定：这些诗歌是由一个人写的（这是一个很值得怀疑的命题）；但是，如果你能够掌握实际上写作这些诗歌的真实人物（假定有这样一个人），那么，说他存在是完全没有意义的（不是假的，而是无意义的），因为唯有那些被描述的人物，说这些人存在时才是有意义的。上次我指出了以下说法的谬误：“人存在，苏格拉底是一个人，因而苏格拉底存在。”当我说“荷马存在，这是荷马，因而这存在”，这是同一类型的谬误。下面这样的论证也是完全错误的：“这是荷马史诗的作者，而荷马史诗的作者存在，因此这存在。”只有在命题函项出现的地方，存在才可能有意义地被断定。你可以断言“那个如此这般的东西存在”，意指：恰好有一个 c，c 具有这些特性，但是，一旦你取得了具有这些特性的一个 c，你就不能把这个 c 说成它存在，因为这是无意义的：不是假的，而是根本没有意义。

因此，世界上存在的个体其实并不存在，或者毋宁说，说它们存在是无意义的，而说它们不存在也是无意义的。存在不是你在命名个体的时候可以说的一种东西，而仅仅是你在描述这些个体时所说的东西。当你说“荷马存在”时，你意指“荷马”是适用于某个事物的摹状词。一个摹状词在完全被陈述时，总是具有“那个如此这般的东西”的形式。

类似上述摹状词的那类事物，它们出现在一个命题的语词中，但是实际上，它们并不是被正确分析的那个命题的成分。我称这类事物为“不完全的符号”。逻辑中存在许多种不完全符号，它们是大量混乱和伪哲学的发源地，因为人们通过语法误入歧途。你认为“司各脱是有死的”这个命题和“《威弗利》的作者是有死的”这个命题是同样的形式。你认为这两者都是把一个谓词归于一个主词的简单命题。这是一种十足的谬见，它们中一个是(或者更精确地说，可能是)简单命题，而另一个则不是。这些东西，正像我称作不完全符号的“《威弗利》的作者”一样，是一些绝对没有任何单独的意义，而仅仅在一种语境关系中取得意义的东西。被视作一个名称的“司各脱”单独地有一个意义。它代表某一个人，而这人就在那里。但是“《威弗利》的作者”不是一个名称，单独拿来完全不意指任何东西，因为当在命题中正确使用它时，这些命题不包含任何对应于它的成分。

除了摹状词还有大量其他种类的不完全符号。这些就是类(我下次将谈到它们)和人们从外延上加以理解的关系等等。这些符号集合体实际上是与我所谓的“逻辑虚构”同样的东西，它们实际上包含所有日常生活中人们熟悉的客体：桌、椅、皮卡迪利、苏格拉底，等等。它们中绝大部分不是类就是序列，或者类的序列。总之，它们都是不完全符号，即是说，它们是只具有使用中的意义的集合体，但不具有任何自身的意义。

如果你想要理解关于世界的分析，或者关于事实的分析；或者如果你想要对世界上实际存在什么有任何了解，那么，弄清我们的表达方式中有多少东西具有不完全符号的性质，是很重要的。你能够非常容易地在“《威弗利》的作者”的例子中看出这一点，因为“《威弗利》的作者”不是简单地代表司各脱，也不是代表任何别的东西。要是它代表司各脱，“司各脱是《威弗利》的作者”就会是像“司各脱是司各脱”一样的命题，但它不是这样的命题，因为乔治四世希望了解这一命题的真实性，而不想了解另一个命题（司各脱是司各脱）的真实性。要是“《威弗利》的作者”代表除司各脱外的任何东西，“司各脱是《威弗利》的作者”就会是假的，但它不是假的。因此你必须得出这样的结论：“《威弗利》的作者”实际上不单独代表任何东西；而这就是不完全符号的特征。

七、类型理论和符号学说：类

今天，在开始讲演主题之前，我想就前两讲关于存在所说的话作一些补充和说明。这主要是因为我收到一封这个班里一位学员的来信，而我认为这封信提出了许多其他人头脑中也会涌现的想法。

我想澄清的第一点是：我的意思并不是说：当有人说一事物存在时，他所意指的和当有人说该事物是可能的时所意指的完全一样。我的意思是：以上这两个说法被导出的那个基本的逻辑观念、初始概念是一样的。这和以下的说法完全不是一回事：关于一事物存在的陈述正像关于一事物是可能的陈述一样。我并不赞成这个说法。或许是在多少有点令人奇怪的意义上我往往用“可能的”这个词,因为我想用某个词来代表基本的逻辑观念,而在日常语言中不存在这样一个词。因此,如果有人打算用日常语言尽力表达所论及的观念,他必须采用某个词并且使这个词传达我赋予“可能的”这个词的意义,这个意义绝不是这个词具有的唯一意义,而是一个方便于我的目的的意义。我们说,命题函项是可能的,只要存在它是真的事例。这与一个人日常意指的东西并不恰好完全一样,例如,当有人说明天下雨是可能的时候所指的意思。但是,我坚持的观点是:关于“可能的”这个词的日常用法是经过一个过程从上述那个概念中推导出来的。例如,一般说来当你说及一个是可能的命题时,你的意思如下:首先,它暗示你不了解此命题是真还是假;其次,我认为它也暗示,此命题只是人们知道其中某些是真的那类命题中的一个。例如,当我说“明天或许下雨是有可能的”——“明天将下雨”是“在时间 t,天下雨”这一类命题中的一个命题时,这里的 t 是不同的时间。我们部分地意指:我们不了解天是否下雨,但是我们也的确知道,那是一种极易成为真实的命题,它是命题函项的一个值,而我们了解此命题函项的某个值是真的。关于“可能的”许多日常用法属于这个项目之下,我认为你会看到这一点。这就是说,如果你说及一个是可能的命题,你有这样的意思:“在这个命题中有某个成分,如果你将这个成分变成一个变项,它就给予你一个有时是真的命题函项。”因此你不应当简单地说一个命题是可能的,倒不如说:关于如此这般的东西的一个成分是可能的。这倒是一个更全面的表达。

例如,我说“狮子存在”,我并不是指这话的意思与宛如我说狮

子是可能的意思相同；因为当你说“狮子存在”时，这意指“x 是一个狮子”这个命题函项在存在狮子的意义上是一个可能的命题函项，但当你说“狮子是可能的”时，这完全是不同类的陈述；它并不意指一个偶然的个别动物可能是一只狮子，而是意指一个种类的动物可能是我们叫做“狮子”的那种动物。例如，如果你说“独角兽是可能的”，你是指自己不了解能说明为什么不应当存在独角兽的任何理由，这和“独角兽存在”是完全不同的命题。关于你说独角兽是可能的这句话所意指的东西，它会永远成为与“明天或许下雨是可能的”相同的东西。你是想说：“存在独角兽”这个命题是含有某些真命题的某一组命题中的一个，并且在命题中关于独角兽的摹状词不包含显示不可能存在这种动物的任何东西。

当我说一个命题函项是可能的（这意指有许多事例，在这些事例中此命题函项是真）时，我有意识地在一种不寻常的意义上使用“可能的”这个词，因为我想用单个的词表示我的基本逻辑观念，但在日常语言里不可能找到任何词表达我的意思。

我要阐明的第二点：有人建议，当有人说一个事物存在时，这意指此事物在时间之中，或者在时间和空间之中，至少是在时间之中。这是一个很普通的建议，但我认为，实际上，就词的这种用法没有太多可以说的东西；首先因为，要是你的意思指的仅仅是这一点，就不需要一个分开的词；其次因为，人们通常看成现存的那些事物被说成存在，正是在这种意义上人们也许十分愿意讨论是否有不在时间之中而存在的事物。正统的形而上学主张，凡实际上实在的东西都不在时间之中，凡在时间之中的东西都是多少有些不实在的，而实际存在的东西根本不在时间之中。而且，正统的神学主张：上帝不在时间之中。为什么你要以排除这种存在概念的方式来拟定你的存在定义呢？对此我看不出有什么理由。我倾向于认为，有些事物不在时间之中，而且在你已有了“在时间之中”这个词组（它非常充分地表达了你的意思）的情况下，我很遗憾地在上述意义上使用了存在一词。

对以上定义的另一种反对意见是，这样的定义至少不适合构成我的讨论基础的“存在”的用法。这种用法在数学中是很普遍的。例如，在你考虑存在定理时，当你说“一个偶素数存在”时，你的意思不是指数 2 是在时间之中，而是指你能找出一个数，关于它你可以说“这是偶数并且是素数”。人们通常在数学中确实谈到作为存在定理的那种命题，即你断定有一个如此这般一类的客体，该客体在数学中当然是一个逻辑客体。它不是一个殊相，不是一个类似于狮子或独角兽的东西，而是一个类似于函项或数的客体，一种明显地完全不具有在时间之中的特性的东西，而且，在前两次讲演里我所作的关于存在的意义的讨论中所涉及的就是这种存在定理的意义。当然，我确实主张，这种存在意义可以继续适用于关于存在的更普通的用法，而事实上它确实给出了一把钥匙来发现构成这些普通用法基础的是什么，正像当有人说“荷马存在”、“罗穆路斯不存在”，或我们对那种东西所能作出的任何说明时一样。

现在我讲关于存在的第三个提议，它也是普通的一种想法，你可以在下述意义上把某个特定的“这”的存在说成是“这存在”，即它不是一个幻象、一个意象或一个共相。现在我认为，有关存在的这种用法包含着混乱，它们实际上是一些非常危险的误用，将它们从人们的思想中清除出去是极其重要的。首先，我们必须将幻象、意象与共相区分开来；它们各自在不同的层次上。幻象和意象无疑在日常客体存在这一意义（无论它是什么意义）上存在。我的意思是：如果你闭上眼睛，想象某个视觉景象，这些意象在你的心灵前面，而你正在想象它们毫无疑义地在这里。它们是意象，是正出现的某个东西，而正出现的东西就是你心灵前面的这些意象。这些意象恰恰像桌、椅和其他东西一样是世界中的一部分。它们是一些相当不错的客体，而你只是称它们为不实在的（如果你这样称呼的话），或者将它们视作非存在的，因为它们与其他客体并没有那种通常的关系。如果你闭上眼睛，想象一个视觉的景象，并且你伸出手去触摸想象的东西，那么，你不会获得触觉，或者甚至未必能获得一个触觉意象。你不会得到视和触的那种通常的相互关系。如果你想象一个沉重的橡木桌子，不用任何肌肉的努力你就能移动它，而这并不是你实际看见的橡木桌子的情况。你的意象的一般相互关系与一个人选来叫做“实在”的客体的那种相互关系是完全不相同的。但是这并不是说意象是不实在的。这只是说它们不是物理世界的一部分。当然，我知道，这种关于物理世界的信念已经确立了一种势力范围。你必须处理不尊敬不适合于物理世界的任何东西。但是，这对于不适合于物理世界的事物是非常不公平的。它们就像那些适合于物理世界的事物一样地存在着。物理世界是一种“占统治地位的贵族”，它总是想方设法引起人们对其他一切事物的不尊敬。这种态度对于一个哲学家是不足取的。我们应当以完全相同的尊敬对待那些不适合于物理世界的事物，而意象就是这样的事物。

我认为，“幻象”由于其幻觉的本质，被人们有意用来区别于

"意象",它们不仅仅被想象,而且是与信念一致的。它们也是完全实在的;有关它们的唯一奇特的事情是它们的相互关系。麦克佩斯看见一把匕首。如果他试图触摸匕首,他一定得不到任何触觉,但这并不蕴涵他没有看见一把匕首,仅仅蕴涵他当时没有触到它。不管怎样,这并不蕴涵那种视觉不存在。它的意思只是说:我们习惯的视和触之间的那种相互关系不是一种普遍的规则,而是正常的规则。为了佯装那种相互关系是普遍的,我们就说:当一个事物不适合于那种相互关系时,它就是不实在的。你说:"任何是人的人将做出如此这般的事情。"然后你找出一个不做这些事情的人,你就说,他不是一个人。这就像你不能触摸那些匕首的情形一样。

我已经在其他地方作过解释,说明幻象是在什么意义上不是实在的。[1] 当你看见一个"实在的"人时,你看见的直接客体是整个殊相系统之中的一个,系统中所有的殊相都属于同类,并且聚合一起组成那个人对自己和对其他人的各种各样的"现象"。另一方面,当你看见一个人的幻象时,这是一个孤立的殊相,不适合于下列这样一个殊相所应有的系统,人们称这个殊相是"实在的"人的一个现象。幻象自身恰如通常的感觉材料一样是这个世界中的一部分,但是幻象缺少通常的相互关系,因此引出错误的推论,并且变成欺骗性的东西。

关于共相,当我说及一个殊相存在时,当然我的意思并不是指仿佛与我说它不是一个共相时所指的相同的事情。涉及任何不是

① 参见《我们关于外部世界的知识》第三章,还有《神秘主义与逻辑》一书第十二节"感觉材料和物理学"。

共相的殊相的陈述严格说是完全无意义的——不是假的,而是严格地和恰如其分地无意义。你绝不可能将一个殊相放置在一个共相应当具有的那种位置上,反之亦然。如果我说"a 不是 b",或者如果我说"a 是 b",这蕴涵 a 和 b 是同样的逻辑类型。当我说及一个共相存在时,我应当在和人们说殊相存在时完全不同的意义上来意指这个共相。例如,你或许会说:"颜色存在于蓝和黄之间的光谱之中"。颜色被视作共相,这是一个相当不错的陈述。你的意思仅仅是说"x 是蓝和黄之间的一个颜色"这个命题函项是一个有可能是真实的函项。但是那里出现的 x 并不是一个殊相,它是一个共相。因此,你得到这样一个事实:在存在中所涉及的那个最终的、重要的概念是我在上一讲之前发展的那个概念,即一个命题函项有时是真、(或者换句话说)有时是可能的这个概念。在有些人叫做真实的存在,和人们想象中的或者在我主观活动中的存在之间的那种区别,正像我们刚刚看到的,完全是一种相互关系的区别。我的意思是:你很容易错误地把出现在你面前的任何事物说成是具有某个更光彩夺目的存在形式,如果它是以你所看到的苏格拉底的现象和其他人看到的苏格拉底的现象相联系的那种方式而同我正谈论的其他事物相关联的。你也许说,要是不出现你自然期待的其他相互关联的现象,苏格拉底只是在你的想象之中。但是这并不意味:你看到的现象完全不是像出现其他相互关联的现象一样是这个世界中的一部分。它恰恰同样是实在世界中的一部分,它只是不能具有你所期待的那种相互关系。这一点适用于感觉和想象的问题。想象的事物不像感觉的事物那样具有同样的相互关系。假如你们想对这个问题有更多的了解,我在《一元论

者》(1915 年 1 月号)上写过一篇讨论文章:如果你们有兴趣的话,可以参阅这篇文章。

现在,我要回到我这一讲的正题上来。但是我不得不很草率地处理它。这一讲的正题是解释类型理论和类的定义。首先,我想你们绝大多数人都知道,如果你们漫不经心地对待形式逻辑,你们可能很容易陷入矛盾。长期以来人们知道许多矛盾,有些矛盾甚至从希腊时期就为人所知,但人们只是在很近的时期才发现,这些矛盾影响数学,普通的数学家当接近逻辑领域时如果不是小心谨慎就很容易陷入这些矛盾。不幸的是数学上的矛盾很难解释,而那些容易说明的矛盾仅仅作为疑难或者戏法来吸引人们。

你可以从是否存在一个最大的基数这个问题开始。你所愿意提及的每一类事物都有某个基数,这很容易从基数是相似类的类这个定义得出来,而且你可能倾向于假定:世界上存在的所有事物的类有和人们合理地期待一个类所能具有的差不多同样多的元素。普通人会认为,你不能取得比世界上存在的所有事物的类更大的类。另一方面,十分容易证明:如果你挑选一类中的某些元素,并且你是以你能采取的每一可想象的方式作出这些选择的,那么你能做的不同的挑选数目就要大于初始项数。这很容易从小的数目上看出来。假定你有一个恰好是 a、b、c 三个数字的类,你能做的第一个挑选是空项选择,接着是单个的 a、单个的 b 和单个的 c,然后是 bc、ca、ab、abc,一共是 8(即 2^3)个选择。一般来说,如果你有 n 项,你就能做 2^n 个选择。2^n 永远大于 n 这一点非常容易证明,无论 n 碰巧是有限的还是无限的。所以你会看到:世界上事物的总数目不是像可以从这些事物所构成的类的数目一样大。我要求你们把所有这些命题视为当然,因为现在没有时间去证明,但这些证明都在康托尔的著作里。因此,你会发现:世界上事物的总数目绝不是最大的数目。相反,存在着一个比那更大的数目的分层。这一点乍一看似乎会将你置于矛盾之中。事实上,你可以通过十分精确的计算证明:天上或地上存在的事物比我们的哲学所想象的事物要少。这说明哲学是怎样进步的。

因此,你会遇到那种区分类和殊相的必要性。你会遇到以下说法的必要性,即一个由两个殊相组成的类反过来自身却不是一个新的殊相,而且这个类必定以各种方式被扩充;这就是说,你必须在这个意义上说存在殊相,但在这个意义上说存在类是不正确的。存在类的那种意义和存在殊相的那种意义是完全不同的,因为要是这两种意义完全一样,一个存在三个殊相因而有八个类的世界就是一个至少存在十一个事物的世界。正像中国哲学家很早以前指出来的:一头褐色牛和一匹栗色马组成三个事物,分开来看它们各自为一,放在一起它们是另一个,因此组成三个事物。

现在我该讨论关于不是自身元素的类的矛盾。通常你会说,你不期待一个类是其自身的一个元素。例如,如果你取世界上所有的茶壶组成的一个类,那么这个类自身不是一个茶壶。或者如果你以世界上所有的人为例子,由他们组成的整个类反过来不是一个人。通常你会说,你不可能期待事物的整个类自身是哪个类的一个元素。但是却有明显的例外情况。如果你以世界上所有不是茶壶的事物为例子,并且将它们组成一个类,显然(你会说)这个类不是一个茶壶。在否定的类的情况下一般都是如此。也不仅仅在否定的类的情况下,因为,如果此刻你认为:类在事物是事物的这个意义上是事物,那么,你也必须得说:由世界上所有事物组成的类自身也是世界上的一个事物,因此这个类是自身的一个元素。当然,你可能认为,由世界上所有的类组成的类自身是一个类这一点是明显的。我认为绝大部分人都会赞成这种看法,因此你得到了一个类是自身的一个元素的例子。如果询问一个类是否是它自身的一个元素是有意义的话,那么,在所有日常生活的普通类的例子中你肯定会发现一个类不是自身的一个元素。倘若是这样,你就能够继续构成由所有不是自身元素的类所组成的类,而当你构成这个类以后,你可以问自己,这个类是自身的一个元素呢,抑或不是自身的一个元素?

首先,我们假定它是自身的一个元素。在这种情况中,它是那些不是自身元素的类中的一个类,就是说,它不是自身的一个元素。然后我们又假定,它不是自身的一个元素。在这种情况中,它就不是那些不是自身元素的类中的一个类,就是说,它是那些是自身元素的类中的一个类,即它是自身的一个元素。因此,这两种假定,即它是或者不是自身的一个元素,都会导致矛盾。如果它是自身的一个元素,它就不是自身的一个元素,而如果它不是自身的一个元素,它就是自身的一个元素。

这种矛盾非常有意思。你可以修改它的形式;有些修改形式有效,有些则无效。我曾经有一个使我联想起它是无效的形式,这就是理发师是否给自己刮脸的问题。你可以把理发师定义为,“给所有那些并且仅仅那些不给自己刮脸的人刮脸的一个人”。问题在于:理发师给自己刮脸吗?在这个形式里矛盾不是很难解决的。但是在我们先前的形式里,我认为显然只有通过观察认识到一个类是否是它自身的一个元素的全部问题是无意义的，你才能克服这个矛盾。这就是说，没有一个类要么是、要么不是自身的一个元素，而这样说甚至不是真的，因为整个语词形式恰恰是没有意思的胡言乱语。这必定与下面的事实有关：（正像我要说明的一样）类在我上次所讨论的摹状词是不完全符号这个意义上也是一些不完全符号；当你询问自己一个类是否是它自身的一个元素时，你正在讲无意义的话，因为在任何对于一个似乎是关于一个类的命题的意义所作的充分陈述中，你将会看到根本不提及这个类，而且，在这种陈述中关于这个类什么也没有说。如果一个关于类的陈述要有意义并且不是纯粹胡说，它应当有能力变换成一个完全不提及这个类的形式，这一点是绝对必然的。“如此这般的一个类是或不是自身的一个元素”这种陈述将不可能是以上这种变换。这与我关于摹状词所说的东西是类似的：一个类的符号是一个不完全符号；它实际上不代表它在其中以符号形式出现的那个命题的一部分，但是在对那些命题的正确的分析之中，那个符号被拆散并且消失了。

在这些矛盾中还有另一个我也可以提及的、最古老的矛盾，即爱匹门尼德所说的一句话：“所有克里特人都是说谎者。”爱匹门尼德是一个熟睡六十年而不醒的人。而我相信，正是在那次午睡结束时他声明：所有克里特人都是说谎者。我们可用下列的形式使这句话更简单明了：如果一个人作了“我正在说谎”的陈述，他是否正在说谎？如果他正在说谎，即是说他说了他正在干的事情，因而他说的是真的，而没有说谎。另一方面，如果他不是在说谎，那么显然他在说他正在说谎时讲的就是真的，既然他真实地说那正是他干的事情，所以他正是在说谎。这是一个古代的疑难。在发现它和是否存在最大基数或序数这样重要的实际的问题有关联之前，人们并不把它当作一回事，却视作开玩笑。然而，人们终于开始严肃地对待这些矛盾。说“我正说谎”的那个人实际上正在断言“有一个我正断言的命题，而这个命题是假的”。这大概就是你所说的说谎的意思。为了克服矛盾，你必须将他的全部断言视作他的断言所适用的那些命题之一；就是说，当他说“有一个我正断言的命题，而这个命题是假的”时，“命题”这个词必须解释为也把他的下述陈述包括在了命题之中：他正在断言一个假命题。因此，你必须假定你有一个确定的总体，即诸命题的总体。但这个总体包含只能通过自身来定义的元素。因为，当你说“有一个我正在断言的命题，而这个命题是假的”时，这个陈述唯有通过参照诸命题的总体才能获得它的意义。你并没有说在世界上存在的所有命题之中的哪一个才是你正在断言的而且它是假的。因此它预设了命题的总体在你面前延伸，而且有某个命题（虽然你没有说是哪一个）正在被断言是假的。十分显然的是，如果你首先假定这种命题的总体在你面前展现，以至于你不必选出一个确定的命题就可以说“我正在断言这总体中的某一个命题是假的”，然而，当你必须继续说“我正在断言这总体中的某一个命题是假的”时，这个断言本身就是你要从中选取的总体中的一个，那么，你就要陷入一种恶性循环。这恰好是你在说谎者悖论中所遇到的情形。假定你首先给定一组命题，并且你断言其中的某一个命题正在被断言是假的，那么，这个断言本身就变成这一组命题中的一个，因此，假定这组命题已经全部在那儿，这显然是谬误。如果你打算就“所有命题”说

些什么，你必须首先定义命题，其方式是：排除涉及那种已经被定义的所有命题的那些命题。这就得出：在我们通常想使用“命题”这个词的意义上，它是一个无意义的词。而且，我们必须将命题划分成组，并且可以对某一组的所有命题作出陈述，但是，这些命题自身不会是这一组的元素。例如，我可以说“所有原子命题不是真就是假”，但此命题本身不是一个原子命题。如果你不加任何限制就试图说“所有的命题或是真的或是假的”，你就是在说无意义的话，因为，假如它不是无意义的，它自身必须是一个命题，并且是包含在自身范围内的诸命题之一，因此刚刚阐明的排中律的命题就成了一种无意义的胡说。你必须将命题划分成不同的类型，你可以从原子命题开始，或者（如果你愿意）可以从那些完全不涉及命题组合的命题开始。那么，你接着就可以得到那些涉及你最初所持有的那种命题的组合的命题。那些涉及第一类型命题的组合的命题，你可以称它们为第二类型命题，以此类推。

如果你将上述应用于那个说“我正在说谎”的人，你会看到：那种矛盾已经消失，因为他必须说出他是什么类型的说谎者。如果他说，“我正在断言第一类型的一个假命题”，事实上，这个陈述既然涉及第一类型命题的总体，因而就有第二类型。因此，他正断言一个第一类型的假命题，这一点不是真的，他仍然是一个说谎者。同样，如果他说，他正断言一个第三万类型的假命题，这是一个第三万零一类型的陈述，因而他还是一个说谎者。而要证明他也不是一个说谎者的反证就不攻自破了。

你可以作出规定：任何一种总体都不能是自身的一个元素。这适用于我们关于类的说法。例如，世界上类的总体在它们是类这个同样的意义上不能是一个类。因此我们必须区分类的层次。我们要从全部由殊相组成的类开始:它们是第一类型的类。然后我们要继续前进到其元素是第一类型的类的类:它们是第二类型的类。然后我们又要继续前进到其元素是第二类型的类的类:它们是第三类型的类,以此类推。就一个类型的类而言,绝不可能或等同于,或不等同于另一类型的类。这一点也适用于我刚才讨论的那个问题:关于世界上存在多少事物。假定世界上有 3 个殊相,那么,我在前面已经解释过,就会有 8 个殊相类,2^8(即 256)个殊相类的类,2^{256}个殊相类的类的类,以此类推。你不会遇到由此产生的矛盾;而且当你问自己“是否有最大的基数?”这个问题时,答案完全取决于你是否将自己局限在某个类型。在某一个类型之内存在一个最大的基数,即那个类型的客体的数。但是,通过向上升至高一类型,你永远能获得一个更大的数。因此,不存在一个如此大的数字,但存在你在足够高的类型里所能取得的比较大的数字。这里你有两个方面的论证:一方面是给出类型时的论证,另一方面是不给出类型时的论证。

为了简要起见,我把事物的所有这些不同的种类说成好像是确实存在似的。当然这是荒唐的。存在着殊相。但是当人们说到类、类的类,以及类的类的类时,他们所谈的是一些逻辑的虚构。当我说不存在这样的事物时,这也是不正确的。在你能说“存在殊相”时的“存在”这个词的同样意义上说“存在这样的事物”,这是无任何意义的。如果我说“存在殊相”和“存在类”,那么,这两个“存在”词组在这两个命题中必定具有不同的意义:如果它们都有合适的不同意义,那么,两个命题都可以是真的。另一方面,如果“存在”这个词在两个命题中用于同样的意义，那么，这二者中至少有一个陈述一定是无意义的，不是假的而是无意义的。那么就产生了这样一个问题，即人们是在什么意义上能够说“存在类”？或者换句话说，你所说的一个类出现于其中的那种陈述是什么意思？首先，你想要说的关于类的那种事物是什么？它们恰好和你想要说的关于命题函项的那种事物完全相同。你想说：一个命题函项，它有时候是真的。这就和说一个类具有元素是一样的。你想说：恰好对于那些变项的一百个值来说，这个函项是真的。这就和说一个类具有一百个元素是一样的。除了在一些偶然的和不相关的语言形式上有所不同之外，你想说的关于类的所有事情与关于命题函项的那些事情是一样的，但还带有一个条件，现在必须解释这个条件。

以“x 是人”和“x 是无羽毛的二足动物”这两个命题函项为例。这两个函项在形式上是等价的，就是说，当一个真时，另一个也真，反之亦然。如果你用另一个形式上等价的命题函项替换某一个命题函项，那么，关于这个命题函项你所能说的有些事情不一定仍然是真的。例如“x 是人”这个命题函项是与人性概念相关的函项。这一点就不适用于“x 是无羽毛的二足动物”。或者，如果你说“某某人断言如此这般的东西是一个人”，那么“x 是一个人”这个命题函项可以纳入这个句子，但是“x 是一个无羽毛的二足动物”这个命题函项则不可纳入。如果你用另一个形式上等价的命题函项来替换某一个命题函项，那么，关于这个命题函项你所能说的某些事情也许不是真的。另一方面，根据具体情况，对保持真值不变的一个命题函项的陈述，当你用另一个形式上等价的命题函项代入它的时候，都可以被视作是对与这个命题函项相关联的那个类的陈述。我想要你认真地看待可以被视作(may be regarded)这几个词。我使用了这几个词而不用是(is)，因为是或许不是真的。对函项的“外延”陈述是那些当你代入了其他形式上等价的函项时仍然保持真的陈述，而这些陈述是可以被视作对类的陈述。如果你具有任何对非外延的函项的陈述，你总可以从这个陈述中得到一个多少相类似的陈述，而它是外延的。就是说，存在一个形式上等价于所讨论的函项的函项，对此所讨论的陈述是真的。这个陈述——它出自你最初的那个陈述——将是外延的。对于任何两个形式上等价的函项它总是相同地真或者相同地假，而这个派生的外延陈述可以视作关于相关类的相应的陈述。因此，当我说“人的类具有如此这般多的元素”时，这就是说，“世界上存在如此这般多的人”。这一点来自下面这个陈述，即“x 是人”是被 x 的如此这般多的值所满足的。而为了使它成为外延形式的，人们会用下述这种方式来表述它，即“有一个形式上等价于‘x 是人’的函项，对于如此这般多的 x 的值来说它是真的”。我应当将这句话定义为我说“人的类具有如此这般多的元素”时的意思。这样你会看到：你可以获得你对于类所想要的所有形式特性、它们在数学中的所有形式用法，而不必当即假定存在像类这样的事物，这也就是说不必假定一个类在其中以符号形式出现的命题，事实上包含相应于那个符号的成分，只要经过正确的分析，那个符号就会消失，正如经过对摹状词在其中出现的命题作出正确分析后摹状词就消失了一样。

除了我们上述提到的可以由我们的理论解决的那些困难之

外，在比较通常的关于类的看法中还存在某些困难。其中一个困难涉及空类，即那种无元素的类，在纯粹外延的基础上很难处理这个困难。另一个困难关系到单元类。从普通的类的观点看，你会这样说：只有一个元的类和一个元是一样的。这样会将你置于极度困难的境地，因为在这个事例中，一个元是该类的一个元，即它自身。例如，拿“戈登广场的讲演听众”的类来说。[①] 显然它是一个关于类的类，而且它可能是一个只有一个元的类，而这个元自身（至此而论）不止有一个元。因此，你要是将戈登广场的讲演听众的类和在戈登广场的唯一的讲演听众相等同，你就必须既要说它有一个元，又要说它有二十个元，那你就陷入矛盾，因为这个听众不止有一个元，而戈登广场的听众的类只有一个元。一般说来，如果你有形成一个类的许多客体的集合，你就可以构成上述那个类是其中唯一一个元的一个类，而上述那个类是其中唯一一个元的这个类也只有唯一一个元，尽管这个唯一的元会具有许多元。这就是你必须要区分单元类和它的唯一元素的原因。另一个原因是，如果你不作出这个区分，你会发现这个类就是自身的一个元，而这一点是要不得的，正像我们这一讲开始时看到的一样。在此，我省略了与以下这个事实的精细联系：两个形式上等价的函项可以具有不同的类型。关于如何解决这一问题的方式，请参考《数学原理》第 20 页，和导论第 3 章。

对于就这一主题我本应当说的东西，我还说得不很全面。我

① ［罗素告诉我，这些讲演是在连续八周的每周二，在“戈登广场的威廉博士图书馆”里作出的。虽然伦敦大学学院就在附近，但这个图书馆或许是广场本身的唯一讲演听众。——R. C. 马什］

本想稍微详细点讨论类型论,但没有做到。实际上,类型理论不是关于事物而是关于符号的理论。在专门的逻辑语言里这是十分明显的。麻烦就出在我们那种努力去命名不能被命名的东西的根深蒂固的习惯。要是有专门的逻辑语言,我们就不会想去那样做了。严格说来,可以命名的只有殊相。在存在殊相这种意义上,你不可能或真或假地说存在着任何其他的东西。“存在”这个词是一个具有“系统性的歧义”的词,也就是说,它具有严格地说是无限多的、各种不同的意义,对这些意义作出区别是很重要的。

讨　论

问题:你能够将所有那些类、类的类等等总括在一起吗?

罗素先生:所有那些类、类的类等都是虚构,但它们在每一例子中都是不同的虚构。当你说“存在殊相的类”时,“存在”(there are)这个陈述需要扩展并且要解释清楚,而当你记下你实际上所意指的或应当意指的东西时,你会看到,它与你所想的东西是完全不同的某个东西。如果你继续前进到“存在殊相类的类”,那么,充分地扩展和写下你的意思的那种过程将是不同的。“存在”有无限多的意义。就类的分层而言,只有第一层是最基本的。

问题:我不知道这一点是否与空间有些类似,在空间,最初的三维才是现实的,更高的维度仅仅是符号性质的。我发现存在着一种差别,存在着各种更高的维度,但是你却能够把那些维度总括在一起。

罗素先生:只有一种最基本的维,这就是第一层关于殊相的维，然而，当你达到类这一层时，你离开存在的东西已经走了相当远的路程，恰如达到类的类所走的路程。在物质世界里实际没有类。世界上有的是殊相而不是类。如果你说“存在一个宇宙”，这个“存在”的意思完全不同于你说“存在一个殊相”的意思。“存在一个殊相”意指“‘x是一个殊相’这个命题函项有时是真的”。

所有这样的陈述都是关于符号的，它们绝不是关于事物自身的，而且它们和“类型”有关。这一点实际上很重要，而我不应当忘记说明这一点，即符号对于它所意指的东西的关系在不同的类型上是不同的。现在我不是在谈论这种类的分层等等，而是要谈一个谓词对于它所意指的东西的关系与一个名称对于它所意指的东西的关系是完全不同的。并没有人们通常认为存在着的关于“意义”的单个概念，因而你可以在一种始终一致的意义上说“所有符号都具有意义”，但是，有无限多的不同的意义方式，这就是说，符号对于所标记的客体的关系有不同的种类，这一点是绝对确实无误的。比如，一个命题对于一个事实的关系，完全不同于一个名称对于一个殊相的关系，正像你可以从以下事实中看到的：有两个命题永远与一个给定的事实相关联，而名称则不然。这就说明命题对于事实的关系完全不同于名称对于殊相的关系。你不可假定还有另一种超乎一切的方式，以这个方式，你有可能通过命名事实而掌握这些事实。你永远只能通过一种专门的符号掌握你想要的东西——此种符号以一种适当的方式处理这个东西。这就是全部类型理论中最核心的、真正的哲学真谛。

八、形而上学补论：何物存在

现在我开始讲本系列讲座的最后一讲，我打算简要指出从以前所述内容中得出的几个教训，以便表明我所拥护的这些学说对于形而上学的各种疑难所产生的影响。迄今为止我讨论的是人们可以称作哲学语法的东西，而在这个探究的过程中，我不得已把你带入许多枯燥无味的领域。而我认为，哲学语法的重要性比人们一般所想象的要更大得多。我认为，所有传统的形而上学实际上充满了起因于坏的语法的错误，而几乎所有传统的形而上学疑难和形而上学结论——假定的结论——都是起因于未能在（我们在前几讲里所讨论的）我们可称之为哲学语法的那个领域中作出这类区别。

举一个非常简单的关于算术哲学的例子。如果你认为1、2、3、4以及其余的数在任何意义上都是实体，如果你认为在存在(being)的领域里存在着(there are)具有那些名称的客体，那么，你不但有了你要处理的形而上学所需的极其重要的工具，而且你也向自己提供了某种有关算术命题的分析。例如，当你说2加2等于4时，在这一情况中，你假定了你正在作一个数2和数4是其中的成分的命题，而这个假定会产生各种后果，对于你的总的形而上学世界观会产生各种影响。如果在我们前面所讨论的学说中有任何真理的话，那么，所有的数都是我称之为逻辑虚构的东西。数是类的类，而类是逻辑虚构，所以可以说，数是二级虚构，即虚构的虚构。因此，你并不具有那些你往往称之为数的奇怪的实体，作为你的世界里的一部分最终成分。这一点亦适用于其他许多方面。

贯穿在我所讲的全部内容里的一个目的是关于分析的合理性，即逻辑原子主义的合理性。按照逻辑原子主义的观点，倘若不是从实际上，而是从理论上，你就可以开始认真处理最终的简单之物(simples)。世界是由这些简单之物建立的，而且，这些简单之物具有一种不属于任何其他东西的实在。正像我努力要说明的一样，简单之物有无限多的种类。存在各种不同阶的殊相、性质和关系，即由不同种类的简单之物所组成的整个分层，但是要是我们正确，那么，全部的简单之物以它们各自不同的方式具有某种不属于其他任何东西的实在。在这个世界上你碰到的唯一其他种类的客体就是我们所谓的事实。而事实是那种可以由命题作出肯定或否定的事物，但在事实的要素是实体这种意义上，事实根本不是实体。这一点在你不可能命名事实的这个事实中得到说明。你只能否定、肯定，或思考它们，但是你不能命名它们，因为它们并不是在那儿要被命名的东西，虽然在另一个意义上下述这一点是真的：如果你不知道构成关于世界的真理的那些事实，你就不能认识这个世界；但是，认识事实与认识简单之物是完全不同种类的事情。

贯穿于我所讲的全部内容的另一个目的体现在人们叫做奥卡姆剃刀的格言之中。这一格言在实践中是以下面这一方式出现的：承认某种科学，比如说物理学。在这一科学中你有一个给定的学说主干，一套以符号表达的命题(我把一些词也包括在这些符号里)。而且你认为，你有理由相信：从总体说来这些经过正确解释的命题是完全真实的。但是，你并不了解你正在使用的那些符号的真正意义是什么。它们在使用中的意义将必须以某种实用的方式加以解释：它们对于你具有某些实际的或情感的意义，这种意义是一种资料。但是逻辑的意义不是一种资料，而是一种被探求的东西。而且，如果你分析像物理学这样的一门科学，你就要以下列观点来探究这些命题：找出什么是最小的经验装置——或不一定完全是经验上的最小装置——从这些经验装置中你才能建立这些命题。一开始不加定义的最小量的简单之物以及最小量的不加证明的前提是什么（从这些简单之物和前提出发你才能定义需要定义的事物，并且证明需要证明的事物）？不管你怎么说，这绝非一个简单问题，相反却是非常困难的。它是一个需要大量逻辑技巧的问题；我在这几讲中所谈论的只是这种技巧的预先说明和最初的几步。如果你只是运用人们在阅读和研究传统哲学的过程中所积累的一般才智，以完全直截了当的方式来处理这一问题的话，那么你绝对不可能取得对我所说的这样一个问题的任何答案。你的确需要我一直在讨论的这种符号逻辑的工具。（把这个主题描述为符号逻辑并不是恰当的。我本想把它仅仅描述为逻辑，其理由是实际上再没有其他东西是逻辑，但是这样做听起来如此傲慢，以至于我对这种做法感到犹豫。）

现在，我们进一步考虑一下物理学的例子。如果你阅读物理学家的著作，你就会看到他们将物质归约为一些元素——原子、离子、粒子或者另外的东西。在物理学的物质分析中你指望得到的那种东西终归要成为非常微小的物质碎片，但它们还是完全像物质一样：在时间中延续，在空间里运行。事实上它们具有物质的一切普通日常性质，但不是人们在日常生活中所具有的物质——它们没有滋味和气味，或者说人的肉眼看不到它们，但是它们具有那种当你从日常生活向物理学遨游时立刻就会达到的性质。我可以说，那种东西在任何形而上学的意义上都不是物质的最终成分。我认为，作出很少的反思即可表明：所有这些事物在我所说的那种意义上都是逻辑虚构。当我说它们是虚构时，至少我说的话有点过分武断。物理学家谈论的所有那些事物可能存在于真实的实在之中这一点是有可能的。但是，我们总应当有理由（无论什么样的理由）来假定存在这些事物这一点则是不可能的。这就是你在这种分析中一般会遇到的情况。你发现：作为形而上学实体而建立起来的某种事物或者可以武断地肯定它是真实的（而这时你就不会具有可能的论证来要么对它的实在表示赞同，要么对它的实在表示反对）；或者与此相反，你可以建构一种具有相同形式特性的逻辑虚构（确切地说，这些逻辑虚构与那些假定的形而上学实体具有形式上类似的形式特性，而前者自身又是由经验给予的事物组成的）。而且，这种逻辑虚构可以用来替换你假定的形而上学实体，并会完成任何人可能想达到的科学目的。就原子和其余的物质而言，这种状况是如此，对于无论科学的还是形而上学的一切形而上学实体来说也是这样。我所说的形而上学实体是指那些被假定为世界的最终成分的一部分的事物，但不是那种经验中给予的事物——我不仅是说它本身不是经验中给予的，而且要说明它不是经验中给予的**那种**东西。就物质而论，你可以从经验中给予的东西，即人们看见、听到、闻到等等的东西，所有的日常感觉材料开始，或者你可以从某个确定的日常客体比如说这个书桌开始，而且你问自己：“我说我正在注视的这张书桌和我一星期之前注视的那张是同一张书桌，这是什么意思？”第一个简单而普通的答复会是

这样：它是同一张书桌，它实际上是同一的，存在一种关于实体的完满的同一性，或者任何你喜欢用来称呼它的说法。但是，这个表面上看起来很简单的答复一经提出，重要的是要注意到你不可能对这样一种观点提出一个经验的理由，如果你持有这种观点，那只是因为你喜欢它，除此之外没有其他任何理由。你实际所能了解的一切是你现在所看见的这些事实：当你注视书桌时，产生了一种同你在一星期之前注视这张书桌时非常接近的相似性。我承认，你知道，或者你可能知道的事实比关于相似性的这一事实要多一些。你或许花钱雇个人在整个一周里连续不断地观看这张书桌，而你也许会发现在整个这段时间它再现着同样的现象，假定整个夜晚一直亮着灯。你可能以这种方式建立了连续性。事实上你并没有这样做。事实上你并不知道：这张书桌看起来一直是同样的，但这只是我们的假定。而最本质的一点是：促使你将一些现象叫做同一张书桌的现象的经验理由是什么？促使你在连续不断的场合说我正在看到同一张书桌的是什么？首先要注意的是：答复什么都无关紧要，只要你认识到这个答复就在于某种经验的事物而不在于一个公认的形而上学的实体同一性。有某个在经验中给予的东西促使你称它为同一张书桌，而只要把握了这个事实，你就能继续说：它就是那种（无论它是什么）促使你称之为同一张书桌、被定义为构成那同一张书桌的东西，而全部过程不存在任何关于形而上学实体是同一的假定。对于一个没有受过训练的头脑来说，构想一种同一性比构想一个互相关联的殊相系统要更容易些，这种殊相系统是通过相似关系互相连接并不断变化等等。这种观点显然更复杂，但这才是在真实的世界里经验中给予的东西。而在

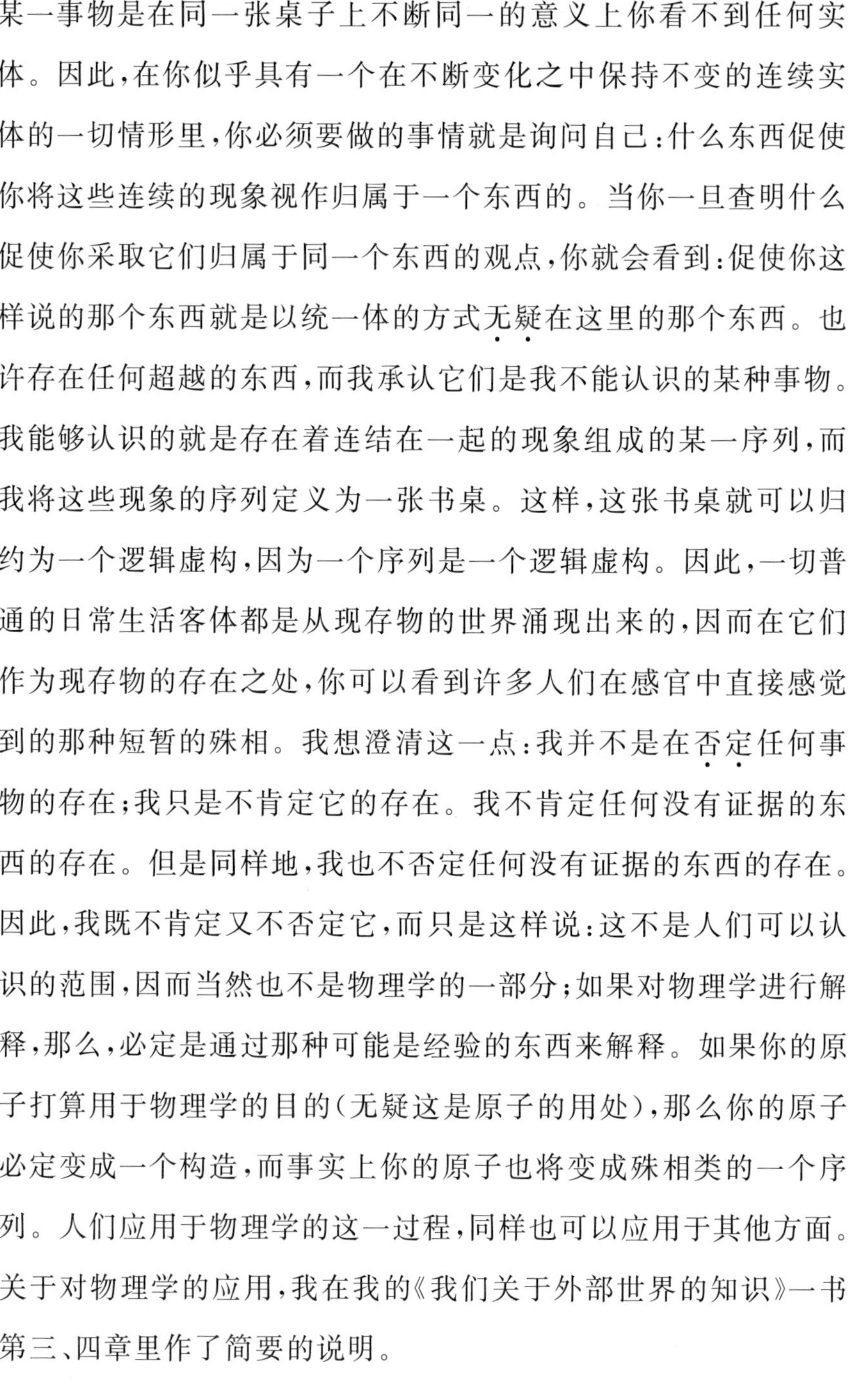

某一事物是在同一张桌子上不断同一的意义上你看不到任何实体。因此，在你似乎具有一个在不断变化之中保持不变的连续实体的一切情形里，你必须要做的事情就是询问自己：什么东西促使你将这些连续的现象视作归属于一个东西的。当你一旦查明什么促使你采取它们归属于同一个东西的观点，你就会看到：促使你这样说的那个东西就是以统一体的方式**无疑**在这里的那个东西。也许存在任何超越的东西，而我承认它们是我不能认识的某种事物。我能够认识的就是存在着连结在一起的现象组成的某一序列，而我将这些现象的序列定义为一张书桌。这样，这张书桌就可以归约为一个逻辑虚构，因为一个序列是一个逻辑虚构。因此，一切普通的日常生活客体都是从现存物的世界涌现出来的，因而在它们作为现存物的存在之处，你可以看到许多人们在感官中直接感觉到的那种短暂的殊相。我想澄清这一点：我并不是在**否定**任何事物的存在；我只是不肯定它的存在。我不肯定任何没有证据的东西的存在。但是同样地，我也不否定任何没有证据的东西的存在。因此，我既不肯定又不否定它，而只是这样说：这不是人们可以认识的范围，因而当然也不是物理学的一部分；如果对物理学进行解释，那么，必定是通过那种可能是经验的东西来解释。如果你的原子打算用于物理学的目的（无疑这是原子的用处），那么你的原子必定变成一个构造，而事实上你的原子也将变成殊相类的一个序列。人们应用于物理学的这一过程，同样也可以应用于其他方面。关于对物理学的应用，我在我的《我们关于外部世界的知识》一书第三、四章里作了简要的说明。

迄今我所谈论的是关于我们认为其实在的那种东西的非实在

性。下面我想同样着重说一说我们认为其不实在的那种东西的实在性，例如错觉和幻象。我在前几讲里已经说过，错觉和幻象本身应被视作恰好和一般的感觉材料在同一个层次上。它们和一般的感觉材料的不同仅仅在于他们不具有通常的与其他事物的相互关系这个事实。就自身而言，它们具有与一般的感觉材料一样的实在性。它们具有任何东西能够有的那种最全面、绝对和完满的实在性。它们是这个世界最终成分的一部分，恰似那些转瞬即逝的感觉材料一样。说到转瞬即逝的感觉材料，我认为非常重要的一点在于：从人们的直觉里消除任何这样一种倾向，即认为实在的就是永恒的。一直有一种形而上学的偏见，即认为：一事物果真是实在的，它就必须或者永远持续不断，或者持续一段相当长的时间。这种看法在我看来是完全错误的。果真是实在的事物仅持续很短的时间。我还是不否认也许有永远持续不断的事物，或者是上千年的事物；我只是要说明，这些东西都不在我们的经验之内，而我们通过经验所知道的实在的事物只持续很短的时间，一秒钟的十分之一或一半，或者无论什么样的短时间。错觉和幻象就是这样的事物，是世界最终成分的一部分。我们叫做实在的、类似于桌子和椅子的这些事物是一些系统，是一些殊相类的序列，而殊相才是实在的事物。当你碰巧看见这些殊相，它们就成为感觉材料。一张桌子或椅子是殊相类的序列，因而也是一个逻辑虚构。这些殊相就像一个幻象或一个错觉一样是在同一个实在的层次上。我应当说明一下在什么意义上一把椅子是类的序列。一把椅子在每一瞬间都呈现一些不同的现象。它在一个给定的瞬间所呈现的所有现象组成某一个类。所有这些现象的集合不时地改变。如果我拿

起一把椅子并且将它打碎，它将呈现一整批和它以前不一样的现象，而且倘若不是这样做，它就将永远随着光线的变化而变化，等等。所以你获得诸现象在时间中的不同集合的一个序列，而这就是我说的一把椅子是类的一个序列的意思。这样解释过于粗略，但我省掉了那些细节；因为这不是我今天要讨论的正题。现在可以看出：每个单一的殊相（作为这整个系统的一部分）都与此系统中的其他殊相相连结。举例来说，假定我将此刻呈现在我眼前的椅子这个现象视作我的殊相。这一点首先要与同一把椅子在这同一时刻呈现给你们中任何一个人这个现象相连结，而且与以后的瞬刻将呈现给我的那个现象相连结。因此你立即得到你能够从这个殊相出发而行的两条路径，而这个殊相将以某个确定的方式与其他的也属于这把椅子的殊相相互关联。这就是你以下说法的意思（或者你应当用以下说法表达的意思），即：我眼前看到的事物是与错觉正相反的实在的事物，这种说法的意思是：这个事物具有不同种类的相互关系的一整个集合，以及这个殊相——它是在此刻这椅子对于我的现象——不是孤立的，而是以某种众所周知的方式、通过促使它对人们的期待作出答复的那种方法与其他殊相相联系的。所以，当你去买一把椅子时，你买的不仅是在那一刻对你呈现的那个现象，而且是当椅子搬到家中它将要向你呈现的那些其他的现象。如果它是一把错觉的椅子，一搬到家里，它就不会呈现任何现象，因而不会是你想买的那种东西。人们叫做实在的那类东西是一个完整的相互联系的系统之一；反之，你叫做幻象的那类东西却不具有这种系统之一。世界上那些众多的殊相，全都以众多的约定的方式与其他的殊相相连结。然而有时候你也会得到一个奇怪的殊相，比如像一把仅仅出现在视觉中的、你不能坐上去的椅子。你会说它是一个错觉，一个幻象，你会对它倾泻所有的污词秽语。这就是一个人称它为不实在时的意思，因为这样使用的“不实在”是一个辱骂之词，而它绝不适用于一个原本就是不实在的事物，因为你不会对不实在的事物生这么大的气。

下面我想作一些其他的说明。以一个人为例，是什么东西促使你在碰见你的朋友琼斯时说“唷，这不是琼斯吗”？显然，它并不是在琼斯内部的某个地方存留着的一种形而上学实体，因为，即使有这样一种实体，毫无疑问它也不是当你看见琼斯沿着街道走过来时你所看到的东西；它肯定是某种你没有亲知的、非经验材料的东西。因此，在他对你呈现的许多经验现象之中显然存在着某种东西，在这些经验现象的相互关系之中显然存在着某种东西，这种东西使你能够将所有这些现象收集在一起并且说“我把这些称作一个人的诸现象”。而那种促使你把这些现象收集在一起的东西并不是一种持久不变的形而上学主体，因为，无论是否有这样一种持久不变的主体，那种促使你把这些现象收集在一起的东西无疑不是一种感觉材料。促使你说“唷，这不是琼斯吗”的是一种感觉材料。因此，当人们认识琼斯时，他不是由构成他的现象基础的一种微小的自我构成的，而你必定会在这些现象中发现某些相互关系，正是这种关系促使你把这些现象归总并且说出以下这个句子：这些就是一个人的现象。这些现象在这个人是其他人的情形中和在这个人是你自己的情形中是完全不同的。在这个人是你自己的情形里，你有较多的东西可循。你不仅具有你看起来好像是那样的东西，而且还具有你的思想、记忆和你器官上的所有感觉，所以

你具有更丰富的材料，因而你对自己的识别比对另外一个人的识别更不可能搞错。当然，即便对自己的识别偶然也会有错；这种情形发生在多重人格等等的情况中。但是，一般说来，你会认识到这个人就是你，因为你比其他人有更多的可循之处，而且你不是通过一种自我的意识，而是通过所有各种事物，通过记忆、你感觉的方式、你注视的方式以及许多事物才认识到这个人就是你。但所有的这些方式都是经验材料。这一切使你能够说：昨天发生了某件事情的这个人就是你自己。因此，你能够将完整的一组经验归入全部属于你的一串经验。同样，其他人的经验也可以通过实际上可观察的诸关系而不假定永恒自我的存在，被归入全部属于他们的经验。促使我们说“这些是同一个人的两种经验”的那两种经验间的给定的经验关系究竟是什么？这与我们的讨论并没有什么关系。那种关系是什么确实是无关紧要的，因为，无论它是什么，构成这个人的逻辑公式总是相同的，而且还因为，仅就这一事实，即你能够认识两种经验属于同一个人的事实，就足以证明存在着通过分析确定下来的这样一种经验关系。让我们称这种关系为 R。我们可以说：当两种经验相互具有关系 R 时，那么，它们就可以被说成是同一个人的经验。这就是我说的“同一个人的经验”是什么意思的定义。我们定义数时，刚好以同样的方式从这里开始定义。我们首先定义以下这种说法是什么意思：两个类“具有相同的数”；然后定义什么是数。一个具有给定的经验 x 的人将是所有的以下经验的类：这些经验是作为经验到 x 的人的“同一个人的经验”。当两个事件之间有某种关系 R 时，即这种关系促使我们说它们是同一个人的经验时，你可以说它们是同属一人的（co-personal）。

你可以把具有某一经验的人定义为是这样一些经验：它们与这个经验一起都是同属一人的，而且，将这些经验视作一个序列而不视作一个类或许会更好一些，因为你要了解什么是一个生命的开端，什么是该生命的终结。因此，我们可以说，一个人就是经验的某一序列。我们不否定可能存在一个形而上学的自我。我们仅仅是说，这是一个与我们完全无关的问题，因为这是一件我们对此什么也不知道、而且也不可能知道的事情，因此很显然，它不可能是一个能够以任何方式进入科学的东西。我们所知道的就是组成一个人的这一串经验，而这一串经验是通过某些经验给予的关系（诸如记忆）汇总而成的。

我想再举一个例子来说明一个问题。这是我们的方法有助于处理的那类问题。你们大家都知道美国的中立一元论理论。这种理论实际上来自威廉·詹姆斯，并且在马赫的著作里也有提示，但那是以一种几乎没有发展的形式提出的。中立一元论理论坚持主张：精神和物质之间的区别完全是一种排列的问题：被排列的实际材料在精神的情形里与在物质的情形里完全一样，所不同的只是：当你在同一个语境中将一个事物视作与其他某些事物有关时，它就属于心理学，而当你在另一个语境中将一个事物视作与其他事物有关时，它就属于物理学。这种区别与你考虑事物的语境相关，这与按字母顺序排列伦敦市民和按地理位置排列伦敦市民之间的那种区别完全相同。因此，根据威廉·詹姆斯的观点，这个世界的实际材料可以以两种不同的方式进行排列，一种给予你的是物理学，而另一种是心理学。这种情形恰似横列和纵列：在横列和纵列的排列中，你可以将一个项或视作某一横列的一个元素，或视作某一纵列的一个元素;这个项在两种情形中是一样的。但是它的语境却不一样。

如果你们认为我讲得有点过于简单,那么我可以继续更多地谈论中立一元论,但是你们必须了解,我所谈的比我应当谈的要简单,因为没有时间论及所有的细节和限制条件。刚才我谈到一把椅子呈现的现象。如果我们以任何一把这样的椅子为例,我们大家都能看到它,它对我们每个人都呈现一个不同的现象。将这些现象汇总,即将这椅子在这一刻呈现给我们每个人的所有不同的现象汇总,你就取得属于物理学的某个事物。这样,如果有人得到感觉材料,并且在一个给定的瞬间把那些呈现给不同人们的所有的感觉材料(这些材料就是我们通常所说的那些关于同一物理对象的现象)排列在一起,那么,感觉材料的这个类将给予你属于物理学的某个事物,即那个瞬间的一把椅子。另一方面,如果我不考虑在那个瞬间这把椅子呈现给我们大家的所有那些现象,而是考虑在那个瞬间这房间里几把不同的椅子呈现给我的所有那些现象,那么,我得到的完全是另一组殊相。现在不同的椅子呈现给我的所有那些不同的现象会给予你属于心理学的某个事物,因为这会给予你在当下的瞬间的我的经验。广义地说,按照人们可以视作威廉·詹姆斯思想的展开的那种观点,上述说法应是物理学和心理学之间的区别的定义。

我们都共同承认存在着一个我们称作看见这把椅子的现象。但根据中立一元论的观点,我称作我看见这把椅子仅仅是指某一殊相的存在,即作为那个瞬刻这把椅子的感觉材料的那个殊相的存在。而且,我和这把椅子都是逻辑虚构,事实上都是殊相的类的一个序列,其中的一个序列一定是我们称作我看见这把椅子的那个殊相。目前这把椅子呈现给我的实际现象就是我这个元和椅子这个元。我和这把椅子是逻辑虚构。如果你要合理证明中立一元论,这将是你无论如何可以考虑的观点。不存在这样一种简单实体,即你可以指着它说:这个实体是物质的而不是精神的。根据威廉·詹姆斯和中立一元论者的观点,你所能列举出来的任何简单实体不会是这样。任何这样的实体都会既是物质序列的一个元又是精神系列的一个元。现在,我要说明这样一点:如果你想检验像中立一元论这样的理论,如果你想发现这种理论是真还是假,倘若你不精通我所谈论的那种逻辑理论,你就不可能希望接近你要解决的问题。不这样做你就绝对不可能说明对一个给定的材料可以做些什么,不可能说明你是否能从一个给定的材料中虚构出那种逻辑虚构,它们将具有你想在心理学和物理学里得到的诸性质。这种事情绝不是轻易决定的。只有当你对这些问题确实具有相当程度的技术能力时,你才能决定以上问题。说明了上述这一点,我应当进一步告诉你们,我已经发现中立一元论是否正确,因为不这样做你们或许不相信逻辑在这一问题上的用处。但是,我并不宣称已经知道这种理论是否正确。我越来越倾向于这样的看法:这种理论可能正确。我越来越觉得关于这种理论而出现的困难完全是那种可以由才智来解决的困难。然而还是存在着一些困难;存在着一些难题,我在这些讲演的过程中已经谈及了其中一些难题。一个难题是关于信念以及涉及两个动词的其他种类的事实的问题。如果存在与此类似的事实,我认为,这会造成中立一元论的更大困难。但是,正如我曾指出的,有一种人们叫做行为主义的理

论，它在逻辑上接近中立一元论。这种理论完全不需要包含两个动词的那些事实，因而一定能处理那种反对中立一元论的论证。另一方面，有来自特别殊相（例如“这”、“现在”、“此处”，以及诸如此类的词）的论证。在我看来，这些词很不容易与下列这种观点相一致：一个殊相和对这个殊相的经验活动之间不能作出区别。但是，关于特别殊相的论证是如此精细，如此微妙，以至于我觉得不能完全肯定它是否有效。而且我认为：一个人探索哲学的时间越长，他就越能意识到一个人一直是多么极其频繁地被谬误所欺骗，他也就越不愿意完全肯定一个论证是有效的，如果存在有关这一论证的全然精细或难以解决的、难以把握的任何东西。这一点促使我更谨慎，并对所有的这些论证有怀疑。因此，尽管我完全相信中立一元论的真或假这个问题只能通过上述这些方法来解决，但我并不宣称已经知道中立一元论是否正确。我不是不希望最终找出问题的答案，但是现在我并不宣称已经知道了这一点。

正像我在本讲前面所指出的，我们的逻辑技术所做的一件事就是为我们提供一种方法，来构造具有最小装置的符号命题的一个给定的主体，而在装置方面的每一次缩小都会减少犯错误的危险性。例如，假定你用某些实体和前提构造了物理学；假定你发现，你可以通过一个小窍门取消上述的一半实体和前提，显然你减少了犯错误的危险，因为如果你以前有十个实体和十个前提，那么你现在有的五个是完全正确的，但是反过来下面这一点却不真实：如果你现在有的五个是完全正确的，那么你以前有的那十个也一定是完全正确的。因此，随着实体和前提的每一次缩小，你也就相应减少了犯错误的危险。当我谈论这张书桌，并且说我不想假定构成书桌表象基础的永恒实体的存在时，这正是一个适当的事例。你总是有连续不断的表象，而如果你不假定形而上学的和永恒的书桌也能生活得很好的话，那么你现在犯错误的危险要比以前少得多。要是你完全否定形而上学的书桌，你甚至连小错误也不一定会犯。这就是奥卡姆剃刀的优点，即它减少了你犯错误的危险。这样考虑起来，你可以说：我们的全部问题与其说是属于哲学，毋宁说是属于科学。我认为或许这一点是对的，但是我相信，科学和哲学之间唯一的区别在于：科学是你多少有所认识的东西，而哲学是你不认识的东西。哲学是当前人们愿意对之有所评议的那部分科学，但人们并不认识它。因此，认识上的每一次进步都夺走哲学中的一些问题，而这些问题以前是哲学自己的；假如有真理，假如在数理逻辑这种程序中有任何价值，那么由此就可得出：一些本来属于哲学的问题不再属于哲学，而将属于科学。当然，一旦它们成为能解决的问题，那么，对于一大批哲学家来说，它们就变得毫无意思了，因为，对许多喜欢哲学的人们来说，哲学的魅力就在于那种沉思的自由，就在于你可以玩弄假设这个事实。你可以仔细考虑这个或那个可能是真的，在你发现什么是真的之前，这是一种十分有价值的练习；但是，一旦你发现了什么是真的，这一领域的全部丰富的想象技巧就被取消，你则抛弃这个领域并且继续前行。美国有许多这样的家庭：他们从1620年英国清教徒移居美国的那个时代以来就一直在向西迁移，移向落后的边远地区，因为他们不喜欢文明生活；与此类似，哲学家也有一种爱冒险的倾向，并且喜欢留驻在仍旧有非确定性的领域。诚然从哲学到科学的这种领域的转变在那类极其重要的、大有能力的哲学家看来是很讨厌的事

情。我认为数理逻辑在我所提出的那些方面的大量应用也正是这种情况。这使得数理逻辑枯燥、准确并且有条不紊,这样就剥夺了它原有的,使你可以在其中比较自由地施展技巧的那种特性。我并不觉得该为上述情况表示歉意,因为,如果它本来就是这样的,那就该是这样的。如果它本来不是这样的,当然,我就得向你们道歉了。但是,如果它是这样的,那就不是我的错了,所以,我不认为自己应为世界上的任何一种枯燥或乏味而道歉。我还想说这一点:对于那些对数学感兴趣的人来说,对于那些喜欢符号公式的人来说,上述那样的世界是非常令人欢欣的。而如果你对它不感兴趣的话,那么,你必须要做的事情只能是培养对数学的兴趣,随后,你也会具有一个非常愉快的、合意的世界。我以上述这个结论来结束我的这一系列讲演。

论命题：命题是什么和命题怎样具有意义

罗素在谈到自己已改变观点的时候，从未有过任何犹豫。这个特点刚好与哲学家的以下两个职业通病大相径庭：其一是对绝对可靠性（或表达同样意思的必然性）的幻想，其二是发表个人观点时的迟疑不决（这是由于害怕人们可以及时发现这些观点的错误）。罗素觉得这两种倾向都很可悲，并且认为这是哲学与神学紧密相联的那个时代延续下来的影响。一位神学家，在重大学说争论上不能改变自己的观点，否则的话，他就会被斥责为持异端邪说。然而，一位科学家，可以改变自己的理论，只要进一步的探究揭示出他早期的表述是有错误的。随着哲学更接近科学的观点，哲学家根据他的最新思想来修正自己见解的权利理所当然将被人们所接受。这正是罗素的希望。

这篇论文写作于论逻辑原子主义讲演一年之后，它表明罗素对于命题性质的理论有了发展。从实质上说，罗素在本文中进一步吸收了维特根斯坦的观点，而在他 1918 年的那一系列讲演中，人们可以清楚地看到维特根斯坦对他的影响更大。而本文所论证的理论毫无疑问是罗素的特殊成就。首先，这理论介绍了代表罗素 20 年代思想典型的对行为主义的考察，而这些考察摆脱了他于

1914 年以前与维特根斯坦的讨论。我在这里重印这篇文章是为了说明罗素在其 1918 年讲演稿刚一发表之后便随即修正自己观点的这种风格；也是为了说明从他的早期思想——我们可以将 1918 年的逻辑原子主义哲学视作其早期思想的标志和总结——到他的后期观点所经历的阶段。当代哲学史家常常忽视和曲解的正是这个后期的罗素。

论命题：命题是什么和命题怎样具有意义[①]

1919 年

一个命题可以定义为：当我们正确地相信或错误地相信时，我们所相信的东西。作这样的定义是为了避免以下的假定：一旦我们有信念，我们的信念或是真的或是假的。为了从这个定义得到对命题是什么的说明，我们必须先确定信念是什么、我们能够相信的那类事物是什么，以及构成一个信念的真假的是什么。我认为，下面这一点是显而易见的：一个信念的真假取决于这个信念"指称"的事实。因此，最好是从考查事实的性质来开始我们的探究。

一、论事实的结构

所谓一个"事实"是指任何一个复合的事物。假如世界上不包

① 下面第一节"论事实的结构"，基本上并无新的观点，所涉及的内容仅是为了读者的便利。我在其他地方已经对这个学说作过辩护，因而这里就武断地将这些观点记述下来。另一方面，后面几节的内容涉及我迄今尚未提倡的观点。这些观点主要来源于这样一种尝试，即对构成"意义"的东西作出定义，并取消"主体"一词，只将其视为逻辑的构造。

含任何简单的事物，那么，它包含的一切都是事实；假如世界上包含简单的事物，那么，事实就是除了简单事物之外这个世界所包含的一切。当天正在下雨的时候，下雨是一个事实；当太阳正在照耀的时候，阳光照耀是一个事实；从伦敦到爱丁堡的距离是一个事实；所有的人终有一死或许是个事实；行星围绕太阳呈近似椭圆形旋转是一个事实。在谈论上述这类事实时，我并非指我们用来断定它们的那些词组，或者我们在作出这些断定时心灵的结构，而是指在世界的构成中的那些特征，正是这些特征使我们的断定成为真的（如果它们是真的）或假的（如果它们是假的）。

说事实是复合的就等于说事实具有许多成分（constituents）。苏格拉底是一个希腊人，他娶了赞蒂普，他死于饮毒酒，以上这些事实都具有某个共同的东西，即，它们都是"关于"苏格拉底的。因此可以说，苏格拉底是以上事实的成分。

事实的每一成分在事实中都有一个位置（position）（或几个位置）。例如，"苏格拉底爱柏拉图"和"柏拉图爱苏格拉底"具有同样的成分，但它们又是不同的事实，因为这些成分在两个事实中并不具有同样的位置。"苏格拉底爱苏格拉底"（假如是一个事实）这一命题中两个位置上有苏格拉底。"二加二等于四"这一命题中两个位置上有二。而"$2+2=2^2$"这一命题中四个位置上有 2。

我们可以说，当两个事实仅在成分上有区别时，它们则具有相同的"形式"。这样，我们就可以假定，通过代入不同的成分，一个事实就可以从另一个事实中产生出来。例如，从"苏格拉底爱柏拉图"这个事实通过用拿破仑代入苏格拉底、威灵顿代入柏拉图、恨代入爱的方式，就可产生出"拿破仑恨威灵顿"这个事实。因此很显然,不是全部事实,而是有些事实可从"苏格拉底爱柏拉图"导出。因此,有些事实具有与上述相同的形式,而有些事实则没有。我们可以通过使用变项来表示一个事实的形式:所以"xRy"可用来表示苏格拉底爱柏拉图这个事实的形式。然而,使用这类表达式和使用普通语言一样,如果不谨慎避免错误则极易导致错误。

存在着无限的事实形式。我们现在为了有助于简单明了,只限于分析那些仅具有三个成分的事实,即具有两个词项和一个二元(或二价)关系的事实。在具有三个成分的事实中,有两个成分在下述情况下有别于第三个成分:如果这两个成分相互交换,我们仍具有一个事实,或者,由于取用从相互交换而产生的东西的矛盾情形,最差我们也能得到一个事实;但第三个成分(关系)则不可能与其他两个中的任何一个互相交换。因此,如果有"苏格拉底爱柏拉图"这样一个事实,也会有"柏拉图爱苏格拉底"或者"柏拉图不爱苏格拉底"的事实,但是,不论是苏格拉底还是柏拉图,都不能替换爱。(鉴于说明之目的,我此刻没有考虑苏格拉底和柏拉图本身也是复合的这个事实。)含有三个成分的事实中本质上不能相互交换的那个成分称作二元(或二价)关系,其余的两个成分称作这一事实中这种关系的两个项(terms)。二元关系的项称作殊相(particulars)。[1]

包含三个成分的事实并不都具有同样的形式,它们可能具有两种互为相反的形式。"苏格拉底爱柏拉图"和"拿破仑不爱威灵

① 上述讨论可变换成对主谓事实或者对包含三元、四元等关系的事实的讨论。但那样做可能使人产生怀疑:是否存在主谓事实和其他的比包含三个成分更复杂的事实。因此,上述讨论对说明问题是最好的。

顿”是具有相反形式的事实。我们将“苏格拉底爱柏拉图”这一形式称作肯定的(positive),将“拿破仑不爱威灵顿”这一形式称作否定的(negative)。只要我们仅限于原子事实(就是说,只包含一个动词,并且既不包含普遍性又不包含其否定的事实),就很容易在肯定的事实和否定的事实之间作出区分。在更复杂的情况下,也存在两类事实,尽管哪一个事实是肯定的,哪一个事实是否定的,不是那么太明确。

因此,事实的形式划分成对子,只要给定适当的成分,就总是存在具有这两个相关形式之一的、但不具有另外的形式的一个事实。给定任何两个具有二元关系的殊相,比如说 x、y,以及 R,则存在一个事实“xRy”或者一个事实“非-xRy”。为便于说明,我们假定:x 对 y 具有 R 关系,而 z 对 w 并不具有 S 关系。这类事实中的每一个都只包含三个成分:一种关系和两个关系项;但这两个事实并不具有相同的形式。在一个形式中,R 关联 x 和 y;在另一个形式中,S 不关联 z 和 w。我们不应当假定否定的事实也包含对应于“不”这个词的成分。它和具有相关的肯定形式的肯定事实都包含一样多的成分。这两个形式之间的差别是最终的和不可归约的。我们将把形式的这一特点称作性质(quality)。因此,事实以及事实的形式具有两个相反的性质:肯定的性质和否定的性质。

人的心灵中存在着一种根深蒂固、几乎不能遏制的欲望,即想寻找某一方式来避免承认:否定的事实如同肯定的事实一样是最终的事实。这种“无限否定”一向被无止境地解释和滥用。它通常被说成是:当我们否定什么东西时,我们确实又肯定了与我们所否定的东西不相容的、另外的东西。如果我们说:“玫瑰花不是蓝的”，那么，我们说的是“玫瑰是白的、红的或黄的”。但这样的观点经不住片刻的考查。被假定用来替换我们的否定的这个肯定的性质不可能与被否定的性质一同存在。唯有这一点才似乎是合理的。可以用“桌子是圆的”来否定“桌子是方的”，但不可以用“桌子是木制的”来否定它。而我们所以可以用“桌子是圆的”来否定“桌子是方的”，其唯一的理由是：圆的东西不(not)是方的。而且这必定是一个事实，尽管这张桌子不是方的这个事实刚好是否定的。因此，很显然，倘若没有否定的事实，不相容性则不可能存在。

或许还有一种尝试，即试图用只不过缺少一个事实来代替一个否定的事实。如果 A 爱 B，则可以说，这是一个很好的真正的事实；而如果 A 不爱 B，那么，这只是表示缺少一个由 A、爱和 B 组合构成的事实，绝不涉及一个否定事实的实际存在。但是，缺少一个事实这本身就是一个否定的事实；不存在像 A 爱 B 这样一个事实，这正是这样的否定事实。因此，我们不能以这种方式避免否定的事实。

许多人一直在作出种种尝试以便取消否定的事实。在这些尝试中，我最了解的是迪莫斯(Demos)先生的观点①。他的观点是这样阐述的：诸多命题中存在一种最终的对立(opposition)关系；这种关系是不可定义的，但具有这样一个特征，即，当两个命题相对立时，它们不可能都是真的，但有可能都是假的。因此，“约翰在家”和“约翰去了塞米巴拉金斯克”是对立的命题。当我们否定一

① 参见《关于某种否定命题类型的讨论》，载于《心灵》N. S.，第 102 期(1917 年 4 月)第 188 至 196 页。

个命题时,我们确实正在肯定:“这命题的某个对立面是真的”。这个理论的难点是要说明这两个对立的命题不可能都是真的这一非常重要的事实。迪莫斯先生说:“这种对立关系是这样的:如果 p 与 q 对立,p 和 q 就并不都是真的(至少其中一个是假的)。这不可视作一个定义,因为它使用了‘不’这个概念,我说过‘不’这个概念等同于‘对立’这个概念。事实上,在认识论上对立似乎是一个初始的概念。”(见前注①,第 191 页)现在,如果我们接受迪莫斯的论述“p 和 q 并不都是真的”,并且将他的定义用于这个论述,即变成为“‘p 和 q 都是真的’的对立是真的”。但这样并不能得出我们想要的东西。要是有个固执的人这样说:“我相信 p,而且相信 q,我也相信‘p 和 q 都是真的’的对立是真的。”对于这样的人迪莫斯能答复些什么呢?他大概会这样回答:“难道你看不出这是不可能的吗?事实上,不可能出现:p 和 q 都是真的;也不可能出现:‘p 和 q 都是真的’的对立是真的。”但是,反对者会以这样一种方式反击他:要求他用自己的语言说明他的否定。这样一来,迪莫斯先生能够说的也许是这样:“让我们将命题‘p 和 q 都是真的’称作 P,那么,你所肯定而我所否定的那个命题就是‘P 是真的,且 P 的某个对立也是真的’。若将此命题称为 Q,并且应用我的否定定义,我正肯定的则是 Q 的某个对立是真的。”那个固执的人也许承认这一点。他也许继续永远承认对立,但拒绝作出任何的否定。就我所知,对待这样的态度除非改变论题,否则不可能作出回答。实际上,必须承认两个对立命题不能都是真的,但不必将这个陈述视作所提议的否定定义可以适用的陈述。其理由在于:我们不必指称任何其他的命题就能够说,一个命题不是真的。

为了追随迪莫斯的论证,上述讨论过早地引出了命题。在对命题作了定义之后,我们在后面将会看到:所有的命题都是肯定的事实,即便它们断定了否定的事实。我相信,这就是人们不愿意承认否定事实为最终事实的根源。否定事实的问题或许能用更大的篇幅展开论证,但是我不想超出我这篇文章的主题,对上述问题我就不多讲了,只想提醒大家注意这一点:一种类似的考察表明,承认一般的(general)事实——即关于一个集合的全部或某些的事实——是很必要的。

二、论意象和词的意义

关于命题所产生的问题是如此冗繁复杂,以致我们很难识别该从哪里开始分析。一个非常重要的问题是关于命题是否就是我称之为“不完全符号”的那种东西;另一个问题是关于“命题”这个词是否可以代表除了词的形式以外的任何东西;第三个问题是关于命题用来指称使其成为真或假的事实的方式。我的意思并不是说只有上述问题才是重要的,而是说它们毕竟是任何一种命题理论都应当能够回答的问题。

让我们从最明确的事物,即作为词的形式的命题开始分析。我们还是以“苏格拉底爱柏拉图”为例。这是一个复合符号,它由三个符号,即“苏格拉底”、“爱”和“柏拉图”所组成。不管复合符号的意义是什么,它都要依赖这几个词的意义,这一点是很明显的。因此,我们必须先了解构成单个词的意义是什么,才能有希望去了解作为词的形式的命题的意义。

据我所知，逻辑学家一向很少去解释所谓“意义”这种关系的性质，在这方面他们也从未受到过指责。这是因为，这个问题本质上是一个心理学问题。但是，在我们解决词的意义这个问题之前，必须对词是(is)什么这个问题作一番重要考察。

如果我们限于在一种语言中的说出的词，那么，一个词就是通过与喉咙、舌头和嘴唇的运动相结合的呼吸而产生的密切相似的声音所构成的一个类。这还不是关于“词”的定义，因为有一些声音是无意义的，而意义是关于“词”的定义的一个部分。然而，重要的是，我们一开始就应弄清楚，我们称之为一个词的东西不是一个单一的实体，而是许多实体的一个类：正像有关于狗的许多例子一样，也有关于“狗”这个词的许多例子。当我们听见一个声音，我们可以怀疑它是不是发音很糟糕的“狗”这个词；正像根据进化论的假设狗本身可能会逐渐变成为狼一样，作为一个词的许多例子的那些声音也可能会逐渐变成为另外的声音。当然，严格说来，同样论述也适用于书写的词。

如果我们以“苏格拉底”或“狗”这样一些词为例，那么很显然，我们得从下面的观点开始：词的意义就在于它与一个对象或一组对象的某种关系。我们要问的第一个问题是：所谓“意义”这种关系究竟是作为物质事件的词和其对象本身之间的一种直接的关系呢，还是必须要通过一种可称之为对象的“观念”的“精神”媒介的那种关系？

如果我们采取不需要“精神”媒介的观点，那么，我们不得不认为词的“意义”就在于詹姆斯称之为“引导过程”(processes of leading)的东西。这就是说，词的出现之原因和结果，以某种需要进一步定义的方式而与作为它的意义的对象相联系。我们举一个不常见的、未经整理的例子：你看见了约翰，于是你说“喂，约翰”——这就说明了这个词的**原因**(cause)；你称呼“约翰”，而约翰在门口出现——这就说明了这个词的**结果**(effect)。因此，在这种情况下，约翰既是“约翰”这个词的原因又是结果。当我们说一只狗“知道”它的名字时，唯有这种因果相互关系才是明确无疑的：我们并不能确定，当我们呼唤狗而它走过来的时候，狗身上有任何“精神的”事件。对语言的一切使用和理解仅仅在于这样一个事实：某些事件引起语言，而语言又转过来引起某些事件。这可能吗？

沃森(Watson)教授在他的《行为》[①]一书中多少有点试探性地提倡了这种语言观。按照我的理解，行为主义的观点坚信这一点：“精神的”现象虽然可以存在，却经不起科学的检验，因为，每一个“精神的”现象只能由一个观察者来观察——而事实上，一个观察者是不是能够意识到不可还原为某个身体事件的任何事物，这是非常值得怀疑的。行为主义学说并非形而上学的理论，而是关于方法的原则。由于语言是一种可观察的现象，并且语言具有一种我们叫做“意义”的性质，因而行为主义的根本问题就是对“意义”作出解释，这种解释绝不能引入唯有通过内省而获知的东西。沃森教授认识到这一责任，并且着手来完成它。虽然我倾向于认为，从理论的关键点着眼，不考虑意象的语言理论都是不全面的，但也

① 《行为：比较心理学导论》纽约，1914年。作者约翰·B. 沃森为约翰·霍布金斯大学心理学教授，详见第321至334页。

不能轻易地断定沃森教授不能够完成上述的工作。然而，让我们先看看可以说些什么来支持行为主义的语言理论。

沃森教授全然否定了意象事件，他利用不明显的动觉感受——特别是那些属于低声词的发音的动觉感受——来代替意象。他把“含蓄行为”定义为“仅涉及言语机制的行为（或者处于最小方式中的较大的肌肉组织；例如，身体的姿态或姿势）”（《行为：比较心理学导论》第19页）。他又补充说：“在这些话中蕴涵着：存在或应当存在一种观察含蓄行为的方法。而此刻却没有这种方法。我们相信，喉和舌是绝大部分现象的所在地。”（同前书，第20页）在后一章里，他更详细地重复了这些观点。例如，他对如何学会明智地使用词的方式作了详尽的阐述：

“孩子们经常会对一些刺激物（对象）作出反应。例如，一个盒子，通过打开它、关闭它和往里面放东西这些动作，就可以用来说明我们的论点。保育员观察到，孩子能用自己的手、脚等等对那个盒子作出反应。当她递给孩子盒子时，她开始说‘盒子’；当孩子打开盒子的时候，她说‘打开盒子’；当孩子关上盒子的时候，她说‘关上盒子’；当孩子往盒子里放玩具的时候，她说‘把玩具放进盒子’。这些动作和言语不断地重复。过了一段时间就会发生以下情况：在除了那个最初只引起身体习惯的盒子以外不再有其他刺激物的情况下，当孩子看见盒子的时候，他就开始说‘盒子’；当他打开盒子的时候，他又说‘打开盒子’……。现在，这个可见的盒子就成为既能发出身体的惯常行为又能发出词的惯常行为的刺激物。也就是说，这种发展产生了两件事情：(1)从视觉接受者到咽喉肌肉之间的许多弧形物中的一系列功能联结；(2)从同一个视觉接受者到他的身体肌肉之间早已联结起来的一系列弧形物……。这个对象与孩子的视觉相遇。孩子跑向那个盒子,试图拿到它,并且说‘盒子’……。直至最终不必再有走向那个正在被打开,或关上,或放进玩具的盒子的动作也能说出‘盒子’这个词……。当孩子的双手抱满玩具时,他就走向那个盒子,这种行为形成了习惯。这个孩子已经学会将玩具存放在盒子里。当他的双手抱满玩具而盒子不在那里时,词的惯常行为就出现了,他会喊道‘盒子’;当有人交给他盒子之后,他就打开它,并且将玩具放进去。以上粗略地记录了我们所认为的真实的语言惯常行为的产生过程。”(同前书,第 329 至 330 页)

在前几页中,沃森教授说:“由于我们不承认这是人类行为的真正类型,只承认它是一种语言惯常行为的特殊形式,因而我们根本没有谈论推理。”(同前书,第 319 页)

上述语言理论提出的问题具有非常重要的意义,这是因为,所谓的唯物主义心理学之所以成立就取决于这些观点。如果一个人可以有理智地交谈或写作,他就向我们提供了我们所能希望得到的关于他拥有一个心灵的足够证据。如果按照沃森教授的以上说法来解释这个人的有理智的谈话和著述,那么似乎就没有留下任何一件他所能做的事情以使我们相信:他不仅仅是一个物质的人。

我认为,对于行为主义的语言观,有一种既根据事实,又根据其理论上的一个失误而形成的有效的反对意见。根据事实的反对意见是:对意象的否定从经验上看来是难以成立的。根据其理论上的失误的反对意见(这意见虽然表面上有力量,而我认为它并非不可以反驳)是:按照上述沃森教授的观点,当对象只是被想望而实际上并不出现时，要说明词的发生情况是非常困难的。下面我们依次讨论这些问题。

(1)意象的存在——人们必定会得出这样一个结论：沃森教授不具有使事物形象化的能力，他也不愿意相信别人有这种能力。动觉意象可以被解释为与那些属于实际动作的感觉是同一类的确实很小的感觉。这种解释可能说得过去。我认为，尤其是内部的言语，就它们不和听觉意象相伴随而言，它们确实可能由这类很小的感觉所组成，而且可能像行为主义所要求的那样，与那些舌或喉的很小的动作相伴随。对触觉意象或许也能作同样的解释。但是，对视觉意象和听觉意象则不能这样解释。因为，如果将它们视作感觉，它们实际上就和物质规律发生冲突了。比如，你对面的那把椅子是空的，你闭上眼睛并使你的朋友形象化，让他正坐在那把椅子上面。这不是外部世界的事件，而是你内心的一个事件。它或许是一个生理学的事件，但即使如此，它也必定根本不同于一个视觉，因为它并不提供任何部分的感觉材料，而我们关于自身之外的物质世界的知识就建立在这些材料上。假如你试图说服一个普通的、未受过教育的人相信：她不能想象一个坐在椅子上的朋友的视觉图像，却只能用词来描绘那样一个事件是怎样的，那么，她一定会认为你是个疯子。(这一论述依赖于经验。)我找不出任何理由可以驳倒最初由高尔顿(Galton)的调查得出来的结论，即：那种抽象研究的习惯使得有学识的人大大低于形象化能力的平均程度，而且只是更加专心于他们"思维"中的语词。沃森教授说："我应当完全抛弃意象并努力证明：实际上所有的自然的思想都是通过喉部的感觉运动过程(而不是通过非意象的思想)而发生的。"

(《心理学评论》,1913 年,第 174 页)在我看来,此刻他似乎把个人的特殊性错当作普遍的人类特征了。

行为主义者否认内省是知识的一个来源,他们的这一观点当然包括否弃意象。所以,此刻应当讨论支持这种否弃的理由。

在我看来,反对把内省当作一种科学方法的那些人的论证依赖两个十分明显的理由。在他们的著述里,其中的一个理由比另一个更加明显。这个理由是:通过内省取得的材料是私有的,即仅由一个观察者所证实,所以不可能具有科学所要求那种公共确实度。另一个不太明显的理由是:物理学早已建构了一个服从某些规律的时空宇宙,而倘若不得不承认世界上存在着不服从这些规律的事物,这是很令人烦恼的事。值得注意的是,若按照我们所列举的这两个不同的反对理由来界说内省,那么所得出的关于内省的定义则是不同的。

假如对内省材料的异议主要是私有性问题,那么,我们必须将身体上的所有感觉都归入这类材料。例如,牙痛本质上就是私有的。牙科医生可以看到你的牙齿很可能处于痛的状态,但是他感觉不到你的痛,并且只能通过他自己关于同类事件的经验来了解你所谓的痛是什么意思。龋齿与牙痛的联系是通过一些观察建立的,而每个观察恰恰在被认为是要不得的意义上都是私有的。然而,一个人不会称另一人是内省的人,因为,他也体会过牙痛,并且,为牙痛在物质世界中找到一个位置并不是困难的事。我将不再强调下面这个事实:总之,我们所有的感觉都是私有的,公共的物质世界并不根据同一性而是根据相似性而建立的。但强调下面这一点则是很有益的:感觉的私有性赋予我们除了对其他身体所具有的知识之外的、关于我们自身的知识。这一点是很重要的，因为没有一个人认为，科学上可以忽视通过这些私有材料而取得的关于我们自身的知识。

这使我们接近了反对内省的第二个理由，即：内省的材料不服从物质规律。这一点虽然没有被着重强调，但我认为它确实是两种意见中使人感到更有力的反对意见。这种观点导致关于内省的定义——它更与使用相一致，而不是与由于使私有性成为内省材料的本质特征而产生的结果相一致。例如，奈特·邓拉普（Knight Dunlap，一个竭力反对内省的人）就坚决主张：意象实际上是肌肉的收缩，[①]并且他显然将我们关于肌肉收缩的意识视为不属于内省之列。而我认为，人们将会发现，内省材料的本质特征与定位(localization)有关：要么它们完全没有定位；要么被定在一个已由某个东西在物质上所占据的位置，而要是将这些材料视为物质世界的一部分，这个东西就会与它们发生矛盾。鉴于这两种情况，我们必须将内省材料视为不服从物质规律。我想，恐怕这就是有人企图否弃内省材料的根本原因。

材料的公共性问题与它们的物质状态问题并非完全没有联系。我们可以在各种材料中识别逐渐减少的公共性程度。那些可见的和可听的材料是最具公共性质的；可嗅的材料则差一些；可触

① 《心理学评论》(1916)，《思想、内容和感情》，第 59 页。也可参见该刊物前几卷中他的文章：《反对内省的事例》(1912)，第 404 至 413 页，和《知觉关系的本质》，同上卷，第 415 至 416 页。在最后这篇文章中他说："只要摆脱了内省对意识的观察中所引起的神秘联想，'内省'确实就是对身体的各种感觉（可觉察的东西）和感情（能感触到的东西）的观察活动。"（第 427 页）

的材料就更差;内心的感觉却几乎完全没有公共性质了。这一问题就转到了在同一时间一些邻近感觉的相似程度和频度上。假如我们听到了一声霹雳,而其他人却没有听见,这时我们会以为自己神志不清了;假如我们感觉到胃痛,而别人都没有感觉到,这时我们绝不会感到奇怪,因为,我们可以说,胃病是我自己的,而雷声不是我自己的。所谓自己的东西包括属于自己身体的一切。胃痛所属的正是这个位置。胃痛是被定位的:它的位置接近于胃部的表面,而这一部位是可见的和可触知的。(在这一方面我们不必考虑如何确定位置的问题。)现在,我们来考虑意象位置的确定。根据意象的本质,我们会看到与上述不同的一种差别。私有的感觉意象可以在私有感觉所在的地方被确定位置,而不会引起任何严重或明显的对物质规律的违背。口语意象的位置可以被确定在嘴上。鉴于这一理由,初看起来没有人反对像沃森那样将意象视作很小的感觉:这种观点可能对也可能不对,但是若不作出大量努力就不可能驳倒这种观点。关于所有的私有感觉,意象和感觉之间的区别并不是绝对明确的。但视觉意象和听觉意象则处于完全不同的情况,因为,倘若它们是感觉的话,它们所指的那个物质事件就没有发生。

因此,关于内省最重要的现象是公共感觉的意象,尤其是视觉意象和听觉意象。根据观察,要否定这类意象的发生似乎是不可能的,尽管沃森先生反对这一点。但是,这些意象并不是公共的,要是将它们视作感觉,它们就会与物质规律相矛盾。我们再回到前面提到过的关于你形象化地处理椅子上坐着一个朋友的例子。这把椅子事实上是空的,你不可能将意象安置在那个身体里,因为它只是视觉的，它并不在椅子上面(作为一个物质现象)，因为作为物质对象的椅子是空的。因而看起来应是这样的：物质世界并不包括我们意识到的所有的东西，因而我们必须承认，内省可以作为一种不同于感觉的知识来源。

当然，我的意思并不是说，视觉意象和听觉意象是我们仅有的非物质材料。我已把它们看作能为论证提供最强有力的事例的材料；而一旦承认了它们，就不再会有任何理由否弃其他的意象。

我们对沃森所作的基于事实的批评已经使我们得出下述结论：承认意象是某种根本不同于感觉的东西，尤其是某种不服从物质规律的东西，这是不可避免的。我们再考虑一个可能的理论上的批评，这就是：若按照沃森的观点，当所想望的对象不出现时，要说明一个词的发生则很困难。我并不认为这一批评有效，但却认为，这批评中提出的某些思考却是很重要的。

(2)**不出现对象的词**——在沃森所作的关于儿童学会使用“盒子”这个词的解释里，沃森的注意力几乎完全集中到这个词在出现盒子时如何产生的方式上。但当对象被想望而不出现时，它与这个词的使用只有简略的关系：“一旦双手抱满玩具时就走向那个盒子，这种行为形成了习惯。孩子已学会将玩具存放在盒子里。当他的双手抱满玩具而盒子却不在那里时，词的惯常行为就出现了，于是他就喊道‘盒子’。”关于这种解释所产生的困难——我认为并不是不可克服的——就在于：在所假设的情况下似乎不存在对于词-惯常行为(word-habit)的适当的刺激。我们假定当盒子出现的时候孩子说“盒子”这个惯常行为已经形成；但是，这样的惯常行为怎样能够导致当盒子不出现的时候也使用同一个词呢？相信意象的人可能会说,当盒子不出现的时候,孩子心中也会产生关于盒子的意象,而这个意象将具有那个盒子所具有的同样的联系,其中包含与“盒子”这个词的联系。这样一来,这个词的使用就得到了解释;但是,沃森的解释仍然是令人难以理解的。让我们来看一看这一异议的要旨是什么。

被称为“思维”的现象虽然是可分析的,但却具有某些不能否定的特性。最显著的特性之一是:思维不仅能使我们的行为与感觉中出现的对象相关,而且还能使我们的行为与不出现的对象相关。行为主义学派倾向于使认知从属于行为,而又将行为视作物理上可解释的。现在我不想否认:许多行为,或许是绝大多数的行为是物理上可解释的。但不管怎样,不考虑“观念”,即不考虑不出现的对象的意象,就想对全部的行为作出解释,看来这是绝不可能的。假如否弃这一观点,则必然能为所有的欲望进行辩解。沃森却没有讨论欲望[①]:在他的著作索引中没有欲望和诸如此类的词汇。缺少了像欲望这样一种现象,就很难看出当双手抱满玩具的孩子说“盒子”的时候会发生什么样的情况。人们自然说:会出现那个盒子的意象,并带有我们所谓的“欲望”这种情感,而那个意象正像对象出现时一样与那个词相联系,因为意象相似于对象。但沃森却要求:双手抱满玩具就应当导致“盒子”这个词,其间无任何中介过程。而这个词是怎样产生的,这并非一眼就能看清楚的。

对这一异议似乎有两种可能的回答。一种回答是:正像按照

① 就我所知,沃森在其《实现愿望的心理学》这篇文章中在谈到心理分析问题时对欲望作过一次仅有的讨论,见《科学月刊》(1916 年第 11 期)。

沃森的理论，词的发生是不可理解的一样，按照通常的理论，意象的发生也是不可理解的。另一种回答是：从双手抱满玩具到说出“盒子”这个词的一段间隔是被缩短的过程。这过程来自从双手抱满玩具、到盒子那里、然后说出“盒子”这个词的这种过渡习惯。对第二种回答的反驳似乎在于：当盒子不出现时说出“盒子”这个词的这种过渡和通过现实的盒子说出这个词的过渡是完全不同的两种情感：前者不能令人满意，而后者则令人满意。被缩短的过程所给出的情感类似于完整的过程所给出的情感；二者的区别在于：费力较少的过程却得到较多的满意。说出“盒子”这个词不是孩子努力的终止，而是他走向成功的一步。因此，将欲望中的词的发生同化于被缩短的过程，这看起来很困难。对第一个回答的反驳在于：意象的发生如同词的发生一样不可理解，就等于说，如果承认意象，那么，我们就可以承认心理学上的因果律和物理学上的因果律完全不同，而按照沃森的观点，我们不得不承认，生理学规律和物理学规律完全不同。在物理世界里，如果 A 经常会导致 B，而 B 经常会导致 C，那么，并不会出现下列情况：在 A 并不导致 B 的情况下，A 却能够通过一个被缩短的过程导致 C。例如，我经常去餐馆(A)，在那里进餐(B)，并且满足了我的食欲(C)。尽管这种情况经常发生，但是，假如某一次餐馆关门，所以 B 未能实现，那么，我就不可能达到 C。要是我能达到 C 的话，那么，战争时期的经济状况就会比平时更加安乐了。现在再看，沃森假定的过程严格类似于上述情况。按照他的理论，我们有一种从双手抱满玩具(A)，到盒子(B)，因而到“盒子”这个词(C)的频繁的过渡。后来有一天，从 A 到 B 的过渡消失了，但是从 A 到 C 的过渡仍然发生着。

这就要求一种不同于物理因果律的其他因果律——从表面上看至少是这样。如果我们承认意象,则很容易看到,关于意象的发生和效果的规律完全不同于物理现象的规律。因此,关于它们的上述困难就不会存在。但是,如果我们否定意象,那么就需要在物质的范围内对各种因果律作出区别。

然而,以上的论证绝非最后定论。活物的行为在某些方面明显不同于死物的行为,但这一点并非证明这个差别是最终的。例如,气体和固体的行为方式不同,然而二者都服从最终的物质规律。动物行为方式的主要特性就是那些起因于习惯和联想的特性。我认为,所有的这类特性可以用一个规则总结如下:“当 A 和 B 经常以一种紧密的时间连接方式存在时,它们中的每一个都趋向于导致另一个。”这一规则仅适用于单个动物的身体内部所发生的事件。可是,我认为这一点已经足够解释被缩短的过程,以及当它们的对象不出现时的用词情况。因此,在沃森的事例中,孩子频繁地经验这样一个连续场景:双手抱满玩具,看见盒子,说出“盒子”这个词。由于双手抱满玩具和“盒子”这个词以紧密的时间连接方式频繁地存在,因此双手抱满玩具可以逐渐地导致“盒子”这个词,但尽管可以导致盒子这个词,却不能导致盒子本身,因为盒子的出现是由独立于孩子身体的物理规律支配的。(上述规则也可以根据正统的物理方法,通过神经组织的特性来解释,而且不要求在生理学和物理学之间有本质性的差异。)因而,倘若意象在经验上不是不可否定的话,我就不会为了说明当对象不出现时词的发生原因而认为意象在理论上是必需的。

威廉·詹姆斯在他的《彻底经验主义论文集》一书里发展了这

样的观点:精神的东西和物质的东西的区别并非由于制造它们的材料,而只是由于它们各自的因果律。这个观点很有吸引力,我竭尽努力相信它。我认为,詹姆斯把因果律的区别作为根本问题这一点是正确的。的确,似乎存在着相互不同的心理学和物理学的因果律。[①] 我们可以将心理学定义为关于一类规律的研究,而将物理学定义为关于另一类规律的研究。但是,当我们开始考察这两门科学的材料时,似乎就会发现:有一些殊相只服从物质规律(即那些未被感知的物质事物),有一些殊相则只服从心理规律(即至少有意象这样的殊相),还有一些殊相既服从物质规律又服从心理规律(即诸种感觉)。所以,感觉既是物质的,又是精神的,而意象却是纯粹精神的。使用实际发音的词或者书写的词是物质世界的一部分。但是,就词能够通过意象而取得意义这方面而言,倘若不引入心理学并考虑由内省获得的材料,就不可能适当地解决词的问题。如果这个结论有效,那么行为主义的语言理论就是不适当的,尽管事实上这一理论提出了许多正确的和重要的看法。

鉴于上述的分析,我可以假定意象的存在,并根据这个假定来着手定义词和意象的"意义"。

要讨论词或意象的意义,我们必须先作出下列的区分:

(1)词或意象的原因;

(2)词或意象的效果;

(3)构成意义的关系是怎样的。

---

① 我不假装知道这种区别是不是最终的和不可归约的。我只是说,在当前的科学条件下,这一点实际上是可接受的。

“意义”是一种涉及因果律的关系,这一点已相当明确,但是,意义也涉及一些其他的东西,这一点就不大容易进行定义。

通常,词的意义与意象的意义是有所不同的,因为后者并不依赖相似性,而依赖联想。

“思考”一词的意义就是回想起这个词所意谓的东西的那些意象。一般说来,讲本土语言的成年人使用词的时候并不考虑词的意义。一个人“理解”一个词有下列两种情况:(a)适当的环境促使他使用一个词;(b)听见一词的发音导致他适当的行为。我们可以将这两种情况分别叫做主动理解和被动理解。狗常常具有对于某些词的被动理解,而没有主动理解。

在人们有能力说“这个词意谓如此这般”的意义上,人们并不需要“理解”一个词就可以“知道该词的意义是什么”。词具有一个或多或少模糊的意义;但这个意义仅在观察词的使用时才可以发现:首先出现的是词的使用,词的意义是从其使用中提取的。一个词与其意义的关系,事实上具有因果律的性质。问一个正确使用词的人为什么能意识到该词的意义,这如同问一个正确运行的行星为什么能意识到开普勒的天体定律一样,并无更多的道理可言。

为了说明“理解”词和句子究竟指什么,让我们假设:你和一位漫不经心的朋友正走在伦敦的街道上。你说:“注意!汽车开过来了。”他就会用眼一扫,然后跳向一旁,这两个动作之间根本就不需要任何“精神的”中介,根本就不需要有什么“观念”,有的只是肌肉绷紧、紧接着快速一跳。他“理解”了这些词,因为他做得正确。这种“理解”可以视作是属于神经和大脑方面的,是在学习语言的过程中人们的神经和大脑获得的习惯。因此,在这个意义上,理解就可以化归为纯粹的生理上的因果律。

假如你对一个懂点英语知识的法国人说同样的话,他要经历一些可以由“Que dit-il? Ah oui, une automobile”(“他说什么?啊对,一辆小汽车”)描述的内心言语。此后,他的其余反应和上述这个英国人完全一样。沃森坚决主张,内心言语必须是实际上刚开始被发音的言语;我们却说,内心言语或许仅仅是想象的。但这一点目前还不妨碍我们的讨论。

假定一个小孩还不了解“汽车”这个词,但他却知道你所使用的其他的词。如果你对他说同样的话,那么你就会产生一种关切和怀疑的情感:你不得不用手指着说:“看那儿,汽车来了!”事后,这孩子大致上会理解“汽车”这个词,尽管他可能会把火车和蒸汽压路机也包含在这种理解里。如果这是这孩子头一次听见“汽车”这个词,那么当他再听到这个词的时候可能会在很长一段时间中又回想起这一场景。

至此,我们已经看到了理解词的四种方式:

(1)在适当的时机你可以恰如其分地使用该词。

(2)当听到该词时你能合适地行动。

(3)你可以由该词联想到另一词(比如说用另一种语言的词),而另一词对你的行为有合适的效果。

(4)在头一次学习该词的时候,你会把词与作为其“意义”的对象联系起来;因而该词将取得一部分与该对象相同的因果效力。“汽车!”这个词能够促使你跳向一旁,正像汽车能够使你跳向一旁一样,但这辆汽车不能压碎你的筋骨。

至此,每一件事都可以用行为来解释。但是我们仅仅讨论了可以叫做语言的“指示的”(demonstrative)用法,即指出当下环境中的一个特点;我们尚未讨论可称之为语言的“叙述的”(narrative)用法,在这种用法中,我们可以举一个讲出记忆中的某些事件的例子。

让我们再以那个孩子头一次听见“汽车”一词为例。我们可以假设:在以后某一场合,这孩子回忆起上述事件,并把它与另外的人相关联,在这个例子中,对于词的主动理解和被动理解都完全不同于当这些词被指示性地使用的情况。这个孩子没有看见汽车,只是在记忆中有一辆汽车;听到该词的人并不四面观望,期待看见汽车开过来,但是他“理解”:一辆汽车在早先某一时间开过来了。整个事情的发生若按照行为主义的方式就更难以解释——因为这种情况的确不需要任何特殊的行为。显然就这个孩子真正有所记忆而言,他具有一幅关于过去事件的图画,他的用词如此选择正是为了描述这幅图画;就听者真正领悟了孩子所说的而言,他正获得或多或少类似于孩子心中的图画那样的一幅图画。这个过程确实可以通过词-惯常行为(word-habit)的操作而被缩短。这个孩子也可能并非真正记忆起这一事件,而仅仅具有适当的词的惯常行为。这就像一首诗歌的情况,虽然我们不能记得学过它,但能把它背下来。听者也可能只注意那些词,却未回忆起相对应的图画。但是,不管怎样,造成词的“意义”的本质的东西正在于:孩子的记忆-意象和听者的想象-意象的可能性。一旦缺少了这一可能性,词就仅仅是一些号码,它们虽然可以有意义,但此刻却没有。我们可以说:指示性地使用的词描述感觉,并且由人有意图地引起感觉;叙述性地使用的词则描述意象,并且由人有意图地引起意象。

因此，我们又有其他两种词能表示意义的方式（这两种方式也许并无根本性的区别），这就是记忆和想象的方式。也就是说：

(5)词可以用来描述或回忆一个记忆-意象：描述它何时已经存在，或回忆它在哪里作为习惯存在，并且已知是对于过去某个经验的描述。

(6)词可以用来描述或创造想象-意象：例如，在诗人或小说家的作品中就有这样的描述，或在传达信息的一般情况中创造想象-意象——尽管在后一种情况中意指：这个想象-意象在被创造的时候将伴随某一类事情已经发生的信念。

使用词的这两种方式可以合在一起被说成是词在"思考"中的使用。使用词的这一方式既然要依赖意象，就不可能以行为主义的方式对这一点展开充分讨论。下面这一点确实是词的最本质的功能：它们首先通过与意象的联系，使我们能够接触时空中的遥远的事物。当词不再经过意象的媒介而发生作用时，这似乎就是被缩短的过程。因此，词的意义问题就可以归之为意象的意义问题。

意象的"意义"是一种最简单的意义，因为，意象与它们所意指的事物十分相像。然而，词通常不是这样。据说意象是感觉的"复制品"，这个假定确实很容易受到怀疑论者的批评，但我认为这一假定是正确的。据常识看来，这一点似乎可以由以下的经验加以证实：例如，回想起一个熟悉的房间，然后走进这个房间，并且看到它就是记忆中的样子。如果我们关于房间的记忆是错误的，那么我们就必须假设这个房间和我们关于它的意象都经历了类似的变化，这似乎不是一个合理的假设。因此，就实际目的而言，在这样的情况下，我们只有作出以下假定才是合理的：我们的意象与我们先前看到的那个房间是相似的。因而我们可以说,我们的意象“意指”那个房间。

一个给定的意象“意指”什么这一问题在一定程度上受我们意志的控制。一个印出的词的意象可以有意义,但其意义不是这个词,而是该词所指的东西。一个三角形的意象可以指特殊的三角形,也可以指一般的三角形。在想到一般的狗时,我们可以使用关于狗的模糊的意象,这个意象指狗这个种,而不指单个的狗。同样,当回忆一位朋友的脸孔时,我们通常不是回忆在任何一次特殊的场合中我们所看见的那张脸孔,而是回忆许多场合中出现的一个折中的意象。

所有的意象全是殊相,然而有些意象意指殊相,而另一些意指共相(在思想的早期阶段,意义过于含糊,以致它们既不是确定的殊相,也不是确定的共相),但它们所指的东西依赖于它们的因果效力的性质。如果其效力仅依赖于作为一个共相例子的原型,该意象就指一个共相。因此,如果我着眼于关于狗的一般陈述而回忆起狗的意象,我仅使用了我的意象和所有的狗的意象都共同具有的那些特性。在某种程度上,我们可以使用或忽略我们所挑选的意象的个别特点。在词的使用上,我们总是忽略关于该词的实例的所有特殊方面(朗诵法和书法中的词除外)。“狗”这个词的两个实例要比两只狗更像。这就是词为什么有助于处理共相的一个理由。

如果我们接受休谟的原则,即简单的观念来自印象,那么我们就会认为:总而言之,进入意象的那些简单的感觉特性是已经在感觉中给予的感觉特性的“复制品”。复合意象也常常(但不是永远)

是复合感觉的复制品；如果休谟是正确的，那么，复合意象的成分就总是在感觉中给予的某些东西的复制品。一个意象是某个东西的复制品，而这个东西叫作意象的“原型”。按照休谟的原则，这个原型，或者它的一些部分，总是引起意象或（在复合想象-意象的情况下）其组合成分的必不可少的部分原因。

意象的效果趋于类似其原型的那些效果，或者趋于产生对原型的想望或反感。这是意象和其意义之间的一种联系环节。喝水的想法对一个口渴的人所具有的效果类似于他看到冒泡沫的玻璃杯时所产生的效果。语词也有这种相似性，最初无疑是通过词的力量唤起意象，但后来意象就直接相似于原型。

意象类似其原型的方式是很独特的。作为类的意象（除了很少的例外）较之于作为类的感觉，在特征上是有差异的，而受这些差异支配的个别的意象却类似于个别的感觉。然而，意象具有各种程度的模糊性，愈是可接受更多不同的对象作为它们的原型，它们就愈模糊。关于意象与原型的关系，我能作出有关其定义的最佳方法是：如果对象 O 是一个意象的原型（或处于模糊状态的原型），那么，在 O 出现的情况下我们可以将其视作我们“关于”它具有一个意象的东西，于是我们就可以说，O 是这个意象的“意义”（或处于模糊状态的意义）。但是，正像我们所看到的一样，在某种程度上意义服从于意志：例如，一个“一般的”意象完全是人们有意使其成为一般的。

三、命题和信念

关于信念，有三个要素需要考虑：(1)人们所相信的内容；(2)内容与其“实在物”(也就是使其内容成为真或假的事实)的关系；(3)与对同样内容的考虑或对它的怀疑、想望等等相反的、作为信念的要素。我建议将第二个问题推迟到下一节讨论；因而现在不考虑使信念成为真或假的问题，但记住这一点很重要：作为真或假的特性是专门表征信念的东西。我们在这一节讨论其他两个问题。

(1)信念的内容——在这个问题上所采取的观点某种程度上依赖于我们对于“观念”或“呈现”(presentations)所采取的观点。在这方面我们可以看到不同的作者所极力主张的大相径庭的理论。许多分析心理学家(例如迈农)区分呈现中的三个要素，即行为(或主体)、内容和对象。像摩尔和我本人这样的实在论者一向惯于否弃内容而保留行为和对象；另一方面，美国的实在论者既否弃行为又否弃内容，而仅保留对象；然而有些观念论者，除了在词的使用方面，实际上早已经否弃对象而保留内容。

在上述令人迷惑的各类假设之中我们能否找出判定的方法呢？

我必须承认，把呈现分解成行为和对象的理论已不能令我满意。行为或主体在图解上是方便的，但不是经验上可发现的。正像由点和瞬刻所要达到的目的一样，数学上的数字、质点和其他工具也服务于同样的目的。所有这类事物必定是被建构而不是被假设出来的：它们并非是关于世界的材料，而是一些集合物，我们可把这些集合物看成仿佛它们是一些单个的事物。这一点对于主体也同样如此，而且我不知道如何去发现任何可以被称之为“行为”和可以视作呈现之成分的实际现象。詹姆斯和美国实在论者的证明加强了使我作出上述结论的逻辑上的类似思考。因此，在我看来，当务之急是要建构关于呈现和信念的理论，而这一理论绝不用“主体”或“行为”作为呈现之成分。正像我们可以确定不存在点和瞬刻一样，我们同样可以确定不存在“主体”这样的东西。这样的东西可能存在，但我们没有理由设想它们确实存在。所以，我们的理论应避免作出关于它们存在或者不存在的假定。这样做的实际效果与我们假定它们不存在是一样的，但理论上的态度则不同。

否弃主体的第一个结果是使精神事件的非关系理论成为必要的。例如布伦坦诺的以下观点在其明显的意义上是不能接受的：精神现象的特征是有“客观的所指”。一个特殊的感觉不再被视为主体对感觉材料的一种关系，因而感觉和感觉材料之间的区别消失了；并且，将感觉视为任何意义上的认知都成了不可能。反之，感觉既成为物理学的同样又成为心理学的论题的一部分：它既是“具有”这一感觉的人的心灵的一部分，同时又是通过这一感觉而被“感知”的这个身体的一部分。[1] 这一题目需要深入的讨论，但既然这与我们目前的主题关系不是十分密切，我们这里就不再进一步讨论了。

根据我们的观察，除感觉之外，“呈现”似乎是由意象所组成，

① 关于身体理论的假定是在我的《我们关于外部世界的知识》一书里提出的。

而根据以上刚刚阐述的观点，不能把意象视为与它们自己的性质发生关系的东西；然而至少在记忆-意象中人们觉得它们指出了超出自身的、它们“所意谓”的某些东西。我们已经尽可能不引入信念，讨论了意象的意义；但下面这一点很明显：当我们通过意象进行回忆时，意象伴随着一个信念。而此信念可以这样来表述（虽然有些过分直率）；人们觉得它们是一些先前已存在的某些东西的复制品。倘若没有记忆，意象就几乎不能取得意义。因此，对信念的分析甚至对于全面解释词和意象的意义，也是十分重要的——因为我们已经看到，词的意义，依赖于意象的意义，意象的意义则依赖于记忆，而记忆本身又是信念的一种形式。

至此我们就有两类精神的“材料”，即(a)感觉（也是物质的）和(b)意象（纯粹是精神的）。感觉并不去“意指”什么，但意象常常通过信念的中介进行意指。

我先前主张的信念理论是指这样一种观点：信念就在于主体对于客体的多重关系，而这种关系构成信念的“实在物”，也就是使得信念成为真或假的事实。这一理论由于对主体的否弃而变得不可能了。一旦否弃了主体，信念的成分就不可能和它的“实在物”的成分完全相同。这一点既有利又不利。不利的方面是内容和实在物之间的鸿沟所造成的结果。这似乎使得我们在什么意义上可以说“知道”这个实在物这点上引起怀疑。[①] 其有利的方面来自为内容恢复名誉而导致的结果，使之有可能承认命题可作为实际的

① 关于“知道”的一个重要方面在于这样一个事实：我们通过“观念”才能够以一种适用于对象不出现的情况的方式去行动，并且不依赖当下感觉的刺激。在这篇论文里，我并没有对观念作进一步整理，但是，我不想缩小它的重要性。

复合事件,并排除了解答以下问题的困难:当我们错误地相信的时候我们所相信的是什么?但是我想要提倡的理论并不是由这些有利的方面所推荐的,也不是根据这些不利的方面被否定的:我提出来的这一理论之所以可能被接受则是因为,它与在经验上可被观察的东西相一致,并且否弃一切凭空想象的或仅作为先验图式的东西。认识论上的便利还是不便利,这对我的理论的真伪并无任何影响,所以,我就不再对这一问题作进一步的讨论。

具有适当关系的感觉和意象是一种能用来组成信念的充分材料吗?我认为它们是这样的材料。但这个问题必须要分两步来问:其一是关于内容即人们所相信的东西,然后是关于相信的问题。现在我们先考虑内容。

人们所相信的东西必定总是我们通过命题所表达的那类东西,对于这一观点,我并不急于肯定或否定。人们所能相信的可能就是单个的简单意象。然而,就我们的目的而言,是要考虑重要的信念(即使它们不是唯一的信念),一旦它们被纳入精确的语言,它们就是一些采取如下命题形式的信念:A 是 B、x 对于 y 具有关系 R、所有的人都有死、类似“这”(this)的某个事物过去存在,或者其他所有的这类句子。但是,关于信念内容的心理学分类完全不同于逻辑分类。目前我们关心的是心理学问题。从心理学的角度来看,一些最简单的信念似乎出现在记忆和期待之中。当你回忆一些最近出现的事件时,你正相信一些事情。当你走到了一个熟悉的地点时,你或许正期待着看到酷似往常的情形:你也许具有你的主人向你问候的意象;你也许相信这种情形会发生。在这样的情况下,信念很可能没有进入语言;但是,一旦进入语言信念就必定要采取命题的形式。

现在，我把一个“命题”定义为一个信念的内容，如果内容是简单的则例外。既然我们尚未对“信念”作出定义，这个定义还不能看作十分有价值的。

信念的内容可能仅仅由词组成，倘若如此，这就是一个被缩短的过程。信念的最初现象是由意象中的信念组成的，记忆或许是其中最基本的例子。但是，我们也可以坚持认为，记忆-信念不仅仅是由记忆-意象组成的，与其俱在的还有无条件地相信：显然意象对于记忆和对于期待可能完全一样，而这些记忆和期待却是完全不同的信念。我倾向于认为，记忆和期待的不同并不在于所相信的东西的内容，而在于相信；“相信”（believing）似乎是一个一般词项，它包括不同的事件，其中的两个事件是记忆和期待。如果这点正确，从心理学的角度来看，在信念的最早期形式中，时态的差别与所相信的东西无关，而仅与相信它的方式有关；将时态放进内容是后来反思的结果。据此我们就可以继续将意象视作给出了所相信的东西的全部内容，这种给出不是用语词来表达的。

我以下列方式来区分命题：用语词表达的是一个“词-命题”（word-proposition），由意象构成的是一个“意象-命题”（imageproposition）。一般来说，一个词-命题“意指”一个意象-命题；不仅在真命题中，而且在假命题中都是如此，因为，意象-命题同词-命题一样也可能是假的。[①] 我不把使一个命题真或假的事实说成是命题的“意

① 但是有一些平行的限制起因于这样一个事实：词也常常表达属于相信之本质的东西，以及属于内容的东西。关于时态的情况，我们刚刚说过一个这样的例子；另外一个例子将在以后谈论否定的时候再加以讨论。

义”，因为这种用法在假命题的情况下会引起混乱。我将把命题与使命题真或假的事实的关系说成是命题的“客观的所指”，或者简称为“所指”。而这一点我们等到下一节再讨论。

词-命题与意象-命题的对应，通常绝不是严格的或简单的。如果不是人工建构的语言，语词形式通常不仅表达命题的内容，而且还表达所谓的“命题态度”——记忆、期待、欲望等等。这些态度并不构成命题的成分，即不构成当我们相信的时候所相信的东西的内容的一部分，或者当我们想望的时候所想望的东西的内容的一部分。

我们举例来说明一个信念的内容。假定我不是在口头上，而是心里正相信“天将下雨”，那么，将会发生什么呢？（1）发生各种意象，比如说，关于下雨的视觉现象，水湿的感觉，雨点的嗒嗒声等等大体上相互联系的意象，因为若是天下雨则人们就会有感觉。这就是说，有一个由意象组成的复合事实，它具有一个类似于使这个信念成为真实的客观事实的结构的一个结构。（2）将出现一个期待（expectation），即指称将来的信念形式；我们马上要考察这一点。（3）（1）和（2）之间有一种关系，这种关系令我们说（1）是“所期待的东西”。这一关系也需要探究。

关于命题最重要的一点是：无论它是由意象还是由语词组成，只要它一出现，它就是一个与使其成为真或假的事实所具有的某种结构相似——这一点还要进一步探究——的实际事实。一个词-命题并非精确地“意指”相应的意象-命题。而一个意象-命题则依赖其成分意象的意义而具有一个客观的所指。

（2）相信——现在我们要谈论与所相信的内容的问题相反的

一个问题:真正构成相信的是什么。

威廉·詹姆斯说:“每个人都知道想象一件事情和相信它的存在之间的差别,假设一个命题和默认它是真的之间的差别……。信念,或者关于实在的感觉,从其内部性质上来说是一种更多地与情绪而不是与其他别的什么相关联的情感。”[①]

上述观点大体上似乎是不可避免的。当我们相信一个命题时,我们有某种情感,这种情感以一种可描述为“相信某个命题”的方式与这个命题的内容相关联。但是,我认为,集合在“信念”这一词下面的有各种不同的情感,而没有一种情感更突出地是信念。

然而,我们必须先考虑一种理论,才可能开始对信念进行分析。这种理论无论是否加以明确辩护,都似乎隐含了实用主义。而如果它是真的,它就能够提供支持实用主义哲学的强有力的论证。根据这个理论——我不会让这一理论的倡导者对以下推论负责——不存在任何可描述为“相信一个命题”的单个事件,信念则完全在于因果效力。某些观念推动我们去行动,其他观念则不推动;那些推动我们行动的观念可以说是“所相信的东西”。否定意象的行为主义者必定走得更远,他甚至完全否定意象-命题。我想,对于他来说,信念就像物理学中的力一样,是一个想象上的一系列行动的虚构原因。一个欲望 A(在任何一种行为主义的关于“欲望”的意义上)的动物试图实现 B,那么我们就可以说,这个动物“相信”B 是达到 A 的一种手段。这仅仅是把某一组行为集合在一起的方式;它并不代表这个动物方面的任何单个事件。但是

---

① 《心理学》第二卷,第 XXI 章,第 283 页。重点符号是詹姆斯本人所加。

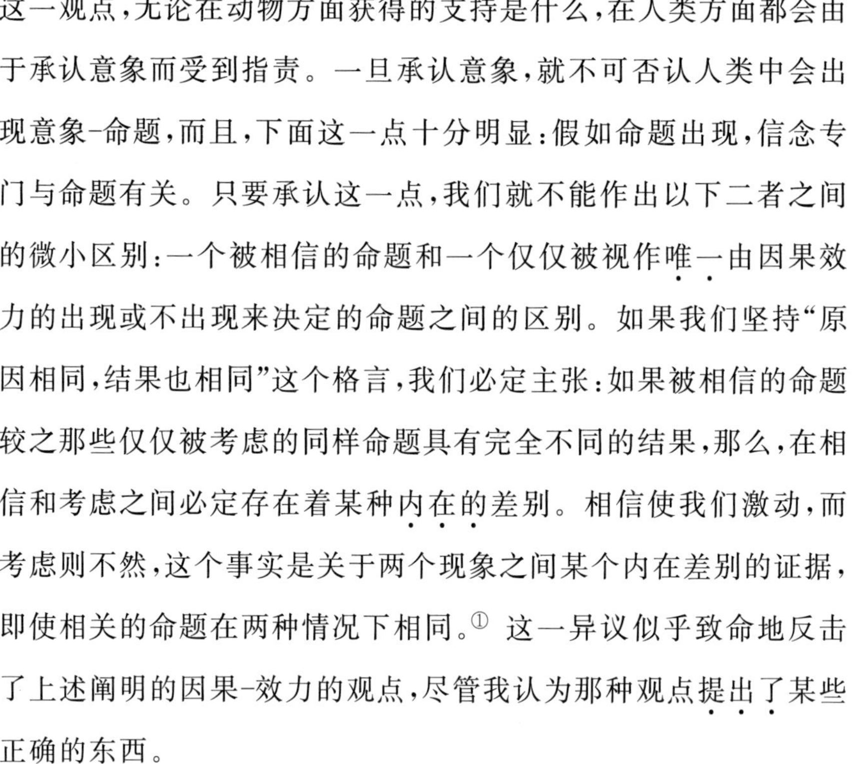

这一观点，无论在动物方面获得的支持是什么，在人类方面都会由于承认意象而受到指责。一旦承认意象，就不可否认人类中会出现意象-命题，而且，下面这一点十分明显：假如命题出现，信念专门与命题有关。只要承认这一点，我们就不能作出以下二者之间的微小区别：一个被相信的命题和一个仅仅被视作**唯一**由因果效力的出现或不出现来决定的命题之间的区别。如果我们坚持“原因相同，结果也相同”这个格言，我们必定主张：如果被相信的命题较之那些仅仅被考虑的同样命题具有完全不同的结果，那么，在相信和考虑之间必定存在着某种**内在的**差别。相信使我们激动，而考虑则不然，这个事实是关于两个现象之间某个内在差别的证据，即使相关的命题在两种情况下相同。[①] 这一异议似乎致命地反击了上述阐明的因果-效力的观点，尽管我认为那种观点**提出了**某些正确的东西。

在我看来，附属于一个命题的可能有各种情感，其中每一种都构成信念。我想举其中的记忆、期待和非时间性无条件赞同为例。我并不知道是否还有其他的例子。记忆的真实性要求其命题的实在物应在过去出现，期待的真实性则要求其命题的实在物应在将来出现，而无条件赞同并不使信念对实在物的任何特殊的时间关系成为必要的。析取和蕴涵可能包含其他种类的信念-情感（belief-feelings）。从我们的观点看，这些不同情感的重要性在于将信念的现象翻译成为语词时它们所引起的困难。时态明显地使时间

① 参见布伦坦诺：《经验主义标准的心理学》（莱比锡 1874），第 268 页（批评贝恩的《感情和意志》）。

关系进入被相信之物的内容,另一方面,如果上述理论正确,时态首先被包含在信念情感的性质之中。然而不管这一点是否可能,我们都可以通过只限于无条件赞同而简化我们的讨论,因为,赞同一个关于过去或者将来的命题(相对于记忆它或者期待它),这无疑是可能的。

当一个信念不是由语词来表述,而是发生在一个人心中并由赞同的情感所构成时,实际情况就应当是这样(如果我们是正确的):(a)我们具有一个由相互关联的意象、可能还有一部分感觉所组成的命题;(b)我们具有赞同的情感;(c)我们具有在赞同的情感和命题之间实存的一种关系,这种关系是由这就是所赞同的命题这种说法来表述的。关于信念的其他形式,我们只要用其他的情感代替赞同就行了。

与上述理论相反,或许有人会坚持说:虽然怀疑和不相信是确实的现象,但信念却不是。或许又有这样的争论:我们所谓的信念只包括合适意象的存在,如果不存在其他一些同时出现的力量起反对它们的作用,这些意象将具有作为信念特征的那些效果。从下面这个定义作为开端则有可能发展行为主义的逻辑:当两个命题促使身体的运动,而这些运动在物理学上是不相容的时候,那么,这两个命题在逻辑上也是不相容的。例如,假如某一个人是一条鱼,在同一时间他就不可能相信这两个命题:“这条虫好吃”和“这条虫挂在钩子上”。因为(按照以上观点)信念一定包含在行为之中:一种信念是吃这条虫;另一种信念是避开它——我们永远可以假定(行为主义者通常这样假定):这条鱼并不厌倦生存。但是,我们不用绕这么大的圈子也仍然可以赞成詹姆斯从斯宾诺莎那里

(并非精确地)引用的一段话(同上述引文,第 288 页):

“让我们设想这样一种情况:一个男孩子在想象自己是一匹马,并且没有去注意其他的一切。他的想象中包含着马的存在,而且他不具有取消这一存在的知觉〔詹姆斯加了重点符〕。所以,他必定会沉思这匹马的呈现。他可能会觉得不太确定,然而他绝不可能怀疑马的存在。我否认这样一点:就一个人正在想象(有知觉)而言,他并不对任何事情作出断定。因为,想象一匹带翼的马这件事只能是断定马(就是那匹马)有翼,对吗?假如心灵面前除了带翼的马以外没有别的东西,心灵就一定会沉思同样呈现的东西,而没有任何理由去怀疑马的存在,也没有任何力量不相信马的存在,除非关于带翼的马的想象掺杂了一个与这匹马的存在相冲突的观念。”(《伦理学》,第二卷,第 49 页,旁注)

詹姆斯完全同意上述学说,并且作了重点补充:

“任何保持不冲突的对象事实上都是被相信的,并可以假定为绝对的实在。”

如果以上观点正确,那么,就似乎会得出以下结论(尽管詹姆斯没有作出这一推论):不必有任何特殊的信念情感,只要有意象的存在就能产生所要求的一切。那么,当我们只是在考虑一个命题(而不带有对它的相信或不相信)的时候,我们的心灵状态看起来宛如一个复杂的产物,即某个竞争力量附加给意象-命题一种确定的情感之结果,这情感可称之为未定的或非信念的——这种情感就好比一个将要参加竞赛的运动员在等待发令时的心情。这位参赛者虽然没有运动,却处于与平静休息的人的心情相比完全不同的一种环境。同样,一个正在思考命题而不是相信该命题的人也处于一种紧张的状态,克制着以下这种自然的倾向,即按照他所能显示出的命题(如果无干扰的话)来进行行动的倾向。照这一观点看来,信念最初仅在于无任何阻碍力量的合适意象的存在。

在我看来,上述观点所极力举荐的是一种遵循精神发展的思维方式。怀疑、不相信和暂时不作判断较之一个完全无反思的赞同似乎都出现得更晚和更复杂。作为确定现象的信念,假如它存在,似乎也是怀疑的产物、思考之后的决定,或一种接受——它不仅仅是对这个(this)的接受,而且是对宁愿是这个而不是那个(this-rather-than-that)的接受。想象狗具有关于它的并未出现的主人或者它梦想追捕的兔子的意象(可能是嗅觉的意象),这并不难。但很难想象,它具有不能得到任何赞同的想象-意象(我们此刻所讲的"赞同"仅仅指对于自然可以被认为是伴有信念的行动所施加的影响)。关于幻觉意象的影响也完全适用于这一理论。诸如此类的意象看来常常变得愈来愈生动逼真,直到最终排除了阻止对行动施加影响的相反意象。

我觉得下面这一点可以得到认可:如果不增加任何所谓"信念"的确定情感,单纯的意象极易具有某种生动的力量。而在这个意义上,一个无争议的意象具有一个信念的力量。但是,尽管这一点正确,却只能说明信念领域中最简单的现象。这既不能对记忆也不能对期待作出任何解释,虽然记忆和期待在对于行动的效果上有广泛的差别,但意象在它们两者中都是一个记号,都是某个超越自身而指向不同事件的东西。意象也不能解释信念。就像关于数学的信念一样,信念并不引出任何即将发生的行为。因此,我得出下列结论:尽管密切类似于相信的信念-情感的现象可能是由唯一无冲突的意象所产生，但存在着许多像怀疑、想望和不相信这些属于同一层次的信念-情感。

像男孩子想象自己是带翼的马的那种事例很容易引起混乱。关于带翼的马的意象当然存在；如果男孩子将这个意象视作确实的，他必定是对的。但是，由信念伴随的意象一般被视作记号：其信念不在意象之中，却在由意象指出的（或者在逻辑语言中是“被描述的”）某个另外的事物之中。这一点在诸如记忆的那种情形中尤其明显。当我们借助于当下的意象回忆一个事件时，我们不是在相信该意象当下的存在，而是相信酷似它们的某个事物的过去的存在。将正在发生的事情翻译成话而不带有极大的曲解，这几乎是不可能的。我所主张的观点是：在上述情形中，我们具有一个叫做回忆的特定情感，它与记忆-意象具有某种关系。记忆-意象构成意象-命题，但是，将我们的信念翻译成话就是“类似这个的某个东西过去是(was)”，而不是“类似这个的某个东西现在是(is)”因为它不符合记忆或期待的性质。由于话不仅要指出意象，而且还要超出意象指出意象所意指的东西，因而这种翻译就不可能完全准确。因此，当我们使用一个仿佛意指意象的词的时候，我们则需要一个非自然的词的复制品，以便得到意象所代表的东西。这就产生意想不到的复杂现象，并导致十分缺乏可信性。但是，由于过去所有的时代语言一直适应于坏的逻辑，所以现在使语言适应于心理学的整个问题变得如此之难，以致我能够做的只是提出其中的一些问题。

四、真和假

现在让我们回到第三节开始时留下来的问题:信念的内容与其“实在物”(objective)(即使得信念成为真或假的事实)的关系是什么?

在亚里士多德学会上提出的一篇更早的批评乔基姆(Joachim)先生的文章[①]中,我说明了主张真不在于内部的一致性而在于符合的理由。这里我不打算重复论证,而是立即作出以下假定:一个信念的真或假依赖于该信念与其自身之外的事实的关系。我称这个事实是信念的“实在物”。在持有这一观点的时候,我没有严格沿用迈农的同一用法。他主张不仅有真的而且有假的实在物,所以他并没有将他的实在物与造成命题的真或假的那些事实等同起来。我并不把事实称作命题的“意义”,因为,在命题是假的情况下这样会引起混乱:假如在一个晴朗的白天我说“天在下雨”,那么,我们就不能说我的这个陈述的意义是太阳在照耀这个事实。我也不能使用“指谓”一词,因为使用这个词会使命题过分同化于名称和摹状词。但我可以说一个命题“指称”它的实在物。因此,当我们考虑意象-命题时,“指称”代替了“意义”。另一方面,词-命题在“指称”实在物时,也可在简单的情况下被用来合法地说成是意象-命题的“意义”。

① 《论真的性质》,见《亚里士多德学会会刊》1907 年。重印(有修改)于《哲学论文集》,题目为《一元真理论》。

根据前一节提出的命题理论,将真和假视作“观念”对于“实在”的关系必定是错误的。命题的实在物是事实,在完全同样的意义上命题也是事实。命题对其实在物的关系不是被想象之物对实际之物的关系,而是两个同样可靠和同样真实的事实之间的关系。其中一个事实,即命题,是由具有可能的感觉组合的意象所组成,另一个事实可以由任意事物所组成。

一个过于简单而不可称作命题的意象是否可以在任何意义上成为真的或假的,这个问题我就不讨论了。我关心的是命题,以及命题的真和假;究竟是否还有其他的真和假可以留作待解决的问题。

关于真和假有两个不同的问题:其一可以称之为形式的;其二可以称之为内容的。形式问题涉及命题形式与其实在物形式之间在真假各自情况下的诸关系;内容问题——实用主义者尤其强调这一问题——涉及关于真信念和假信念各自效果的本性。就人们愿意真正相信(我听说有时是这种情况)而论,这正是因为,通常人们认为:在实现欲望方面,真信比假信是更好的手段。如果不回忆内容问题,关于形式问题的公式化讨论也许显得非常无聊和烦琐。然而,我要专门论及的正是这个形式问题。

在命题和实在物之间相符合的最简单的可能图式是由视觉记忆-意象这类事例提供的。我回忆一幅我所知道的房间的图像,在我的图像中,窗户是在炉火的左边。我对这幅图像怀有我们称作“记忆”的那类信念。当房间呈现于感觉之中时,这个窗户确实是在炉火的左边。在这个事例中,我具有一个复合的意象,鉴于我们的目的,可以将该意象分析成为:(a)这个窗户的意象;(b)炉火的意象;(c)(a)在(b)的左边这种关系。实在物是由窗户、炉火和它们之间与上述完全相同的关系组成的。在这样一个例子中,命题的实在物是由它的相关的(或因情况而异,不相关的)成分意象的意义通过该命题中这些成分意象之间所保持的相同关系而组成的。当实在物保持这种相同的关系时,这个命题就是真的;当实在物不能保持这种相同的关系时,这个命题就是假的。根据第一节里关于否定事实的陈述,这两个可能的实在物总有一个存在着,因此,这个命题总是或真或假的。

但是,像上述这样生动逼真的简单符合比较罕见。在意指这样简单的视觉意象-命题的词-命题中已经没有这样的符合。即使我们把"是的左边"看作一个词,在"A 是在 B 的左边"这个词组中,我们还是具有由三元关系的三个词项而不是由二元关系的两个词项所组成的一个事实。表示关系的语言符号本身不是一种关系,而是像句子中其他词一样确实的词项。语言可以被如此建构使得情况本不应当总是这样:极少特别重要的关系可能是由词之间的诸关系来表示的。例如,"AB"可能意指"A 在 B 的左边"。或许是这样一种做法:以高声调发 A 这个音而以低声调发 B 这个音意指 A 是 B 的社会优胜者。但是,这一表示关系的方法的实际可能性显然是很有限的,在实际的语言中,关系是由词(主要是动词和介词)或词的成分(屈折变化的词)来表示的。[1] 因而,对一个事实的语言陈述比它所断言的东西是更复杂的事实,而一个词-命题

① 这一点在最原始的语言中并不完全真实。但是,原始语言如此含糊歧义,以致人们往往不能说它们具有表达一种关系而不是与所用的片语也许有同样意义的其他一些东西的任何手段。

与它的实在物的符合绝不是在意象-命题中那种最简单的符合。

关于否定事实和否定命题的情况也很复杂。无论是关于意象还是关于词的命题，它们本身总是*肯定的*事实。在词-命题中存在两种不同的肯定事实（用语），当其实在物是肯定的，其中一个事实就是真的，当其实在物是否定的，另一个事实也是真的："A 爱 B"和"A 不爱 B"这两个用语本身都是肯定的事实。我们不能仅仅靠有"A"和"B"两词而没有两者之间的"爱"这个词来表示 A 不爱 B 这个断定，因为实际上我们不能够把 A 和 B 之间不出现"爱"这个词的事实与（例如）A 和 B 之间不出现"恨"的事实区别开来。人们打算用来交流的词和短语必须是可感觉的；而可感觉的事实总是肯定的。因此，在肯定事实和否定事实的区别与肯定词-命题和否定词-命题的区别之间不存在一致性：后两个本身都是肯定事实，尽管由于"不"这个词的是否出现而有所不同。

就意象-命题来说，也没有对应于否定事实的平行现象，但这是不同的情况。意象-命题不仅总是肯定的，而且甚至不像有两类词-命题那样存在两类肯定的意象-命题。在意象-命题中没有"不"；"不"属于情感而不属于命题的内容。一个意象-命题可以被人们相信或者不相信；人们对同一内容有各种不同的情感，但对不同的内容不会有相同的情感。没有任何方式能够显现"A 不在 B 的左边"。假如我们试图去这样做，我们就会发现，显现的是"A 在 B 的右边"或者诸如此类的现象。这就是人们不愿承认否定事实的一个有力理由。

因此，关于肯定和否定的对立，我们有下列各种两重性：

（1）肯定的（positive）和否定的（negative）事实。

(2)意象命题，虽然可以被人们相信或者不相信，但不具有在内容上相当于肯定的或否定的事实的两重性。

(3)词-命题总是肯定的事实，但它们有两类：一类由肯定的实在物加以证实，另一类由否定的实在物加以证实。

因此，在命题和事实之间的那种比较简单的平行现象只有在肯定的事实和命题里才能找到。一旦事实是否定的，这种符合必定变得更加复杂。我们创立一种关于否定事实的正确理论(无论是在发现还是在相信这一理论方面)之所以如此困难，部分地是因为我们未能认识到否定事实和否定词-命题之间缺少一种平行现象。

现在让我们回到肯定的事实和对于意象-命题的信念这两个论题上来。在空间关系中，我们已看到下面这一点是可能的：意象诸成分的关系与实在物诸成分的关系相同。当我想象 A 在 B 的左边时，我关于 A 的意象是在我关于 B 的意象的左边。作为意象-命题和它的实在物之间的这种同一关系也能在空间关系之外发生吗？

下一步自然要考虑的，是时间关系的情况。假定我相信 A 先于 B。这个信念就其内容来说会有先于一个 B 意象的 A 意象吗？初看起来，大多数人会毫不犹豫地反对这个假定。人们常常告诉我们，一个接连发生的观念并不是一连串的观念，使得我们几乎无意识地将序列理解为这样一种东西：这个序列中早出现的部分和后出现的部分必定同时呈现。对一个如此普遍地被认为是无可非议的观点提出挑战似乎很轻率。然而，我不能不对这一观点的真实性提出极大的怀疑。我们经常具有连续的意象而不必相信这些意象的原型也有相同的时间顺序，当然这是事实。但是，这并不证明什么，因为，在任何情况下信念都必须被附加给一个意象-命题。我们不可能具有紧跟着一个B意象的A意象，而后又**相信**这个序列，难道不是这样吗？这不能**作为**A先于B这个信念，难道不对吗？我看没有理由否认这一点。例如，当我想象一个人正在说一句话，或者我实际听见他说话时，作为经验事实，似乎不存在任何这样的一瞬刻，在这一刻整个句子呈现给想象或感觉；然而，无论这个用语通常的意义是什么，我都能够“将这个句子理解为一个整体”。我听见这些词顺序出现，但绝不同时听见整个句子。然而，在这个句子对我产生了预想的效果（不管是什么效果）的意义上，我把这个句子理解为一个整体。你走过来对我说：“你的屋顶漏了，雨水流进房间，浸坏了你所有的家具。”我理解你说的话，因为我表现出惊恐，给房主打电话，给保险公司写信，并且订了一辆运货车去搬走我的财产。然而这绝不能推出：这整个句子在任何一瞬间在想象上呈现给我。我对你的陈述的信念是一个因果单元，因而可以设想它是一个整体事件。但是，在精神事态中，这个因果单元极有可能是不同时间中的几个事件。这就是柏格森（Bergson）关于复现（repetition）的观点；我们通过习惯规律也能联想到这一点。这完全能够成为物理和心理之间一个基本的差别。因此，似乎没有充分理由来说明，当我们相信一个连续时，就应当存在一个瞬刻，而信念的全部内容正存在于这个瞬刻之中。一个对于连续性的信念很可能自身完全是连续的。如果是这样的话，时间关系也会像空间关系一样，承认有一种最简单的符合，在这种符合中，意象-命题中的关系与实在物中的关系是同一的。但是，我只想把它作为一个可能的观点提出来：我还没有把握确信这个观点事实上完全正确。

当我们考虑更复杂的命题类型时，例如存在-命题、一般命题、析取命题或假言命题等等，命题和事实的符合就会变得越来越复杂。这个问题十分重要，我相信，它也能就逻辑方面提出许多新的见解；但我将不在这里讨论这个问题。

我们从最简单的情况即二元关系的情况就可以看出，构成真或假的形式符合的普遍性质：这种情况在事实和意象-命题里是完全相同的。你具有一个对 A 的意象，它是在你对 B 的意象的左边，这个事件是意象-命题。如果 A 是在 B 的左边，那么这命题是真的；如果 A 不在 B 的左边，它就是假的。“A 在 B 的左边”这个用语意指这个意象-命题，而且当这命题是真的时，该用语就是真的，当这命题是假的时，该用语就是假的；另一方面，当该意象-命题是假的时，“A 不在 B 的左边”这个用语则是真的，当该意象-命题是真的时，这个用语则是假的。因此，在这个最简单的事例中，我们得到了一个关于真和假（既是关于意象-命题的，也是关于词-命题的）的形式定义。我们很容易看出，同类定义可以扩展到更复杂的情况。

我们可以注意到：在其形式意义上，真和假最初不是信念的特性，而是命题的特性。由此我们推导出以下观点：当一个信念是相信一个真命题的时候，我们称这个信念是真的；当一个不信是不相信一个假命题的时候，我们称这个不信是真的；“真”和“假”的最初的形式意义所适用的仅仅是命题。

但是当我们谈到给予真和假以重要性的东西（这种东西与构

成真和假的形式定义的东西相对立)时,重要的不是命题,而是信念。有人这样告诉我:信念影响行为,而且真信念的效果比假信念的效果更令人愉快。以这一方式试图对真值进行定义,在我看来是错误的。但是,只要我们把自己局限于关于真的形式定义,就很难看出为什么有人会对这样的观点感兴趣。因而记住信念与行为的联系对我们是很重要的。但是,我并不认为:或者仅有信念的那些令人愉快的效果就能够充分证实这一观点,或者可以用证实对真值进行定义。例如,有一些关于过去事实的真命题,它们是不可能加以证实的。通过命题与其实在物的符合来完成的关于真值的形式定义看起来是唯一在理论上恰当的定义。如果我们关于真值的定义是正确的,那么是否存在着可以被人们认识的事物呢?我目前对此还不能作进一步的探究;但是,如果这种探究的结果将证明与上述相反的观点,我认为它并不能够对上述的形式定义提出理论上的非议。

逻辑原子主义

哲学终于学会的一件事就是如何以表面上看来不致使问题成为无意义的,不可解决的或混乱的方式加以陈述。这个成就表面上看来不会给人以深刻的印象,但是,事实上它代表了从苏格拉底开始的构造性哲学倾向的顶峰。这种追求问题的澄清的普遍愿望的一个结果便是:相当数量的(在时间上并不很古老的)哲学著述已被视作属于人们普遍感觉到科学批评的威力之前的一个遥远时期。

在1924至1925年,当F. H. 米尔海德教授(Murihead)出版两辑题为《当代英国哲学》的论文集之时,[在英国]思想家中居于主导地位的非F. H. 布拉德雷(Bradley)莫属。他的唯心主义是《当代英国哲学》的大部分撰稿人以一种或另一种方式加以维护的那种"立场"(position)的一种表白。这种观点反映了以下信念:人本主义者是以一种比任何一群"没有文化的、按弄开关或旋弄旋钮的人"〔正如人们所预料的那样,此语出自牛津的至圣所(Holy of Holies)——万灵学院(All souls),但时间不是在1920年,而是在1956年〕更高级、更高尚的方式接近*真理*的。因此,思辨哲学家能够就事情最终是怎样的有所陈述,能够"解释"经验探究的成果以满足他个人的目的,并且能够保留向那些钻研过黑格尔[哲学]并掌握了希腊[哲学]的人谈论真正实在的权利。

罗素为《当代英国哲学》所撰写的这篇论文表明，此时哲学上正处在从《心的分析》(1921年)向《物的分析》(1927年)的过渡期。他仍然受到来自维特根斯坦的某些影响，但是维特根斯坦的观点现在已被全部吸收进了他自己的学说，并具有了一种我们都知道维特根斯坦本人不会同意的形式。然而，他仍然有点处于守势。他的哲学，虽然现在(我认为)已被普遍地看作代表了那个时期最重要的倾向，但是当时绝没有受到像现在这样的重视，而且我们大可以肯定地说，他的哲学工作所享有的声望远比不上一流的唯心主义者。布拉德雷先生或许认为他正在为世世代代著书立说。这里设想一下如果某个具有不寻常能力的预言家向他暗示了他最终的名声，他会作出怎样的反应，倒不无趣味。罗素说过："坏哲学总是牛津的特产，但坏哲学仍不失为哲学！"罗素告诉过我，在唯心主义时期，牛津哲学主要的目的是"要使这块地盘带有一种道德的色彩"。不过，牛津哲学家近来的一些把戏(capers)的目的就远没有这般明确了，而且它们甚至会让人产生这样的想法：不管怎样，就哲学而言，牛津在把自身建设成完全无希望的运动(lost causes)的传统之家以后，最终它却成了完全无希望的运动本身。[①]

因此，在取自于下述背景——该背景与《论指谓》一文于十九年前最初发表时的背景并非有很大的不同，也并不比后者与当代思想更为相关——的这篇文章中，罗素对他约三十年前的观点作了一个简明而雄辩的总结。

① 作为曾经是牛津大学一名完全注册了的大学生，我想我可以作出这个评判而不被指责为只是表达了剑桥的偏见。

逻辑原子主义

1924 年

我所主张的哲学一般被认为是一种实在论，并且因为它含有与后一种学说似乎相矛盾的因素而常常受到这样的指责：它是不一致的。在我看来，实在论和他们的反对者之间的论争并非根本性质的；实际上，即使不改变我的关于我所要强调的任何一种学说的见解，我也可以改变我的关于这个论争的观点。我认为哲学中最根本的是逻辑，反映一个学派特点的应当是它的逻辑，而不应当是它的形而上学。我自己的逻辑是原子的，而我所要强调的也正是这个方面。因而，我宁愿不把我的哲学描述为“实在论”，而将其描述为“逻辑原子主义”，——不管有无前缀修饰语。

作为开场白就思想的发展历程谈两句或许不无用处。我是通过数学，或者更确切地说，是经由寻找相信数学真理的某种理由的欲望而达于哲学的。从少年时代起，我就怀有相信可能存在着像知识这样的东西的强烈愿望，但在接受那些通常被认为是知识的很多东西时我却遇到了很大的困难。似乎很清楚，在纯数学中我们最有可能找到那毋庸置疑的真理，然而欧几里得的某些公理显然是值得怀疑的，而当时我所知道的无穷小演算也不过是一堆诡辩，——我也不能将它们视作其他的什么东西。我看不出怀疑算术真理有什么理由，但当时我并不知道可以从算术中构造出所有传统的纯数学。十八岁那年，我读了穆勒（Mill）的《逻辑学》，但对他接受算术和几何的理由深为不满。当时，我尚未读休谟的著作，而在我看来，纯粹的经验主义（我倾向于接受经验主义）必然导致怀疑论，而不是导致穆勒式的对那些普遍认可的科学学说的赞同。在剑桥，我不仅读了布拉德雷先生的《逻辑学》，还读了康德、黑格尔的著作，这给了我以很深的影响。有几年，我成了布拉德雷先生的信徒。不过，大约在1898年，我改变了我的观点，这很大程度上是和摩尔多次辩论的结果。我不再相信认识活动会对被认识的对象造成任何影响。我也发现自己已倾向于多元论。对数学命题的分析使我相信，如果不承认多元论和关系的实在性，我们甚至都不能将它们解释成为部分真理。这时，一个偶然的机会促使我研究莱布尼茨，我逐渐地得出这样一种结论（后来古杜拉（Couturat）的出色研究证实了这个结论）：他的很多富有特色的见解都是因他相信每一个命题都有一个主词和一个谓词这种纯逻辑学说的结果。不仅莱布尼茨而且斯宾诺莎、黑格尔和布拉德雷先生都是这个学说的信徒。在我看来，一旦这个学说遭到拒斥，所有这些哲学家的形而上学的整个基础就会土崩瓦解。于是，我又返回到了那个最初将我引向哲学的问题，也就是数学基础问题。不过，在重新对之进行研究时我应用了主要来自皮亚诺和弗雷格的一种新逻辑——它被证明（至少在我看来是这样）要远比传统哲学中所使用的逻辑富有成果。

首先，我发现关于数学的许多老掉了牙的哲学论证（主要来自康德），由于当时的数学的进步已成为无效。非欧几何已摧毁了先验感性论。魏尔斯特拉斯已证明，微积分学并不需要无穷小概念，因而哲学家就诸如空间、时间的连续性和运动等题目所说的一切就必须被视为是完全错误的。康托尔(Cantor)使无穷数概念免除了矛盾,因而也就既消除了黑格尔的许多矛盾又消除了康德的那些二律背反。最后,弗雷格详细说明了算术如何能从纯逻辑中推演出来而无需任何新的概念或公理,这样康德的"'7+5=12'是综合命题"这个断言也就被否证了——至少就对它的显而易见的解释而言是这样。由于所有这些结果都不是借助于任何堂而皇之的办法得到的,而是耐心细致的推理的结果,因而我便开始设想:哲学在用堂而皇之的解决办法来对付理智的困难时很有可能是错了,而对它们的真正解决只有通过更为细心而精确的研究才能达到。随着时间的推移,我愈来愈坚定地坚持这一观点,这导致我怀疑,哲学作为一种与科学不同的并有着它自己的方法的学科是否就是神学的不幸的遗留物。

弗雷格的工作不是最终的,首先因为他的研究只适用于算术而不适用于数学的其他分支;其次因为他的前提不能排除某些矛盾,——人们业已证明所有以前的形式逻辑系统都易于陷入这些矛盾。我和怀特海博士一起试图在《数学原理》中弥补这两个缺陷,然而《数学原理》在某些基本点(特别是可化归性公理)上仍然不具有最终性。不过,尽管有这些不足,我仍然认为任何读过此书的人都不会质疑这部书的主要论点,——即使不用任何新的未加定义的概念或未加证明的命题,只从某些形式逻辑概念和公理出发,并借助于关系逻辑,我们就可以推演出所有纯数学。在我看来,在此书中所发展的数理逻辑的技术性方法是非常有力的,它能提供一种新的工具以讨论迄今还模糊不清的许多哲学问题。怀特海博士的《自然的概念》和《自然知识原理》可以说明我的意思。

当纯数学被构成一个演绎系统时——即作为所有可以从一组指定的前提中推演出来的命题的集合——下面这一点很明显了：如果使我们相信纯数学的真理性，那这就不可能仅仅是因为我们相信这组前提的真理性。某些前提远不如它们的某些结论明显，人们相信它们主要是由于它们的结论。当科学被整理成一个演绎系统时，我们就会发现情况总是如此。因而，一个系统中最明显的命题，或者说提供了使人们相信这个系统的主要理由的命题，并不是这个系统中的逻辑上最简单的命题。在经验科学中这一点是显而易见的。例如，电动力学可归约为麦克斯韦方程，但人们之所以相信这些方程则是由于人们看到了这些方程的某些逻辑结论是正确的。在纯逻辑领域情况也毫无二致，人们之所以相信逻辑学中的逻辑初始原则并不是因为它们本身的原因，而是因为它们的结论——至少就某些逻辑初始原则而言是这样。“为什么我应当相信这组命题?”这个认识论问题和“可以从其推演出这组命题的最小的并且是逻辑上最简单的命题组是什么?”这个逻辑问题是完全不同的。我们借以相信逻辑和纯数学的部分原因，仅仅是归纳的和或然的，尽管就其逻辑次序而言逻辑和纯数学命题是通过纯粹的演绎从逻辑前提中得出来的。我认为这一点非常重要，因为如果把逻辑次序等同于认识论次序，并且反过来又把认识论次序等同于逻辑次序就很容易产生错误。数理逻辑研究说明数学的真或者假的唯一方法是否证那些假设的二律背反。这说明数学可能是真的。但是要说明数学是真的还需要其他的方法和其他的考虑。

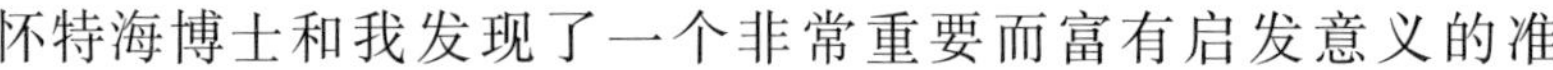

怀特海博士和我发现了一个非常重要而富有启发意义的准

则，根据经验我们认为，它可以应用于数理逻辑，而后人们又将它应用到其他领域中，这个准则是“奥卡姆剃刀”的一种形式。当某一组假定的实体具有简洁的逻辑性质时，这时在大量的实例中会有这样的结果：这些假定的实体可以被不具有这些简洁性质的实体所构成的纯粹逻辑结构所替代。在这种情况下，我们在解释迄今一向被认为是关于假定的实体的命题组时，就可以代之以那些逻辑结构而不会给该命题组的任何细微之处造成什么改变。这种做法是很经济的，因为具有简明的逻辑性质的实体总是推论出来的，假如有它们出现的那些命题不必作这种推论就能得到解释，那么这个推论的基础也就瓦解了；我们的命题组的地位也就省却了采取一个值得怀疑的步骤的必要而得到了保证。这个原则可以表述如下：“如有可能，就用已知实体的构造物来代替对未知实体的推论。”

这个原则的使用多种多样，但在细节上对于那些不懂数理逻辑的人是不可理解的。我遇到的第一个例子是我所说的“抽象原则”，或者“消除抽象的原则”。[①] 这个原则适用于任何对称的或传递的关系，比如相等。我们容易作这样的推论：这类关系产生于占有某个共同性质。这可能真也可能不真；也许在某些情况下是真的，而在其他情况下则不是真的。但是一个共同性质的一切形式目的都可以通过对某个项具有上述关系的一组项的元素资格而得到满足。以数量为例，假定我们有一组都是同样长的标尺，那么就很容易假定：存在着某个它们都具有的叫做长度的性质。如果我

① 《我们关于外间世界的知识》，第 42 页。

们不用“标尺 x 的长度”，而用“所有像 x 一样长的一组标尺的元素资格”，那么，这一假定性质出现在其中的所有命题就会使它们的真值保持不变。在各种特殊情况下——例如实数的定义——使用一个更简单的结构也是可能的。

关于这个原则的一个十分重要的例子是弗雷格把给定的由一些项构成的集合的基数定义为“相似于”给定集合的所有集合的类——这里两个集合是“相类似”的，如果有一个一一对应的关系，其前域是一个集合，而后域是另一个集合。因此，一个基数是所有相似于某一个类的那些类之类。这个定义使得其中出现基数的一切命题的真值不变，并且避免了对一组被称作“基数”的实体进行推理，这些实体只用于使算术易于理解的目的，然而现在就是为了这个目的也不再需要它们了。

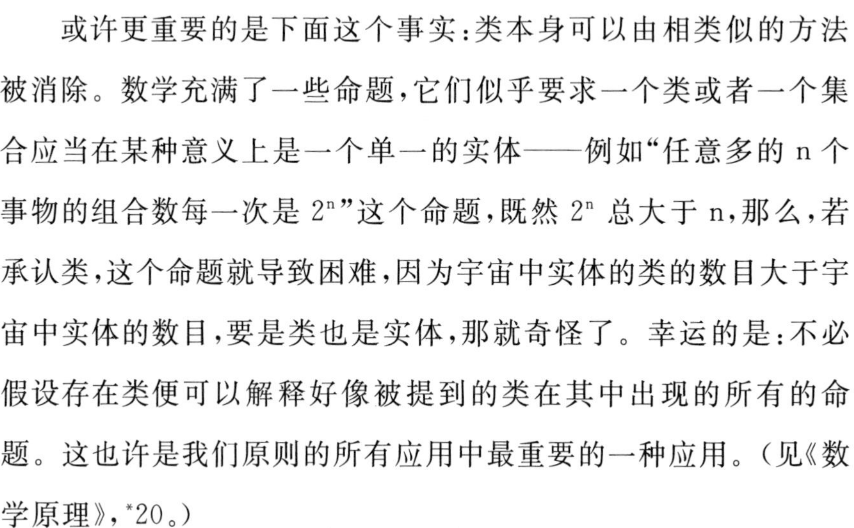

或许更重要的是下面这个事实：类本身可以由相类似的方法被消除。数学充满了一些命题，它们似乎要求一个类或者一个集合应当在某种意义上是一个单一的实体——例如“任意多的 n 个事物的组合数每一次是 2^n”这个命题，既然 2^n 总大于 n，那么，若承认类，这个命题就导致困难，因为宇宙中实体的类的数目大于宇宙中实体的数目，要是类也是实体，那就奇怪了。幸运的是：不必假设存在类便可以解释好像被提到的类在其中出现的所有的命题。这也许是我们原则的所有应用中最重要的一种应用。（见《数学原理》，*20。）

另一个重要的例子涉及我所说的“确定摹状词”，即诸如“偶素数”、“现任英国国王”、“现任法国国王”这样的词组。当说明“现任法国国王不存在”这样的命题时总出现一个困难，这个困难是由于假定"现任法国国王"是这个的命题的主词而引起的，于是必然要假定虽然他不现存(exist)但他实存(subsist)。然而很难把实体存在性归于"圆的正方形"或者"比 2 大的偶素数"。事实上，"圆的正方形不实存"恰好和"现任法国国王不现存"同样真实，因此，现存(existence)和实存(subsistence)之间的区别对我们并无帮助。事实上，当"如此这般的"这个词出现在命题中时，并不存在相对应的单个的命题成分；当对此命题进行了完全分析之后，"如此这般的"这个词就消失了。摹状词理论的一个重要结果是：如果"A"不是(或不代表)一个"如此这般的"形式的词组，那么说"A 存在"就是无意义的。如果如此这般的东西存在，而 x 是如此这般的东西，那么说"x 存在"就是胡说。在把存在归于单个实体的意义上，存在就完全从基本项的清单中消除了。我们还发现本体论论证以及大部分对这个论证的驳斥都依赖坏的语法。(见《数学原理》，*14。)

在纯数学中用构造代替推论还有许多其他例证，例如：序列、序数和实数。但我想转到物理学中的实例。

点和瞬是明显的例子，怀特海博士已说明如何从一切具有确定的广延和确定的持续时间的事件集合中构造它们。根据相对论，我们主要需要的不是点和瞬而是事素(event-particles)。这些事素对应于用较古老的语言可被描述为在一瞬的点，或者一个即刻的点这样的东西。(在以前的时代里，人们认为空间中的一个点持续于一切时间之中，而时间中的一个瞬弥漫于整个空间；现在，数学物理学需要的单位既没有空间的广延，也没有时间的广延。)事素正是通过构造点和瞬的那种逻辑过程构造出来的。然而在这类结构中，我们处于一个与纯数学的结构不同的平面上。构造一个事素的可能性依赖具有某些性质的事件集合的存在；所要求的事件是否存在的问题，假如要知道的话，也只能从经验上知道。因而并不存在先验的理由期待（数学意义上的）连续性，或者相信可以构造事素。假如量子论似乎要求分离的空-时，那么，我们的逻辑正如满足于要求连续性的传统物理学的需要一样，也同样适用于满足量子论的需要。这个问题是纯粹经验的，而我们的逻辑是（应该是）同样适用于双方的选择的。

同样的考虑也适用于物质的粒子或者有限大小的一片物质。传统上物质有两种标志逻辑结构的“简明”（neat）性质：首先，两片物质不能在同一个时间出现在同一个地点；其次，一片物质不能在同一个时间出现在两个地点。在用逻辑结构代替推论时，经验使得人们怀疑如此整齐的和精确的东西。人们不得不感到那种不可入性不是一个从观察台球游戏得到的经验事实，而是某种逻辑上必然的东西。这种感情完全得到证实，但如果物质不是一个逻辑结构，那么情况就不同了。大量的事件在空-时的任一小区域中共存；当我们谈论的不是逻辑结构时，我们就找不到像不可入性这样的性质，相反却发现事件在空-时的一部分中（尽管很小）无穷的重叠。认为物质是不可入的原因在于我们的定义是这样规定的。大致说来，仅仅为了说明这是如何发生的，我们可以说一片物质不过是发生在空-时中某个轨道（track）上的一切东西，而我们构造的轨道被称为物质的碎片，其构造方式是使它们不相交。物质是不可入的，因为假如我们用逻辑结构来保证不可入性，那就很容易陈述物理定律。不可入性在逻辑上是定义的必然结果，尽管这样定义很方便是经验的事实。物质的碎片不是一些用来建设世界的砖

块。用来建设世界的砖块是事件,而物质的碎片是那些我们发现分别予以注意则很方便的那种结构的成分。

在精神事件的哲学中我们同样也有机会应用与推论相对的构造原则。主体,以及认知与被认识物的关系,二者都具有引起怀疑的那种模式的性质。很清楚,如果要始终保持主体,必须把它作为一个逻辑构造,而不作为一个被推出的实体。问题只是,主体若作为值得构造的东西是不是完全有用。另外,认知与被认识物的关系也不可能像我一度相信的那样是一个直接单一的终极。尽管我不赞成实用主义,但我认为威廉·詹姆斯注意到"认识"(knowing)的复杂性,这是正确的。此刻,以一般性的概括来说明这个观点的原因,这是不可能的。但是任何一个默认我们的原则的人都会同意:此外乍一看似乎适用这个原则。我的《心的分析》大部分内容是对这个原则的应用。然而,心理学在科学性上远不如物理学完善,运用这个原则的机会也不是那么好。这个原则在其应用时依靠某些相当可信的一组命题的存在,这组命题由逻辑学家以一种为了保持它们的真而减少对于未观察实体的推论因素的方式加以阐明。因而这一原则以适度的先进科学为先决条件,若缺了这个条件,逻辑学家就不知道应当构造什么。直至最近,构造几何学的点才似乎是必要的;而现在需要的正是事素。考虑到像物理学这样先进学科中的这种变化,显然,心理学上的构造一定是纯粹临时性的。

至此我一直在讨论没有必要假定世界的最终成分的一部分。但是,逻辑构造如同所有其他的构造一样,也需要材料,因此现在应当转到这些材料究竟是什么这一实证的问题上。然而,这个问题需要预先对逻辑、语言以及这二者与它们试图所代表的东西之间的关系进行讨论。

我相信语言对于哲学的影响一向是深刻的和几乎未被认识的。假如我们不被这种影响导向错误，就十分有必要意识到它，并且审慎地问自己它究竟有多少合理之处。主谓词逻辑，以及实体属性的形而上学是问题的关键。这两者是否已经由讲非雅利安语的民族创造出来，这是值得怀疑的；当然它们似乎不会产生于中国，除非与佛教有联系，因为佛教带来了印度哲学。再举一个不同的例子，假定一个专有名称可以有意义地用来代表一个单一的实体，这是很自然的；我们假定有某一个或多或少持续的存在物叫做“苏格拉底”，因为这同一个名称适用于一系列事件，这些事件导致我们将它们视为同一个存在物的现象。随着语言的日益抽象，一批新的实体（即那些由抽象词代表的实体——共相）进入哲学。我不想坚持认为不存在共相，但当然有许多抽象的词不代表单一的共相——例如三角形和理性。在这些方面，语言既通过词汇也通过句法把我们引向错误。假如我们的逻辑不打算陷入错误的形而上学，我们就必须在这两方面保持警惕。

句法和词汇对哲学具有各种不同的作用。词汇对常识的影响最大，反过来也可以强调常识产生我们的词汇。这只在局部上是真的。起初，人们把一个词用于那些多少相似的事物，而不考虑这些事物是否有任何相同点。但是当用法一旦使该词所适用的那些对象固定了下来，常识就受到该词的存在的影响，并倾向于认为一个词必定代表一个对象，假如这个词是一个形容词或抽象词，那么它所代表的对象就是一个共相。因此词汇的影响趋向于一种事物和理念的柏拉图式的多元论。

句法的影响在印欧语言中完全不同。几乎任何一个命题都可以归约为这样一种形式:它有一个主词和一个谓词、由系词将它们联系起来。这很自然地推出:每一个事实都有一个相应的形式,并且都在于通过一个实体占有一个性质。这当然导致一元论,因为有若干实体这一事实(如果这是一个事实的话)不会有那种必不可少的形式。一般说来,哲学家总相信自己不受这种语言形式的影响,但我却觉得他们中大部分人的这种信仰是错误的。在考虑抽象事物时,这些代表抽象物的词与那些普通的词一样不抽象这个事实常常使人们容易考虑这些词而不考虑这些词所代表的东西;要始终一贯地不受诱惑去考虑词,这几乎是不可能的。

那些不屈从于主谓词逻辑的人往往只向前迈进一步,承认诸如前和后、大和小、左和右这样的两项关系。语言适合于对主谓词逻辑的这种扩展,因为我们说"A 先于 B","A 超过 B"等等。人们很容易证明,由这种命题表达的事实不可能是由一个实体占有一个性质,或者由两个或更多的实体占有两个或更多的性质所构成的。(见《数学的原则》,§214)因此,主谓词逻辑的这一扩展就其本身范围而论是正确的,但是很显然,完全相似的论证也能证明进一步的扩展是必然的,而究竟需要扩展到哪一级关系(三项关系、四项关系、五项关系……)我就不知道了。但必定会超过两项关系。例如在投影几何学中,一条线上的点的次序,或通过一条线的平面的次序,都要求四项关系。

语言的特性的一个非常不幸的影响与形容词和关系有联系。所有的词具有同样的逻辑类型;一个词根据人们听到它或读到它而成为交替的一组元音字母的类、声音的类或形状的类。但是词的意义有各种不同的类型；(由一个形容词表达的)属性是与它能被(真或假地)归属的那些对象具有不同的类型；(也许由一个介词，也许由一个及物动词，也许以其他的某种方式表达的)关系与项(在它们之间此关系成立或不成立)具有不同类型。一个逻辑类型的定义如下：A 和 B 具有同样的逻辑类型，当且仅当给出 A 是其中一个成分的任一事实，就有一个以 B 作为一个成分的相应的事实，此事实或是由 B 代替 A 的结果，或是这个结果的否定。例如，苏格拉底和亚里士多德属于同一个类型，因为“苏格拉底是哲学家”和“亚里士多德是哲学家”都是事实；苏格拉底和喀利古拉属于同一个类型，因为“苏格拉底是哲学家”和“喀利古拉不是哲学家”都是事实。热爱和杀害属于同一个类型，因为“柏拉图爱苏格拉底”和“柏拉图不杀害苏格拉底”都是事实。根据这个定义就可以从形式上推出：当两个词具有不同类型的意义时，词与它们所意指的东西的关系有各种不同的类型；也就是说，词和词所代表的东西之间不止一种意义关系，而是有许多的意义关系，它们每一个都有不同的逻辑类型，正如在对象中(对这些对象有词表达)存在逻辑类型一样。这个事实是哲学上的错误和混乱的一个致命的根源。尤其是，这个事实使得用词来表达任何逻辑上有可能真的关系理论时极其困难，因为，语言不能保持关系和它的项之间的类型区别。支持或者反对关系的实在性的绝大部分论证由于这个混乱的根源而失效。

在这一方面，我想稍离主题尽可能简短地谈谈我对于关系的看法。过去我在关系问题上的观点不像我认为的那样清楚，但绝不是批评我的那些人以为它们所是的那些观点。由于我自己的思想缺乏明晰性，我未能传达我的意思。关系问题是很困难的，我还远远不能自称目前对这个问题作了澄清。但我认为在某些观点上我是清楚的。在我著述《数学的原则》(*The Principles of Mathematics*)的那个时期，我尚未看到需要逻辑类型。类型学说深刻地影响了逻辑，我认为它表明了在反对"外部"关系的那些人的论证中有效的成分恰好是什么。但是，类型论完全无助于他们的主要论点，相反，却导致了一种原子论，它比我二十年前认为是可能的任何一种原子论都更加全面和彻底。关系问题是在哲学中产生的最重要的问题之一，因为其他绝大部分的争论总要转到关系上来。这些争论是：一元论和多元论；除了真理的总体之外，任何东西是否完全真实的问题，或者除了实在的总体之外，任何东西是否完全实在的问题；某些形式的唯心论和实在论；也许正是哲学作为与科学不同的并具有它自己方法的一门学科而存在。假如我引用布拉德雷先生的《真理和实在论文集》中的一段话，就会使我的意思明确，引用这段话不是为了争论，而是因为它恰好提出了应该提出的问题。但首先我试图不加论证地说明我自己的观点。①

我花了五年时间主要从事于某些矛盾(其中最简单和最古老的矛盾是关于克利特岛人爱匹门尼德的矛盾。他说所有的克利特岛人都是说谎者，这句话可以化归为一个人说"我正在说谎")的研究，它们终于使我确信：假如没有类型学说就不可能从技术上解决

① 在这个问题上我非常感谢我的朋友维特根斯坦。参见他的《逻辑哲学论》，基根·保罗，1922年。我没有全部接受他的学说，但从中受惠甚多，这一点对读过他这本书的人是很明显的。

这个问题。在技术形式上，这一学说只不过说明：词或符号可以形成有意义的命题的一部分，并且在这个意义上具有意义，但不是总能被代之以在同一个命题或其他命题中的另一个词或符号而不产生废话。用下面的方式陈述，这一学说也许看起来像是一种老生常谈："布鲁特斯杀死凯撒"是有意义的，但"杀死杀死凯撒"则是无意义的废话，因此我们不能用"杀死"代替"布鲁特斯"，尽管这两个词都有意义。这是一个浅显的常识，但不幸的是，几乎所有的哲学都企图忘掉它。例如，下列这些词在本质上都违背了这个常识：属性、关系、复合体、事实、真、假、不说谎者、无所不知。要给这些词以意义，我们不得不间接地利用一些词或符号，以及使这些词可以具有意义的不同方式；即使这样我们通常得到的也不是一种意义，而是无限系列的不同意义。正像我们看到的，词都具有同样的逻辑类型；因此，当两个词的意义属于不同的类型时，这两个词与它们所代表的东西的关系也属于不同的类型。属性词和关系词属于同一个类型，因此我们能够有意义地说"属性词和关系词有不同的用法"。但我们不能有意义地说"属性不是关系"。根据我们的类型定义，既然关系是关系，那么"属性是关系"这句话的形式必定不是假的，而是无意义的；同样，"属性不是关系"这句话的形式必定不是真的，而是无意义的。然而，"属性词不是关系词"这个陈述则是有意义的和真实的。

现在我们可以讨论内部关系和外部关系问题，要记住：对于这两方面的通常的表述与类型学说是不一致的。我首先尽力说明外部关系学说。"项独立于它们的关系"这个说法是没有用的，因为"独立"是一个不意味任何东西的词。在没有从一个事件导向另一个事件的因果连锁里，这两个事件可以被说成是因果上独立的；在狭义相对论里，这种情况发生在事件之间的间隔是似空间（space-like）的时候。显然，“独立”的这种意义是不相干的。如果我们说“项独立于它们的关系”时，我们的意思是“两个具有给定的关系的项，假使它们不具有这种关系也是同样的”，那么这显然是错误的；因为不管这两者是什么，它们总具有这种关系，所以凡是不具有这种关系的东西，就是不同的。如果我们的意思——像外部关系的反对者以为的那样——是说关系是第三个项，它出现在其他两个项之间并且不管怎样都依赖这两个项，那么很显然这是荒谬的，因为这样一来关系就不再是关系了，所有真正作为关系的东西就是关系对项的依赖。把关系作为其他两个项之间的第三项的概念违反了类型论的学说，必须极谨慎地加以避免。

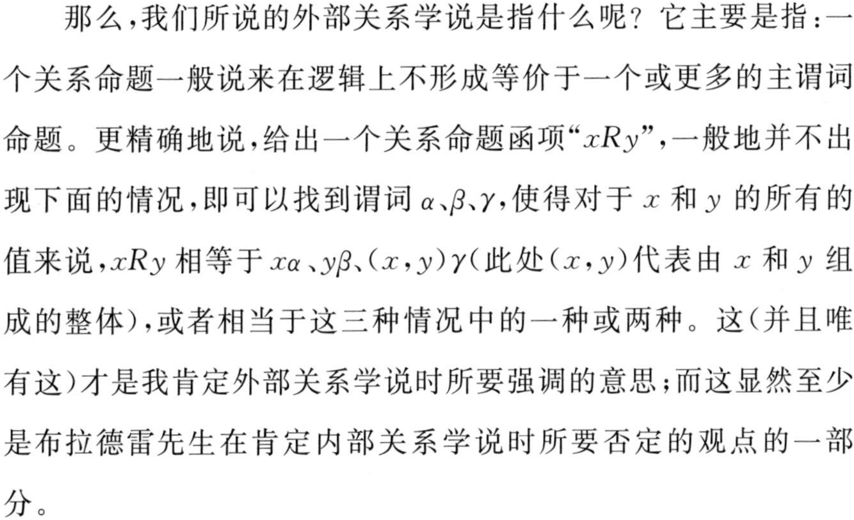

那么，我们所说的外部关系学说是指什么呢？它主要是指：一个关系命题一般说来在逻辑上不形成等价于一个或更多的主谓词命题。更精确地说，给出一个关系命题函项“xRy”，一般地并不出现下面的情况，即可以找到谓词 α、β、γ，使得对于 x 和 y 的所有的值来说，xRy 相等于 $x\alpha$、$y\beta$、$(x,y)\gamma$（此处(x,y)代表由 x 和 y 组成的整体），或者相当于这三种情况中的一种或两种。这（并且唯有这）才是我肯定外部关系学说时所要强调的意思；而这显然至少是布拉德雷先生在肯定内部关系学说时所要否定的观点的一部分。

我宁可谈论“事实”而不谈论“整体”或“复合体”。我们必须要理解“事实”这个词不能够像“单体”（simple）一词那样有意义地出现在句子的任何位置上，事实也不可能出现在“单体”能够出现的地方。我们不可以说“事实不是单体”，却可以说，“如果意义要保持不变，代表事实的符号绝不能代替代表单体的符号，或者反之亦然。”但是，应当看到，在这个句子中，“代表”这个词在使用它的两种不同情况中有不同的意思。假如我们必须讲一种语言，它能保证我们避免犯关于类型的错误，那么，代表事实的符号必定是一个命题而不是单词或字母。事实可以被肯定或否定，但不能被命名。(当我说“事实不能被命名”时，严格地讲这是无意义的。若要避免无意义，可以把这个句子表述为“代表事实的符号不是一个名称”。)这表明，意义怎样是对不同类型的不同关系。意指事实的方式是断定它。意指单体的方式是命名它。显然，命名和断定是有差别的，而相似的差别存在于有关的更高的类型中，尽管语言没有表达这些差别的手段。

布拉德雷先生对于我的观点的考察里还有许多其他问题需要回答，但我现在的目的不是辩论而是解释，我想绕过这些问题。我希望，在关系问题和复合体问题上我所说的已足以阐明我所主张的理论是什么。至于类型学说，我唯一要补充的是，大部分哲学家常常承认它，也有少数人否定它，但是所有的人(据我所知)都避而不对它作精确的表述，或从它那里引出那些有碍于他们的体系的推演。

现在我来谈一谈布拉德雷先生的某些批评(前引书，第 280 页以后)。他说：

“罗素先生的主要观点对我来说一直是难以理解的。一方面我不得不认为他保护的是一种严格的多元论，这种理论只承认简单的项和外部关系。另一方面，罗素似乎又特别强调并且自始至终地使用了这种多元论必定要拒斥的那些观念。他自始至终地拘泥于那些复杂的、不能被分解成项和关系的整体。在我看来这两个观点是势不两立的，因为，按照我的理解，第二点和第一点是绝然矛盾的。”

关于外部关系，我的观点就是我刚才所陈述的那种观点，而不是那些反对者通常归咎于我的那种观点。但是，关于整体，这个问题就更难了。这是一个语言由于其固有性质尤其难以表达的论题。因此，如果我所说的不是我的确切意思，务必请读者原谅；并且，尽管由于不可避免的语言障碍使我未能表达清楚，希望读者仍然能够努力领会我的意思。

首先，我不相信：在有单体的同样意义上也存在复合体或整体。我写作《数学的原则》时却相信这一点。但是，后来由于类型学说我抛弃了这个观点。概要地说，我认为单体和复合体总有不同的类型，也就是说，“存在单体”这个陈述和“存在复合体”这个陈述是在不同的意义上使用“存在”这两个字的。但是，如果我使用“存在”这两个字是它们在“存在单体”这个陈述里的意义上使用的，那么“不存在复合体”这些字的形式既不真也不假，却是无意义的。这说明了在日常语言里，要清楚地阐明我关于复合体想谈的东西是多么困难。在数理逻辑语言中很容易说出我想要说的，但又很难使人们理解我说的是什么意思。

当我说到“单体”时，我应当说明我正在谈论某物，它本身不是被经验的，而仅仅是在推论上被了解为分析的界限。通过更高的逻辑技巧，完全可能避免假定单体，一种逻辑语言将不会把我们引向错误，如果它的简单符号（即那些不再具有可以是符号的任何部分或任何有意义的结构的符号)都代表某一个类型的客体,即使这些客体不是简单的。这种语言唯一的缺点就是不再能处理比简单符号所代表的客体更简单的任何事物。但我承认:复杂的东西必定是由简单的东西组成的,虽然成分的数目也许是无限的,这一点在我看来是明显的(正如莱布尼茨的看法一样)。同样明显的是:古老的实体概念的逻辑用法(即那些不包含时间区间的用法),如果适用的话只能用于单体,其他类型的客体不具有那种和实体相联系的存在(*being*)。从符号学的观点看,一个实体的本质就在于它只能被命名——用过时的语言说,它只作为主词或作为诸关系项之一出现在一个命题里。如果我们视作单体的东西实际上是复合体,那么就可能在命名它时陷入麻烦,而这时我们应当做的是断定它。例如,假如柏拉图爱苏格拉底,不存在"柏拉图对苏格拉底的爱"这个实体(*entity*),只存在柏拉图爱苏格拉底这个事实。在把这说成"事实"时,我们已经使它比我们应赋予它的更实体化,也更具整体性了。

属性和关系虽然可能是不易分析的,但由于它们提出了一个结构,而且也不可能存在任何有意义的符号使它们孤立地符号化,因而与实体不同。属性或关系在命题中似乎是主词的一切命题只有在下面的条件下才可能是有意义的,即这些命题可以具有一个形式,使属性可以被归属、关系可以相关。如果不是这种情况,就会出现这样一种有意义的命题,即在其中属性或关系将占据一个适合于实体的位置,而这就会违反类型论,并且产生矛盾。因此,"黄"(为了说明这是一个属性而作的假定)的专门符号不是单词"黄",而是命题函项"x 是黄的"。此处,符号的结构说明"黄"这个词必须有的位置，如果它是有意义的。同样，关系“先于”不可由这个词表示，而由“x 先于 y”这个符号表示，它说明了该符号可以在其中有意义地出现的那种方式。（此处假定的是：说到属性或关系本身时，我们并不把值赋予 x 和 y。）

代表最简单事实的符号仍然具有“x 是黄的”或者“x 先于 y”的形式，唯一不同的是“x”和“y”不再是未确定的变项，而是名称。

除了我们不能经验到单体本身这一事实，要真正创造一种我一直努力描绘的正确的逻辑语言还有另一个障碍。这就是模糊性。我们所有的词或多或少都受到模糊性的侵害，我说的模糊性是指：这些词是否适用于一个给予的客体，这并不总是清楚的。词的性质多少是一般性的，并且不仅仅适用于单一的殊相，但如果它们适用的殊相是一个确定的集合，那就不会使这些词模糊不清了。但实际上绝不是这种情况。不管这个缺陷事实上要加以克服将会遇到多么大的困难，它仍然是一个很容易想象加以克服的缺陷。

前面关于一种理想的逻辑语言（这种语言对于日常生活自然完全无用）的讨论，其目的是双重的：首先，可以防止从语言的本质到世界的本质的推理，这些推理依赖于语言的逻辑缺陷，因而是荒谬的；其次，可以通过探究一种可避免矛盾的语言的逻辑要求，而提出我们能够合理地假定世界应具有的一种结构。如果我是正确的，逻辑就不能帮助我们在一元论和多元论之间，或者在存在最终关系事实的观点和不存在这类事实的观点之间作出决定。我自己拥护多元论和关系的决定是在我确信与经验根据相反的先验论证无效之后，在经验的根据支持下所采取的。但是，我认为若没有关于逻辑类型论的彻底讨论，就不可能充分地驳斥相反的论证，对此以上的讨论只是一个概述。

然而，这就使我进入我认为是非常重要的方法问题。在哲学上我们该把什么视作材料呢？我们该把什么看作最大可能是真实的呢？如果它和其他证据相冲突，应该被否弃的是什么呢？在我看来，大体上科学比迄今所提出的任何哲学（当然，我只提出我自己的哲学）更可能是真实的。在科学中有许多问题人们能取得一致，在哲学中则不然。因此，尽管科学中的每一个命题都可能是错误的（而实际上必定是某一些命题是错误的），我们也应当明智地将哲学建筑在科学之上，因为哲学上犯错误的危险肯定要大于科学上犯错误的危险。假如我们在哲学上希望确定，事情就会完全不同，但据我所见，这样的希望只是幻想。

有些哲学家的理论一看便知是反对科学的，他们当然总是自称能解释科学，所以科学将在自己的水平上保持真实性，它只具有应当使那些卑微的科学家感到满足的那种二三流的真理。坚持这种观点的那些人一定会——在我看来就是这样——详细说明这个解释如何有效，而我认为这在许多情况下是不可能的。例如，我认为那些不相信关系的实在性的人（在前面解释过的那种意义上）不可能解释科学中那些数不胜数的应用了非对称性关系的例证。即使我找不到解答（例如）布拉德雷先生对关系所提出的那些异议的方法，我也仍然认为很可能有某种解答的方法，因为我认为，在非常精细和抽象的论证中的错误比科学上的错误更可能带有根本性。应当承认，我们以为自己所知道的每件事都值得怀疑，不过，在哲学上我们相信自己所知道的东西与科学的细节相比似乎更值得怀疑，尽管与其最流行的普遍化相比也许不是更值得怀疑的。

解释问题对于几乎所有的哲学都是重要的，我完全不想否认许多科学的结果在它们可以被纳入首尾一致的哲学之前就需要解释。“构造相对于推理”的名言本身就是解释的名言。但我认为任何有效的解释应该使细节不变，尽管细节对根本性的观念可能给出新的意义。在实践中这意谓着**结构**必定被保留下来。对这一点的检验是：科学的一切命题都应当保留，但它们的词项可以有新的意义。在一种非哲学的层次上，一个恰当的例子是光的物理理论与我们关于颜色的知觉之间的关系。这提供了与各种可见的颜色相对应的各种不同的物理事件，因此使得当我们看一条彩虹时，物理光谱的结构和我们所看到的东西的结构是同样的。假如结构不被保留，我们就不能够有效地谈论一种解释，而结构正是一元论逻辑所摧毁的东西。

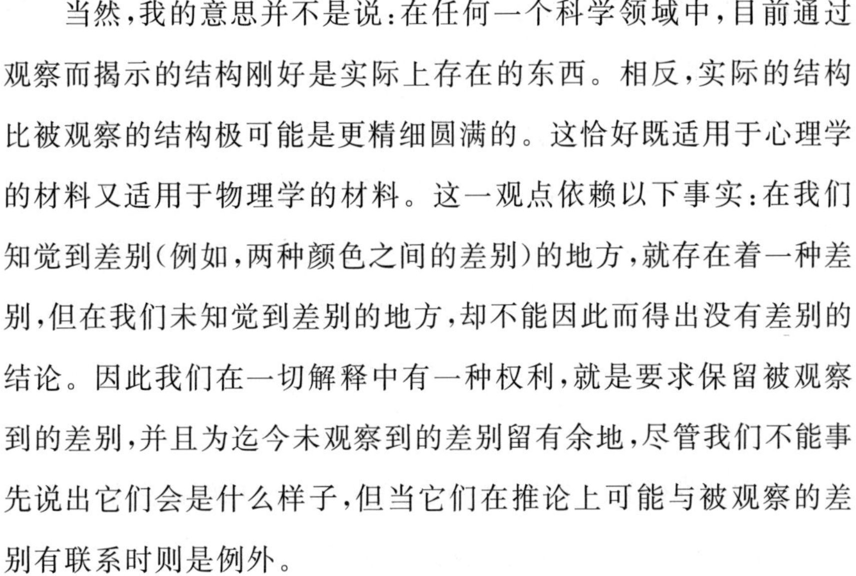

当然，我的意思并不是说：在任何一个科学领域中，目前通过观察而揭示的结构刚好是实际上存在的东西。相反，实际的结构比被观察的结构极可能是更精细圆满的。这恰好既适用于心理学的材料又适用于物理学的材料。这一观点依赖以下事实：在我们知觉到差别（例如，两种颜色之间的差别）的地方，就存在着一种差别，但在我们未知觉到差别的地方，却不能因此而得出没有差别的结论。因此我们在一切解释中有一种权利，就是要求保留被观察到的差别，并且为迄今未观察到的差别留有余地，尽管我们不能事先说出它们会是什么样子，但当它们在推论上可能与被观察的差别有联系时则是例外。

科学中，结构是主要的研究对象。相对性的重要意义大部分来自这样一个事实：它用一个单一的四维簇（空-时）代替了三维的空间和一维的时间这两个簇。这是一种结构上的变化，因此具有深远的影响，但是任何不涉及结构变化的改变都不会造成很大的差别。结构的数学定义和研究（以“关系-数”为标题）是《数学原理》第四部分的内容。

在我看来，哲学的工作本质上是逻辑分析，然后是逻辑综合。与任何专门的学科相比，哲学更关心各门的学科之间的关系和它们之间可能的冲突；特别是，哲学不能默许物理学和心理学之间的冲突，或者心理学和逻辑学之间的冲突。哲学应当是广泛的，应当勇于提出科学尚未能够确证或者驳斥的那些关于宇宙的假设。但是，这些应当总是被陈述为假设，而不应当被陈述为（以往经常如此）好似宗教教义那样的永恒不变的必然之理。进一步说，尽管广泛的构造是哲学工作的一部分，但我认为这不是最重要的一部分。依我看，最重要的部分在于批评和澄清那些易于被视作根本的和未加批评地被接受的概念。我可以提及这样一些例子：心、物、意识、知识、经验、因果性、意志、时间。我认为，所有这些概念都是不精确的和近似的，本质上都受模糊的侵染，都不能成为任何精确科学的一部分。逻辑结构可以从原初事件簇中建构出来，这些结构所具有的性质完全像上述普通概念的性质一样从而说明它们有普遍性，但又完全不像从而在它们被当作基本要素接受时允许大量的错误溜进来。

我提出下列关于世界的一种可能结构的纲要；这只是一个纲要，而且只是作为一种可能性提出来的。

世界是由一些（也许有限的，也许无限的）相互具有各种关系的，或许也有各种性质的实体构成的。每种实体都可以叫做一个

“事件”；从旧式的物理学观点来看，一个事件占据一个短而有限的时间和一个小而有限的空间，但是由于我们不打算具有一种旧式的空间和一种旧式的时间，这个陈述不能从它的字面价值考虑。每个事件对于某些其他事件都具有一种关系，这种关系可叫做“共存”(*compresence*)。从物理学的观点来看，共存事件的集合在空-时中都占据一个很小的区域。一组共存事件的例子是：可以称之为在某一时间一个人的心灵的内容的那些东西——即他所有的感觉、意象、记忆、思想等等，它们在时间上可以共存。在一个感觉中，他的可见视野具有空间的广延，但这不应当与物理学的空-时的广延相混淆。他的可见视野的每一部分都与其他的部分，以及在那个时刻的“他的心灵内容”的其余部分相互共存，而这个共存事件的集合在空-时中占据了一个极小的区域。不仅在有大脑的地方就有这种集合，而且这种集合无处不在。在“虚空”(empty space)的任何一点上，要是有一架照相机，就可以拍到一些星星；我们相信，光传播于光源与我们的眼睛之间的中介区域，因此在这些区域中发生某个事物。假如光从一些不同的源泉到达某个空-时中的最小区域，那么至少相应于这些源泉中的每一个的一个事件就在这个最小区域中存在，而且所有这些事件都是共存的。

我们将把一组共存的事件定义为“最小的区域”。我们发现最小的区域形成一个四维簇，借助于少量的逻辑操作，就能从最小区域中构造出物理学所要求的空-时簇。我们还发现，从许多不同的最小区域中我们常常能挑选出一组事件，从每一组事件中常常能挑选一个事件，这些事件当它们出自临近的区域时非常相似，并且依照可发现律它们从一个区域到另一个区域发生变化。这些可发现律就是光、声等等的传播律。我们还发现，空-时中的某些区域有特殊的性质，这些区域就是所谓被“物质”占据的区域。这样的区域可以通过物理定律汇集成为轨道（*tracks*）或管道（*tubes*），它们更多的是在空-时的一维中而不是在其他三维中延伸。这种管道构成一片物质的“历史”；从这片物质本身的观点看，它在其中最大延伸的那一个维可以称为“时间”，但这仅仅是这片物质的私有时间，因为这种时间并不精确地对应于另一片物质在其中最大延伸的那个维。空-时不仅在一片物质之内是独特的，而且在它的邻域中也是非常独特的；随着空间-时间的距离变大，它就变小；这种独特性的规律就是万有引力定律。

除了比较特殊的某些物质（即神经组织），所有的物质在一定程度上易于形成“习惯”，也就是说，易于以下面这种方式在一个给定的环境中修改它们的结构：当物质相继地存在于一种同样的环境中时，它们以一种新的方式反映出来，但假如同样的环境常常反复发生，这个反映最终变成几乎是一样的，但仍然不同于第一次的反映。（讲到一片物质对它的环境的反映时，我考虑的既是它所包含的一组共存事件的构成，又是空-时中轨道的性质，这种性质构成我们一般应当称之为这片物质的运动的东西；就存在一些把以上二者和环境的特征联系在一起的规律而言，这些东西被称为“对环境的反映”。）我们叫做“心灵”的特殊性质可以从习惯中构造出来，一个心灵是在空-时区域中的许多组共存事件的轨道，在这一区域中有一种特别容易形成习惯的物质。这种容易形成习惯的倾向性越大，心灵就越复杂、越有条理。因此，心灵和大脑实际上没有什么差异，但说到心灵时，我们主要考虑的是有关区域中一组共存事件，以及它们对其他事件的各种关系；这些关系形成我们正在考察的空间-时间管道的历史中其他时期的各个部分，然而，讲到大脑时，我们把一组共存事件视作一个整体，并且把它对于其他各组共存事件的外部关系也视作整体；总而言之，我们考虑的是管道的形状，而不是由它的每个横截面组成的事件。

上述概要的假说当然在许多方面需要扩充和完善，才能完全适合于科学事实。它不是作为一种完满的理论提出的，而只是作为一种可能真的事情的建议提出的。当然，人们很容易想象其他的假说也可能是真实的。例如，有人提出这样一种假说：除了构成我的历史的事件集的序列外，其他什么也不存在。我不相信，有一种方法能取得一种唯一可能的假说，因而依我看，形而上学的确定性是不能获得的。在这方面，我必须承认，其他许多哲学也有优势，因为尽管它们之间有差别，但每一种哲学还是能取得其自身独具的真理的确定性。

论 时 序

这篇文章写于1935年，1936年3月在剑桥哲学学会宣读。它最早发表在该会会刊上。在别处人们把剑桥的道德科学看成哲学，为了避免混淆，值得我们注意的是，罗素是向这样一个组织宣讲这篇论文的：它不是一个通常意义上的哲学组织，而是一个科学组织。

撰写这篇文章时，罗素曾告诉我说，他觉得作下述说明或许在物理学上是很重要的：瞬一般被认为是数学的构造，但是，“人们很容易提出的这种假定并不能证明瞬是可以被建构的”。

这篇文章虽然与罗素1936年的另一篇叫做《决定论和物理学》的论文有紧密的联系，但它不同于他这一时期的其他著作。1934年罗素发表《自由与组织——1814年至1914年》，这本书虽然是他最好的著作之一，但最初却未能引起应有的反响。在《宗教和科学》(1935年)一书里，极端怀疑论和那种过分狭隘的实证主义似乎削弱了罗素的论证。而《通向和平之路》(1936年)则表明：他重新返回到社会哲学，去探究支配欧洲千百万人的思想的那种问题。这本书以及同一年出版的短篇《自我讣告》(1950年重印于《不流行的论文集》)反映了那个时代的情绪。1936年，富兰克林·D.罗斯福(F. D. Roosevelt)曾经告诉他的国民，他们将有一场“命运攸关的结集”，随着欧洲政治向两年以后的慕尼黑九月的日子推移，那种结集的性质日益变得明晰了。

人们或许以为，罗素在1936年所做的最后一件工作是一篇关于数学问题的学术论文，但事实上，这是一篇重要却又鲜为人知的作品，与他多年的、最富成果的数学研究有极密切的关系。我要劝说那些总是说罗素在二十年代就放弃了数学哲学的人们，好好地读一读下面这篇论文。

论 时 序

1936 年

通常人们都一致认为：瞬不是物理的实体而是数学的构造。因此，如果有瞬，它们必定是具有某些特性的事件的类。鉴于我在《我们关于外部世界的知识》(第116—120页)一书里所作的解释，瞬可以最自然地定义为具有下列两个特性的一组事件：

(1)该组中任何两个分子在时间中重叠，即二者都不能完全先于另一者。

(2)该组以外无一事件与所有这些事件相重叠。

于是我们规定：如果在一瞬有某个事件，它早于(即完全先于)在另一瞬的某个事件，那么，这个瞬就早于另外的那个瞬。(注意：当一个事件是作为一个瞬的类的一个分子时，这个事件就发生“在”这一瞬。)

N.维纳(N. Wiener)[①]已经说明了：为使瞬形成序列，需要什么条件。我也(在上面提到的那本书里)说明了：如果在x之后开始的每一事件完全是在x开始时就存在的某些事件之后才开始的，那么，每一事件x就具有第一个瞬。

本文进一步探究瞬的存在条件，以及瞬不存在时会发生什么

① 《剑桥哲学学会会刊》，第17卷(1914年)，第441—449页。

情况。可以表明：瞬的存在需要一些假设，但没有理由认为这些假设是真的——这一事实在物理学上也许具有重要的意义。

关于对这一问题进行数理逻辑的处理，我们只需要一种基本的关系，即完全在先的关系。我们将此关系称作 P。如果两个事件都不是一个完全先于另一个，那么，两个事件就相互重叠，或者是同时发生的，或者（至少部分地）是同时存在的；我们称这一关系是 S。因此可提出：

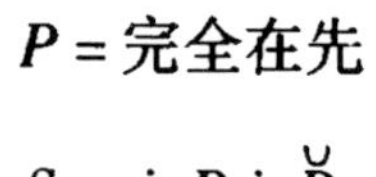

P = 完全在先

$$S = \dot{-}P \dot{-} \breve{P}。$$

由此可推出：并非同时发生的任何两个事件中，其中一个完全先于另一个。我们得到

$$S|P = \cdots\cdots\text{之前开始，}$$

$$S|\breve{P} = \cdots\cdots\text{之后结束，}$$

$$P|S = \cdots\cdots\text{之前结束，}$$

$$\breve{P}|S = \cdots\cdots\text{之后开始。}$$

可以假定：P 和 $S \mid P$ 是传递的，而且无一事件先于自身；即：

$$P \in J . P^2 \in P . (S|P)^2 \in S|P。$$

从 $P \in J$ 可以推论出：对于所有 x 的值，xSx。并得到 $S \mid P \in J$，因为

$$xS|Px . \supset . (\exists y) . xSy . yPx . \supset . (\exists y) . yPx . \sim(yPx)。$$

同样可得，$P|S \in J$。

从 xSx 可以推出 $P \in S \mid P$ 和 $P \in P \mid S$。

从$(S|P)^2 \in S|P$ 和 $S|P \in J$，我们得出$(S \mid P)^2 \in J$。

因而

$$xS|P|Sy . \supset . \sim(yPx)，即\ S|P|S \subset \dot{-}\breve{P}。$$

现在

$$S|P \subset S|P|S . P|S \subset S|P|S。$$

因此

$$S|P \subset \dot{-}\breve{P} . P|S \subset \dot{-}\breve{P}。$$

因而

$$S|P \subset S \dot{\cup} P . P|S \subset S \dot{\cup} P。$$

请注意：$S|\breve{P}|S$ 是 $S|P|S$ 的逆（因为 $S=\breve{S}$）。

因此

$$S|P|S \subset \dot{-}\breve{P} . S|\breve{P}|S \subset \dot{-}P。$$

所以

$$S|P|S \dot{\cap} S|\breve{P}|S \subset S。$$

又，

$$zSx . xP|S|Py . \supset . z(S|P)^2 y . \supset . z \neq y。$$

所以

$$xP|S|Py . \supset . \sim(xSy)，即\ P|S|P \subset \dot{-}S。$$

进而又得到

$$S|P \subset \dot{-}\breve{P} \subset S \dot{\cup} P。$$

所以

$$P|S|P \subset P|S \dot{\cup} P^2 \subset \dot{-}\breve{P}。$$

所以 $P|S|P \subset P$。因而 $P|S|P|S \subset P|S$，即 $P|S$ 是传递的。

因而又得出

$$xS|Py.\supset.\overrightarrow{P}`x\subset\overrightarrow{P}`y.\exists!\overrightarrow{P}`y-\overrightarrow{P}`x。$$

相反，

$$\exists!\overrightarrow{P}`y-\overrightarrow{P}`x.\supset.(\exists z).zPy.z(\breve{P}\dot{\cup}S)x:$$

$$\supset:xS|Py.\vee.xP^2y。$$

$$\supset.xS|Py。$$

因而

$$xS|Py.\equiv\exists!\overrightarrow{P}`y-\overrightarrow{P}`x,$$

并且

$$\overrightarrow{P}`y\subset\overrightarrow{P}`x.\equiv.\sim(xS|Py),$$

并且

$$\overrightarrow{P}`x=\overrightarrow{P}`y.\equiv.\sim(xS|Py).\sim(yS|Px)。$$

并且(对于所有 x 和 y 的值)

$$\overrightarrow{P}`x\subset\overrightarrow{P}`y.\vee.\overrightarrow{P}`y\subset\overrightarrow{P}`x。$$

将 $\alpha A\beta$ 替换 $\alpha\subset\beta.\exists!\beta-\alpha$，即 α 是 β 的真部分，那么

$$xS|Py.\equiv.\overrightarrow{P}`x\,A\,\overrightarrow{P}`y,$$

$$xS|\breve{P}y.\equiv.\overleftarrow{P}`x\,A\,\overleftarrow{P}`y,$$

$$xP|Sy.\equiv.\overleftarrow{P}`y\,A\,\overleftarrow{P}`x.\equiv.yS|\breve{P}x,$$

$$x\breve{P}|Sy.\equiv.\overrightarrow{P}`y\,A\,\overrightarrow{P}`x.\equiv.yS|Px。$$

具有 $\overrightarrow{P}`x$ 形式的类，即 $D`\overrightarrow{P}$ 的分子，构成一个序列，因为

$$(x,y):\overrightarrow{P}`x\,A\,\overrightarrow{P}`y.\vee.\overrightarrow{P}`x=\overrightarrow{P}`y.\vee.\overrightarrow{P}`y\,A\,\overrightarrow{P}`x。$$

因此

$$A \upharpoonright D^{\text{‘}} \overrightarrow{P} \in \mathrm{Ser}。$$

同样，

$$A \upharpoonright D^{\text{‘}} \overleftarrow{P} \in \mathrm{Ser}。$$

这些序列并非互逆。第一个序列通过事件的开始排列它们，第二个序列通过事件的结束排列它们；但一个事件可以在另一个事件之前开始并且在其之后结束。

有 x 和 y 两个事件，使得 $\overrightarrow{S}^{\text{‘}}x = \overrightarrow{S}^{\text{‘}}y$ 恰好包括相同的一段时间；可将 $\overrightarrow{S}^{\text{‘}}x$ 这个类定义为 x 的“期间”（duration）。可以按照下列的时间表将期间排列在一个序列里：如果两个期间不同时开始，就将第一个早些开始；如果它们同时开始，就将第一个早些结束；即

$$N = \hat{\alpha}\hat{\beta}\{(\exists x, y): \alpha = \overrightarrow{S}^{\text{‘}}x . \beta = \overrightarrow{S}^{\text{‘}}y : \overrightarrow{P}^{\text{‘}}x A \overrightarrow{P}^{\text{‘}}y .$$

$$\vee . \overrightarrow{P}^{\text{‘}}x = \overrightarrow{P}^{\text{‘}}y . \overleftarrow{P}^{\text{‘}} y A \overleftarrow{P}^{\text{‘}} x\}。$$

那么

$$N \in \mathrm{Ser} . C^{\text{‘}}N = D^{\text{‘}}\overrightarrow{S},$$

即 N 是一个序列，它的项是所有期间。

现在，我们该讨论瞬和瞬序列的定义。请看

$$\mathrm{In} = \hat{\mu}(\mu = p^{\text{‘}}\overrightarrow{S}^{\text{“}}\mu) \quad 定义，$$

$$T = (\breve{\epsilon} ; P) \upharpoonright \mathrm{In} \quad 定义。[1]$$

① In意为瞬，下同。——译者

第一个定义说，一个瞬是事件的类，这个类等于它所有分子的共有的同时发生物。第二个定义说：如果一瞬的一分子完全先于另一瞬的一分子这个瞬就早于另一个瞬。

我们首先讨论瞬的特性和瞬序列。这里没有提出瞬的存在问题。

$$\alpha,\beta\in \mathrm{In}.\beta\subset\alpha.\supset.p`\overrightarrow{S}``\alpha\subset p`\overrightarrow{S}``\beta.\supset.\alpha\subset\beta。$$

因而

$$\alpha,\beta\in \mathrm{In}.\alpha\neq\beta.\supset.\exists!\ \alpha-\beta.\exists!\ \beta-\alpha。$$

进而得出

$$\alpha\in \mathrm{In}.\supset.-\alpha=P``\alpha\ \cup\breve{P}``\alpha。$$

假定 $\alpha,\beta\in\mathrm{In}$。因此

$$\exists!\ \beta-\alpha.\supset.(\exists y)\cdot y\in\beta\cdot y\in P``\alpha\cup\overrightarrow{P}``\alpha。$$

$$\supset.(\exists x,y)\cdot x\in\alpha\cdot y\in\beta.x(P\,\dot{\cup}\,\breve{P})y。$$

$$\supset\cdot\alpha(T\,\dot{\cup}\,\breve{T})\beta。$$

因而

$$\alpha,\beta\in \mathrm{In}.\supset:\alpha T\beta.\vee.\alpha=\beta.\vee.\beta T\alpha。$$

又，

$$\alpha,\beta\in \mathrm{In}.x\in\alpha.y\in\beta.xPy.\supset.x\sim\in\beta.\supset.\alpha\neq\beta。$$

因而 $T \Subset \mathrm{J}$。同样，从 $P^2 \Subset P$，我们得出 $T^2 \Subset T$。因而

$$T\in \mathrm{Ser}\cdot C`T=\mathrm{In}。$$

因此 T 是一个序列，其域是所有的瞬。

现在该讨论：如果瞬序列是紧致的（即如果两瞬之间有另一个

瞬,即如果 $T \in T^2$),所要求的条件是什么。这要求

$$\alpha, \gamma \epsilon \mathrm{In}. x \epsilon \alpha. z \epsilon \gamma. x P z.$$

$$\supset . (\exists \beta, a, c, y, y'). a \epsilon \alpha. c \epsilon \gamma. \beta \epsilon \mathrm{In}. y, y' \epsilon \beta. aPy. y'Pc。$$

对此,其必要(但不充分)的条件是:

$$P \in S|P|S|P|S,$$

因为,在上面的式子中 $xSa.\ aPy.\ ySy'.\ y'Pc.\ cSz$ 和 xPz。现在,我们一般有 $xS|P|Sx$;这一点只在下列情形中不成立:

$$\overrightarrow{S}`x \cap P``\overrightarrow{S}`x = \Lambda. \overrightarrow{S}`x \cap \breve{P}``\overrightarrow{S}`x = \Lambda,$$

即是说,如果没有 x 的同时出现物在 x 结束之前就结束,或者在 x 开始之后就开始。这样就有 $\overrightarrow{S}`x \epsilon \mathrm{In}$,即是说,$x$ 只持续一个瞬间。如果假定没有一个事件只持续一瞬间,我们总有 $xS \mid P \mid Sx$。所以

$$P|S \in S|P|S|P|S。$$

所以上述条件可归约为

$$P \in P|S,$$

这一点总真。根据上述,对于 $T \in T^2$ 所要求的更进一步的唯一条件是:

$$ySy'. \supset . (\exists \beta). \beta \epsilon \mathrm{In}. y, y' \epsilon \beta。$$

因此,如果(a)无一事件只持续一瞬间,(b)任何两个重叠的事件至少有一个共同的瞬,那么,瞬的序列就是紧致序列。这些条件是充分的;而作为必要的条件稍欠严密。

根据不同的假定可以证明瞬的存在。其中一个假定是:事件可以良序。其他的假定列在下面。然而,没有理由(不管是逻辑的

还是经验的)设想这些假定是真的。如果它们不真,瞬只是逻辑的理想,正像我们将要看到的那样,只能不确定地接近,而不能得到这种理想。

给出任何事件 x,它的期间的第一瞬(如果存在)必定是在 x 一开始就存在的事件类,即 μ,其中

$$\mu = \overrightarrow{S}{}^{\prime}x - \breve{P}{}^{\prime\prime}\overrightarrow{S}{}^{\prime}x。$$

我们得出

$$\mu \subset p^{\prime}\overrightarrow{S}{}^{\prime\prime}\mu。$$

如果 μ 是一个瞬,我们还需要

$$-\mu \subset -p^{\prime}\overrightarrow{S}{}^{\prime\prime}\mu,\text{即} -\mu \subset P^{\prime\prime}\mu \cup \breve{P}{}^{\prime\prime}\mu。$$

 现在,

$$-\mu = -\overrightarrow{S}{}^{\prime}x \cup \breve{P}{}^{\prime\prime}\overrightarrow{S}{}^{\prime}x。$$

既然

$$x \in \mu \quad \text{和} \quad -\overrightarrow{S}{}^{\prime}x = \overrightarrow{P}{}^{\prime}x \cup \overleftarrow{P}{}^{\prime}x,$$

$$-\overrightarrow{S}{}^{\prime}x \subset P^{\prime\prime}\mu \cup \breve{P}{}^{\prime\prime}\mu。$$

又

$$P^{\prime\prime}\mu \subset P^{\prime\prime}\overrightarrow{S}{}^{\prime}x - \overrightarrow{S}{}^{\prime}x \subset \overrightarrow{P}{}^{\prime}x。$$

所以,

$$\breve{P}{}^{\prime\prime}\overrightarrow{S}{}^{\prime}x \subset -\overrightarrow{P}{}^{\prime}x \subset -P^{\prime\prime}\mu。$$

所以,如果 $\mu \in \mathrm{In}$,我们需要

$$\breve{P}{}^{\prime\prime}\overrightarrow{S}{}^{\prime}x \subset \breve{P}{}^{\prime\prime}\mu,$$

即,既然 $\mu \subset \overrightarrow{S}\text{‘}x$,

$$\breve{P}\text{“}\overrightarrow{S}\text{‘}x = \breve{P}\text{“}(\overrightarrow{S}\text{‘}x - \breve{P}\text{“}\overrightarrow{S}\text{‘}x)。$$

对于 μ 要具有第一瞬而言,上述是必要和充分的条件。这说明,如果一事件在 x 开始之后才开始,那么它就完全是在 x 开始时就存在的某一事件之后的事件;即是说,如果 y 在 x 开始之后才开始,那么 x 开始时就存在的某一事件停止在 x 的开始和 y 的开始之间的区间之中。

我们可以用下列两个定义把这个条件简单地表达出来:

一事件 x 的初始同时发生物是那些当 x 开始时就存在的事件,即$\overrightarrow{S}\text{‘}x - \breve{P}\text{“}\overrightarrow{S}\text{‘}x$。

一事件的随后同时发生物是那些与 x 重叠但比 x 迟些开始的事件,即$\overrightarrow{S}\text{‘}x \cap \breve{P}\text{“}\overrightarrow{S}\text{‘}x$。

这样,x 的第一瞬存在的条件就是:

x 的每一随后同时发生物在 x 的某一初始同时发生物的结束之后开始。

为了简化这一条件的形式陈述,令

$$M = S \dot{-} \breve{P} | S。$$

因此,当 x 开始时,$yMx. =. y$ 存在,且

$$\overrightarrow{M}\text{‘}x = \overrightarrow{S}\text{‘}x - \breve{P}\text{“}\overrightarrow{S}\text{‘}x。$$

因此,x 具有第一瞬的条件是:

$$x S | P y . \supset . x M | P y,$$

而所有具有第一瞬的事件的条件是:

$$S|P \mathrel{\subset\!\!\cdot} M|P。$$

同样，令 $N=S \dot{-} P \mid S$，所有具有最后一瞬的事件的条件是：

$$S|\breve{P} \mathrel{\subset\!\!\cdot} N|\breve{P}。$$

关于瞬的存在，我们将会看到其他各种条件。但是，首先我们来讨论，如果 x 没有第一瞬会出现什么情况。为此，若将注意力尽可能地限于 x 的同时发生物（即 $\overrightarrow{S}`x$）是很方便的。所以我们给出：

$$X = P \upharpoonright \overrightarrow{S}`x;$$

就是说，X 是限于 x 的同时发生物的关系 P，那么，

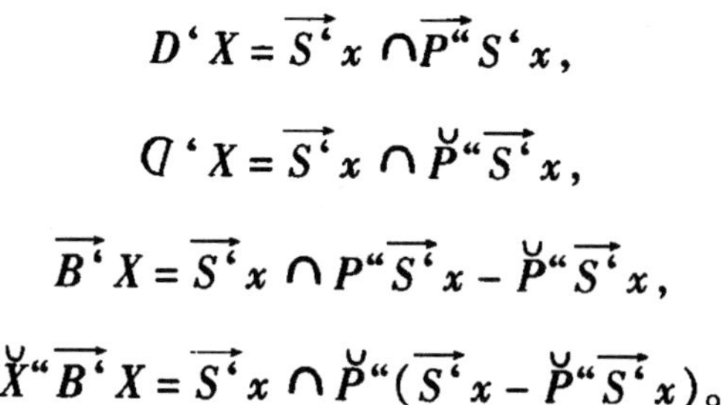

$$D`X = \overrightarrow{S}`x \cap \overrightarrow{P}``S`x,$$

$$\text{ᗡ}`X = \overrightarrow{S}`x \cap \breve{P}``\overrightarrow{S}`x,$$

$$\overrightarrow{B}`X = \overrightarrow{S}`x \cap P``\overrightarrow{S}`x - \breve{P}``\overrightarrow{S}`x,$$

$$\breve{X}``\overrightarrow{B}`X = \overrightarrow{S}`x \cap \breve{P}``(\overrightarrow{S}`x - \breve{P}``\overrightarrow{S}`x)。$$

因此，$\breve{P}``\overrightarrow{S}`x=\breve{P}``\mu$ 这个条件就变成

$$\text{ᗡ}`X = \breve{X}``\overrightarrow{B}`X。$$

假如这一条件不能实现，我们得出：

$$\exists\,!\ \text{ᗡ}`X - \breve{X}``\overrightarrow{B}`X。$$

给出：

$$\beta = \text{ᗡ}`X - \breve{X}``\overrightarrow{B}`X。$$

那么，

$$y \in \beta . \supset . \exists\,!\ \overrightarrow{X}`y . \overrightarrow{X}`y . \subset \text{ᗡ}`X . \overrightarrow{X}`y \subset \beta。$$

这就是说，β 的每一分子具有一些是 β 的前趋，因此在 β 中有无限

下降的序列。这些序列都包含在 x 的开始和当 x 开始时就存在的事件的第一停止点之间。所以,必定没有对它们的期间的下限。它们都是整个 μ 的同时发生物,即

$$\beta \subset p\text{‘}\overrightarrow{S\text{“}}\mu。$$

事实上,

$$p\text{‘}\overrightarrow{S\text{“}}\mu = \mu \cup \beta = \overrightarrow{S\text{‘}}x - \breve{P}\text{“}(\overrightarrow{S\text{‘}}x - \breve{P}\text{“}\overrightarrow{S\text{‘}}x)。$$

进一步又可得出:

$$p\text{‘}\overrightarrow{S\text{“}}(\mu \cup \beta) = \mu。$$

因此,μ 是一个过分小的类,以致不能形成一个瞬,而 $\mu \cup \beta$ 又过分大。因为,如果我们有 $\alpha \subset p\text{‘}\overrightarrow{S\text{“}}\alpha$,但这二者不相等,那么我们就需要扩大 α 因而减少(或者至少不增加)$p\text{‘}\overrightarrow{S\text{“}}\alpha$,以便取得 $\alpha = p\text{‘}\overrightarrow{S\text{“}}\alpha$;但是,如果 $p\text{‘}\overrightarrow{S\text{“}}\alpha \subset \alpha$ 和这两者不相等,那么我们就需要减少 α 因而增加(或者至少不减少)$p\text{‘}\overrightarrow{S\text{“}}\alpha$,以便保证这一相等性。这些讨论可以通过对类 λ 的考察而得到说明,这里

$$\lambda = \mu \cup (\beta - P\text{“}\beta)。$$

我们有:

$$p\text{‘}\overrightarrow{S\text{“}}\beta = \mu; \quad 因而 \quad \mu \subset p\text{‘}\overrightarrow{S\text{“}}(\beta - P\text{“}\beta)。$$

又,

$$p\text{‘}\overrightarrow{S\text{“}}\lambda = p\text{‘}\overrightarrow{S\text{“}}\mu \cap p\text{‘}\overrightarrow{S\text{“}}(\beta - P\text{“}\beta),$$

$$= (\mu \cup \beta) \cap p\text{‘}\overrightarrow{S\text{“}}(\beta - P\text{“}\beta),$$

$$= \mu \cup \{\beta \cap p`\overrightarrow{S}``(\beta - P``\beta)\}。$$

因此，如果

$$\beta - P``\beta = \beta \cap p`\overrightarrow{S}``(\beta - P``\beta)，\text{我们就得到 } \lambda \epsilon In。$$

现在，

$$\beta - P``\beta \subset p`\overrightarrow{S}``(\beta - P``\beta)。$$

所以，如果 $\lambda \epsilon$In，我们要求

$$p`\overrightarrow{S}``(\beta - P``\beta) \subset -P``\beta,$$

即

$$P``\beta \subset P``(\beta - P``\beta) \cup \breve{P}``(\beta - P``\beta),$$

即

$$P``\beta \subset P``(\beta - P``\beta)。$$

这是与先前的条件完全类似的条件（P 代换$\breve{P}$的情形例外），即

$$\breve{P}``\overrightarrow{S}`x \subset \breve{P}``(\overrightarrow{S}`x - \breve{P}``\overrightarrow{S}`x),$$

完全相似的讨论也适用于它。如果给出

$$\gamma = P``\beta - P``(\beta - P``\beta),$$

且如果 γ 不是空的，它含有无限上升的事件序列，这些事件都包含在 $P``(\beta - P``\beta)$的结束和 $P``\beta$ 的结束之间的一段时间之中。

作几个一般的考察或许有助于使这些可能性更明确。假如用 XX'表示 x 的期间，那么

X B A X′

β 的存在就蕴涵一段延续时间 XA 的存在，这样在 X 上存在的事

件就无一在 A 之前停止，但给定任何一个停止在 XA 之内的事件，它不仅在 XA 之内开始，而且具有在 XA 内开始和结束的前趋，而这些前趋又有其他的前趋，以此类推，以至无穷。β 这个类是由那些在 XA 中开始的事件（不管它们在何处停止）所组成的。

现在假设：有一段 BA 的延续时间，使得在 BA 中开始的每一事件也在 BA 中停止。所有这样的事件都包括在 $P``\beta$ 之中。$\beta-P``\beta$ 将是在 X 之后开始和在 A 上停止或在 A 之后停止的事件，根据假设，其中无一是在 BA 之中开始。因此，在 BA 之中开始的所有事件都是 γ 的分子。

关于 X 的假设是：没有一个在 X 存在的事件在 A 之前停止。关于 A 的假设是：没有一个在 A 存在的事件在 B 之后开始。如果这两个假设都被证实，那么 XA 这个期间就没有开始的瞬或结束的瞬。

当然，通过引申上述的程序，我们可以继续定义更小的区域；但是，没有理由假定它们接近了作为它们极限的一个点。

从上述看来是这样：如果有期间的最小值，即如果一个非重叠事件的无限序列必定最终达到任何给定的区域，那么就必定存在瞬；或者反过来说，如果完全由一个给定事件的同时发生物组成的一个 P-序列必定是有限的，那么就必定存在瞬。这可以表述如下：

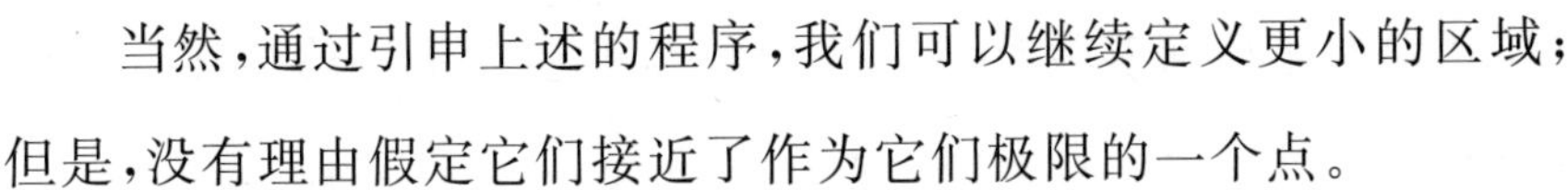

$$(R,x):R\in P.C`R\subset\overrightarrow{S}`x.\supset.\exists!\ \overrightarrow{B}`R。$$

这个假设保证：每一事件都有最初的瞬。如果用 $\overrightarrow{B}`\breve{R}$ 代入 $\overrightarrow{B}`R$，那么就保证每一事件有一个最终的瞬。因此，如果在 x 的同时发生物中不存在非重叠事件的无限序列，x 就有最初的和最终的瞬。

这一要点可以表述如下：如果$\overrightarrow{S}`x - \breve{P}``\overrightarrow{S}`x$ 是一个瞬（正像我们看到的），我们要求

$$bSx . xS \mid Pb . \supset . (\exists a) . aSx . \sim (x S \mid Pa) . a P b。$$

我们给出：

$$a = \overrightarrow{S}`x \cap \overrightarrow{P}`b . a \in \alpha - \breve{P}``\alpha。$$

那么

$$a \in \overrightarrow{S}`x \cap \overrightarrow{P}`b . \overrightarrow{P}`a \subset - \overrightarrow{S}`x \cup - \overrightarrow{P}`b . \overrightarrow{P}`a \subset \overrightarrow{P}`b . \overrightarrow{P}`a \subset P``\overrightarrow{S}`x。$$

所以

$$\overrightarrow{P}`a \subset - \overrightarrow{S}`x,$$

434 所以$\sim (xS \mid \breve{P} a)$。因此$\exists ! \alpha - P``\alpha$ 给出所需要的结果。如果$\sim (xS \mid P^2 b)$，此结果就会出现；如果$\sim (xS \mid P^n b)$，此结果也会出现，其中 n 是任何有限整数。这导致与上述关于瞬的存在一样的假设。

如果有一个事件 a，当 x 开始时它刚好停止，那么 x 有一个最初的瞬。这会在下述条件下发生：

$$a S x . P``\overrightarrow{S}`a \subset \overrightarrow{P}`x,$$

即是说，a 与 x 重叠，但是很快结束的东西绝不会这样。倘若如此，

$$\overrightarrow{S}`x - \breve{P}``\overrightarrow{S}`x \in \text{In}。$$

因为

$$P``\overrightarrow{S}`a \subset \overrightarrow{P}`x . \supset . \overrightarrow{P}`a \subset \overrightarrow{P}`x . \supset . \sim (x S \mid P a)。$$

所以

$$a \in \overrightarrow{S}`x - \breve{P}``\overrightarrow{S}`x。$$

又，

$$x\, S|P\, z . \supset . (\exists y) . x\, S\, y . y\, P\, z。$$

但据假设

$$y\, P\, z . z\, S\, a . \supset . y\, P\, x。$$

所以

$$xSy . yPz . \supset . \sim (zSa)。$$

又，

$$\sim (x\, S|P\, a) . \supset : \sim (\exists y) . x\, S\, y . y\, P\, a :$$

$$\supset : x\, S\, y . y\, P\, z . \supset . \sim (z\, P\, a)。$$

因而

$$x\, S\, y . y\, P\, z . \supset . a\, P\, z。$$

因而

$$z \in \breve{P}``\overrightarrow{S}`x . \supset . z \in \overleftarrow{P}`a。$$

但是

$$a \in \overrightarrow{S}`x - \breve{P}``\overrightarrow{S}`x。$$

所以

$$z \in \breve{P}``\overrightarrow{S}`x . \supset . z \in \breve{P}``(\overrightarrow{S}`x - \breve{P}``\overrightarrow{S}`x)。$$

所以

$$\overrightarrow{S}`x - \breve{P}``\overrightarrow{S}`x \in \mathrm{In}。$$

假设

$$aSx . P``\overrightarrow{S}`a \subset \overrightarrow{P}`x$$

等价于

$$aSx . \sim(aS|\breve{P}|Sx)。$$

因为

$$P``\overrightarrow{S}`a \subset \overrightarrow{P}`x . \supset . P``\overrightarrow{S}`a \subset -\overrightarrow{S}`x . \supset . \sim(aS|\breve{P}|Sx)。$$

且由于

$$P``\overrightarrow{S}`a \subset -\overleftarrow{P}`x , P``\overrightarrow{S}`a \subset -\overrightarrow{S}`x . \supset . P``\overrightarrow{S}`a \subset \overrightarrow{P}`x。$$

因而

$$P``\overrightarrow{S}`a \subset \overrightarrow{P}`x . \equiv . \sim(aS|\breve{P}|Sx) . \equiv . \sim(xS|P|Sa)。$$

因此，关于瞬的存在的充分条件是

$$\dot{\exists} ! \, S \dot{-} S|P|S。$$

如果这个假设被满足，就存在两个事件 a、x，使得

$$aSx . P``\overrightarrow{S}`a \subset \overrightarrow{P}`x . \breve{P}``\overrightarrow{S}`x \subset \overleftarrow{P}`a ,$$

且 a 的最终瞬是 x 的最初瞬。

如果 $S \in S \mid P \mid S$，那么，给出 $Q=P \mid S$ 和 $R=S \mid P$，

$$S \in S|Q \in S|Q^2 \in S|Q^n ,$$

其中 n 是任何有限整数，而且

$$S \in R|S \in R^2|S \in R^n|S。$$

$S \in S|Q^n$ 说的是：如果两个事件 a 和 b 重叠，就存在 n 个事件，其中第一个事件是 a 的同时发生物，第二个事件比第一个迟些结束，第三个事件比第二个迟些结束，以此类推，而 b 比第 n 个事件迟些结束。同样地 $S \in R^n \mid S$ 说的是：如果两个事件 a 和 b 重叠，就存

在 n 个事件，其中第一个事件比 a 迟些开始，第二个事件比第一个迟些开始，以此类推，而第 n 个事件与 b 是同时发生的。如果上述两种情形都不出现，在 a 和 b 这两个事件中一个具有最初的瞬，而另一个具有最终的瞬。

上述的充分条件可以用下列形式说明：

$$(\exists a, x) : a S x : P``\overrightarrow{S`}a \subset \overrightarrow{P`}x . \vee . \breve{P}``\overrightarrow{S`}a \subset \overleftarrow{P`}x。$$

注意：

$$aS|P|Sx . = . a \text{ 在 } x \text{ 的结束之前开始，}$$

$$aS|\breve{P}|Sx . = . a \text{ 在 } x \text{ 的开始之后结束。}$$

因此

$$a(S \dot{-} S|P|S)x . = . a \text{ 在 } x \text{ 的结束时开始，}$$

并且 $$a(S \dot{-} S|\breve{P}|S)x . = . a \text{ 在 } x \text{ 的开始时结束。}$$

请注意下列结果：给出

$$Q = P|S . R = S|P,$$

我们就得出

$$a(S \dot{-} S|P|S)x . \equiv . a \in \overrightarrow{S`}x - R``\overrightarrow{S`}x,$$

$$a(S \dot{-} S|\breve{P}|S)x . \equiv . a \in \overrightarrow{S`}x - \breve{Q}``\overrightarrow{S`}x。$$

我们已经看出，如果

$$a(S \dot{-} S|\breve{P}|S)x \text{，则} \overrightarrow{S`}x - \breve{P}``\overrightarrow{S`}x \in \mathrm{In}。$$

倘若如此，

$$\overrightarrow{S`}x - \breve{P}``\overrightarrow{S`}x = \overrightarrow{S`}x \frown \overrightarrow{S`}a,$$

因为

$$a \dot{-} S|\breve{P}|Sx. \equiv . \overrightarrow{S}`a \subset -\breve{P}``\overrightarrow{S}`x。$$

所以

$$\overrightarrow{S}`a \cap \overrightarrow{S}`x \subset \overrightarrow{S}`x - \breve{P}``\overrightarrow{S}`x。$$

又，

$$aSx. \sim(xS|Pz). \supset . \sim(aPz),$$

和

$$zPa. \supset . zPx, \text{使得 } xSz. \supset . \sim(zPa)。$$

因而

$$xSz. \sim(xS|Pz). \supset . zSa,$$

即

438

$$\overrightarrow{S}`x - \breve{P}``\overrightarrow{S}`x \subset \overrightarrow{S}`x \frown \overrightarrow{S}`a。$$

因而

$$\overrightarrow{S}`x - \breve{P}``\overrightarrow{S}`x = \overrightarrow{S}`x \frown \overrightarrow{S}`a。$$

假设 μ 是瞬，对于此瞬，$\exists ! \ \mu - R``\mu. \exists ! \ \mu - \breve{Q}``\mu$，其中 $R = S \mid P. Q = P \mid S$。这就是说，有一个事件 a，它是 μ 的一个分子，不比 μ 的任何其他分子迟些开始；也有一个事件 b，它是 μ 的一个分子，不比其他分子早些结束。

b

a

因此我们的假设是

$$a \in \mu . b \in \mu : y \in \mu . \supset_y . \sim(aRy) . \sim(yQb)。$$

现在

$$\sim(aRy).\equiv:aSz.\supset_z.\sim(zPy),$$

$$\sim(yQb).\equiv:zSb.\supset_z.\sim(yPz)。$$

因此

$$y\epsilon\mu.\supset_y:aSz.zSb.\supset_z.zSy,$$

即

$$z\epsilon\overrightarrow{S}`a\cap\overrightarrow{S}`b.\supset:y\epsilon\mu.\supset_y.zSy:\supset:z\epsilon p`\overrightarrow{S}``\mu:\supset:z\epsilon\mu,$$

即

$$\overrightarrow{S}`a\cap\overrightarrow{S}`b\subset\mu,\text{即}\overrightarrow{S}`a\cap\overrightarrow{S}`b=\mu。$$

倘若如此，

$$aRc.\supset:c\sim\epsilon\mu:\supset:\sim(cSa).\vee.\sim(cSb),$$

$$aRc.\sim(cSa).\supset.aPc。$$

但是～(aQb)。所以～(cSb)。因此

$$aRc.\supset.\sim(cSb),\text{即}\sim(aS|P|Sb)。$$

因此，给出 $S|P|S=H$，我们就得出

$$\mu\epsilon\text{In}\cdot\exists!\mu-R``\mu\cdot\exists!\ \mu-\breve{Q}``\mu.$$

$$\supset.(\exists a,b).\mu=\overrightarrow{S}`a\cap\overrightarrow{S}`b.a(S\dot{-}H\dot{-}\breve{H})b。$$

相反，假定$\overrightarrow{S}`a\cap\overrightarrow{S}`b\epsilon\text{In}$。给出 $\mu=\overrightarrow{S}`a\cap\overrightarrow{S}`b$。

$$\mu\epsilon\text{In}\supset:d\epsilon\mu.\equiv.\mu\subset\overrightarrow{S}`d。$$

所以

$$\overrightarrow{S}`a\cap\overrightarrow{S}`b\epsilon\text{In}.\supset:d\epsilon\overrightarrow{S}`a\cap\overrightarrow{S}`b.\equiv.\overrightarrow{S}`a\cap\overrightarrow{S}`b\subset\overrightarrow{S}`d。$$

假设 dQb。那么$\exists!\overrightarrow{S}`b\cap\overleftarrow{P}`d$。现在

$$c \epsilon \overrightarrow{S}\text{‘}b \cap \overleftarrow{P}\text{‘}d . dSa . \supset . aRc . \supset . \sim(cPa),$$

$$cSb . bQa . \supset . cHa . \supset . \sim(aPc)。$$

因此

$$c \epsilon \overrightarrow{S}\text{‘}b \cap \overleftarrow{P}\text{‘}d . dSa . bQa . \supset . cSa . \supset . c \epsilon \mu。$$

所以

$$bQa . dQb . dSa . \supset . \exists ! \mu \cap \overleftarrow{P}\text{‘}d . \supset . d \sim\epsilon \mu,$$

由此得出

$$bQa . \supset . \overrightarrow{Q}\text{‘}b \subset -\mu . \supset . b \epsilon -\breve{Q}\text{“}\mu。$$

同样，

$$bRa . \supset . a \epsilon -R\text{“}\mu。$$

现在

$$\sim(bQa) . \equiv . \overleftarrow{P}\text{‘}b \subset \overleftarrow{P}\text{‘}a,$$

$$\sim(bRa) . \equiv . \overrightarrow{P}\text{‘}b \subset \overrightarrow{P}\text{‘}a。$$

因此

$\sim(bQa) . \sim(bRa) . \equiv . \overrightarrow{S}\text{‘}a \subset \overrightarrow{S}\text{‘}b$，由此得出$\overrightarrow{S}\text{‘}a \epsilon \mathrm{In}$。

同样，

$\sim(aQb) . \sim(aRb) . \equiv . \overrightarrow{S}\text{‘}b \subset \overrightarrow{S}\text{‘}a$，由此得出$S\text{‘}b \epsilon \mathrm{In}$。

因而

$$\overrightarrow{S}\text{‘}a \epsilon \mathrm{In} . \vee . \overrightarrow{S}\text{‘}b \epsilon \mathrm{In} . V . \exists ! \overrightarrow{S}\text{‘}a - \overrightarrow{S}\text{‘}b . \exists ! \overrightarrow{S}\text{‘}b - \overrightarrow{S}\text{‘}a。$$

假设

$$y \epsilon \overrightarrow{S}\text{‘}a - \overrightarrow{S}\text{‘}b . bPy . z \epsilon \overrightarrow{S}\text{‘}b - \overrightarrow{S}\text{‘}a . zPa。$$

那么

$$bQa.bRa。$$

因此

$$\overrightarrow{S'}a,\overrightarrow{S'}b\sim\epsilon\mathrm{In}.\overrightarrow{S'}a\cap\overrightarrow{S'}b\epsilon\mathrm{In}.$$

$$\supset:a\epsilon-R``\mu.b\epsilon-\breve{Q}``\mu.\vee.b\epsilon-R``\mu.a\epsilon-\breve{Q}``\mu。$$

因而

$$\overrightarrow{S'}a,\overrightarrow{S'}b\epsilon-\mathrm{In}.\mu=\overrightarrow{S'}a\cap\overrightarrow{S'}b.\supset:$$

$$\overrightarrow{S'}a\cap\overrightarrow{S'}b\epsilon\mathrm{In}.\equiv$$

$$:a\epsilon-R``\mu.b\epsilon-\breve{Q}``\mu.\vee.b\epsilon-R``\mu.a\epsilon-\breve{Q}``\mu,$$

倘若如此，我们就得出$\sim(aS|P|Sb).\sim(bS|P|Sa)$，即另一个开始时这一个停止。

或许有人认为：如果一事件存在时没有最初的瞬，那么，这事件不存在时也将有最终的瞬。但是，这两种情形下的条件是独立的。

与 x 重叠并在 x 之前开始的项是$\overrightarrow{S'}x\cap S``\overrightarrow{P'}x$。刚好在 x 之前结束的项是 $\hat{a}(aPx:aP|Sb.\supset_b.\sim bPx)$，即

$$\overrightarrow{P'}x-P``S``\overrightarrow{P'}x。$$

给出

$$\lambda=\overrightarrow{S'}x\cap S``\overrightarrow{P'}x.\mu=\overrightarrow{P'}x-P``S``\overrightarrow{P'}x.R=S|P。$$

所以

$$\lambda\cup\mu=(\overrightarrow{S'}x\cap S``\overrightarrow{P'}x)\cup(\overrightarrow{P'}x\cap S``\overrightarrow{P'}x-P``S``\overrightarrow{P'}x)$$

$$=S``\overrightarrow{P'}x-P``S``\overrightarrow{P'}x=\overrightarrow{R'}x-P``\overrightarrow{R'}x,$$

并且

$$\lambda = \overrightarrow{S}'x \cap \overrightarrow{R}'x . \mu = \overrightarrow{P}'x - P''\overrightarrow{R}'x。$$

显然，$\lambda \cup \mu \subset p'\overrightarrow{S}''(\lambda \cup \mu)$。我们进一步需要

$$-\lambda - \mu \subset P''\mu \cup \breve{P}''\mu \cup P''\lambda \cup \breve{P}''\lambda。$$

现在，

如果∃! μ，那么，$-\overrightarrow{R}'x = p'\overleftarrow{P}''\overrightarrow{P}'x \subset p'\overleftarrow{P}''\mu \subset \breve{P}''\mu$。

因此，留待要证明的是：

$$P''\overrightarrow{P}'x \subset P''(\lambda \cup \mu)。$$

我们有

$$\overrightarrow{R}'x = \lambda \cup (\overrightarrow{R}'x \cap \overrightarrow{P}'x) = \lambda \cup \overrightarrow{P}'x。$$

因此，必须证明：

$$\cdot \quad P''\overrightarrow{P}'x \subset P''(\lambda \cup \mu)。$$

现在

$$P''\overrightarrow{P}'x \subset P''\lambda . \equiv : a P^2 x . \supset_a . \exists ! \overleftarrow{P}'a \cap \overrightarrow{R}'x \cap \overrightarrow{S}'x。$$

既然 $P \dot{\subset} R$，我们就得出∃! $\overleftarrow{R}'a \cap \overrightarrow{R}'x$。给出 $a = \overleftarrow{R}'a \cap \overrightarrow{R}'x$。假定 $b \epsilon a - R''a$。那么

$$aRb . bRx : bRc . \supset_c . \sim(aRc . cRx)。$$

但是 $R^2 \dot{\subset} R$。所以

$$aRb . bRx : bRc . \supset_c . \sim(cRx)，即 aRb . bR \dot{-} R^2 x。$$

现在 $bR \dot{-} R^2 x . \supset . bSx$，除非 $\overrightarrow{S}'x \epsilon \mathrm{In}$。因为

$$b \dot{-} R^2 x . \supset : bS | P | S\, \omega . \supset_\omega . \sim (\omega P x)。$$

所以

$$bS | P | Sb . \supset . \sim (bPx) . \text{又 } bR\, x . \supset . \sim (xPb)。\text{因而}$$

$$bS | P | Sb . \supset : bR \dot{-} R^2 x . \supset . bSx。$$

但是

$$\sim (bS | P | Sb) . \supset : \overrightarrow{S}`b \cap P``\overrightarrow{S}`b = \Lambda . \overrightarrow{S}`b \cap \breve{P}``\overrightarrow{S}`b = \Lambda :$$

$$\supset : \overrightarrow{S}`b \subset p`\overrightarrow{S}``\overrightarrow{S}`b : \supset : \overrightarrow{S}`b = p`\overrightarrow{S}``\overrightarrow{S}`b :$$

$$\supset : \overrightarrow{S}`b \in \text{In}。$$

因而

$$\overrightarrow{S}`b \sim \in \text{In} . \supset : bR \dot{-} R^2 x . \supset . bSx。$$

进一步 $bR \dot{-} R^2 x . aP^2 x . \supset . aPb$。因为

$$(\exists c) . aPc . cPx , \therefore bSa . \supset . bRc . \supset . bR^2 x , \therefore \sim (bSa) , \therefore aPb。$$

因而

$$aP^2 x . bR \dot{-} R^2 x . \supset . b \in \overrightarrow{S}`x \cap \overrightarrow{R}`x . aPb。$$

因此

$$\exists ! \overrightarrow{R}`x - R``\overrightarrow{R}`x . \supset : P``\overrightarrow{P}`x \subset P``\lambda . \vee . \overrightarrow{S}`x \in \text{In}。$$

因而

$$\exists ! \overrightarrow{P}`x - P``\overrightarrow{R}`x . \exists ! \overrightarrow{R}`x - R``\overrightarrow{R}`x .$$

$$\supset : \overrightarrow{R}`x - P``\overrightarrow{R}`x \in \text{In} . \vee . \overrightarrow{S}`x \in \text{In}。$$

现在

$$\overrightarrow{P}`x \subset P``\overrightarrow{R}`x . \supset : S``\overrightarrow{P}`x \subset S``P``\overrightarrow{R}`x . \supset . \overrightarrow{R}`x \subset R``\overrightarrow{R}`x。$$

因此

$$\exists ! \overrightarrow{R}`x - R``\overrightarrow{R}`x . \supset . \exists ! \overrightarrow{P}`x - P``\overrightarrow{R}`x。$$

因而

$$\exists ! \overrightarrow{R}`x - R``\overrightarrow{R}`x . \supset : \overrightarrow{R}`x - P``\overrightarrow{R}`x \in \text{In} . \vee . \overrightarrow{S}`x \in \text{In}。$$

$\exists ! \overrightarrow{R}`x - R``\overrightarrow{R}`x$ 这个条件是充分的，但是我们并没有表明这个条件是必要的；它意指：有一个项，它刚好在 x 之前开始。试想一种戴德金(Dedekind)的分割法，x 或许没有最初的时刻，但该项是在 x 之前的那段时间结束时开始的。

总起来说：当事件的全类可以良序时，而且当有一些方法能建构一定种类的良序的事件序列时，瞬的存在就能得到证明。但是，在没有这些可能性的情况下，如果在某一事件开始(或结束)时存在的所有事件都能在其他事件开始和停止的时期(或者先前在这样一个时期中存在过)继续存在，那么，我不知道是否还有其他方法能证明瞬的存在。

关于瞬的存在的一个充分条件是

$$\dot{\exists} ! \, S \dot{-} S | P | S。$$

另一个条件是，给出 $M = S \dot{-} \breve{P} | S$，

$$S | P \in M | P,$$

这就保证每一事件都有一个最初的瞬；与此同时，给出 $N = S \dot{-} P | S$，

$$S | \breve{P} \in N | \breve{P}$$

这个条件保证每一事件都有一个最终的瞬。

逻辑实证主义

很少有哲学家像罗素那样直截了当地并且卓有成效地改变自己时代的思想。这有时将他置于一种异常特殊的地位：他既是一位继承了1914至1918年大战之前的古典风格的大作家，又是一位活跃而且善辩的当代名人。在他撰写巨作《数学原理》(与怀特海合作)的那个时期，按照平常的标准，他还是一个青年人；《数学原理》最后一卷于1913年出版时，他年仅四十一岁。借用一个古老的笑话来说，过去三十年来，我们一直不得不作出这样的区分：一位是我们都很敬佩的伟大的哲学家伯特兰·罗素(Bertrand Russell)，另一位是我们常常不能同意其见解的，甚至只把他称作"罗某某"先生的人(Mr. B* rtr* nd R* ss* ll)。

现代英国哲学(以及已显示出其影响的那部分近代美国哲学)的全部特性可以追溯到于十九世纪末在剑桥罗素和摩尔的思想发生变革所产生的结果。罗素和怀特海对新逻辑的系统表述为由罗素和摩尔所发展的哲学概念、哲学问题和方法提供了一种严格的科学程序，这种新逻辑比先前人们所知道的任何逻辑都要更广泛和更强有力。

哲学家的生活历程是很有意思的，有些人(例如休谟)在青年时期就作出了最伟大的业绩，而晚年又转向其他的事业；另一些人

（例如康德）在青年时并不是出类拔萃的人物，只是到了中年才展现出自己确实非凡的天资。随着年龄的增长，罗素在思想和著作中提出的论题与他在二十世纪早期所致力的那些论题相距很远。他在1920年以前提出的许多观点在很长一段时间不是由他本人，而是由别人发展起来的。因此，从《形而上学评论》期刊上重印的这篇论逻辑实证主义的文章相当有意思，因为，它是从一个人（对于逻辑实证主义的全部观点，他或许比其他任何人都更负有责任）特有的优越地位来鸟瞰二十世纪这一主要哲学趋向的。

本文的一部分收进《人类的知识——其范围和限度》(1948年）一书。这里是全文第一次重新发表。

逻辑实证主义

1950年

“逻辑实证主义”这一名称代表的是一种方法,而不是某一种结果。如果一位哲学家这样主张:不存在专属于哲学的特殊认识方式,那些事实问题只能用经验的科学方法来决定,而那些不必诉诸经验就可以决定的问题或是数学的问题,或是语言的问题,那么,他就是一名逻辑实证主义者。这一学派的许多人往往简要地将他们的立场描述为决意要拒斥“形而上学”。但是,“形而上学”这个词如此模糊,以致这一描述没有任何精确的意义。我宁愿这样说:事实问题只有诉诸观察才能决定。例如,十七世纪的大陆哲学家们坚决主张:因为灵魂是实体(*substance*),而实体是不可毁灭的,所以灵魂必定是不死的。逻辑实证主义者一定会驳斥这个论证,但是他不必主张灵魂有死,因为他可能会认为,只有心灵的研究才能对生存问题提供经验的证据。

然而上述这一点还不能使逻辑实证主义者同早期的经验论者相区别。两者的显著差别在于对数学和逻辑的关注,以及对传统哲学问题的语言方面的重视。从洛克到约翰·斯图亚特·穆勒的英国经验主义者很少受到数学的影响,他们甚至有些敌视源自数学的世界观。另一方面,直到康德的大陆哲学家却认为数学是范型,其他的知识都应当近似这个范型,并且认为,纯粹的数学或相似的推理类型可以得出关于现实世界的知识。逻辑实证主义者，虽然像莱布尼茨或康德那样对数学有同样的兴趣并受到数学的影响，但却是十足的经验论者。他们能够通过对数学命题的新解释，将数学与经验主义结合起来。正是这种对数学基础和数理逻辑的研究为这个学派提供了技术基础，倘若完全不了解这个基础，就不可能正确地评价形成他们的观点的那些依据。

从毕达哥拉斯起，数学就与神秘主义结合在一起。柏拉图的永恒世界就是受数学的影响。亚里士多德虽然比柏拉图多了一些经验的、生物学的东西，却仍旧把计算能力看得非常了不起，以致认为灵魂的这一算学部分必定是永恒不灭的。近代的斯宾诺莎把几何学作为模型，希望从自明的公理中推演出宇宙的性质。而莱布尼茨认为：所有的问题都可以通过推理来确定，在他论述使用通用语言（*Characteristica Universalis*）可以取得什么时好像讲到了这一点："倘若有了这种语言，我们就能够在形而上学和道德方面进行推理，所使用的方法与几何学和分析中所使用的方法完全一样。"[①]并且又说："要是有争议的话，不需要在两个计算家之间也不需要在两个哲学家之间进行辩论。只要他们这样做就足够了：手里拿着笔，面对面坐在石板前，然后互相说（如果他们愿意，可以让朋友来作证）：让我们来算一算吧。"[②]

康德的知识论不能从他的以下信仰中解脱出来：数学命题既是综合的又是先验的。在我看来，我自己最初关于数学原理的研

① 《莱布尼茨全集》(*Leibnizens gesammelte Werke*)，皮尔兹和戈哈德版，第七卷，第21页。

② 同上书，第200页。

究，首要的兴趣就在于反驳了以下观点：数学命题所断言的东西要超过演绎逻辑证明为正确的东西。

黑格尔（特别在他的《大逻辑》一书里）对数学作了完全不同的利用。这些十七八世纪的伟人们对他们新方法的成果留下很深的印象，因此不再费精力去检验这些方法的基础。尽管他们的论证是荒谬的，但天意却设法使他们的结论或多或少是正确的。黑格尔抓住数学基础中那些含混费解的地方，将它们转化为辩证的矛盾，并且通过毫无意义的综合来解决这些矛盾。值得人们注意的是：他在这个领域里的那些极其荒谬的论点由恩格斯在《反杜林论》那本书中又提了出来，随之而来的结果是，如果你在苏联生活，并且仔细考虑在过去的一百年里在数学原理方面所做出的成果，你就得冒被清洗的重大危险。

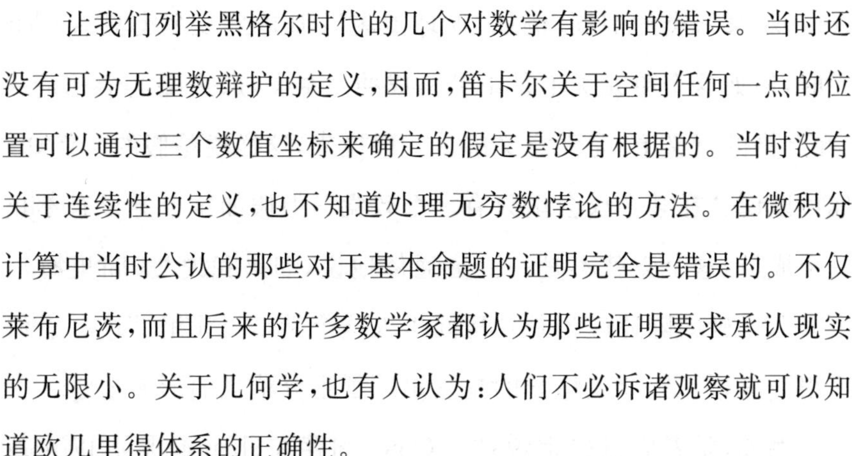

让我们列举黑格尔时代的几个对数学有影响的错误。当时还没有可为无理数辩护的定义，因而，笛卡尔关于空间任何一点的位置可以通过三个数值坐标来确定的假定是没有根据的。当时没有关于连续性的定义，也不知道处理无穷数悖论的方法。在微积分计算中当时公认的那些对于基本命题的证明完全是错误的。不仅莱布尼茨，而且后来的许多数学家都认为那些证明要求承认现实的无限小。关于几何学，也有人认为：人们不必诉诸观察就可以知道欧几里得体系的正确性。

上述谬论所导致的疑难于十九世纪全部得到廓清，但不是通过那些堂皇的哲学学说（例如，康德或黑格尔的哲学学说），而是通过对细节进行耐心的考察。第一步工作是罗巴切夫斯基的非欧几何学，这一学说表明：只有经验的观察才能确定欧几里得几何学在现实空间中是否正确，而作为纯数学的一部分的几何学则不能说明现实的空间，如同乘法运算表不能说明现实中的一个城镇的人口一样。

下一步是维尔斯特拉斯在微积分计算方面的研究，它取消了无限小而以极限来代替。接着是乔治·康托尔的连续性定义和无穷数的算术。最后是弗雷格关于基数的定义以及他的以下证明：算术不需要演绎逻辑所不需要的概念和前提。似乎很奇怪，尽管人们使用数字已经有几千年了，但是在1884年弗雷格给数下定义之前竟没有人能够给“数”或任何特殊的数下定义。或许更奇怪的是，从那时起十八年之后我才读了弗雷格的著作，而在这之前竟无人注意他所取得的成就。

关于数字1的定义在澄清形而上学的混乱时至关重要。“一”(one)是某些类的谓词，例如“地球卫星”；但是当一个类只有一个元时，假如这个单元类不是由类构成的一个类，那么说这个元是一(在严格的意义上)是无意义的。一般说来，这样说是假的。例如，你可以说：“在某个议会里只有一个政党”，但假如这个党里有不止一个成员，这个党就不是一。更通俗地说，如果我说“房间里有三个人”，正确的陈述应当是：“房间里人这个类是三元组。”这一点似乎很浅显，但是，令人惊异的是它拒斥了十分糟糕的形而上学。

例如，学者们过去常说：“一(one)和存在(being)是可以互换的名词。”那么，看起来就是这样的：“一”不是概念所适用的事物的谓词，而是概念的谓词；“一”这个谓词适用于“地球卫星”，但不适用于月亮。而且，由于其他的理由，“存在”同样只适用于某些摹状词，却不适用于这些词所描述的事物。我们将会看到，这些区别结束了从巴曼尼德和柏拉图直到现代的许多形而上学家的论证。

数学原理的这一发展使人们联想到哲学的疑难也要通过耐心和清晰的思考来解决，在许多例子中都出现这样的结果：原初的问题被表明是无意义的。逻辑实证主义主要源自这种联想。卡尔纳普一度坚持认为：所有哲学问题都源自句法的错误，一旦纠正了这些错误，这些问题要么不复存在，要么显然是不可以由论证来解决的。我认为，他不会仍坚持这种极端的立场。但是，毫无疑问，正确的逻辑句法具有一种先前没有被认识的重要性，而逻辑实证主义者正确地强调了这种重要性。

第一次世界大战后不久发表的维特根斯坦的《逻辑哲学论》对句法给予很大的重视。这本书对于“维也纳小组”的形成起了极大的促进作用。逻辑实证主义最初就在这个小组里形成明确的学派。在他们因希特勒和德国对奥地利的吞并而解散之前，这个小组和令人钦佩的《认识》期刊一直干得很出色。语言的分层学说就是由维也纳学派发展起来的，我过去曾简单地认为，这一学说是避免维特根斯坦的相当独特的句法神秘主义的一种方法。维特根斯坦认为，一个句子的形式只能被显示，不能被陈述。按他的学说，对形式的理解在严格的意义上是说不出来的，只能靠某种神秘的顿悟。这种观点与逻辑实证主义的精神完全相异。因此，维也纳小组在承认了维特根斯坦提出的问题之后，还要寻求解决这些问题的其他方法，这是很自然的。

看起来，任何给定的语言在下述意义上都必定具有某种不完满性，即：关于这种语言有一些东西可说，但又不可能用这种语言说出来。这一点和悖论——说谎者悖论、非自身元素的类的类悖论,等等——是有联系的。在我看来,这些悖论的解决需要一种“逻辑类型”的层次划分,而语言分层学说就是属于这种观点。例如,如果我说“语言L中的所有语句或真或假”,那么,这句话本身不是语言L中的一个语句。正像卡尔纳普所说明的,有可能建构一种语言,在其中关于这种语言的许多东西可以说出来,但绝不是所有东西都可以说出来:有些东西将永远属于元语言。例如,存在数学,但是不管“数学”怎样被定义,都将有一些关于数学的陈述,这些陈述将属于“元数学”,我们必须将它们从数学中排除出去,否则就要出现矛盾。

如今,逻辑、逻辑语形学和语义学在技术上已经有了很大的发展。在这方面,卡尔纳普做的工作最多。塔尔斯基的《形式化语言中的真理概念》是一本非常重要的书。如果拿它和过去哲学家们界说“真理”的种种努力相比较,它显示出来自全部现代技术的更强大的力量。这并不是说困难都完全解决了。哥德尔的研究导致了一组新的疑难,特别是他的论文《论〈数学原理〉及其有关系统的形式上不可判定命题》(1931年)。在这篇文章中,他证明了在任何形式系统中都有可能构造一些语句,其真或假不可能在这个系统之内来判定。这里,我们又面临层次划分的本质必然性,层次一直向上延伸至无限,而且在逻辑上不可能被封闭。

这全部问题已经变得如此专业化,如此易于具有准数学的确定性,以致几乎不能将其视作属于从前所理解的哲学。它确实解决了似乎是哲学的问题,而牛顿在著述他所谓的“自然哲学”时就是这样做的。但是,我们现在不再把行星理论视作哲学的一部分。我认为,根据同样的理由,关于逻辑、语形学和语义学方面的许多近期成就也应当视作确定的知识，而不是哲学的思辨。

迄今为止我所讨论的题目都来自对数学和逻辑的考察。我现在讨论逻辑实证主义就经验知识必须要说的东西。在这方面，我发现自己在某些重要观点上不再和大多数逻辑实证主义者的意见一致了。

这方面有两个不是完全无关的问题：一个是关于相对于演绎推论的科学推论；另一个是关于所谓语句的“意义”(significance)指什么。

关于科学推论的问题是一个自休谟时代以来始终就很尖锐的问题。人们往往把所有被看作科学中有效的而不是由演绎规则证明是正确的那些推论划在“归纳”的范围。我自己则认为：在这个问题上归纳并不像人们所想象的那样重要。下列几点是明确的，大致可以肯定的：(1)相对于演绎推论的科学推论只能作出具有可能性的结论；(2)要做到上面这一点只能通过假定一些或一个公设，对此并不存在或不可能存在经验的证据。对于经验论者来说，这是一个很棘手的结论，但这似乎是不可避免的。在本文中我不想深入讨论上述问题，而是要考察那种认为“意义”和“认识”都局限于经验的学说。

在我看来，一些现代经验论者——特别是大多数逻辑实证主义者——误解了认识与经验的关系。如果我不错，这个误解来自两个错误：第一个是对“经验”概念的不恰当的分析；第二个是关于某个指定的性质属于某个(未定的)主体这个信念中包含何物的错误。由此又引出两个特殊问题：一个是关于意义，另一个是关于所谓“存在命题”(即具有“某事物有这个性质”这一形式的命题)的认识。一方面有人主张,如果不存在某个已知的证实一个陈述的方法,这个陈述就不是“有意义”的;另一方面又有人主张,如果我们不提及一个具有该性质的特定主体,就不可能认识“某事物有该性质”。我想说明拒斥这两种意见的一些理由。

我们先从常识观点来考虑一下这两个问题,然后再考察其中的抽象逻辑部分。

我们从证实开始讨论。有些人认为:如果不制止原子战争,就可能导致地球上生命的灭绝。我所关心的不是这一看法是否正确,而是这个命题是否有意义。然而,这是一个不可证实的命题,因为,倘若生命灭绝了,谁会留下来证实这个命题呢? 留下的只有贝克莱的上帝,我可以肯定,逻辑实证主义者不会去乞求这个上帝的。如果时间不是向前而是向后,我们都会相信地球上曾经有一个时期没有生命。那些认为可证实性对于有意义是必要的人不想否定这样的可能性,而为了承认这一可能性,就不得不不太确切地定义“可证实性”。有时,一个命题被视作“可证实的”,如果有任何支持它的经验证据。也就是说,“所有 A 是 B”是“可证实的”,如果我们知道一个是 B 的 A,而且不知道一个不是 B 的 A。然而,这一观点导致逻辑上的荒谬。假定不存在一个我们知道它是否是 B 的单个的 A 的元素,而存在一个我们知道它不是 A 的一个元素而是一个 B 的对象 X。假设 A′是由类 A 和对象 X 共同组成的类,那么,根据定义“所有 A′是 B”是可证实的。既然这一点蕴涵“所有 A 是 B”,就可以推导出:只要任何地方存在一个已知是 B 的单一对象,“所有 A 是 B”是可证实的。

现在我们来讨论一种不同的推广,就像我们在自然种类学说

中想做的那样。我心里想的推广具有以下形式:“类A的所有谓词适用于对象B。”

应用同样的“可证实性”定义,如果有些或至少一个类A的谓词从经验上已知对于B是适用的,上述这个推广就是可证实的。如果不是这种情况,假定P是某个已知适用于B的谓词,而A′是由类A和P共同组成的类,那么,“类A′的所有谓词适用于B”是可证实的,因此,“类A的所有谓词适用于B”也是可证实的。

从以上两个证明过程可以推导出:如果任何事物已知有任何谓词,那么,所有的推广都是“可证实的”。这个结论出乎我们的意料之外,它表明上述关于“可证实性”的宽泛定义是无价值的。但是,若不允许某种宽泛的定义,我们就不可能避免悖论。

下一步讨论含有“有些”或它的同义词的命题,例如“有些人是黑人”或“有些四足动物没有尾巴”这样的命题。按照惯例,人们是通过实际例子认识这类命题的。假如有人问我:“你怎么知道有些四足动物没有尾巴呢?”我可以回答说:“因为我曾经有一只无尾巴的曼岛猫。”我想要反驳的那种观点认为,这是认识这类命题的唯一方式。布劳维尔在数学中主张这种观点,其他一些哲学家在关于经验对象的问题上也主张这种观点。

从这种观点导致的悖论与从上述关于可证实性的学说导致的悖论十分相似。以下面这个命题为例:“雨有时落在无人看见的地方。”明智者都不否认这一点。但是,要提及一个从未被人注意过的雨点是不可能的。若否定我们知道存在着一些没有被任何人观察过的事件,这是与常识不相容的,但是,如果只有当我们能够提及我们观察过的A时我们才能认识“存在A”这类命题的话,这样的否定就是必然的。有谁会认真地坚持认为海王星和南极大陆在被发现之前并不存在呢？只有贝克莱的上帝有能力再次使我们避开悖论。或者再举一个例子：我们都相信地球内部有铁，但是我们不可能提供超过最深矿井深度的实例。

我所反对的那种学说的坚信者们解释说，这类事实是假设的。他们说，“存在着未被发现的铁”这个陈述是缩写语，其完整的陈述应当是“要是我做了某些事情，我便会发现铁”。为了精确起见，我们举以下陈述为例：“离地球表层一千公里以下有铁。”任何人都不可能找到这种铁，而且，谁又能知道一个人找到的是什么呢？只有通过认知才能发现那里有什么。前提可能恒假的假设什么也不能说明。我们再看这个陈述：“曾经存在一个无生命的世界。”这不可能是指“要是我当时活着，我就会看到没有任何东西是活着的”。

现在让我们根据一种严格的逻辑观点更形式地考察以上这两种学说。

A 意义和证实

有这样一种理论：一个命题的意义在于它的证实方法。从这个理论得出：(a)不能被证实或证伪的东西是无意义的；(b)被同一事件所证实的两个命题具有相同的意义。

我反对上述这两个推论。我认为，提出这两种观点的人并未充分认识它们的含义。

首先，从实践上看，所有上述观点的拥护者都把证实看作一个**社会**问题。这意味着他们是从后一阶段着手处理这个问题，却没有意识到它的早期阶段。他人的观察材料不是我的感觉材料。我认为,只有我所知觉和记忆的东西才存在这个假设在它所有可证实的后承中是与其他的、也有知觉和记忆的人存在这个假设相一致的。如果我们相信其他那些人的存在——因为只要承认证据,我们就必须相信他人的存在——我们必须拒斥意义等同于证实的观点。

“证实”往往定义得很不严格。关于证实唯一严格的意义是:一个断定有限多的将来事件的命题是“已证实的”,只要所有这些事件已经发生,并且被某一人在某一瞬间有所感知或记忆。但这还不是“证实”这个词通常被使用时的那种意义。人们习惯于说:一个一般命题,在发现其所有能得到检验的后承都是真的时候,它就是已证实的。在这种情况下往往可以断定,那些没有被检验的后承也可能是真的。但这不是我现在所关心的问题。现在我想讨论的是下面这种理论:两个命题在其被证实的后承相同时具有相同的意义。我说的是“被证实的”而不是“可证实的”;因为,直到世上最后一个人死去时,我们才能知道“可证实的”后承是否相同。例如,“所有人都有死”。1991 年 2 月 9 日那天将诞生一个不死的人,这也是可能的。“所有人都有死”的目前可证实的后承与下面这个句子的后承相同:“所有在时间 t 之前诞生的人,而不是所有在时间 t 之后诞生的人,是有死的”,其中 t 是迄今不多于一个世纪的任何时间。

如果我们坚持用“可证实的”而不是“被证实的”这个词,我们就不可能知道一个命题是可证实的,因为这会涉及不确定的遥远未来的知识。事实上,一个可证实的命题本身是不可证实的,这是

因为要说明一个一般命题的所有未来的后承是真的这一点本身就是一个一般命题,其实例不可能全部列举出来。任何一个一般命题不可能建立在纯粹的经验证据上,除非把它用于清单上已被观察过的所有殊相。例如,我可以说:“某某村庄的居民是A先生和A夫人、B先生和B夫人……,以及他们的家人。所有这些居民都是我亲自认识的,而且所有人都是威尔士人。”[①]但是,当我不能列举一个类的诸分子时,根据纯粹经验的理由,我就不能证明关于这个类的那些分子的任何概括,只能证明从类的定义分析地推导出的结果。

还应说明支持证实者的另一种观点。证实者极力主张在以下两种情况中存在区别。在第一种情况下,我们具有两个命题,迄今为止它们的后承一直是难以区分的,但其将来的后承或许是可区分的;例如,“所有人都有死”和“公元2000年以前出生的所有人都有死”。在另一种情况下,我们具有两个命题,其可观察的后承是绝不可区分的。这种情况尤其出现在形而上学的假设中。星空在任何时间都存在的假设,以及当我看见星空时它们才存在的假设,在所有的我可以检验的后承中恰好是相同的。尤其是在这样的情况下,意义等同于证实,因此可以说,以上两个假设具有相同的意义。我特别要否定的就是这个观点。

最明显的例子或许是他人的心灵。存在着其他的具有差不多同我一样的思想和情感的人们这个假设与他人仅是我的幻觉的一部分这个假设并不具有相同的意义。然而这两个假设的可证实的

① 这种普遍列举的陈述含有许多难点,但是对它们我不打算进行讨论。

后承是相同的。由于我们相信的东西是真实的人，因而我们都感受到爱与恨，同情与厌恶，钦佩与轻视。这种信念的情感后承与唯我论的后承完全不同，但是可证实的后承则不然。据我看，其情感后承完全不同的两种信念实质上具有不同的意义。

但是，这是一种实践的论证。我应当更进一步地指出，作为一种纯理论问题，倘若不陷入无限倒退，你就不能在一个命题的后承（必是其他命题）中探求它的意义。倘若不引入“事实”概念，我们就不能解释什么是信念的意义，或者说什么东西使信念成为真的或假的，而倘若引入了事实概念，证实所产生的作用则被看作是辅助的和衍生的。

B 推论上的存在-命题

含有不确定变项的一个句子形式——例如“x 是一个男人”——被称为“命题函项”，如果当对该变项赋值时，该句子形式就变成一个命题。因而，“x 是一个男人”既不真也不假。但是，如果用“琼斯先生”替代“x”，就得到一个真命题，如果用“琼斯夫人”替换“x”，就得到一个假命题。

除了对“x”赋值以外，还有其他两种方式可以从一个命题函项中获得一个命题。一种方式是说，通过对“x”赋值而取得的命题都是真命题；另一种方式是说，这些命题中至少有一个是真命题。如果“f(x)”是我们所说的函项，那么，我们就将第一种方式称作“f(x)永远”，而将第二种方式称作“f(x)有时”（应当将其中的“有时”理解为至少一次的意思）。如果“f(x)”是“x 不是一个男人或者 x 有死”，我们就可以断定“f(x)永远”；如果“f(x)”是“x 是一个男人”，我们就可以断定“f(x)有时”。这就是我们说“人们存在”通常所表达的东西。如果“f(x)”是“我遇到 x 和 x 是一个男人”，“f(x)有时”就是“我遇到至少一个男人”。

我们将“f(x)有时”称作“存在-命题”，因为它说明了具有f(x)性质的某一事物“存在”。例如，如果你想说“独角兽存在”，你首先必须定义“x 是一个独角兽”，然后肯定，存在一些 x 的值，使得该函项是真的。在普通语言里，“有些”、“一个”和(单称的)“the(该)”这些词都指示存在-命题。

有一种十分明显的我们认识存在-命题的方法，这要通过实例来说明。如果我知道“f(a)”(这里的 a 是某个已知对象)，我就能推导出“f(x)有时”。我想讨论的问题是：这是否是这类命题终于为人们所认识的唯一方法。我想强调指出绝非如此。

在演绎逻辑里只有两种证明存在一命题的方法，一种就是上述所说明的：从“f(a)”可以推演出“f(x)有时”；另一种是：从一个存在-命题可以推演出另一个存在-命题，例如从“存在无羽毛的二足动物”可以推演出“存在二足动物”。在非演绎推论中还可能有其他的方法吗？

归纳，当它有效时，便提供另外一种方法。假定有 A 和 B 两个类和一个关系 R，使得在一些可观察的实例中，我们就可以得出下列公式(这里“aRb”表示“a 对 b 具有关系 R”)：

a_1 是一个 A，b_1 是一个 B，a_1Rb_1

a_2 是一个 A，b_2 是一个 B，a_2Rb_2

---

a_n 是一个 A，b_n 是一个 B，a_nRb_n

并且假定我们没有反面的实例。在所有可观察的实例中，如果 a 是一个 A，那么就有一个 B，a 对这个 B 具有关系 R。如果这是归纳所适用的情况，那么我们就可以由此推导出，A 的每一元对于 B 的某一元或许具有关系 R。因此，如果 a_{n+1} 是下一个可观察的 A 的元，我们就可以推导出下列可能的情况："存在 B 的一元，a_{n+1} 对该元具有关系 R。"事实上，我们是在许多不可能像我们曾经推论过的那样举出 B 的特殊元的情况下推导出这一点的。我们都相信，拿破仑三世可能有位父亲，虽然没有人认识他。即便是唯我论者，如果他允许自己对将来有所预料，也不能避开这类归纳。例如，假定我们这位唯我论者患有间歇性坐骨神经痛，这病每晚发作一次；根据归纳原理，他可能会说："今晚 9 点我或许又要疼痛。"这是对超越他目前经验的某一事物之存在的推论。你或许会说："但是，这没有超越他将来的经验。"如果推论有效，它没有超越将来的经验；但问题在于："他如何现在就知道这个推论或许有效呢？"科学推论的全部实际效用就在于说明预测未来的那些根据；当未来已经来到并证实了这个推论，记忆就代替了推论，也就不再需要推论了。因此，我们必须找到在推论被证实之前就使人们相信这个推论的根据。而我绝不会承认可以找到相信这些推论将被证实的任何这类根据。它们并不等同于使人们相信某些既不能证实、也不能证伪的推论的根据，例如对拿破仑三世的父亲的推论。

我们面临的问题是：在什么情况下归纳是有效的？下面这种说法是毫无意义的："当归纳推导出某个将由以后的经验来证实的事物时，它就是有效的。"它之所以毫无意义，是因为它把归纳局限在它无用的情况下。我们在获得经验之前必定有理由预料某些事情,而且正是这些理由可以引导我们去相信我们不能够经验的事情,例如,他人的思想和情感。明白的事实是:人们对“经验”作了过度吹捧。

经验对于实指定义是必要的,因而对于完全理解词的意义也是必要的。但是,即使我不知道谁是A先生的父亲,“A先生有父亲”这个命题也是完全可以理解的。如果事实上B先生是A先生的父亲,那么“B先生”也不是“A先生有父亲”这个陈述的一个成分,或者说,它甚至不是任何包含“A先生的父亲”这些词但不包含“B先生”这个名字的陈述的一个成分。同样,我可以**理解**“有一匹长翼的马”这个陈述,尽管不会有这样一个事物,因为该陈述指的是:用“fx”替代“x具有双翼和x是一匹马”,我就断定了“fx有时”。我们必须理解:“x”不是“fx有时”或者“fx永远”的一个成分。事实上,“x”什么也不指。这就是初学者要搞清它的意思竟如此困难的原因。

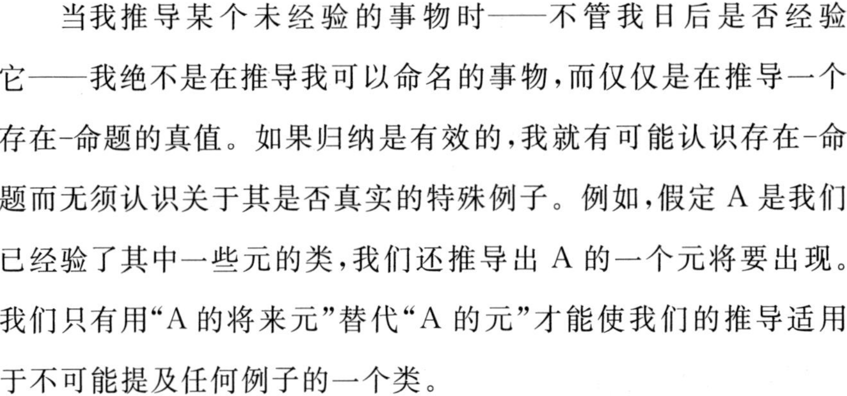

当我推导某个未经验的事物时——不管我日后是否经验它——我绝不是在推导我可以命名的事物,而仅仅是在推导一个存在-命题的真值。如果归纳是有效的,我就有可能认识存在-命题而无须认识关于其是否真实的特殊例子。例如,假定A是我们已经验了其中一些元的类,我们还推导出A的一个元将要出现。我们只有用“A的将来元”替代“A的元”才能使我们的推导适用于不可能提及任何例子的一个类。

我倾向于这一看法:有效的归纳,以及一般来说超越了我个人过去和现在经验的推导,都永远依赖于因果联系,有时还要用类比法作补充。但是,在现在这篇文章里,我只想消除对某种推论的先验的反对意见——这些反对意见,尽管是先验的,却是由那些认为自己有能力完全无需先验的人们所极力主张的。

我认为,有这样一种危险:逻辑实证主义可能会发展一种新的经院哲学,而且由于过分拘泥于语言分析,它或许会忘记使一个陈述成为真实的那种与事实的关系。我打算说明这样一点:我应当把什么看作坏的经院哲学。卡尔纳普和这一学派的其他人已经非常正确地指出:如果不把使用一词和命名一词适当地区别开来就会出现种种混乱。在通常情况下不会发生这种危险。比如我们说:苏格拉底是一个男人,"苏格拉底(socrates)"是由八个字母组成的词。我们还可以说:"苏格拉底"是一个男人的名字,而"'苏格拉底'"是一个词的名称。预先假定我们知道一个词是什么,通过将一个词置于引号之内来指示这个词的那种通常方法是有用的。但是,当我们对于句子或命题也使用这种方法时就会出现种种困难。如果"今天是星期二"这句话不加引号出现,该句子是被使用,而不是被命名。但当这个句子出现在引号中时,我在命名什么呢?我把其他语言中有相同意义(例如,'aujourd' hui est mardi'[1])的句子包括在内吗?反过来说,假定在霍屯督语中"今天是星期二"的发音指的是"我喜欢乳酪"。显然,这就不包括我用带引号的句子所指的事物。我们必须说:带引号的句子指示这样一类言辞,即不管什么语言,它们都具有我使用该句子时所赋予它的那个意义;我们必定把法国人发音不同的话语包括在内,而把霍屯督人发音相似的话语排除在外。由此可以推知,若不首先考查两句话有相

① 法语:今天是星期二。——译者

同意义这一说法指的是什么，我们就不可能识别带引号的句子所指的是什么。然而，如果所使用的句于是逻辑上使用的命题变项的可能值，例如当我们说“如果 p 蕴涵 q，则非 q 蕴涵非 p”的时候，我们无论如何不能采取上面的做法。这表明，当一组词被置于引号之内时所表达的意思是什么并不像人们有时根据逻辑实证主义者的著作所想象的那样是一个简单的问题。在这方面，存在着一种技术的危险：它不是有助于解决问题，而是隐匿了问题。

语言的吸收作用有时候导致对语言与非语言事实之间联系的漠视。但正是这种联系使得词有意思(meaning)，句子有意义(significance)。你只有对乳酪有过非语言的亲知，才能理解“乳酪”这个词。意思和意义的问题需要许多心理学的知识，并且要求对前语言的精神过程有某些了解。大部分逻辑实证主义者回避心理学，因此几乎不谈论意思或意义。在我看来，这使他们多少有些狭隘，而且不能提出一种全面的哲学。然而他们毕竟取得了伟大的功绩：他们的方法使得他们能够一个个地来处理问题，而且用不着像以往哲学家那样提出一种全面的、包罗万象的宇宙理论。实际上，他们的程序更类似于科学程序而不是传统哲学的程序。在这方面我与他们完全一致。我赞赏他们的严格、精确和注重细节。一般地说，我更抱有希望的不是由哲学家们过去所使用的任何方法，而是由他们的那种方法所取得的结论。凡能够确定下来的东西，通过他们的方法就可以确定；凡不能由这种方法确定的东西，我们就必须满足于不知道。

这里存在着一个重大的哲学问题：对于科学推论和逻辑语形学的细致分析将会导致——如果我没有错的话——一个对于我和

(我相信)对于几乎所有逻辑实证主义者来说不受欢迎的结论。这就是:不妥协的经验主义是站不住脚的。如果我们不去假设一个不能由经验建立起来的普遍推论原则,那么,根据有限的观察,不可能推导出任何全称命题甚至是可能的。迄今为止,逻辑实证主义者们的看法是一致的。但是关于下一步要做什么,他们的看法就不一致了。有人主张,真理不在于与事实的相符,只是在于与其他因为一些未确定的理由而已经被人们接受了的命题的融贯之中。其他人(例如莱欣巴赫)则赞成一种纯属意志行为的假定,并认为在理智上不能证明它是正确的。还有一些人企图——我想是徒劳的——取消全称命题。至于我自己,我承认:广义地说科学是真理,科学通过分析可以取得必要的公设。但是,面对彻底的怀疑论者除了我不相信他的真诚外,我不能提出任何论证来反对他。

译 后 记

本书的翻译工作得到下列同志的通力协助：沈未同志对《关系逻辑》和《以类型论为基础的数理逻辑》两篇译文作了认真的校订；牟博同志仔细校阅了《逻辑原子主义哲学》一文；罗嘉昌同志审读了《论时序》一文；在个别词和外来语的译文上我请教了梁志学同志、涂纪亮同志和洪汉鼎同志；最后，全书由张家龙同志作统校。在此谨表谢忱。特别应指出，本书的责任编辑徐奕春同志对全书作了认真、详细的审阅，提出了许多宝贵的意见，没有他的重要贡献，本书的出版是不可能的。在此一并表示衷心的感谢。

限于个人的水平，译文中如有错误和疏漏之处，欢迎读者指正。

苑 莉 均

1992 年 10 月于北京市社会科学院

哲学研究所

图书在版编目(CIP)数据

逻辑与知识/(英)伯特兰·罗素著;苑莉均译.—北京:商务印书馆,2017
(汉译世界学术名著丛书:120年纪念版:珍藏本)
ISBN 978-7-100-14765-1

Ⅰ.①逻… Ⅱ.①伯… ②苑… Ⅲ.①逻辑—文集
Ⅳ.①B812-53

中国版本图书馆CIP数据核字(2017)第158548号

汉译世界学术名著丛书
(120年纪念版·珍藏本)
逻辑与知识
(1901—1950年论文集)
〔英〕伯特兰·罗素 著
苑莉均 译
张家龙 校

商务印书馆出版
(北京王府井大街36号 邮政编码100710)
商务印书馆发行
北京冠中印刷厂印刷
ISBN 978-7-100-14765-1

2017年12月第1版 开本710×1000 1/16
2017年12月北京第1次印刷 印张29¾
定价:150.00元